U0504974

南方丝绸之路研究丛书

民族历史卷

李昆声｜主编

朱映占　张　晗｜著

The Southern Silk Road

全国百佳图书出版单位

ARGTIME 时代出版传媒股份有限公司

安徽人民出版社

图书在版编目(CIP)数据

南方丝绸之路研究丛书．民族历史卷 / 李昆声主编；朱映占，张晗著．
-- 合肥：安徽人民出版社，2022.2

ISBN 978-7-212-11433-6

Ⅰ．①南… Ⅱ．①李… ②朱… ③张… Ⅲ．①丝绸之路—研究②少数民族—民族历史—研究—中国 Ⅳ．① K203 ② K280.4

中国版本图书馆 CIP 数据核字 (2021) 第 278585 号

南方丝绸之路研究丛书
民族历史卷
NANFANG SICHOU ZHI LU YANJIU CONGSHU
MINZU LISHI JUAN

李昆声　主编
朱映占　张　晗　著

出 版 人：杨迎会　　**出版策划：**刘　哲　何军民
出版统筹：袁小燕　张　旻　　**责任编辑：**郑世彦　项　清
责任印制：董　亮　　**装帧设计：**程　慧　宋文岚

出版发行：时代出版传媒股份有限公司 http://www.press - mart.com
安徽人民出版社 http://www.ahpeople.com
地　　址：合肥市政务文化新区翡翠路 1118 号出版传媒广场八楼　**邮编：**230071
电　　话：0551-63533258　0551-63533259（传真）
印　　刷：安徽新华印刷股份有限公司

开本：710mm × 1010mm　1/16　**印张：**24.75　**字数：**310 千
版次：2022 年 2 月第 1 版　2022 年 2 月第 1 次印刷

ISBN 978 - 7 - 212 - 11433 - 6　**定价：**125.00 元

总　序

早期人类不具备生产能力，只能收集利用力所能及的生活资源。在一个区域的资源耗尽或无法满足其需求时，只能以迁移作为获得新资源或更多资源的主要手段。少数人与生俱来的好奇心也驱使他们并引导更多的人走得更远，这也自觉或不自觉地扩大了生存和发展的空间。人类正是这样，从东非等几个主要发源地扩散、迁移和分布到世界各地。

在这一漫长的岁月里，人类从利用天然条件到开辟交通路线、发明和制造交通工具和设施，逐步扩大交通运输的规模，提高交通运输的效率，保证了迁移过程中人流和物流需求，并将其应用于定居的群体之间。可以毫不夸张地说，人类的历史是从迁移开始的，而交通运输的条件不可或缺，经常起着不可替代的作用。

交通运输离不开陆上的道路和水上的航路。在一个四周开放、内部地形地貌变化不大的区域内，人们很容易利用天然条件开辟和维护道路，并且有多种选择。但在一个相对封闭、内部地形地貌复杂的区域内，一般不存在天然的交通条件，人们必须为开辟和维护道路付出巨大的代价，对道路的走向和状况往往无法做出自主选择。特别是在与外界存在难以逾越的地理障碍的情况下，能否建成并维护突破这类障碍的道路，就是一个地域生存与发展的决定性因素。

在探究中华文明能够长期延续、中国历史没有中断的原因时，地理环境对古代人类的影响尚未受到应有的重视。实际上，在不具备机械交通手段的条件下，无论从哪一方向突破中国与外界的地理障碍——高山峻岭、戈壁荒漠、冰川冻土、青藏高原、横断山脉、热带丛林、深海大洋——都是相当艰难的，或者因代价太大而缺乏相应的利益驱动。正因为如此，连接中国与外界的道路对中国与世界的重要性不言而喻，也是“丝绸之路”一经李希霍芬发现和命名就备受重视的原因。到今天，丝绸之路已经成了古代中国与外界连接的道路的通名，而无论这条道路上的物流和人流是什么，所以有了南方丝绸之路（或西南丝绸之路）、北方丝绸之路、草原丝绸之路、海上丝绸之路等几条得到广泛认同的主要交通路线。

李希霍芬将丝绸之路的形成时间确定在公元前2世纪，即张骞通西域时期，是因为张骞第二次出使将大批丝绸输送到西域，并且实际上开始了汉朝与西域间的丝绸贸易，但并不意味着这条道路是由张骞开通的，或者说在公元前2世纪之前不存在这条道路。张骞第一次出使就有胡人向导，从长安经匈奴到达大月氏走的都是现成的道路。考古学、人类学、生物学、地理学等大量研究成果证明，小麦栽培、黄牛和绵羊等家畜的饲养以及青铜冶炼技术等都源自西亚、中亚，逐渐向东传入黄河流域。这也证明这条道路早已存在。但迄今为止，我们还没有发现在公元前2世纪之前有过由中原向西域的主动传播，也没有从黄河流域向西开辟道路的证据。有人曾列举《山海经》《穆天子传》中的记载为证，但这些资料至多反映了中原人对西部某些地理知识的了解，却无法证明中原人的足迹已经涉及这些地方，更不能复原出一条由东向西的交通路线。

但《史记·大宛列传》的记载证明在公元前2世纪张骞通西域之前，西南就存在着一条从古蜀国（今四川）出发，经身毒（今印度）到达大夏（今阿富汗）的交通路线：

（张）骞曰："臣在大夏时，见邛竹杖、蜀布。问曰：'安得此？'大夏国人曰：'吾贾人往市之身毒国。身毒国在大夏东南可数千里。'"

值得注意的是，邛竹杖、蜀布并不是特别贵重的商品或稀有罕见的物品，要将这样的商品长途贩运，并且还有被再长途贩运的价值，只能证明这一条交通路线已经相当成熟有效，这些商品交易已具有一定规模。因此这条道路应该存在已久，早于公元前2世纪，其开辟维护的动力出于蜀地人商品输出的需要。

《史记·西南夷列传》中还记载了另一条路线：

南越食（唐）蒙蜀枸酱，蒙问所从来，曰："道西北牂柯，牂柯江，广数里，出番禺城下。"蒙归至长安，问蜀贾人，贾人曰："独蜀出枸酱，多持窃出市夜郎。"

唐蒙在番禺（今广州）吃到的枸酱是蜀地的特产，人们先把它运至夜郎（在今贵州），再通过珠江水系把它运到下游的番禺。同样值得注意的是，枸酱是用水果加工的，在没有现代保存技术和快速运输手段的条件下，需要长途运输且保证美味安全，除了蜀人的制作和保存技术外，离不开水陆联运形成的便捷物流体系。这条路线显然也是蜀人主动开辟和维护的，时间也在公元前2世纪之前。

这两个例子可以证明，由李希霍芬发现并命名的这条典型的丝绸之路，尽管客观上是因公元前2世纪张骞通西域而实际形成的，却并非出于汉朝的主动，也不是更早的中原人开辟的，但今天被泛称为南方丝绸之路的由西南通向外界的交通路线，是由本地人主动开辟的真正的贸易路线，时间也早于公元前2世纪。

对南方丝绸之路进行研究的意义不言而喻，但困难之大也在意料之中。这两段文字背后隐藏了太多的秘密，即使用现代科学技术与学术研究的成果也还难以解释。一条古老的交通路线的开辟和维护，不仅涉及当时的自然地理和人文地理环境，还几乎涉及自然界和人类社会各个方面。但迄今为止，我们还没有发现当时当地人自己的任何文字记录和直接证据，也无法从这两段文字再往前追溯。而自然界留下的痕迹也相当有限，并且难以精确地定性或定量。即使在公元前2世纪后或在文字记录产生后，仅仅根据直接和间接的史料也不足以复原南方丝绸之路及沿路地区的历史自然地理和人文地理的真相。而要全面深入地研究这重要的交通路线系统，就不仅要复原或重构这一路线系统本身，还要考察和研究它所连接和经过的空间和存在的时间，在此空间和时间范围内的自然、社会和人文状况，这一路线上的物流和人流的来源和去向，以及由此产生的直接和间接的影响。实际上，这需要对这一巨大的空间、漫长的时间做全面的历史和地理研究。

云南的几位学者就是这样做的，他们在老一代学者的研究基础上，孜孜不倦地探索了二三十年，由李昆声教授主编的这套《南方丝绸之路研究》丛书首批四卷就是已有成果的汇编。陆韧教授和朱映占、王万平、刘西诺、何兆阳、张晗等几位中青年学者分别对这一区域的历史地理、考古、民族、民俗做了扎实、细致、深入的考察、研究和论述，很大程度上弥补了文献资料和直接证据的不足，使这项研究达到了新的高度。

总的来说，对南方丝绸之路的研究尚属开端，因此在这四本著作问世之际，我们有理由期待这套丛书引发更多新著，更有理由期待这几位作者的新成果。

葛剑雄
2022 年 1 月

（复旦大学资深教授、中国历史地理研究所博士生导师，教育部社会科学委员会历史学部委员，“未来地理计划”中国国家委员会委员，中央文史研究馆馆员）

丛书前言

19世纪70年代，德国地理学家李希霍芬首创“丝绸之路”的名称。

20世纪80年代，中国川滇一批青年学者提出“南方丝绸之路”的概念。

“丝绸之路”是指西汉时期开辟的一条国际交通线，起点从我国西安，往西经过河西走廊、新疆沙漠地带，越帕米尔高原而到中亚、南亚、西亚的一条商道。20世纪初，在丝绸之路上的重镇甘肃敦煌的莫高窟千佛洞发现一大批非常重要的古代文献资料——“敦煌文书”，它成为全球学者研究的宝库。最终，在大量研究的基础上形成一门多学科的国际显学——敦煌学。

南方丝绸之路虽然比（北方）丝绸之路开辟得更早（学术界一般认为在战国时期，也有学者认为早在殷商时期），但是对于南方丝绸之路的研究尚处在起步阶段，更未形成一门多学科的国际显学。而且，各学科之间，甚少交叉互动。例如，南方丝绸之路的起点成都以及成都平原，一批重要的考古遗址：三星堆、金沙、十二里桥……考古发掘文物璀璨夺目，研究成果硕果累累，但很少纳入南方丝绸之路的整体研究中，也极少与其他学科互动。再如历史地理学的研究表明，南方丝绸之路在东南亚延伸后，与海上丝绸之路汇合，是一条通江达海之路。而考古学者在研究一些古代青铜器从中国云南往东南亚传播的问题时，过去也甚少了解它们是通过南方丝绸之路而抵达东南亚的。另外，对南方丝绸之路所经国家、地区以及不同的古代文明的对话、互鉴，亦甚少研究。

我们这套丛书，试图研究南方丝绸之路上的路线、交通等历史地理问题，研究南方丝绸之路上的古代民族、现代民族和节庆，研究南方丝绸之路上遗存的重要文物古迹以及通过南方丝绸之路上从西亚、南亚、东南亚传入我国的古代文物等，以通俗易懂、深入浅出的语言表达出来，期望起到一个抛砖引玉的作用！

希望有更多研究南方丝绸之路上的重要文物古迹、重要非物质文化遗产（如音乐、舞蹈、诗歌、民间故事、传统技艺、驿道、驿站、碑铭、钱币、马帮、舟桥、古村古镇、动植物、域外文明、引进物种），以及研究南方丝绸之路与茶马古道的关系、稻米起源与传播、茶叶起源与传播等学术课题，整合在南方丝绸之路总框架之下，从而涌现出一大批高质量的学术成果。期待南方丝绸之路与（北方）丝绸之路、海上丝绸之路“三足鼎立”，再现昔日辉煌！

李昆声

2022年1月

目 录

绪论

西南地区在石器时代就与内地和周边都有着密切的联系。早在公元前 4 世纪，穿越西南地区的南方丝绸之路就已基本形成。此后，历经不同朝代，沿途风物兴衰变迁，沿线民族来往更替，南方丝绸之路具体的路线时有变化，交织出一幅多姿多彩的历史画卷。

南方丝绸之路基于其方位、往来物资的特点等，也被称为“西南丝绸之路”“蜀布之路”等，基于其一些组成部分，还有“茶马古道”“闰盐古道”等称谓。本书着眼于南方丝绸之路主要形成于“西南夷”地区，但同时涵盖范围不限于中国西南的历史事实，对于这一古代交通要道也采用南方丝绸之路的称谓来统称。

第一节

南方丝绸之路的时空界定

一、跨越的时间

对于南方丝绸之路形成的时间上限问题，虽然还有一些争议，但是，比较普遍的观点都认为，在公元前 4 世纪，以今天四川成都地区为起点，途经云贵高原，连接东南亚和印度的民间商道已经存在。自此之后，历经 2000 多年，沟通中外的道路不仅依然存在，而且在不同时代具有不同的特征。因此，本书所说的南方丝绸之路，在时间上是跨越古今的。

二、涉及的空间

在空间上，南方丝绸之路以成都平原为起点，穿越川、滇，连通东南亚、南亚。无疑四川、云南两地是其核心空间，也就是说，南方丝绸之路川滇段是本书的重点。然而，由于南方丝绸之路形成之后，中国有了与南方周边地区的紧密联系，这条道路才凸显其重要意义。因此，本书在空间上，对不同时代与西南联系紧密的中原及周边的历史空间也有所涉及。

第二节

南方丝绸之路的特点及功能

一、特点

南方丝绸之路与北方丝绸之路相比而言，有以下几个特点：

第一，开通较早。公元前 122 年，张骞出使西域回到长安，即向汉武帝报告称："臣在大夏时，见邛竹杖、蜀布。"① 此时，北方丝绸之路尚未完全开通，邛竹杖和蜀布已流通到大夏，说明穿越西南地区的一条商道先前已经存在。

第二，路途相对短而且安全，即"从蜀宜径，又无寇"。② 南方丝绸之路既不受强大的羌人部落影响，也不受匈奴势力的干扰，沿途人为的威胁大为减少；并且路程与穿过西域茫茫大漠的北方丝绸之路相比缩短了不少。

第三，沿途气候及生态环境立体多元。南方丝绸之路从北纬 30° 稍北向南跨越，最南的线路到达印度洋海域，穿越亚热带和热带两个气候带；同时南方丝绸之路穿过许多崇山峻岭，既有雪山，也有热带丛林，沿途许多区域多种气候类型立体分布明显。

---

①［西汉］司马迁：《史记·大宛列传》，中华书局 1959 年版，第 3166 页。

②［西汉］司马迁：《史记·大宛列传》，中华书局 1959 年版，第 3166 页。

第四，主道之外支道众多。南方丝绸之路除了川滇段从成都至大理有两条主道，从大理经缅甸至印度有三条主线之外，在群山万壑之中，还有无数蜿蜒曲折的支线。[①]

第五，南方丝绸之路上不仅有陆路通道，而且在有的路段还要借助水道交通。

第六，沿途民族及其文化丰富多样。古道沿线早期有蜀、冉駹、僰、夜郎、嶲、昆明、哀牢等民族群体，在以后的历史发展过程中，这些民族群体又逐渐形成许多同源异流的民族或异源同流的民族，并创造了丰富多彩的民族文化。

第七，南方丝绸之路先以民间商道的形式兴起，进而由官方继续开拓和经营，这与北方丝绸之路主要由官方打通、经营的情况有所不同。

二、功能

南方丝绸之路的兴起是中国古代居住在西南地区的先民勇于开拓、敢于冒险精神的充分体现。在官方对其进行经营、扩大之后，这条古道在大一统国家建设、中外交通、文化传播、文明交往互动等多方面发挥了重要作用。

第一，它是中国统一多民族国家建设在西南地区的重要保障。中央王朝寻找、打通、开拓和经营南方丝绸之路的过程，与大一统国家形成和建设的过程相统一。先秦时期的秦巴栈道、巴蜀栈道，秦时的“五尺道”，汉代的南夷道、西夷道、博南道等，及此后各个朝代的西南古道，作为开发西南地区的基础设施，为郡县、州府等行政设置建立提供了基本物质条件，正是在这些古

① 江玉祥主编：《古代西南丝绸之路研究》（第二辑），四川大学出版社1995年版，第12页。

道交通的支撑之下，中央王朝实现了对西南地区的管辖和治理。

第二，它是人员迁徙流动的孔道。民间商贸人员的来往，发现和造就了这条古道，而政府的进一步经营则为人员往来提供了更为可靠的保障。因而，古代在西南地区自发的民族迁徙流动，以及由政府有计划、有组织实施的人员迁移，都沿着南方丝绸之路逐渐展开。

第三，它是物品流动的主要通道。这体现在两个方面：其一，在中央王朝天下体系之中，西南地区与中央王朝建立藩属关系的地方，向中央王朝纳贡方物经过的路线即是这条古道。其二，古代丝绸、蜀布、邛竹杖、铁器、琉璃、宝石等物品，经商人之手在这条古道上流动。这种物品的流动是双向的："中国西南的旄牛、笮马、毛织物、木棉布、丝绸、生丝、天鹅绒、药材、铜铁器、金银制品等通过民间商贾的长途贩运，转销到域外的亚欧各国；而域外的象牙、燕窝、翠玉、红宝石、棉花、犀角、珠玑等珍奇异物也不断输入西南及内地，这极大地丰富了古道沿线各族人民的社会生活。"[①]

第四，它是文化碰撞与交融的纽带。"古代'西南丝绸之路'是中国和印度两大文明古国最早的联系纽带，对中外社会、经济、文化交流作出了贡献。"[②] 如这条古道对佛教、杂技等宗教文化、艺术等传入中国发挥了重要作用，丰富了中外文化交流的优良传统，对后世产生了深远影响。

① 管彦波：《中国西南民族社会生活史》，中国社会科学出版社 2014 年版，第 257 页。
② 江玉祥主编：《古代西南丝绸之路研究》（第二辑），四川大学出版社 1995 年版，第 46 页。

第三节

南方丝绸之路与民族

古代南方丝绸之路是中国古代西南地区各族人民共同开辟的。由于西南地区特殊的地理位置，使得早在先秦时期，随着人群的迁徙、流动，其与中原，与东南亚、南亚交往的通道在民间已经形成。在这些古道上不仅有商贸往来，而且人群来往流动也比较频繁。沿线各个民族以不同形式对这条古道的兴起做出了贡献。从这条古道兴起之初，一直到今天，其沿线都是有多个民族分布的。在古代有农业民族、畜牧民族、狩猎民族，在历史的长河中，古代的民族逐渐发展演变形成现代诸多同源异流和异源同流的民族群体，包括汉藏语系的民族汉、彝、藏、白、纳西、哈尼、羌、傈僳、景颇、阿昌、拉祜、普米、怒、独龙、基诺、苗、瑶、壮、傣、水、布依等，南亚语系的民族佤、布朗、德昂，其他语系民族回、蒙古、满等。

沿线民族的发展演变与这条古道的兴衰演变相互交融。因此，把中国西南地区民族发展演变的历史与南方丝绸之路产生、兴起、繁盛、衰落的过程，以及其在不同朝代名称、具体路线的变化、更替的过程相结合来进行呈现，我们将会看到一幅更加立体、多彩、丰富的民族画卷。

第一章

先秦时期西南地区的古道与民族

第一节

南方丝绸之路形成前的西南古道与交通

“西南自古为中国边障，《周书·牧誓》有庸、蜀、羌、髳、微、卢、彭、濮之人，武王率以伐纣。”① 商周时期以来，西南于中原而言，不仅地域偏远，而且民族众多，人群复杂。由于生活于此的人群生存和发展的需要，西南与周边地区，西南内部之间，以及西南与东南亚、南亚之间人群的迁徙，民族间的交往古已有之。而且，在民间和官方的共同开拓下，西南地区很早就形成了连接内外的“南方丝绸之路”。

处于南方丝绸之路核心地带的西南地区，“它在地理方位上正好处于一个多方交汇的巨大三角地，与黄河中上游（西北、中原）、长江中下游、珠江流域（南方文化带的东部和中部）、东南亚半岛及南亚次大陆相连接。历史上由于西南各民族间的贸易往来、中原王朝开边、民族间的迁徙、战争、移民戍边等一系列社会历史文化动因，致使围绕或以西南这个巨大的三角地为中心，开通了川滇、川黔、滇黔、滇桂、川藏、滇藏、黔桂以及青藏、粤桂、湘桂等许多重要的古道。”②

---

① 管彦波：《中国西南民族社会生活史》，中国社会科学出版社 2014 年版，第 250 页。
② 管彦波：《中国西南民族社会生活史》，中国社会科学出版社 2014 年版，第 250 页。

周秦以来，中央王朝和巴蜀之间虽有秦岭、巴山等天然险阻，但是古人为了沟通南北东西，在秦巴山区开辟了许多栈道，形成了沟通彼此的道路系统。这些道路主要有“九纵三横”。“九纵即秦岭中最西侧的故道，向东依次为褒斜道、傥骆道、子午道、武关道，巴山中自西向东依次为金牛道、米仓道、荔枝道、大宁河道。三横之一即秦巴山区中部的东西大道，是以渭水沿线道路为代表的北线；其二是处于秦巴山区中部的东西大道，是以汉水沿线道路为代表的中线；其三即为秦巴山区南侧的东西大道，以长江运道为代表的南线。这些道路纵横交织，构成了古代秦巴山区的骨干道路网。其中有些道路水道、陆路交融，不可分割。古人习惯于称自秦达巴蜀之道为‘蜀道’，所以蜀道并非特指某一条道路。”[①]

战国时期，秦国蜀守李冰主持开凿“僰道”，为秦国实现统一之后在西南地区修筑“五尺道”打下了基础。与此同时，李冰还导

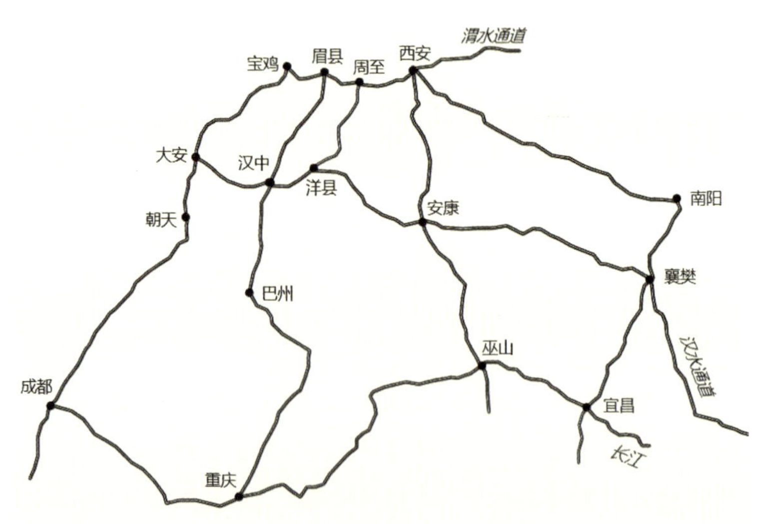

秦巴山区九纵三横古道图（杨虹绘）[②]

① 秦建明：《秦巴栈道》，陕西师范大学出版社总社 2017 年版，第 3 页。
② 参考秦建明《秦巴栈道》第 3 页示意图绘制。

通连接蜀地多个地方的水上航道，在供舟楫往来的同时，还发挥灌溉的作用。《华阳国志·蜀志》记载："其崖崭峻，不可凿；乃积薪烧之。故其处悬崖有赤白五色。冰又通（笮通汶井江）[笮道文井江]，径临邛。与蒙溪分水、白木江会，至武阳天社山下合江。此其渠皆可行舟。又导洛通山洛水，或出瀑口，经什邡、[与]郫别江会新都大渡。又有绵水，出紫岩山，经绵竹入洛。东流过资中，会[江]江阳。皆溉灌稻田，膏润稼穑。是以蜀川人称郫、繁曰膏腴，绵、洛为浸沃也。又识（齐）[察]水脉，穿广都盐井诸陂池。蜀于是盛有养生之饶焉。"① 并且，依据考古材料的分析来看，"从石器时代以来直至秦汉，蜀与滇之间的交通路线主要有东西两条：东线称为'五尺道'（又称为'僰道'），大体上是从宜宾南行，经高县、筠连，再向西折入横江河谷，经豆沙关、大关、昭通以至曲靖；而西线则称之为'青衣道'，以其始于雅安（古青衣）而得名，然后经汉源、西昌、会理、再渡金沙江而达云南晋宁"。②

现藏于成都博物馆的石犀
（出土于成都天府广场）

在楚、蜀、滇之间也有往来的通道，"至于古代楚人去西南地区的交通要道，大约可循三条路线。一为汉中大巴山线

① [晋]常璩撰，刘王林校注：《华阳国志校注》，巴蜀书社1984年版，第133页。
② 霍巍：《西南考古与中华文明》，巴蜀书社2011年版，第69页。

路，既可赴巴，又可至蜀；其北端可能与《国策·秦策》上所说‘栈道千里，通于蜀汉’的线路衔接。一为沿川江线路，经夔巫而达枳与渝，再经汉之僰道，以达南中。其中川江一段，并非水路，因三峡一带，极不适于航运。据《汉书·扬雄传》，扬雄自述其先祖由楚至蜀，即曾经由此路，然后才到蜀地。一为循清江和沅江，经黔中、且兰，鳖（约今遵义）为其中心枢轴地区，夜郎庄王（庄蹻）即经由此路，由楚而至夜郎。当然，不是说仅此三条线路，除此而外，肯定还有不少通道，但文献无征，年湮代远，已不易指实了”。[①]

总体而言，大约在公元前 4 世纪，在中原与巴蜀之间，楚、蜀、滇之间，巴蜀与滇之间都已有官方开拓和经营的道路连接，加上蜀、滇与东南亚、南亚之间的“蜀身毒道”，这些通道在秦汉之后，逐渐发展成为南方丝绸之路的主干道。

① 徐中舒、唐嘉弘：《古代楚蜀的关系》，载《文物》1981 年第 6 期。

第二节

先秦时期西南地区的民族及其与周边的联系

一、川滇地区石器时代文化及其与外界的联系

在南方丝绸之路的起点成都及其周边区域，即今天四川境内，在新石器时代已经形成几种有自身特色又相互关联的文化类型。川北广元、绵阳等地有距今 7000—4500 年不等的多个新石器时代文化；嘉陵江中下游地区有距今 5000—4000 年的新石器时代文化；四川东部、东南部发现的新石器时代文化则距今 7000 多年至 3000 多年不等；四川西北部的甘孜，岷江上游的汶川、茂县、理县、马尔康等地也有多处新石器时代文化遗存发现，其距今 5000 多年至 2000 多年不等；四川中部偏南大渡河中游、青衣江流域的汉源县、石棉县和雅安县也有多处新石器时代文化遗址，距今 5000 多年至 3000 多年不等；四川西南部的西昌市、盐边县、攀枝花市等地的新石器时代文化遗址距今 4000 多年至 3000 多年；川南的宜宾市、屏山县的新石器时代文化遗址距今 5000—4000 年；成都平原的什邡市、新津县、都江堰市、温江县、郫县、崇州市、彭州市、广汉市等境内都有新石器时代文化遗址发

现，距今5000多年至3000多年不等。“以上各文化类型，与后来出现的族群显示出地域对应关系，川北、成都平原、阿坝藏族羌族自治州东南部出现蜀人、氐人，川西北出现氐人、羌人，川西南出现邛、笮、僰等族，青衣江流域直至川南、滇东北出现僰人，川东出现融合了土著濮人的巴人、板楯蛮、蜑等族。这些民族大部分应是新石器时代先民发展而来。”[①]

“由于从四川西部高原到四川盆地有着岷江、金沙江、雅砻江、大渡河、沱江、涪江、嘉陵江、渠江等南北流向的江河，如同在崇山峻岭之中开辟了若干条南北交通孔道，所以自古以来，南北民族的迁徙移动和文化传播，都在这里留下历史的遗迹。”[②]

在南方丝绸之路的核心区域云南，考古材料显示早在直立人时代，就有原始人群居住。而从新石器时代开始，云南境内的新石器时代文化遗址更是广泛分布，总体上可以把这些新石器时代的文化分为八个类型，分别为：金沙江中游地区——元谋大墩子类型、滇池地区——石寨山类型、滇东北地区——马厂类型、滇东南地区——小河洞类型、洱海地区——马龙类型、澜沧江中游地区——忙怀类型、滇西北地区——戈登类型和滇南、西双版纳地区——曼蚌囡类型。[③]其中以滇池区域和洱海地区的新石器时代文化遗址最为密集。云南各个类型的新石器文化，都是古代生活在西南地区的少数民族的文化遗存，“分别属于百越——百濮与氐羌两个系统民族的文化。然因时代过于久远、民族迁徙十分频繁、文献记载非常贫乏等原因，要确指云南某个地区的新石器文化属于某种民族是有困难的”。[④]

① 李宗放：《四川古代民族史》，民族出版社2010年版，第13页。
② 霍巍：《西南考古与中华文明》，巴蜀书社2011年版，第55页。
③ 李昆声，肖秋：《试论云南新石器时代文化》，载《文物集刊》第二辑，文物出版社1980年版，第133—142页。
④ 李昆声，肖秋：《试论云南新石器时代文化》，载《文物集刊》第二辑，文物出版社1980年版，第142页。

元谋大墩子新石器文化陶器纹饰

当然，根据对考古材料的分析，研究人员尝试“将云南不同族系的原始文化分布图大致划分如下：从元谋盆地往楚雄偏北至云县，再连接保山，画一条弧线，其西部北部主要为氐羌原始文化分布区，其东部南部主要为濮越原始文化分布区。在两大原始文化分布区内，均杂居着另一族群的居民。如在越嶲郡故地上的原始文化，是氐羌和百越先民共同创造的，氐羌文化因素占主导地位，反映了这一地区原始居民以氐羌先民为主，但也不可忽视百越先民的存在，如种稻即系他们的原始文化。又如西安汉城遗址出土‘越归义蜻蛉长印’，足证越嶲郡青蛉县有百越民族居住。而青蛉县大致位置在今大姚、姚安县，在我们的划分图中，是氐羌原始文化区。因此，以上划分图，只能是主要族系居民的主要聚集区。云南原始居民之居住情况，亦当如后世，有主要民族聚居区，又有交错杂居现象”。[①]而且，同时可以肯定的是，这些新石器时代文化与周边地区的文化存在着密切的联系，彼此之间随着所属人群的迁徙流动而相互影响。比如，“黄河中、上游的一些新石器时代、青铜时代的氏族、部落和部族，不断由我国西北地区通过横断山脉的河谷通道，向西南地区迁徙，带来了氐羌文化，与当地土著居民的固有文化不断交流、融合，产生了云南滇西北、洱海、金沙江中游地区这三种类型的新石器文化”。[②]东南沿海地区的新石器时代文化则是通过珠江水系、元江、澜沧江由东向西，由南向北形成百越系统民族的分布区域，氐羌系统民族与百越系统民族进而不断接触、交融和迁徙，形成历史上各种不同类型的民族文化。[③]

总之，西南地区是中华文明起源的重要区域之一，早在旧石器时代初期，这里生活的人群就与其他地区的人群有了联系，他们在文化上呈现出诸多共性。

二、先秦时期川滇地区与西北及中原的联系

从考古学文化看，西南地区的川西、川西北、滇西北受中国西北考古学文化影响很大，大致可以认为是一脉相承的。西北考古学文化发展为后来的西戎民族集团，其中氐羌最强大。而西南地区的某些考古学文化与之相同，后来这些文化的主人又是氐羌，故可以认为西北地区考古学文化的主人是西南氐羌系统民族的源头。

从考古学文化的比较和分析可以看出，源于黄河上游仰韶文

① 李昆声：《云南原始文化族系试探》，载《云南社会科学》1983年第4期。
② 李昆声：《论云南与黄河流域新石器时代文化的关系》，载《史前研究》1985年第1期。
③ 李昆声，肖秋：《论云南与我国东南地区新石器时代文化的关系》，载《中国考古学会第三次年会论文集》，文物出版社1981年版，第113页。

化的甘、青地区西北氐羌系统民族原始文化，由于各种因素的影响从旧石器时代继续不断南下西进，到达了岷江上游并不断向西发展到达了大渡河、金沙江、澜沧江和怒江一带，与当地土著文化融合，产生了颇具特色的西藏昌都卡若文化，在此基础上不断南下到了川西滇北又形成“大墩子—礼州类型”文化。青铜时代，古代西北的氐羌系统民族仍在源源不断南下，这可以从滇西和滇西北的青铜时代考古学文化中探寻出其南下的踪迹。

在先秦时期，甘、青地区的氐羌系统民族除由于生态环境的变迁，逐渐由定居农业向畜牧业转变并不断向外迁徙外，还有一重要的历史原因即战争因素的影响。从旧石器时代开始，甘、青地区的氐羌为了生存不断在西北与中原之间来回迁徙，和中原及周边各族发生频繁的联系和交流，推进着自身及其历史向前发展。据研究，氐羌集团的人们，曾不断地往来流动于从西北到中原地区之间，先后活动于中原地区的黄帝族、夏族、周族，都与氐羌接触和交流，乃至融合。

四川广汉市三星堆遗址出土的陶盉

据《史记·五帝本纪》记载，黄帝族的一部分人口，曾经居住在今川西南的雅砻江和金沙江流域一带。夏禹也曾经在今四川茂汶一带居住过。周武王伐纣时，蜀人也参加了战争。[1] 在这部分氐羌人先后活动于中原地区之时，其他同一族系的氐羌人一部分仍在甘、青高原过着迁徙不定的游牧生活，另有一部分仍在不断南

① 尤中：《中国西南民族史》，云南人民出版社 1985 年版，第 9—10 页。

下，与旧石器时代以来不断南迁的氐羌人相汇合。活动于中原地区的氐羌人不断受到周人的排挤，有的被融合于周人之中，有的则四处流徙。战国后期，秦国发动了大规模征服、兼并邻近的氐羌系统民族的战争。于是，原居于甘、青地区的氐羌系统民族由于"畏秦之威"，又有一部分向南迁徙，与原来到达西南地区的氐羌系统民族相会。[①]这可以从历史文献中找到一些证据。

四川广汉三星堆遗址出土的玉牙璋

蜀国与中原的关系，主要表现在文化交流上。文化交流常常是双向的，尤其是在实力相当时，文化传播的辐射力也会旗鼓相当。徐中舒先生说得好："四川是古代中国的一个经济文化区，但是它并不是孤立的，也不是与其他地区，尤其是与中原地区没有联系的。"[②]

（一）蜀与夏的关系

据《华阳国志·蜀志》载："蜀之为国，肇于人皇，与巴同囿。至黄帝，为其子昌意娶蜀山氏之女，生子高阳……封其支庶于蜀，世为侯伯。历夏、商、周，武王伐纣，蜀与焉。"[③]这条材料虽然不可全信，但亦可说明，蜀与中原联系是比较早的。《华阳国志·巴志》载："（禹）会诸侯于会稽，执玉帛者万国，巴、蜀往焉。"[④]这说明了夏与蜀的文化交往是比较密切的。

①［南朝宋］范晔，［唐］李贤等注：《后汉书·西羌传》，中华书局1965年版，第2876页。
②徐中舒：《论巴蜀文化》，四川人民出版社1982年版，第1页。
③［晋］常璩撰，刘琳校注：《华阳国志校注》，巴蜀书社1984年版，第175页。
④［晋］常璩撰，刘琳校注：《华阳国志校注》，巴蜀书社1984年版，第21页。

蜀与商、周也交往频繁，这在殷墟卜辞与周原卜辞中均有记载。夏的文字尚未发现，蜀与夏的交往只得依靠对地下出土文物的文化因素分析法而间接求得。一般来讲，考古学文化是历史上“人们共同体”(氏族或民族)在物质文化上的反映，文化因素的相通，意味着“人们共同体”在文化层面上的传播与交流；大量的或主导的文化因素相同，则表示“人们共同体”之间可能存在着族属成分上的亲缘关系。

根据早期蜀文化的考古发现，小平底罐或钵、高柄或圈足豆、高领小平底大罐、袋足或管足封顶盉、鸟兽头长器把、高颈壶、瓶形杯、平底盆、三袋足炊器、尖底盏、敛口瓮、大口缸、器盖、纺轮等，都是古蜀文化或三星堆文化出土的典型陶器群，它们都自有特色，是一个与众不同的考古学文化的标志。其中，高柄豆与袋足封顶盉与二里头夏文化的陶器十分相似。[①]

三星堆遗址出土的玉石器也有不少与二里头玉石器相似，如玉锛、玉戈、玉圭、玉石、牙璋等。其中，以三星堆遗址为代表的古蜀文化很可能是牙璋的最早的发源地之一。[②]牙璋为夏商之方国通用，而殷商不用；商人习用半圭璋，而周人不用。这更透露出三代礼制异同的信息，古蜀文化与夏文化关系似比其与商文化更为密切。礼制是深层次的文化传统，表明蜀与夏的确可能是文化同源的南北两大支族。[③]

1987年在三星堆遗址群的真武仓包包发掘一个玉石器祭祀坑，出土玉瑗、玉凿、玉璧数十件。值得注意的是，还出土了2

① 林向：《蜀与夏——从考古新发现看蜀与夏的关系》，载林向：《巴蜀考古论集》，四川人民出版社2004版，第97页。
② 林向：《古蜀牙璋新论—古蜀文明与中华牙璋》，载林向：《巴蜀考古论集》，四川人民出版社2004年版，第226页。
③ 林向：《古蜀牙璋新论——古蜀文明与中华牙璋》，载林向：《巴蜀考古论集》，四川人民出版社2004版，第232页。

件长方形镂空铜牌饰，与二里头出土的几乎完全相同。[①]蜀夏间的交往又得一坚实的地下证据。

总之，夏蜀同源问题既于文献有征，又得地下出土物的印证。二者既是文化同源，又各自独立发展，在发展中又不断交往交流。

（二）蜀与商的关系

关于蜀与商的关系也有证明。徐中舒先生曾指出："最近在四川新繁水观音寺及忠县甘井沟遗址和墓葬里出土的陶器和铜兵器，这已经是金石并用的时代了，至迟在殷商的末期，四川与中原地区就已经有紧密的联系了……虽然从殷墟流传到西蜀，时间上应有一定的距离，但也不能相距过远。《尚书·牧誓》武王伐纣时，有'庸、蜀、羌、髳、微、卢、彭、濮'。《华阳国志·巴志》也说：'周武王伐纣，实得巴蜀之师。'殷周之际，巴蜀和中原地区的关系，现在是已经得到地下资料证明了。"[②]

殷商时期，蜀与商王朝的关系主要见于殷卜辞。甲骨文有不少关于蜀商交往的记载，且与卜辞所记其他商代方国有重要区别。例如，殷王室对所征服之国，均称为方，如土方、羌方、巴方等，但卜辞中的蜀却绝不称方。固然卜辞对有的方国有时不称方，但总有称方之例，不称方者均为省称。卜辞中无一辞称蜀为方，足见绝非省称。这显然意味着，蜀王国并没有成为殷王朝的外服方国，故不称方。蜀王也没有成为殷王朝的方国之长。

从蜀文化的考古发现和研究中，也可得出同样结论。广汉三星堆遗址发现的蜀国都城，城墙规模相当庞大，东西长1600—2100米，南北宽1400米，都城总面积2.6平方公里[③]。同一时期

① 陈德安：《三星堆遗址的发现与研究》，载《中华文化论坛》1998年第2期。
② 徐中舒：《论巴蜀文化》，四川人民出版1982年版，第4页。
③ 陈德安，罗亚平：《蜀国早期都城初露端倪》，载《中国文物报》1989年9月15日。

的早商都城河南偃师商城，东墙长 1640 米，西墙长 1710 米，北墙长 740—1240 米，总面积为 1.9 平方公里。稍晚的中商都城郑州商城，北垣长 1690 米，西垣长 1870 米，东南垣各长 1700 米，总面积为 2 平方公里多。[①] 按照商王朝的内、外服之制和匠人营国之制，王朝都城绝对大于方国都城，故商都在卜辞中称为“大邑商”。而方国之都的规模远小于大邑商。如湖北黄陂盘龙城为商王朝控临南方“金锡之道”的重镇，城垣南北约 290 米，东西约 260 米，总面积仅 7 万平方米。[②] 山西夏县东下冯商代方国城址，南垣仅约长 400 米，其余三垣不详，总面积甚小。[③] 这说明方国之都无不小于大邑商，是为定制，自古而然，不能逾越。但蜀都却大于偃师商城，与郑州商城规模相当，这种情况却不见于商代外服体系。如将蜀王国纳入商代外服方国体系，就完完全全是罕见的严重逾制。

不言而喻，蜀王国都制与商王朝都制的对等性，表明二者是两个不同政治体制和政权系统下的产物。它们之间不存在权力大小的区别，正如它们之间不存在共主与臣属的关系一样，这与殷卜辞中绝不称蜀为方是恰相吻合的，充分表明了商代蜀王国是一个独立的政治实体这个事实。

（三）氐羌民族的迁徙

“氐羌族迁徙的传统路线，是沿着横断山脉的几条大河——怒江、澜沧江、金沙江以及雅砻江的河谷通道南下。从新石器时代起，这种迁徙活动愈往后愈频繁。分布在岷江、大渡河、金沙江、雅砻江流域的石棺文化中反映比较清晰，这种以石棺为葬具的墓葬在四川汶川、理县、茂县、雅江、木里、盐源和云南德钦

① 文物编辑委员会编：《郑州商代城址发掘报告》，载《文物资料丛刊》第 1 辑，文物出版社 1977 年版。

② 湖北省博物馆等：《盘龙城一九七四年度田野考古纪要》，载《文物》1976 年第 2 期。

③ 东下冯考古队：《山西夏县东下冯遗址东区、中区发掘简报》，载《考古》1980 年第 2 期。

有着广泛的分布，石棺墓中所出的陶双耳罐、单耳罐、高领罐等均带有强烈的西北甘青原始文化色彩。这类墓葬的时代上迄战国，下至西汉，有的延续到东汉时期。这一文化就是进入青铜时代以后，沿横断山脉的河谷通道南下的氐羌族带来的。在更南部的云南剑川沙溪鳌凤山青铜时代墓葬群中，也盛行单耳、双耳和高领陶罐，还有与西北地区齐家文化相似的所谓‘安佛拉式’双耳罐，也说明氐羌文化到达洱海区域，自新石器时代至青铜时代连绵不绝，未曾间断。”[①]

三、先秦时期蜀、滇地区的民族及其联系

(一)蜀国和蜀地的民族群体

先秦时期的蜀国是由多个民族群体组成的。蜀国直接或间接统治的区域，除了蜀人和一部分中原民族之外，在其南部和西部的边缘地带，还居住着众多少数民族。[②] 蜀国灭亡之后，居住在蜀地的民族群体仍然是多样的。具体来看，蜀国和蜀地的民族情况如下：

1. 蜀人

蜀之记载，最早见于商代武丁时期的甲骨卜辞中。据董作宾的统计有 11 条，[③] 而岛邦男博士统计为 42 条。[④] 总体说来，“蜀”最初是一种民族称呼的观点基本上已取得了学术界的普遍认同。

---

① 李昆声：《云南原始文化族系试探》，载《云南社会科学》1983 年第 4 期。

② 童恩正：《古代的巴蜀》，重庆出版社 2004 年版，第 67 页。

③ 董作宾：《殷代的羌与蜀》，原载《说文月刊》1942 年 3 卷第 7 期，后收入李绍明、程贤敏：《西南民族研究论文选》，四川大学出版社 1991 年版，第 93 页。

④ 转引自林向：《殷墟卜辞中的“蜀”——成都平原商代遗存初析》，载《殷墟博物苑苑刊》创刊号，中国社会科学院出版社 1989 年版。《全上古三代秦汉三国六朝文・全汉文》，河北教育出版社 1997 年版，第 736 页。

详细记载蜀人古史的是扬雄《蜀王本纪》和常璩《华阳国志·蜀志》。《蜀王本纪》说："蜀之先称王者，有蚕丛、柏濩、鱼凫、开明。是时人萌，椎髻左衽，不晓文字，未有礼乐。从开明已上至蚕丛，积三万四千岁。蜀王之先名蚕丛，后代名曰柏濩，后者名鱼凫。此三代各数百岁，皆神化不死，其民亦颇随王化去。鱼凫田于湔山，得仙，今庙祀之于湔。时蜀民稀少。"①《华阳国志·蜀志》亦载："周失纲纪，蜀先称王。有蜀侯蚕丛，其目纵，始称王。死，作石棺石椁，国人从之，故俗以石棺椁为纵目人冢也。次王曰柏灌。次王曰鱼凫。鱼凫王田于湔山，忽得仙道，蜀人思之，为立祠。"②说明早期的蜀人主要是三代蜀王"蚕丛、柏濩、鱼凫"统治下的蜀民族。

关于蜀人的来源，与传说中的黄帝有关。《史记·五帝本纪》云："（黄帝）居轩辕之丘，而娶于西陵之女，是为嫘祖……生二子，其后皆有天下：其一曰玄嚣，是为青阳，青阳降居江水；其二曰昌意，降居若水。昌意娶蜀山氏女。"③说明黄帝族系与蜀山氏（即蜀人）关系密切。据考证，西陵的地望在今四川盐亭。④《华阳国志·蜀志》亦言："至黄帝，为其子昌

四川广汉三星堆遗址二号祭祀坑

① ［清］严可均辑：《全上古三代秦汉三国六朝文·全汉文》，河北教育出版社1997年版，第736页。

② ［晋］常璩撰，刘琳校注：《华阳国志校注》，巴蜀书社1984年版，第181页。

③ ［西汉］司马迁：《史记·五帝本纪》，中华书局标点本1959年版，第10页。

④ 段渝：《嫘祖考》，《炎黄文化研究》，1997年第4期。

意娶蜀山氏之女，生子高阳，是为帝喾；封其支庶于蜀，世为侯伯。历夏、商、周，武王伐纣，蜀与焉。”[①]所谓蜀山，即岷江上游的岷山。若水，即今川西高原边缘的雅砻江。后世的许多著作都把蜀山氏定在今雅砻江和岷江流域上游一带，说明这一带极可能是蜀人的原始居地。实际上，早在《世本》《山海经》等先秦史籍中就记有蜀山氏名号，及至汉初，除《史记》外，在《大戴礼记》等史籍中均有蜀山氏的名号，而且诸书并载“蜀山氏之女名昌濮”。以上说明其记载应是比较准确的。具体而言，蜀山氏所居之地又名叠溪。据考，叠字应出于先秦金文嫘祖二字合文之省，[②]当为黄帝元妃嫘祖曾经入蜀的证据。

此外，蜀人起源于岷山，从其考古学文化上看，蜀族是流行大石崇拜的即“石棺石椁，国人从之”的民族。三星堆1号祭祀坑内出土一块与金、玉、铜器共生的大石，明显是大石崇拜的遗迹。无独有偶，在岷江上游理县佳山寨中，也出土一块不规则的梯形自然石块。两者虽然异时异地，但其大石崇拜传统如出一辙，绝非偶然。另外，三星堆1号坑的方向为北偏西45°，2号坑为北偏西55°，共同朝向蚕丛氏所由兴起的岷山。而同一时期成都羊子山土台大型礼仪建筑，方向也是北偏西55°，同样朝向蚕丛氏发祥的岷山。这一系列现象无不显示出存在于其中的深刻的内在联系，说明其源头都在岷山，都与蚕丛氏始居岷山石室有不可分割的渊源关系。[③]

关于蜀人起源于雅砻江和岷江上游一带的岷山是无疑了，但其源于何族这一点也必须明确。关于蜀人的族属问题，有学者认为应源于氐人，与叟人密切相关。[④]而段渝认为，早期的蜀人，

① [晋]常璩撰，刘琳校注：《华阳国志校注》，巴蜀书社1984年版，第175页。
② 邓少琴：《巴蜀史迹探索》，四川人民出版社1983年版，第136页。
③ 段渝：《四川通史》（第一册），四川大学出版社1993年版，第183页。
④ 童恩正：《古代的巴蜀》，四川人民出版社1979年版，第55—56页。

其部落有别，来源非一，实为一复合型民族，[1] 蚕丛与鱼凫为氐人，“早期蜀族是由成都平原先蜀文化的居民与分别来自岷江上游氐族的不同支系融合形成的”。[2] 段先生之所以有这样的观点，主要是基于“关于柏濩，历代史籍语焉不详。考古资料中，三星堆文化第 1、2 期之间有一个明显的变化，而第 2 期与第 3、4 期一脉相承，为鱼凫氏统治时期的文化。据此，如以史籍所记三代顺序，则有可能第 1 期包括有柏濩的文化遗存。但柏濩一代的史事无考”。[3]

从考古学文化的分析可以看出，蜀人的分布地域应和其来源、迁徙息息相关。我们认为，蜀人最初居于川西高原，后入成都平原的观点比较符合历史。蜀人源于岷江上游的岷山，并行石棺石椁之俗，这已为岷江上游所发掘出的秦汉时代数量众多的石棺葬所证实。[4] 最初，蜀之先人蚕丛活动的区域，主要是岷江上游一带。正因为如此，在汶川、灌县境内尚有不少以蚕为名的古地名遗迹，如蚕崖关、蚕崖石、蚕崖市之类。在鱼凫的时代，蜀人逐渐向东南方向的成都平原发展。上述之“鱼凫田于湔山”，湔山在今灌县境内。此外，彭县相传尚有鱼凫山，温江有鱼凫城，其发展的线索是相当清楚的。到了杜宇时代，则蜀族的疆域可以说已到极盛时期，当然，蜀族的分布范围也随之扩大。这说明在蜀国最强大的时候，蜀族已基本分布在今天的川东、川南和川西南的广大地区以及滇北、滇东北与黔西南交界处。

到了战国后期，蜀为秦所灭，秦把广大的蜀地纳入了统一多民族国家治理之下。秦汉时期，由于郡道（县）设置的不断调整，

① 段渝：《论蜀史“三代论”及其构拟》，载《社会科学研究》1987 年第 6 期。
② 段渝：《四川通史》第 1 册，四川大学出版社 1993 年版，第 31—35 页。
③ 段渝：《四川通史》第 1 册，四川大学出版社 1993 年版，第 33 页。
④ 童恩正：《四川西北地区石棺葬族属试探——附谈有关古代氐族的几个问题》，载《思想战线》1978 年第 1 期。

原来包括广大地域的蜀国已成为秦汉王朝郡县系统中的蜀郡。虽然秦汉时蜀郡所辖地域不断发生变化，但蜀族基本上还是分布在原来广阔的地域之中，在中原文化的影响下，蜀族中经济文化发展较高的部分慢慢融于汉族之中，而处于边地、相对落后的部分则沿着固有的传统继续向前发展，被称为“叟”，成为汉晋时期“西南夷”的重要组成部分，唐以后与昆明等族一起发展成为“乌蛮”。

关于先秦时期蜀人和蜀地的相关记载

公元前	《史记·秦本纪》	《史记·六国年表》（附《楚世家》）	《华阳国志》
475	蜀人来赂。	蜀人来赂（秦）。	
451		（秦）左庶长城南郑	
441		南郑反（秦）	
387	伐蜀取南郑。（此当在蜀取我南郑之后，盖同一年事。）	蜀取我（秦）南郑	周显王之世，蜀王有褒汉之地，因猎谷中，与秦惠王遇。
377		蜀伐我（楚）兹方	
337		《楚世家》：“蜀伐楚，取兹方，于是楚为扞观以拒之。”蜀人来（秦）。	周显王二十二年（当作三十二年），蜀侯使朝于秦。
316	司马错伐蜀灭之	（秦）击蜀灭之	秋，秦大夫张仪、司马错、都尉墨等从石牛道伐蜀。蜀王自于葭萌拒之，败绩，王遁走，在武阳为秦军所害。冬十月，蜀平，司马错等因取苴与巴。
314	公子通封于蜀。		秦惠王封子通国为蜀侯，以陈壮为相。
313		（秦）公子繇通封蜀。	置巴郡，以张若为蜀国守。
311	丹、犁臣蜀，相壮杀蜀侯来降。（《正义》：丹、犁二戎号也，臣服于蜀。蜀相杀蜀侯，并丹、犁二国降秦。）		戎伯尚强，乃移秦民万家实之。（丹、犁在蜀西南，本西南夷，此云戎伯尚强，似即指丹、犁等言。）

310	诛蜀相壮，伐丹、犁	（秦）诛蜀相壮	
308			封子辉为蜀侯。司马错率巴、蜀众十万，大舶船万艘，米六百万斛，浮江伐楚，取商于之地为黔中郡。（《史记》：秦伐楚巫、黔中，在公元前280及277年。）
301	蜀侯辉反，司马错定蜀。	蜀反，司马错往诛蜀侯辉，（秦）定蜀。	
300	（昭襄王）封其子绾为蜀侯。		
285	疑蜀侯绾反，王复诛之，但置蜀守，张若因取笮及其江南地。		
280	又使司马错发陇西，因蜀攻楚黔中，拔之。		
277	蜀守若伐取巫郡及江南黔中郡。	秦拔我（楚）巫、黔中。《楚世家》："秦复拔我（楚）巫黔中。"	
250			周灭后，秦孝文王以李冰为蜀守。

资料来源：徐中舒：《巴蜀文化初论》，载《四川大学学报（哲学社会科学版）》1959年第2期。

2. 濮人

《尚书·牧誓》载："及庸、蜀、羌、髳、微、卢、彭、濮人，称尔戈，比尔干，立尔矛，予其誓。"濮人作为参与周武王牧誓的民族之一，是我国古代南方的主要民族群体之一。在早期，其分布在《尚书·牧誓》孔《传》所说的"江汉之南"，即湘西、黔东北及四川东南部相连的地区。自春秋、战国以来，原江汉之南的濮人逐渐向西移动，同时也有不少散居于川东、黔西及滇东地区。[①]

实际上，濮人是楚西南和巴、蜀、夜郎、滇等地土著民族的泛称。虽然这些地方都有被称为濮人的群体，但是他们却不一定是同一个民族。从新石器时代开始，各地濮人就显示出不同特征，此后，楚地濮人被楚人融合，巴地濮人融入板楯蛮或巴人。蜀地濮人与氐羌融合，形成蜀人。蜀境南边濮人分化为邛人、僰人。夜郎濮人成为僚人，滇地濮人成为僰人，滇西南濮人成为蒲人。[②]

先秦时期的蜀国，成都平原的土著民族也以濮人为主。后来由于濮人渐渐融入蜀人当中，蜀国灭亡后，这些濮人逐渐秦化，到汉代融入汉族。此后史籍就没有对蜀地濮人的专门记载了，而只是保存了一些与濮人有关的地名。[③]

位于四川宜宾境内的僰人悬棺葬

① 张增祺：《滇国与滇文化》，云南美术出版社 1997 年版，第 38 页。
② 张增祺：《滇国与滇文化》，云南美术出版社 1997 年版，第 38 页。
③ 李宗放：《四川古代民族史》，民族出版社 2010 年版，第 46—47 页。

3. 僰人

僰人，“在周秦时，向西分布甚广，凡青衣以南，氐筰以东，巴楚以西广大地面皆有之”。[①]童恩正认为：“川南的宜宾地区和凉山彝族自治州东部的马边、屏山、峨边等县，大致相当于汉代犍为郡的范围以内，是春秋战国时代僰族的集居地。”[②]有研究人员进一步指出，在先秦时期的蜀国和蜀地，有“筰”称的地方（筰道、筰都、筰秦、定筰、大筰）都有僰人。也就是说，在今天四川崇州市以西、雅安以南至汉源、凉山彝族自治州安宁河一线的冕宁、西昌至盐源、攀枝花市及其所属盐边县，乐山以南至宜宾，直到川南和云南境内，都有僰人分布。[③]

对于僰人的族属，有研究者认为，应属于氐羌系统中羌人的一种，其依据有：《礼记·王制》说：“屏之远方，西方曰僰。”《史记·司马相如列传》记载：“唐蒙使略通夜郎西僰中。”及《集解》徐广释僰：“羌之别种也。”《史记·平津侯主父列传》有“降羌僰”；《史记·淮南衡山列传》有“羌僰入献”；《后汉书·文苑列传·杜笃》载“捶驱氐僰”；《后汉书·种暠传》载岷山有“邛僰”等。这些记载说明有不少僰人与氐羌杂居，分布在岷山地区。而有的学者则认为：“这些僰人可能是受氐羌影响，吸收氐羌文化，所以他们被看作羌别种。未与氐羌杂居的在僰道及以南的僰人不应是羌之别种，结合僰人是农业民族分析，僰人应该是土著濮人分化或改称。”[④]也有学者认为僰应为僚人，其主要依据是：第一，汉代益州郡所属胜僰县，魏晋南北朝时改属兴古郡，而《华阳国志·南中志》说兴古郡“多鸠僚、濮”，《三国志·张嶷传》注引《益州耆旧传》也说“牂牁、兴古僚种复反，忠令嶷领诸营往

① [晋]常璩著，任乃强校注：《华阳国志校补图注》，上海古籍出版社1987年版，第178页。
② 童恩正：《古代的巴蜀》，重庆出版社2004年版，第69页。
③ 李宗放：《四川古代民族史》，民族出版社2010年版，第47页。
④ 李宗放：《四川古代民族史》，民族出版社2010年版，第47页。

讨”。又《太平御览》卷356引郭义恭《广志》说：“僚在牂牁、兴古……”第二，根据《太平寰宇记》卷122引《九州纪要》说“（南州），僰溪生獠照慰以置之”，认为南州即是四川宜宾地区的“故僰侯国”。第三，四川珙县等地的“僰人墓”中有类似僚人的“凿齿”现象。[①]还有学者认为僰人应为氐人，“古代僰人最早属于氐人中的一支，原来也是游牧民族。但僰和氐也有区别，这不仅因为僰人比氐人汉化程度更深，而且秦、汉以来，僰人在南迁过程中又融合了不少汉人。也可以说，僰是以氐人为主的氐、汉融合体。他们既有相同的一面，也有许多不同的地方”。[②]

僰人，其所以称之为“僰”，据《水经·江水注》僰道县说：“本僰人居之。《地理风俗记》曰：夷中最仁，有仁道，故字从人。《秦纪》所谓僰僮之富者也。”

4. 邛人

邛人，也称邛都或邛都夷。《史记·西南夷列传》载：“西南夷君长以什数，夜郎最大；其西靡莫之属以什数，滇最大；自滇以北君长以什数，邛都最大：此皆魋结，耕田，有邑聚。”[③]《后汉书·南蛮西南夷列传》说：“邛都夷者，武帝所开，以为邛都县。无几而地陷为汙泽，因名为邛池，南人以为邛河。后复反叛。元鼎六年，汉兵自越巂水伐之，以为越巂郡。其土地平原，有稻田。……俗多游荡，而喜讴歌，略与牂牁相类。”[④]《华阳国志·蜀志》记载：“临邛县，郡西南二百里，本有邛民。”《六书故·工事二》解释称：“邑之大者曰都。”邛人有君长，邛都即是邛人居住的大邑。邛人分布区范围大致与汉代越巂郡的区域一致，为今西昌市及凉山彝族自治州西部地区。对于邛人的族属，

① 蒙默：《僰为僚说（上）》，载《凉山彝族奴隶制研究》第1期，1977年12月，第70—77页。
② 张增祺：《中国西南民族考古》，云南人民出版社2012年版，第44页。
③［西汉］司马迁：《史记·西南夷列传》，中华书局点校本1959年版，第2991页。
④［南朝宋］范晔：《后汉书·南蛮西南夷列传》，中华书局1963年版，第2852页。

有研究者认为其为岷山的土著，是蜀国蚕丛氏民众，并且其继承了蚕丛氏石室建筑方式，发展了大石墓葬式。[①]还有学者则认为，从邛都与滇、夜郎并称，且滇、夜郎均为濮人来看，邛都也应为古代濮人之一。[②]

5. 笮人

笮人作为蜀地民族之一，其居住地区被称为丹犁，后来写为沈黎，在今汉源县。《史记·秦本纪》载：惠文王初更十四年（前311年）“丹、犁臣”。《正义》说丹、犁是“二戎号也，臣伏于蜀”。武王元年（前310年），伐“丹、犁”。《华阳国志·蜀志》记载，周赧王三十年（前285年），蜀守张若“取笮及其江南地”。秦国的统治达到大渡河以南笮人地区。

6. 冉駹

对于冉駹，童恩正认为应分为“冉”和“駹”两个群体，“《史记》和《后汉书》虽然将冉駹列于同一传中，但冉駹应是两种民族”[③]，他的依据有二。其一，《史记·大宛列传》说“（天子）乃令骞因蜀、犍为发间使，四道并出：出駹，出冉”；其二，《史记·司马相如传》载“因朝冉从駹，定筰存邛”。因此，他认为：“这两种部族，可能居处相近，习俗相同，所以史书以之并列，有时则仅举其一作为代表，如《汉书·张骞传》作‘出駹，出筰，出徙、邛，出僰’，即以‘駹’代替‘駹、冉’。”[④]冉、駹的分布范围在邛、筰东北，大致在今天阿坝藏族羌族自治州境内；其族属则为氐族。

有的研究者则认为冉駹是西汉以前生活在岷山地区的民族，并且根据《后汉书·南蛮西南夷列传》记载，冉駹生活的地区有

① 李宗放：《四川古代民族史》，民族出版社2010年版，第48页。
② 童恩正：《古代的巴蜀》，重庆出版社2004年版，第71—72页。
③ 童恩正：《古代的巴蜀》，重庆出版社2004年版，第76页。
④ 童恩正：《古代的巴蜀》，重庆出版社2004年版，第76页。

“六夷、七羌、九氐”，进而认为冉駹包括了夷、羌、氐的民族群体，只不过夷是岷山地区的土著，而羌、氐是迁徙而来的。

7. 羌人

羌人发源于西北甘青地区。今天四川茂县凤仪镇营盘山、马尔康县沙尔宗乡哈休等新石器时代遗址发掘证实，在新石器时代开始，羌人向岷山地区迁徙。秦献公时（前 384—前 362），又从河湟地区迁来一大批以卬为首领的羌人，他们与更早迁来的羌人一起构成了蜀地的羌人各部。其中包括冉駹夷中的 7 个羌人部落，以及汉代蜀郡的徼外羌、氂牛羌，广汉塞外的白马羌、越嶲羌、广汉羌，他们分布在蜀地西边和西南边。此外，还有青衣羌，《水经注·青衣水》载：青衣县，“故有青衣羌国”，即青衣羌分布在青衣县，其辖地为今天四川的芦山、名山、雅安。[①]

8. 氐人

公元前 10 世纪开始至公元前 8 世纪中叶的持续寒冷和干旱，使善于织布、耕种的氐人逐渐兴起于陇山东西及以南地区。此后氐人分布范围有所扩大，特别是秦国兴起之后，氐人中有一部分向南迁徙，成为蜀地民族之一。具体而言，在今都江堰市往北至松潘县境内，以及今四川平武至江油一带，都有氐人分布。

9. 徙人

《史记·西南夷列传》载：“自筰以东北，君长以十数，徙、筰都最大。”也就是说，在蜀地筰人居住区往东北的方向有徙人分布。徙也称为斯，徙与斯古音相同，《史记·司马相如列传》有“略斯榆”的记载，故此处所说的徙人即为斯人。徙人居住地与筰人相邻，在今天雅安地区的天全县。《史记·西南夷列传·集解》引徐广曰：“徙在汉嘉。筰音昨，在越嶲。”在族属方面，“徙

① 李宗放：《四川古代民族史》，民族出版社 2010 年版，第 48—49 页。

(斯)应为氐族，属于‘土著’的一类”。[1]

10. 叟人

对于蜀地的叟人，通常认为是由徙人演变而来。童恩正根据《读史方舆纪要》卷七十二“雅州”条记载“徙阳废县在州西。汉县，属蜀郡。徙音斯，或曰徙榆，蛮也。亦曰榆。……后汉改属蜀郡属国都尉。晋曰徙阳县，属汉嘉郡。大宁初，越嶲斯叟攻成将任回，斯叟，即徙之遗种也”，认为“叟”或“斯叟”是徙的遗种；而李宗放认为叟是蜀人、徙人南迁到越嶲郡演变而成的[2]。

11. 和夷

《尚书·禹贡》记载：“蔡蒙旅平，和夷厎绩。”学者研究认为，和夷泛指先秦时期居住蜀地山区的民族。“夏朝时期的‘和夷’分布在岷山、嶓山及其支脉和蔡山、蒙山地区。”[3]从族源上来看，“‘和夷’部落群是西戎、氐、羌的近亲群体”[4]。“和夷”二字中“和”本义为山，是当地民族语言的音译，和与夷相连为和夷，和夷不单指某一民族，泛指居住在蜀郡桓水以北地区以及氐羌系统为主的民族，包括蜀人、氐、羌、徙、虒、笮、僰等。[5]

（二）蜀人南迁

蜀国被秦灭亡之后，作为其主体民族的蜀人有一部分向南迁徙至交趾，建立安阳王国。在安阳王国灭亡之后，这些蜀人也逐渐融入交趾当地的民族之中。《水经注》卷三十七引《交州外域记》载：“交趾昔未有郡县之时，土地有雒田，其田从潮水上下，民垦食其田，因名为雒民，设雒王、雒侯，主诸郡县。县多为雒

① 童恩正：《古代的巴蜀》，重庆出版社 2004 年版，第 74 页。

② 李宗放：《四川古代民族史》，民族出版社 2010 年版，第 49 页。

③ 尤中：《夏朝的建立和华夏民族的形成及周边民族群体的关系》，载《思想战线》1997 年第 2 期。

④ 尤中：《夏朝的建立和华夏民族的形成及周边民族群体的关系》，载《思想战线》1997 年第 2 期。

⑤ 李宗放：《“和夷”诸解与我见》，载《西南民族大学学报（人文社科版）》1997 年第 6 期。

将，雒将铜印青绶。后蜀王子将兵三万来讨雒王、雒侯，服诸雒将，蜀王子因称为安阳王。”①

在南迁过程中，一部分蜀人沿途留居，与当地原有民族群体相互融合。《史记·三代世表》记载：“蜀王，黄帝后世也，至今在汉西南五千里，常来朝降，输献于汉。”② 张守节《正义》说：“《谱记》云：蜀之先肇于人皇之际。黄帝之子昌意娶蜀山氏女，生帝佶，立，封其支庶于蜀，历虞夏商。周衰，先称王者蚕丛，国破，子孙居姚、嶲等处。”③ 说明部分蜀人在蜀国灭亡之后，南迁到了云南境内的姚州和四川境内的嶲州，即今天云南省楚雄彝族自治州姚安、大姚一带，以及四川省凉山彝族自治州一带。“南迁蜀人后融入当地民族，被称为叟。”④

（三）先秦时期云南境内的民族

先秦时期，云南境内已有氐羌、百越系统民族居住分布，他们当中有的是沿着水陆交通线迁徙而来，有的则是当地的土著，还有的是二者融合产生的群体。这些民族在云南的分布情况，随着历史的发展而不断发生变化。“大致在春秋、战国之前，‘昆明’人主要分布在洱海区域以西至怒江以东的河谷地带，其中一部分已进入洱海区域。（包括今大理、洱源、剑川等地）主要是‘斯榆蛮’（按即汉代的‘楪榆’，唐代的‘西洱蛮’。‘斯榆’‘楪榆’‘西洱’乃一音之转）。从新石器时代起，他们就是当地一个较发达的农业民族。滇西北地区主要是最早进入云南的氐羌民族‘白狼’人，约在公元前 10 世纪左右，他们就已活动在今四川西部及云南中甸至德钦一带，多从事畜牧业和狩猎业。川南及滇北地区，为‘邛人’‘筰人’及部分‘昆明’人，他们主要是游牧

①［北魏］郦道元著，陈桥驿校证：《水经注校证》，中华书局 2007 年版，第 861 页。
②［西汉］司马迁：《史记》，中华书局 1959 年版，第 506 页。
③［西汉］司马迁：《史记》，中华书局 1959 年版，第 507 页。
④ 李宗放：《四川古代民族史》，民族出版社 2010 年版，第 43 页。

民族。滇东北为夜郎支系，滇池区域有‘滇人’（古越人中的一支）、‘濮人’（此濮即‘江汉以南’至滇东一带的濮人，与滇西地区孟高棉民族的濮人有区别）。滇东南及滇南为越人的聚居区，他们和广西及越南北部的越人连成一片，和滇池区域的‘滇人’同属一系统。滇西南地区的古代民族比较复杂，既有未东迁的‘昆明’人，也有部分西迁的越人和北上的孟高棉民族。洱海区域和滇池区域之间（今姚安、祥云、弥渡、南涧一带多南亚语系孟高棉民族，作由南向北的纵贯式分布）”[①]。

1. 滇人（越人）

童恩正认为滇人在族属上应归为濮人，“至于滇的族系，现在争论颇多，笔者认为亦应为濮”。[②]他的依据是：《华阳国志·南中志》载“南中在昔盖夷越之地，滇濮、句町、夜郎、楪榆、桐师、嶲唐侯王国以十数”；《史记·货殖列传》记“（巴蜀）南御滇僰、僰僮”；而《汉书·地理志》则作“南贾滇、僰僮”。因此，他认为《史记》中的“滇僰”，就是《汉书》中的滇，而僰即是濮。滇即是濮，在古代是一较普遍的看法。

张增祺认为滇人的主体为越人。《华阳国志·蜀志》载“（蜀）东接于巴，南接于越”，说明蜀国的南边有大量越人分布。《华阳国志·南中志》载：“南中在昔盖夷、越之地。”南中即主要指现在的云南省，在蜀之南。“当地多夷、越民族，夷即滇西地区的‘昆明夷’‘摩沙夷’等民族，越即滇池区域及滇东地区的越人。”[③]此外，《史记·大宛列传》载：“昆明……其西千余里有乘象国，名曰滇越。”[④]滇越也是古代百越系民族中的一支，其主要分布于今天云南腾冲、德宏一带。

① 张增祺：《中国西南民族考古》，云南人民出版社2012年版，第9页。
② 童恩正：《古代的巴蜀》，重庆出版社2004年版，第196页。
③ 张增祺：《滇国与滇文化》，云南美术出版社1997年版，第32页。
④［西汉］司马迁：《史记·大宛列传》，中华书局点校本1959年版，第3166页。

2. 濮人

先秦时期云南境内的濮人，从族属及后来发展演变来看，包括两大类型：一类是通常所说的百濮，即“江汉之濮”；另一类是世居于云南西南的濮人。

首先来看“江汉之濮”。自春秋、战国以来，原居江汉之南的濮人逐渐向西移动，有的散居于川东、黔西和滇东地区。滇东地区的濮人与贵州西部的濮人连成一片，主要分布在滇东北与滇东南地区，后世文献记载的有“句町国濮”“兴古郡濮”及“谈槁县濮”等部落。滇国强盛之后，上述濮人大都臣属于滇，成为滇国的属民，并且许多濮人专门为滇国统治者放牧、抬肩舆及做家务。[①]

这些江汉地区的濮人或南迁后称百濮的民族，其考古学文化与世居于云南西南部澜沧江、怒江下游地区的濮人的考古学文化截然不同。江汉地区的濮人由于战争等因素的影响，大多融于汉人的先民之一即楚人之中，南下的部分则大部分与百越杂处，部分与氐羌系民族杂居，后融于百越与氐羌系统民族中。而居于云南西南部的世居濮人，由于地域的阻隔，发展为西汉时期的“苞满”、东汉时期的“闽濮”。居于云南西南部的“苞满”的先民，在新石器时代时可能人口较多、力量较大，其文化影响了当时云南西部、西南部、东北部的其他族群。从这个意义上来说，“苞满”的先民就是云南省最早的世居民族之一。

综合而言，今天云南南亚语系孟高棉语族民族源于属新石器时代的忙怀类型文化，这些文化的主人在秦汉时期被称为“苞满”和“闽濮”；云南孟高棉语族民族的先民世居于云南西南部地区，在秦汉时期被称为“濮”，此“濮”非江汉之南的“百濮”。

① 张增祺：《滇国与滇文化》，云南美术出版社 1997 年版，第 38—39 页。

因此，云南西南部地区之濮与江汉之濮属名同实异的两个族群；在云南古代民族系统中，早期并无百濮系统，百濮是后来迁徙而来的，云南古代民族系统中除了氐羌、百越之外，应还有“苞满”和“闽濮”，他们是云南世居少数民族，以“苞满”和“闽濮”为中心形成了今天我国南亚语系孟高棉语族的佤、布朗、德昂等三个民族。[①]

3. 昆明人

先秦时期，昆明人主要分布在今怒江、澜沧江河谷及洱海区域，其生产、生活方式为“随畜迁徙，毋长处”。[②]“战国至秦汉时期，昆明的分布范围大致不外怒江以东，金沙江以南，滇池区域以西，西双版纳以北。”[③]同时，在昆明人分布的广阔地域内，还有斯榆、苞蒲、嶲人等。[④]

对于昆明人的族源，主要有以下几种观点：其一，认为昆明人源于西北甘青高原的古羌人。依据是《后汉书·西羌传》的记载：“（无弋爰剑）遂俱亡人三河间。诸羌见爰剑被焚不死，怪其神，共畏事之，推以为豪。……其后世世为豪。至爰剑曾孙忍时，秦献公初立，欲复穆公之迹，兵临渭首，灭狄獂戎。忍季父卬，畏秦之威，将其种人附落而南，出赐支河曲西数千里，与众羌绝远，不复交通。其后子孙分别，各自为种，任随所之。或为氂牛种，越嶲羌是也；或为白马种，广汉羌是也；或为参狼种，武都羌是也。”[⑤]其二，认为昆明与西北地区已经逐渐融合到羌人中的乌孙人之间有亲缘关系。“这些广义的羌人，他们带着‘昆明’或‘昆弥’这个名称，从敦煌一直向南移居，成为进入中国西

① 朱映占等：《云南民族通史》，云南大学出版社2016年版，第70—71页。
② 张增祺：《滇国与滇文化》，云南美术出版社1997年版，第41页。
③ 张增祺：《中国西南民族考古》，云南人民出版社2012年版，第19页。
④ 张增祺：《滇国与滇文化》，云南美术出版社1997年版，第
⑤［南朝］范晔：《后汉书·西羌传》，中华书局1965年版，第2875—2876页。

南地区的‘昆明蛮’，和‘么些蛮’一样，反映出基本相同的牧羊民族的生活状况。”[①] 其三，认为昆明并非源自西北地区的羌人，而是新石器时代就活动于怒江、澜沧江河谷的土著民族。[②] 此观点的考古资料证据包括：滇西地区出土的大量有肩石斧和有肩铜斧，以及竖穴土坑墓古文化遗迹；文献资料的依据有：《禹贡》载羌人南境与“蜀汉徼外蛮夷”相接，说明羌人与徼外蛮夷不是同一民族。此外，《华阳国志·南中志》则说：“南中在昔盖夷、越之地。”“夷人大种曰昆，小种曰叟。”这表明昆明属于夷人中的一种。还有《后汉书·南蛮西南夷列传》称冉駹地区有“六夷、七羌、九氐”，也说明夷、羌、氐是有区别的民族群体。

4. 嶲人

《史记·西南夷列传》载：“其外西自同师以东，北至楪榆，名为嶲、昆明，皆编发，随畜迁徙，毋常处，毋君长，地方可数千里。”[③] 对于《史记·西南夷列传》所记载的滇西地区的游牧民族“嶲人”，考古学家研究认为，其实际上就是南迁的“塞人”，“嶲”是“塞”的音译，而“塞”又可能是“斯基泰”的短读音。战国末期至西汉初，嶲人主要分布在滇西地区，后来逐渐向东扩展至越嶲郡及滇池区域。[④]

5. 斯榆

有学者认为，新石器时代洱海区域除了有以游牧文化为特征的昆明人之外，还有以农业文化为特征的“斯榆蛮”，其与汉代的“楪榆”及唐代的“西洱蛮”为同一民族，其考古学文化以梯形石斧和半月形石刀为特征。[⑤]

①［日］白鸟芳郎著，朱桂昌译：《石寨山文化的担承者》，载云南民族研究所编：《民族研究译丛》，原载《石棚》1976年第10号。
② 张增祺：《中国西南民族考古》，云南人民出版社2012年版，第30页。
③［西汉］司马迁：《史记·西南夷列传》，中华书局点校本1959年版，第2992页。
④ 张增祺：《中国西南民族考古》，云南人民出版社2012年版，第34—38页。
⑤ 童恩正：《古代的巴蜀》，重庆出版社2004年版，第67页。

6. 僰人

先秦时期，云南境内已有僰人居住，其主要分布在与四川交界地区。但其具体情况文献记载不详。而对于僰人的族属，存在不同的观点，“有僰为濮说，僰为僚说，僰为羌说，僰为氐说等，总之众说纷纭，至今尚无一致看法”。①

7. 苞蒲

苞蒲，有的文献中也被称为濮人，属于南亚语系孟高棉语族民族。研究表明，苞蒲是云南境内新石器时代忙怀类型文化的主人，公元前 8—公元前 6 世纪，苞蒲中的一部分迁入洱海区域东部，战国至西汉初，受东迁的昆明人排挤，又有一部分迁至永昌地区。后来在洱海区域的大都融合于当地的昆明人当中，而迁至永昌的这一部分则成为云南南亚语系孟高棉语族佤崩语支各民族的先民。到秦汉时期，他们被称为“苞满”和“闽濮”。

8. 羌人

战国时期，今天云南北部及西北部地区已有不少羌人分布。云南境内的羌人是从西北甘青高原迁徙而来的。其迁徙路线主要有两条：其一是经岷江、大渡河流域迁入四川西昌地区及云南永胜、宁蒗一带；其二，是经金沙江流域进入滇西北地区中甸、丽江及四川盐源、木里等地。《后汉书·西羌传》说：“至爰剑曾孙忍时，秦献公初立，欲复穆公之迹，兵临渭首，灭狄䝠戎。忍季父卬，畏秦之威，将其种人附落而南，出赐支河曲西数千里，与众羌绝远，不复交通。其后子孙分别，各自为种，任随所之。或为氂牛种，越嶲羌是也；或为白马种，广汉羌是也；或为参狼种，武都羌是也。”② 据此说明，秦献公初立时（前 384 年），旄牛羌已经迁徙至越嶲地区，范围包括今四川西昌至云南永胜、宁蒗一

① 张增祺：《中国西南民族考古》，云南人民出版社 2012 年版，第 39 页。

② [南朝宋]范晔：《后汉书·西羌传》，中华书局 1965 年版，第 2875—2876 页。

带。《后汉书·和帝纪》载："永元十二年（100 年）正月，旄牛徼外白狼、楼薄夷种人内属。"《后汉书·西南夷传》："永元十二年二月，蜀郡旄牛徼外白狼、楼薄夷种王唐缯等率种人十七万口归义内属，诏赐金印紫绶，小豪钱帛各有差。"以上记载说明在旄牛羌徼外有白狼羌，其分布范围大致在汶山郡以西，即今四川甘孜州以南广大地区，包括云南滇西北中甸、丽江一带。[①]

总之，早期迁徙进入云南的民族群体，往往要以蜀地为中转。"从文物考古材料和文献记载的情况看，秦灭巴、蜀以前，滇、川两地的民族文化关系是相当密切的。"[②]"自古以来，滇川之间就有非常密切的经济、文化联系，同移民迁徙的路线一样，这种联系也主要是依靠崇山峻岭间的河谷通道。滇、川之间的通道可以分为东西两线，即东部的金沙江支流横江河谷和西部的安宁河河谷。早在新石器时代，这两条河谷已经成为川、滇各部族友好往来的通道。"[③]

四、先秦时期川滇地区与巴、楚之间的联系

（一）巴与蜀的关系

巴与蜀在古代文献中多并称出现，这是由于巴和蜀不仅在地域上相连接，而且其居民在风俗文化上也具有相似性。然而，"巴蜀这个地区，在历史上不同的时期有它不同的范围，有先秦巴国、蜀国的区域，有秦灭巴蜀后巴郡、蜀郡的区域，有汉初巴郡、蜀郡的区域，有汉武帝以后巴郡、蜀郡的区域，这些都显然各不相同"。[④]

---

① 张增祺：《滇国与滇文化》，云南美术出版社 1997 年版，第 44 至 46 页。
② 申旭：《云南移民与古道研究》，云南人民出版社 2012 年版，第 60 页。
③ 申旭：《云南移民与古道研究》，云南人民出版社 2012 年版，第 51—52 页。
④ 蒙文通：《巴蜀古史论述》，四川人民出版社 1981 年版，第 1 页。

（二）巴国和先秦巴地的民族

巴国境内除了建立巴国的主体民族之外，还有多种民族存在。《华阳国志·巴志》记载，巴国"其属有濮、賨、苴、共、奴、獽、夷、蜑之蛮"。

1. 建立巴国的主体民族

先秦时期，关于与蜀国并称的巴国，《华阳国志·巴志》载："其地，东至鱼复，西至僰道，北接汉中，南极黔涪。"[①] 而对于其建立者是谁的问题，学术界一直还存有争论。目前具有代表性的观点如下：其一，认为巴国的建立者为周族。持此观点的学者主要有徐中舒、段渝等。徐中舒称："巴为姬姓，即应为江汉诸姬之一。周初把许多姬姓部族分布在江汉流域，就是要镇抚殷商王畿以南的部族。巴既为姬姓所建，就不是从巫诞兴起的部族。"[②] 段渝在总结前人研究的基础上也认为："先秦巴国只有一个，即姬姓巴国。除姬姓巴国外，其余所谓的巴国，都是居息在巴地上称为巴的族群。"[③] 其二，认为巴国的建立者出自廪君。代表学者有邓少琴、童恩正、田继周等。童恩正认为《山海经·海内经》关于巴人祖先是太皞氏的记载，《华阳国志·巴志》关于巴人是黄帝的后代的记载都是不可靠的，而《世本》所载巴人为"廪君种"的传说则较为可靠。[④] 田继周认为巴首先是个地区名和国名，巴国境内就不一定只有一个民族，但是从巴国的辖区来看，其应该有一个主要民族，这个主要的民族就是传说记载的廪君蛮或廪君的后裔。[⑤] 其三，认为巴国不止一个，不同的巴国，其建立者也不一样。代表学者有蒙文通、蒙默等。蒙默认为，根

① [晋]常璩撰，任乃强校补图注：《华阳国志校补图注》，上海古籍出版社1987年版，第5页。
② 徐中舒：《论巴蜀文化》，四川人民出版社1982年版，第91—92页。
③ 段渝：《巴人来源的传说与史实》，载《历史研究》2006年第6期。
④ 童恩正：《古代的巴蜀》，重庆出版社2004年版，第10—11页。
⑤ 田继周：《先秦民族史》，社会科学文献出版社2007年版，第271页。

据《左传》《战国策》《史记》《汉书》《华阳国志》记载来看，巴与蜀一样，其地域不应只固定在一个地方，其民族也不是只固定为一个群体。在先秦的巴地，至少有四个巴国，即廪君之巴、宗姬之巴、巴夷賨国和枳巴，分别活动在夷水、汉水、渝水、涪陵水会，其族属分别为蜒族、华夏族、賨族和儴蜒之民。[①] 其四，认为巴人有广义和狭义之分。此观点的代表学者为李绍明，他认为广义的巴人包括《华阳国志·巴志》所说的“濮、賨、苴、共、奴、獽、夷、蜑之蛮”，当然，他们的族属未必是一致的；狭义的巴人则指廪君之巴，其主源可追溯到濮越人，其次源则可追溯到氐羌。[②]

对于巴国的主要民族，持廪君之后观点的学者认为，“巴蛮廪君种源于湖北、四川交界地区，后向四方发展。战国时，巴被楚和被秦灭后，其地分属于和相继属于楚、秦两国。巴蛮以后的发展，一部分融合于华夏，一部分仍作为少数民族保存下来。保存下来的巴蛮，汉时称为南郡蛮，有一些则成为武陵蛮的一部分。板楯蛮、賨人和沔中蛮则属于巴蛮的后裔，黔中的五溪蛮也与巴蛮有密切关系”。[③]

持先秦时期只有姬姓巴国观点的学者认为，巴国是以姬姓巴王族为主体，同时包括其他族群，在先后以陕东南和川东鄂西为中心而其四至因时而异的地域范围内所建立的国家。巴人则是泛指生长在巴国和巴地范围内的所有人，包括从巴迁徙到其他地方的人，并且可以不论其本是何种民族。[④]

2. 濮人

古代濮人支系众多，从文献记载来看，其分布范围广泛。

---

① 蒙默：《试论古代巴、蜀民族及其与西南民族的关系》，载《贵州民族研究》1983 年第 4 期。
② 李绍明：《川东南土家与巴国南境问题》，载《思想战线》1985 年第 6 期。
③ 田继周：《先秦民族史》，社会科学文献出版社 2007 年版，第 272 页。
④ 段渝：《巴人来源的传说与史实》，载《历史研究》2006 年第 6 期。

西周初年，濮人开始向四川、云南、贵州、湖南等地迁徙。《国语·郑语》说："楚蚡冒始启濮。"《史记·楚世家》载："始开濮地而有之。"楚武王时（前740—前689年），占领了大片濮人的土地，于是濮人更加大量向西南移动。并且一些濮人随着居住地改变，名称也进行了更换，还有一些濮人融合于其他民族群体。春秋时期，直接称为濮的群体，仅见江汉之濮，这支濮人主要分布在今涪江下游，其中心在今重庆市以北涪江、嘉陵江和渠江交汇的合川一带。①

3. 賨人

賨人之"賨"，"本为夷赋名称。百濮中，已接受郡县统治，承纳口算，任赋役者，汉族官吏以赋名名之，曰賨人"。② 賨人主要居住在川东地区，古代嘉陵江和渠江两岸。通常认为，賨人是板楯蛮的别称。"秦昭襄王时，白虎为害，自［秦］黔、蜀、巴、汉患之。秦王乃重募国中：'有能煞虎者邑万家，金帛称之。'于是夷朐忍、廖仲、药何、射虎秦精等乃作白竹弩于高楼上，射虎。中头三节。……而死。秦王嘉之［白］曰：'虎历四郡，害千二百人，一朝患除，功莫大焉。'欲如约，嫌其夷人。乃刻石为盟要：复夷人顷田不租，十妻不算；伤人者，论；煞人雇死，倓钱。盟曰：'秦犯夷，输黄龙一双。夷犯秦，输清酒一钟。'夷人安之。汉兴，亦从高祖定乱，有功。高祖因复之，专以射［白］虎为事。户岁出賨钱口四十。故世号白虎复夷。一曰板楯蛮。今所谓弜头虎子者也。"③

板楯蛮的名称，是因为賨人使用木板为盾，而得名。板楯蛮古为百濮的一支，后发展为僚人。

---

① 段渝：《巴人来源的传说与史实》，载《历史研究》2006年第6期。

②［晋］常璩撰，任乃强校注：《华阳国志校补图注》，上海古籍出版社2007年版，第9页。

③［晋］常璩撰，任乃强校注：《华阳国志校补图注》，上海古籍出版社2007年版，第14页。

4. 苴人

苴为川东（今重庆）地区的一个土著群体。《华阳国志·蜀志》载："蜀王别封弟葭萌于汉中，号苴侯，命其邑曰葭萌焉。"《华阳国志·巴志》载："苴侯私亲于巴。"《史记·张仪列传》载："苴、蜀相攻击。"《索隐》说："苴音巴。谓巴蜀之夷自相攻击。"关于苴人的族属，一种观点认为苴与巴在族属上为相同的群体，是巴人的一支。还有一种观点认为苴不仅读为苞、芭，且意义也与巴相同，因此司马相如《喻蜀父老文》说"略斯榆，举苞蒲"，"苞蒲"即指"巴濮"，进而认为苴是百濮的一支。[①]

5. 共人

文献对共人的最早记录见于《逸周书·王会篇》："具区文蜃，共人玄贝，海阳大蟹。"孔晁注曰："共人，吴越之蛮。"可见，在殷周之际，共人为居住在东方滨海地区的越人。大约在春秋战国时期，共人沿江西上进入川东（今重庆）。共人的族属，一种观点认为，共人就是賨人（板楯蛮）七姓中的龚姓[②]；而另一种观点认为，共与龚相通时应该指的是地名，即《太平寰宇记》卷120所载：唐麟德二年（664年）移洪杜县治于"龚湍"，即今酉阳之"龚滩"，因古代共人居住而得名。但共人在族源上是越系民族，而不是濮系民族之一的板楯蛮的一部分。

6. 奴

奴作为巴地八个民族之一，通常认为奴即卢。但是，对于"奴"是賨人（板楯蛮）中的卢、罗姓，还是单独的一个族类，学术界存在不同的观点。段渝认为卢人的族源，根据史籍可以考定，来源于今山西境内，为舜的后裔，属于华夏民族系统，春秋早期随着卢国灭亡，一支卢人西迁鄂西，春秋中叶，由于庸国日

① 段渝：《巴人来源的传说与史实》，载《历史研究》2006年第6期。
② 李宗放：《四川古代民族史》，民族出版社2010年版，第61页。

益强盛，这支卢人再次西迁进入川东（今重庆）。[①] 还有研究则认为，“奴”是賨人（板楯蛮）中的卢、罗姓。

7. 獽

獽人史书记载不详，《华阳国志·巴志》常以“獽蜑”并称，“可能獽蜑共同居住一处，生活习惯是极接近的”。[②] 董其祥认为：“相氏族，或称‘獽’族，与蜑族杂居或称‘獽蜑’。四川、湖北境内以瀼为名地方，如‘瀼涂’‘瀼溪’‘东瀼’‘西瀼’‘大瀼’‘清瀼’等，都是由于古代獽族所居之地而得名。獽即巴子五姓的相氏，或作向氏。”[③]《太平寰宇记》卷76载：“有獽人言语与夏人不同，嫁娶但鼓笛而已。遭丧乃立竿悬布置其门庭、殡于别所。至其体骸燥，以木函盛置于山穴中。李膺记云：此四郡獽也。又有夷人与獽类。又有僚人，与獽、夷亦同，但名字有异而已。”据此，可推知獽为古代濮人系统的民族。

8. 夷

《华阳国志》记载巴东郡有夷人，分布在长江干流和峡区一带，南浦县“主夷”。巴地的夷与賨、獽属于同一系统的民族。虽然由于他们在川东（今重庆）和廪君之巴长期相处，在文化上有很多相似的地方，但不是一个系统的民族。

9 蜑

蜑又写作蜒、诞、疍，主要分布在巴东郡、涪陵郡。《华阳国志·巴志》“涪陵郡”条载：“土地山险水滩，人多戆勇，多獽、蜑之民。”《蛮书》卷10引《夔府图经》云：“夷蜑居山谷，巴夏居城郭。与中土风俗礼乐不同。”《世本》称：“廪君之先，故出巫诞。”蜑“为‘廪君蛮’的先民，他们沿江河而生，冬笋坝

① 段渝：《巴人来源的传说与史实》，载《历史研究》2006年第6期。
② 邓少琴：《巴蜀史迹探索》，四川人民出版社1983年版，第18页。
③ 董其祥：《巴史新考》，重庆出版社1983年版，第75页。

遗存应是其文化的体现”。[①]

10. 蟾夷

《华阳国志·巴志》记载：涪陵郡诸县北“有蟾夷”。具体而言，其分布地为今重庆市武隆、彭水、黔江等地。关于蟾夷的来源，有学者认为是冉姓进入少数民族中的名称。[②]《世本·氏姓篇》说：“古人有诸侯之后去邑为氏者，如……冉即其类。”刘琳认为，蟾夷即是南北朝后的冉氏蛮。[③]

（三）巴蜀与楚的关系

“春秋战国时期，巴和楚、蜀一样被‘诸夏’视为蛮夷之国，故‘其爵称子’。春秋时，巴与楚经常联军，但相互又有战争。”[④]

《左传》记载：桓公九年（前 703 年）春，“巴子使韩服告于楚，请与邓为好。楚子使道朔将巴客以聘于邓。邓南鄙鄾人，攻而夺之币，杀道朔及巴行人。楚子使薳章让于邓，邓人弗受。夏，楚使斗廉帅师及巴师围鄾。邓养甥、聃甥帅师救鄾，三逐巴师不克。斗廉衡阵其师于巴师之中以战，而北，邓人逐之，背巴师而夹攻之，邓师大败。鄾人宵遁。”[⑤]

常璩的《华阳国志·巴志》里有不少关于楚的记载，如“巴子使韩服告楚，请与邓为好。楚子使道朔将巴客聘邓……”“巴师、楚师伐申，楚子惊巴师”，“哀公十八年，巴人伐楚”，“战国时，（巴）尝与楚婚”，“巴国有乱，将军有蔓子请师于楚，许以三城。楚王救巴”[⑥]，等等。蜀王“鳖灵治水”的故事，最早散见于汉代《本蜀论》《蜀王本纪》《风俗通》中。《蜀王本纪》认为这个叫鳖灵的蜀王就是荆人。从考古的角度看，无论从墓葬型制，还是从

① 赵炳清：《巴与楚》，科学出版社 2016 年版，第 56 页。
② 李宗放：《四川古代民族史》，民族出版社 2010 年版，第 62 页。
③［晋］常璩撰，刘琳校注：《华阳国志校注》，巴蜀书社 1984 年版，第 89—90 页。
④ 田继周：《先秦民族史》，社会科学文献出版社 2007 年版，第 269 页。
⑤［晋］杜预注，［唐］孔颖达正义：《春秋左传正义》卷七，上海古籍出版社 1990 年版。
⑥［晋］常璩撰，刘琳校注：《华阳国志校注》，巴蜀书社 1984 年版，第 31 页。

出土陶器、铜器、漆器等方面看，巴蜀文化都有明显的楚文化的风格特点。如新都战国木椁中出土的仿邵之食鼎、敦、铜壶、铜、铜匜、盥缶、尊缶、楚式剑，与战国中期楚墓中出土的同类器物十分类似。成都羊子山战国墓中出土的大鼎与寿县出土的大鼎相似，还有罍和盘也是楚地所流行的式样。在涪陵小田溪出土的铜罍，有盖，鼓腹，腹外有四个环形纽，与战国中期楚墓中的Ⅲ式缶一样。[①] 成都的楚文化因素较浓的墓葬，主要与战国时期上层统治者有关，这印证了史料上的记载。1980 年在新都马家乡发现的大型木椁船棺墓，[②]1953 年在成都北郊驷马桥羊子山发掘的 172 号墓等 [③]，便是集蜀、楚文化于一身的墓葬，反映了蜀文化对楚文化的大量吸收。

较早的楚文化也有接近蜀的因素，从荆楚西部的“三斗坪类型”的出土陶器看，其中包含十分浓厚的巴蜀文化因素，集中表现在陶质、陶色和一组典型器形方面。

成都羊子山 172 号战国墓出土的大鼎足上的饕餮纹（图片来源：《考古学报》1956 年第 4 期）

绝大部分陶器都是夹细砂、灰褐色的粗陶。典型器形常见的有收腹小底罐、直口尖底杯、高柄浅盘豆、浅圈足盘、盉、鬶、灯座形器、鸟头柄勺等。其陶器的造型特点是器形较小，瘦高、直口或微侈口、尖底或小平底。这些典型器形在四川广汉三星堆第二期、第三期文化中常见，造形特点也基本相同。因此，这类陶器

① 陈振裕：《略论四座楚墓的分期》，载《考古》1981 年第 4 期。
② 四川省博物馆、新都县文管所：《四川新都战国墓》，载《文物》1981 年 12 期。
③ 四川省文所会：《成都羊子山第 172 号墓发掘报告》，载《考古学报》1956 年 4 期。

应属“三星堆文化系统”，即属早期巴蜀文化。

（四）滇与楚的关系

滇与楚在新石器时代已有不少共同的文化因素，到了战国、西汉时期，滇地受楚文化的影响已经非常深刻和明显，“最有代表意义的发现，就是以晋宁石寨山古墓群为代表的滇文化。在滇族的墓葬中，铜盉、铜鍪、铜烹炉、铜熏炉、铜镜基本上可视为输入的楚器，陶豆、陶熏炉、平底陶罐、圈足陶盆形制亦与楚器相同。此外，在民族风格极浓的某些文物所反映的宗教信仰、风俗习惯、生产技术中，也可以发现与楚人的共同之点”。[①]

楚文化对古代云南地区的影响，是随着楚地濮人于春秋时代起南迁进入云南而开始的。并且，春秋中期，楚国还曾在今云南楚雄设置官吏，管理丽水黄金的开采。至战国时期，为了更加方便地管理和运输黄金到楚国郢都，楚国把管理机构从楚雄移至今四川荥经。进一步促进了楚、蜀、滇之间的交通往来，也促进了彼此间民族文化的交流与融合。

当然，最能体现滇与楚之间关系的莫过战国末期“庄蹻王滇”一事。《史记·西南夷列传》说：“始楚威王时，使将军庄蹻将兵循江上，略巴、黔中以西。庄蹻者，故楚庄王苗裔也。蹻至滇池，方三百里，旁平地，肥饶数千里，以兵威定属楚。欲归报，会秦击夺楚巴、黔中郡，道塞不通，因还，以其众王滇，变服，从其俗，以长之。”[②]从这段史料当中，我们看到，在战国时期，战国七雄都力争统一天下，最后逐步形成了秦、楚争霸的局面。公元前 316 年，秦国派司马错灭蜀，威胁着楚国的西南境。公元前 285 年，秦蜀守张若攻取了笮（今四川雅安一带）。公元前 280

① 童恩正：《从出土文物看楚文化与南方诸民族的关系》，载《湖南考古辑刊》第 3 集，1986 年。

②［西汉］司马迁：《史记·西南夷列传》，中华书局标点本 1959 年版，第 2993 页。对这段文献需要进行一点说明，即不能说因为庄蹻“以其众王滇，变服，从其俗，以长之”，就认为他是滇国的第一个国王，因为在滇池地区发现的青铜文化是比庄蹻入滇还要早。

年秦又攻取了楚国的黔中地区（今湖南常德一带）。楚国为了稳固西南后方，便派大将庄蹻沿长江而上，攻略巴（今重庆地区）、黔中以西之地，溯延水（今乌江）出牂牁、夜郎，从今曲靖地区进入滇地区域。公元前277年，秦派蜀守攻取黔中郡，切断了庄蹻返回楚国的退路，庄蹻便留居滇池地区，变服从俗，称王，最后融合到滇人之中。庄蹻之所以这样做，对庄蹻及楚人而言是迫不得已而为之，不这样就不可能统治当地民族；对当地民族而言，这些外来的楚人放弃了自身的民族习俗，还可能放弃原来的语言，在当地娶妻生子，融合到当地民族的行列之中，当地民族把他们视为自己民族的一分子。庄蹻的民族政策是成功的，这是滇池地区较大的一次民族融合，促使滇池地区社会经济文化的发展大大地向前迈进了一步。[①]

云南剑川海门口遗址中保存下来的木柱，显然这里原是一处柱上房屋“干栏”的遗存（图片来源：《考古通讯》1958年第6期）

五、先秦时期川滇地区与东南之间的联系

川滇地区与百越民族分布居住的东南沿海地区之间，从新石器时代起，在族群迁徙及文化交流方面就有了联系。新石器时代百越民族的文化有以下几个特征：“一、使用有段石锛和双肩石

---

① 朱映占等：《云南民族通史》，云南大学出版社2016年版，第71—72页。

斧；二、有夹砂或夹炭粗陶，有拍印绳纹，晚期进入铜器时代则没有几何印纹软陶及硬陶；三、陶器组合有鼎、豆、壶共存；四、种植水稻；五、住干栏式房屋。”[①] 从云贵高原的考古遗址来看，上述百越民族文化特征在云贵高原发现的新石器时代文化中也比较常见。如有肩石斧和有段石锛，绳纹陶和几何形印纹陶在滇池区域、滇北地区及洱海区域的新石器时代遗址中均有发现；炭化稻谷、干栏式建筑在新石器时代和铜石并用时代文化遗存中也有大量发现。这就表明川滇地区与东南沿海地区自新时期时代开始，彼此在族群迁徙、物品流动等方面联系在一起。

六、先秦时期川滇地区与东南亚、南亚之间的民族迁徙与文明交流

据史料记载，最迟在公元前 4 世纪，由成都经滇缅古道到印巴次大陆的商路已经开通。从三星堆祭祀坑中出土的象牙、海贝来看，显然是来自异邦。三星堆青铜文化中的一些文化因素，如青铜群像、青铜“神树”、纯金面罩、金杖、金箔等，无论在中原、西北或长江流域的殷商文化区域中都没有发现过。有些研究者认为：大型青铜雕像曾经发现于古代埃及和古代希腊，而黄金面罩则是迈锡尼文化的特点。[②] 因此，三星堆青铜雕像群也许是从南欧或西亚传播而来的。在云南滇池区域青铜文化中，曾发现过不少西亚文物，如江川李家山 M24 中出土的“蚀花肉红石髓珠”、M22 出土的琉璃珠、晋宁石寨山 M7 出土的翼虎银带扣、

① 梁钊韬：《百越对缔造中华民族的贡献——濮、莱的关系及其流传》，载《中山大学学报（哲学社会科学版）》1981 年第 2 期。

② 白建钢：《美术考古重大发现 四川广汉出土商周青铜雕像群》，载《美术》1987 年第 2 期；范小平：《古蜀的系列青铜人雕像》，载《美术》1988 年第 7 期。又见周群华：《从考古和文献资料看巴蜀文化的内聚和外衍》，载《四川文物》1993 年第 1 期。

M13 出土的狮身人面形牌饰以及大量的海贝，等等。[①]

正如童恩正先生所说："自古以来（四川）就是南北民族迁徙往来的通道。这就使四川古代的文化，既带有南方文化的特点，又带有北方文化的特点，黄河中上游古文化与东南亚文化的交流常以四川为中心。"[②]

蜀文化也在影响着东南亚。据童恩正先生《试谈古代四川与东南亚文明的关系》一文称："越南青铜时代晚期的东山文化，其时代均在公元前三、四世纪至公元一世纪之间。它从北面接受了中国青铜文化的影响，本身又影响了马来半岛以南的广大地区。我们细审东山文化中表现的汉式因素时，发现它们很可能来自四川。如东山文化的长援无胡戈，长胡三穿曲援戈，明显地是受了云南晋宁石寨山文化的影响；而进一步追寻踪迹，石寨山文物中这两种形式的戈，都是在蜀戈的影响下产生的。"[③]

现藏于三星堆博物馆的戴金面罩青铜人头像

此外，原来生活在东南亚的孟高棉民族，大约在公元前 8 世纪至公元前 6 世纪期间，他们中的一部分沿澜沧江流域向云南西

① 张增祺：《云南滇池区域青铜文化内涵分析》，云南省博物馆编《云南青铜文化论集》，云南人民出版社 1991 年版，第 81—83 页。
② 童恩正：《试谈古代四川与东南亚文明的关系》，载《文物》1983 年第 9 期。
③ 童恩正：《试谈古代四川与东南亚文明的关系》，载《文物》1983 年第 9 期。

部地区迁徙，后来分布到了洱海区域以东和滇池区域以西地区，今姚安、祥云、弥渡、巍山、南涧等地都有其文化遗存的发现。“大致在战国中、晚期或西汉初，由于大量‘昆明’人的东迁和‘百越’民族的西移，使得西昌至临沧一线孟高棉民族的分布区域逐渐缩小。其中一部分融合于‘昆明’及‘百越’民族，另一部分迁徙永昌地区。”①

① 张增祺：《中国西南民族考古》，云南人民出版社 2012 年版，第 78 页。

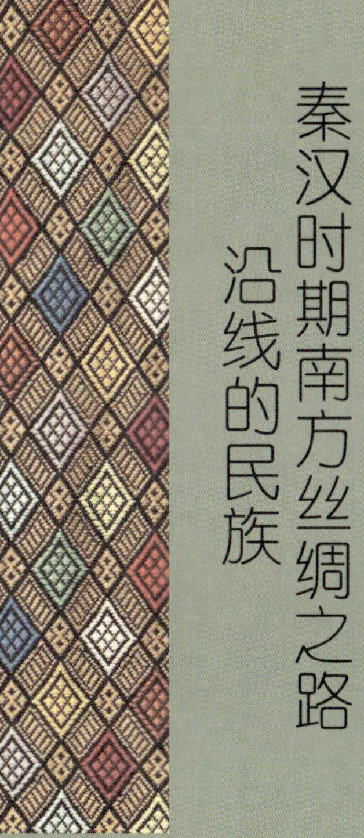

第二章 秦汉时期南方丝绸之路沿线的民族

第一节 秦汉时期西南地区的古道与交通

从秦汉时期开始，在中央王朝政府的主持下，西南地区在原有的民间小道基础之上，开拓了不少官方大道。“秦代主要开通了巴蜀地区与北方之间和巴蜀地区内部的交通道路。汉代则主要开通了巴蜀地区通向西南夷地区、西南夷地区内部以及从西南夷地区通向其他地区的交通道路。”①

秦代开通的巴蜀地区与北方之间，以及巴蜀地区内部的官道主要有褒斜道、石牛道、阴平道、五尺道和长江水道等；汉代在西南夷地区开通的官道则主要有南夷道和西夷道，②以及博南道等。

一、褒斜道

褒斜道，也称斜谷道、褒余道，是连接巴蜀地区与北方关中地区的交通要道。《元和郡县图志》载：“南口曰褒，北口曰斜，长四百七十里。”③故而得名。褒斜道早期为谷道，此道上的人

① 罗二虎：《秦汉时代的中国西南》，天地出版社 2000 年版，第 53 页。
② 罗二虎：《秦汉时代的中国西南》，天地出版社 2000 年版，第 53—56 页。
③ [唐]李吉甫撰，贺次君注解：《元和郡县图志》卷二二，中华书局 1983 年版，第 559 页。

类活动大约开始于新石器时代，此后不断有人群由此往返，到战国中期经官方大规模开拓和修葺，路线基本定型，成为连接蜀地与周秦的交通干线。战国后期，秦国通过变法国力强盛之后，着眼于统一天下，于是在秦昭王时期，又派遣范雎等人在原谷道的基础上，“裁弯取直，拓宽整平，并于峭岩陡壁上凿孔架桥连阁而成栈道”[①]，从而“栈道千里，通于蜀汉，使天下皆畏秦之威”[②]。随着褒斜栈道的开凿，秦国对巴蜀地区的统治得到加强，同时关中、汉中、巴蜀间的商业贸易和人员往来也更为方便了。此后，汉武帝、汉明帝和汉顺帝等都先后委派人员对褒斜道进行疏导和维护，使其不断发挥作用。

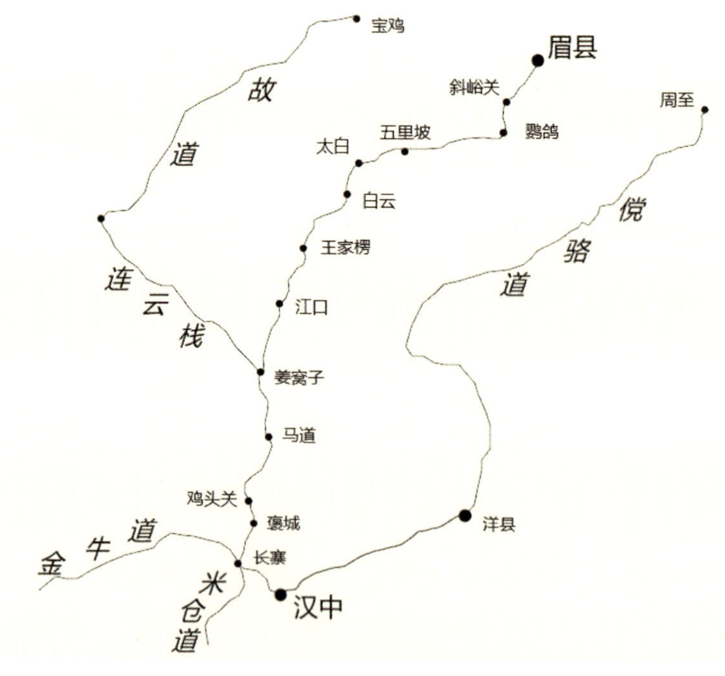

褒斜道线路图（杨虹绘）

① 孙启祥：《蜀道三国史研究》，巴蜀书社 2017 年版，第 21 页。
②［西汉］司马迁：《史记·范雎蔡泽列传》，中华书局 1959 年版，第 2423 页。

二、石牛道

石牛道，又称金牛道，是古代关中、汉中连接巴蜀的又一条重要道路。

此道古代被称为金牛道，源于“石牛便金”的故事：“秦惠王欲伐蜀，乃刻五石牛，置金其后。蜀人见之，以为牛能大便金。牛下有养卒。以为此天牛也，能便金。蜀王以为然，即发卒千人，使五丁力士拖牛成道，致三枚于成都。秦道得通，石牛力也。后遣丞相张仪等将兵随石牛道伐蜀焉。”①《华阳国志·蜀志》亦载：“周慎王五年秋，秦大夫张仪，司马错、都尉墨等从石牛道伐蜀。蜀王自于葭萌拒之，败绩。”②据此可推知石牛道的出现应在秦汉之前，秦汉之际又出动人力维修和扩建。对于此条古道，有学者认为其和褒斜道是同一条③；也有研究者认为它和褒斜道应为不同的道路，其在秦汉时期的路线为：“自汉中勉县（古沔阳县、西县）西南行，经宁强县大安镇（古金牛驿附近）、阳平关（古关城），自燕子碥（古青乌镇、除口戍）西南渡嘉陵江，由广坪、金山寺抵白水关，沿白龙江到昭化（古葭萌），溯清江河西至沙溪坝，顺大剑溪峡谷上，越剑门关经五连驿抵梓潼，历绵阳（古涪城）、广汉（古雒城）至成都。”④此后唐、宋、明、清时期，具体的路线又有所变化。

① [宋]李昉等：《太平御览》卷三五，中华书局1960年版，第1402页。
② [晋]常璩撰，刘琳校注：《华阳国志校注》，巴蜀书社1984年版，第126页。
③ 罗二虎：《秦汉时代的中国西南》，天地出版社2000年版，第53页。
④ 孙启祥：《蜀道三国史研究》，巴蜀书社2017年版，第72页。

三、阴平道

此条古道的路线自甘肃省南部的天水，经武都、四川的青川，进入四川盆地至成都。对于道路开通的时间，无明确记载，据《史记·秦本纪》载：秦昭王二十七年（前280年），“使司马错发陇西，因蜀攻楚黔中，拔之”。秦国军队此次伐楚的行军路线即为阴平道，说明至迟在战国末期此道已经存在。

四、江水道

秦汉时期，西南地区除了陆上交通有了长足发展之外，水上交通线路也有所进展。其中沟通巴蜀地区内部，以及巴蜀地区与长江中下游地区的长江水道，就是最显著的例证。《史记·张仪列传》记载，张仪曾威胁楚王声称：“大船积粟，起于汶山，浮江而下，至楚三千余里。……一日行三百余里……不至十日而距扞关。”[①] 由于这条水道途经岷江和长江，古人将岷江和长江都称为“江水”，故这条长江水道也称为江水道。秦灭巴蜀之后，蜀守李冰对江水道的一些河段进行疏通和治理。《华阳国志·蜀志》记载：“（李）冰乃壅江作堋，穿郫江、[检]捡江，别支流，双过郡下，以行舟[舩]船。”[②] 又载：“时青衣有沫水，出蒙山下，伏行地中，会江南安，触山胁溷崖；水脉漂疾，破害舟舩，历代患之。冰发卒凿平溷崖，通正水道。……僰道有故蜀王兵兰，亦有神，作大滩江中。其崖崭峻，不可凿，乃积薪烧之。”[③]

---

①［西汉］司马迁：《史记·张仪列传》，中华书局点校本1959年版，第2290页。
②［晋］常璩撰，刘琳校注：《华阳国志校注》，巴蜀书社1984年版，第133页。
③［晋］常璩撰，刘琳校注：《华阳国志校注》，巴蜀书社1984年版，第133页。

五、五尺道

五尺道的正式开通是在秦始皇时期，《史记·西南夷列传》载："秦时常頞略通五尺道，诸此国颇置吏焉。十余岁，秦灭。"但这条道路在此之前已经存在，特别是李冰任蜀守时，曾凿石开路，开通四川通往云南的道路。《华阳国志·蜀志》："僰道有故蜀王兵兰，亦有神，作大滩江中。其崖崭峻，不可凿，乃积薪烧之。故其处悬崖有赤白五色。冰又通（笮通汶井江）[笮道文井江]，径临邛。与蒙溪分水、白木江会，至武阳天社山下，合江。"又载："僰道县……滨江有兵兰——李冰所烧之崖，有五色，赤白，映水玄黄。"[①]其东线即为五尺道的前身。对于五尺道的起点，目前有两种观点：一种观点认为五尺道始于僰道（今宜宾），另一种观点认为五尺道的起点应该是成都。而对于五尺道的终点，也有两种观点：有学者认为其终点在滇池区域即今天的昆明，更多的人则认为其终点应为古郎州即今天曲靖一带。《史记·西南夷列传》之《正义》引《括地志》说："五尺道在郎州。颜师古云其处险厄，故道才广五尺。如淳云道广五尺。"综合来看，秦时五尺道，其路线大致为：从僰道经高县、筠连、盐津、横江、豆沙关、大关至朱提，再至今天曲靖一带。当然在这条古道的两头从成都至僰道，及从曲靖至滇池一带也有道路相通，但应不在五尺道的范围之内。

六、南夷道

南夷道，其部分路段或其前身也称五尺道、僰道、朱提道等。

---

①[晋]常璩撰，刘琳校注：《华阳国志校注》，巴蜀书社1984年版，第133页。

南夷道以古代地名言之，其路线大致为：由蜀（成都）经僰道（宜宾）、朱提郡（昭通）、味县（曲靖）、滇（昆明）、安宁、楚雄到楪榆（大理）。以今天的地名而言，南夷道的路线为：以四川成都为起点，顺岷江南下，经眉山、乐山、犍为而至宜宾，沿着横江而上入云南境，过盐津豆沙关后至昭通市。向南过会泽、东川至曲靖。折而向西可至滇池南部的晋宁。再西行经楚雄、南华等地至大理，在大理与西夷道汇合。由于此条道路经过地区多为川南、贵州及云南东部的南夷分布区，故被命名为“南夷道”。[①]

七、西夷道

以古代地名而言，西夷道的路线大致为：零关道由蜀（成都）经临邛（邛崃）、灵关（芦山）、笮都（汉源）、邛都（西昌）、青蛉（大姚）至大勃弄（祥云）、楪榆。

以今天的地名而言，西夷道的路线大致为：自成都南门万里桥出发，经邛崃、雅安、荥经翻越大相岭而至汉源；渡过大渡河，穿过清溪关后进入四川凉山彝族自治州，顺着安宁河谷南下至西昌；然后，继续沿着安宁河而下，经德昌、米易而至会理，过黎溪，渡过金沙江进入攀枝花市仁和区的南部，翻越川滇交界的方山进入云南永仁，经大姚、过姚安、至祥云，最后达到苍山洱海之间的大理。由于这条道路经过的邛崃至西昌段是司马相如经营“西夷”地区时开通，故通常被称为“西夷道”；另外，这条道路途经越西县境内的“零关”，所以又被称为“零关道。”[②]

① 李淼：《南方丝绸之路的开凿与形成》，载刘弘选编：《南方丝绸之路文化论》，云南民族出版社 1991 年版，第 281 页。

② 李淼：《南方丝绸之路的开凿与形成》，载刘弘选编：《南方丝绸之路文化论》，云南民族出版社 1991 年版，第 281 页。

八、博南道

南夷道和西夷道在大理汇合之后，向西南经永平渡过澜沧江到达保山，从保山跨过怒江至德宏州芒市，然后从畹町、瑞丽、腾冲等地出境，进而通向缅甸、泰国、印度等东南亚、南亚国家和地区。因为道路经过博南山，故得名“博南道”。[①] 由于其路线大部分在东汉设的永昌郡内，所以也被称为“永昌道”。

上述西南地区与外界，及西南地区内部交通道路的开通，构成了西南地区连通内外的交通网络，也标志着南方丝绸之路的正式形成。今天，被称为南方丝绸之路的古道，在秦汉时期，即是以今四川成都为起点由东西两条主道组成，东道即通常所说的南夷道，西道即西夷道，东西两道在大理汇合后，进入博南道而连通东南亚、南亚，这是南方丝绸之路的主要干线；与此同时，主道沿线还包括许多支线。

① 李淼：《南方丝绸之路的开凿与形成》，载刘弘选编：《南方丝绸之路文化论》，云南民族出版社 1991 年版，第 281 页。

第二节

秦汉时期南方丝绸之路核心区域的民族

一、南方丝绸之路的开通

公元前221年，秦灭六国，结束了战国时代，统一了天下，在中原地区普遍设置郡县进行统治的同时，秦王朝也加强了对边疆地区的管理。为此，秦王朝在西南夷地区修筑道路，改善交通，为推行有效的行政管辖做准备。秦始皇派将军常頞在战国时期秦国蜀守李冰父子修筑的僰道的基础上，修筑了五尺道。“略通五尺道，诸此国颇置吏焉。”[①] 五尺道始于僰道（今四川宜宾），经高县、筠连，进入云南盐津、大关、昭通、镇雄，折入贵州毕节、威宁，再入云南宣威、曲靖，长约1800公里。[②]

秦亡汉兴，汉朝前期处于休养生息的阶段，对西南夷地区没有进行大规模的开发和治理。西汉初，只是在巴蜀地区置蜀郡和巴郡，高帝六年（前201年），又分巴、蜀两郡之地置广汉郡。至汉武帝时期，遣唐蒙为郎中将出使夜郎，唐蒙从巴蜀筰关进入，

① [西汉]司马迁：《史记·西南夷列传》，中华书局1959年版，第2993页。
② 管彦波：《中国西南民族社会生活史》，中国社会科学出版社2014年版，第251页。

见到夜郎侯多同，开通夜郎道。

《史记·西南夷列传》记载：建元六年(前135年)，武帝“拜蒙为郎中将，将千人，食重万余人，从蜀筰关入，遂见夜郎侯多同。蒙厚赐，喻以威德，约为置吏，使其子为令。夜郎旁小邑皆贪汉缯帛，以为汉道险，终不能有也，乃且听蒙约。还报，乃以为犍为郡”。此后不久，“蜀人司马相如亦言西夷邛、筰可置郡。使相如以郎中将往喻，皆如南夷，为置一都尉，十余县，属蜀”。① 元朔元年(前128年)，“司马长卿便略定西南夷，邛、筰、冉駹、斯榆之君皆请为内臣”。② 随之，汉朝廷设置莋都、邛都、绵虒、湔氐道、汶江、广柔、蚕陵、楪榆、不韦等县，属蜀郡，后又分属增设的犍为、牂牁、越嶲诸郡。

元光五年(前130年)，汉武帝“发巴蜀卒治道，自僰道指牂牁江”③。同年，犍为郡治移至南广(今四川高县)。《汉书·食货志》亦载：“唐蒙、司马相如始开西南夷道，凿山通道千余里，以广巴、蜀。”④ 元光六年(前129年)，“南夷始置邮亭”⑤。《华阳国志·南中志》亦载：“南秦县(今云南威信、镇雄一带)自僰道、南广有八亭道通平夷(今贵州毕节一带)。”经过几年的修凿，虽然南夷道大部分路段已经开通，但是西夷道仍未正式开通。原因是“士罢饿离湿，死者甚众，西南夷又数反，发兵兴击，耗费无功”。于是在元朔三年(前126年)，“上罢西夷，独置南夷夜郎两县一都尉，稍令犍为自葆就”。⑥

至元狩元年(前122年)，张骞从西域归来，在向汉武帝汇报时，提到他在大夏见到蜀地商经身毒国贩往大夏的蜀布、邛竹

①[西汉]司马迁：《史记·西南夷列传》，中华书局1959年版第2994页。
②[西汉]司马迁：《史记·司马相如列传》，中华书局1959年版第3047页。
③[西汉]司马迁：《史记·西南夷列传》，中华书局1959年版第2994页。
④[东汉]班固：《汉书·食货志》卷24下，中华书局1964年版，第1157页。
⑤[西汉]司马迁：《史记·汉兴以来将相名臣年表》，中华书局1959年版，第1135页。
⑥[西汉]司马迁：《史记·西南夷列传》，中华书局1959年版，第2995页。

杖之事，引起了汉武帝的高度关注。“博望侯张骞使大夏来，言居大夏时见蜀布、邛竹杖，使问所从来，曰：‘从东南身毒国，可数千里，得蜀贾人市。’或闻邛西可二千里有身毒国。骞因盛言大夏在汉西南，慕中国，患匈奴隔其道。诚通蜀，身毒国便近，有利无害。”[①]《史记·大宛列传》亦载：“骞曰：臣在大夏时见邛竹杖、蜀布。问曰：‘安得此？’大夏国人曰：‘吾国人往市之身毒。’身毒在大夏东南可数千里……以骞度之，大夏去汉万二千里，居汉西南。今身毒国又居大夏东南数千里，有蜀物，此其去蜀不远也。……然闻其西可千余里，有乘象国，名曰‘滇越’，而蜀贾奸出物者或至焉。”[②]“于是天子乃令王然于、柏始昌、吕越人等，使间出西夷西，指求身毒国。”[③]汉武帝“令骞因蜀、犍为发间使，四道并处：出駹，出冉，出徙，出邛、僰，皆各行一二千里。其北方闭氐、筰，南方闭巂、昆明”。[④]然而，汉武帝欲经西南夷地区打通至身毒（今印度）、大夏（今阿富汗境内）交通道路的愿望，由于受阻于西南夷，而未实现。

元鼎六年（前111年），汉武帝灭南越，“驰义侯遣兵未及下，上便令征西南夷，平之”。[⑤]《史记·太史公自序》亦载：司马迁“奉使西征巴、蜀以南，南略邛、笮、昆明”，于“元鼎六年，平西南夷”。在征西南夷的过程中，汉朝军队“诛邛郡，并杀筰侯，冉駹皆振恐，请臣置吏。乃以邛都为越嶲郡，筰都为沈黎郡，冉駹为汶山郡，广汉西白马为武都郡”。[⑥]元封二年（前109年），汉武帝再“发巴蜀兵击灭劳浸、靡莫，以兵临滇。滇王始首善，以故弗诛。滇王离难西南夷，举国降，请置吏入朝。于是

①［西汉］司马迁：《史记·西南夷列传》，中华书局1959年版，第2995页。
②［西汉］司马迁：《史记·大宛列传》，中华书局1959年版，第3166页。
③［西汉］司马迁：《史记·西南夷列传》，中华书局1959年版，第2995—2996页。
④［西汉］司马迁：《史记·大宛列传》，中华书局1959年版，第3166页。
⑤［东汉］班固：《汉书·武帝纪》，中华书局1964年版，第188页。
⑥［西汉］司马迁：《史记·西南夷列传》，中华书局1959年版，第2997页。

以为益州郡，赐滇王王印，复长其民。”[1]另据《华阳国志·南中志》永昌郡条载：“孝武时，通博南山，度兰沧水、渚溪，置嶲唐、不韦二县。徙南越相吕嘉子孙宗族实之，因名不韦，以彰其先人之恶。行人歌之曰：‘汉德广，开不宾。渡博南，越兰津。渡兰沧，为他人。’渡兰沧水以取哀牢地。哀牢转衰。”[2]至此，随着西南夷地区郡县的设置，汉武帝完成了对西南地区直接统治的伟大事业，同时也宣告南夷道、西夷道已经完全在汉王朝的控制之下，道路通行得以保证，博南道也已基本打通。

到东汉时期，建武二十三年（47年），哀牢王“贤栗遣兵乘箄船，南下江、汉，击附塞夷鹿茤。鹿茤人弱，为所禽获。于是震雷疾雨，南风飘起，水为逆流，翻涌二百余里，箄船沉没，哀牢之众，溺死数千人。贤栗复遣其六王将万人以攻鹿茤，鹿茤王与战，杀其六王。哀牢耆老共埋六王，夜虎复出其尸而食之，余众惊怖引去。贤栗惶恐，谓其耆老曰：‘我曹入边塞，自古有之，今攻鹿茤，辄被天诛，中国其有圣帝乎？天祐助之，何其明也！’二十七年，贤栗等遂率种人户二千七百七十，口万七千六百五十九，诣越嶲太守郑鸿降，求内属。光武封贤栗等为君长。自是岁来朝贡。”[3]《后汉书·南蛮西南夷列传》又载：“永平十二年，哀牢王柳貌遣子率种人内属，其称邑王者七十七人，户五万一千八百九十，口五十五万三千七百一十一。西南去洛阳七千里，显宗以其地置哀牢、博南二县，割益州郡西部都尉所领六县，合为永昌郡。始通博南山，度兰仓水，行者苦之。”[4]随着哀牢各部的归附及永昌郡的设置，中央王朝又实现了对滇西哀牢夷地区的直接统治。至此，连接南夷道和西夷道的博南道完

①［西汉］司马迁：《史记·西南夷列传》，中华书局1959年版，第2997页。
②［晋］常璩撰，刘琳校注：《华阳国志校注》，巴蜀书社1984年版，第285页。
③［南朝］范晔：《后汉书·南蛮西南夷列传》，中华书局1965年版，2848—2849页。
④［南朝］范晔：《后汉书·南蛮西南夷列传》，中华书局1965年版，2849页。

全贯通，通往东南亚、南亚的南方丝绸之路也就彻底打通了。

总之，秦汉时期，中央王朝先后在南方丝绸之路穿越的西南夷及其周边地区设置蜀郡（治成都）、汶山郡、沈黎郡、广汉郡、武都郡、犍为郡（西汉）、越嶲郡、巴郡、牂牁郡、朱提郡、益州郡和永昌郡等，在这些郡的辖区之内活跃着不同的人群和民族。

二、南方丝绸之路沿线的民族

（一）南夷道沿线及周边的民族

1. 汉人

《舆地纪胜》卷 146 引《旧经》云：“秦惠王伐蜀，克之，徙秦人万家以实焉。秦人思秦之泾水，于其水侧治戍，谓之泾口戍。（唐）天宝六年改为秦水。”

随着道路的开通，特别是汉武帝时期大力经营西南夷地区，大量汉人移民开始到来。《史记·平准书》载西汉政府“乃募豪民田南夷”；《华阳国志·南中志》记载汉置益州郡后“乃募徙死罪及奸豪实之”；《三国志·蜀书·吕凯传》注引《蜀世谱》记载从蜀地迁吕不韦弟子宗族于不韦县（今云南省保山市隆阳区一带）。此外，在四川省西北部、西南部地区的汶川、理县、茂县、宝兴、芦山、雅安、天全、荥经、汉源、越西、喜德、西昌、会理、昭觉、美姑等县，在贵州省的清镇、平坝、安顺、黔西、兴义、兴仁、赫章、威宁、沿河、务川、仁怀、赤水、习水、道真、桐梓等县市，在云南省的彝良、盐津、大关、昭通、鲁甸、永善、宣威、曲靖、马龙、罗平、陆良、宜良、嵩明、昆明、呈贡、江川、玉溪、富民、安宁、晋宁、禄丰、祥云、大理、洱源、保山、个旧等县市，都发现了两汉时期的墓。这些汉墓的主人，除了有部分为当时的驻军士兵和汉化的土著居民之外，大部分都是汉人移民。这些汉人移民在西南地区的分布特点是：第一，主要分布在自然条件较好的小型盆地和一些较平坦的河谷地带；第二，分布在交通要道的沿线地区，[①]特别是在中央王朝开拓、经营的南方丝绸之路沿线地区。在蜀地，“东汉以后，除了渠江流域等川北地区和四川盆地东部的某些地区之外，在四川盆地内已基本上不见原土著居民的活动了”。[②]

在云南，汉武帝元封二年（前 109 年）设置了益州郡之后，开始有汉族进入。进入云南的汉族有以下几类：

第一，官吏和士卒，包括封建王朝派驻西南夷地区新置郡县的官员和“郡兵”，以及在修筑道路、镇压少数民族反抗过程中遗留下来的汉族士兵。

第二，屯垦的移民屯户，这是西南夷地区又一群规模较大的汉族移民队伍。

第三，罪犯，在秦汉时期罪犯进入西南夷地区的情况不少。

第四，“转漕”或“食重”，就是为派驻西南夷地区的官吏以及士兵输送粮食等生活用品的民工。

2. 蜀人

蜀人在先秦时期多作为民族称谓使用。秦灭蜀之后，随着一些蜀人南迁，以及留居原地的蜀人社会组织、文化习俗的改变，有着单一民族身份意义的蜀人逐渐消失。西汉景帝以来，蜀人已经成为蜀地生活的所有人的称谓，其中包括入蜀的秦人、汉人，以及居住在蜀地蜀族的后裔。特别是景帝末年至武帝时期，“文翁为蜀守，教民读书法令”。[③]“蜀本无学士，文翁遣相如东受七

① 罗二虎：《秦汉时代的中国西南》，天地出版社 2000 年版，第 76—77 页。
② 罗二虎：《秦汉时代的中国西南》，天地出版社 2000 年版，第 78 页。
③ [东汉] 班固：《汉书·地理志》卷 28 下，中华书局 1964 年版，第 1645 页。

经，还教吏民，于是蜀学比于齐、鲁。”[①]自此之后，有着蛮夷身份的先秦时期的蜀族后裔也渐次融入汉族当中。汉代之后，史书当中通常把由蜀地迁出的人称为“蜀人”，就民族身份而言他们已经是汉族。[②]

云南省大理市大展屯东汉墓出土的陶水田模型(图片来源:《大理州博物馆馆藏文物精粹》)

3. 巴人

“巴人是泛指生长在巴国和巴地范围内的所有人，以及从巴迁徙至其他地方的人，而可以不论其本来族别如何。”[③]秦汉时期巴人包括廪君之巴、賨人(板楯蛮)及原巴国郡内的其他民族。

随着秦汉移民的陆续到来，原居巴蜀的土著居民一部分离开原居住地，从平原、河谷等地带迁往附近的山区，以及秦国统治力量尚未到达的南方。然而，大部分土著居民仍然选择留居在本地，当秦移民刚到之时，他们与秦移民交错分布居住，后来随着外来移民的大量到来，使得留居下来的巴人、蜀人的文化迅速变迁，并逐渐与中原文化融合[④]，巴人、蜀人也融入到汉人之中。

4. 賨人(板楯蛮)

秦汉时期巴郡境内的賨人，因其善于使用木板制作的盾牌又被称为板楯蛮；另外，因其居于朐忍、阆中又被称为朐忍夷、阆中夷，实际上这四种称呼均为异称同实，都是指南下氐人的一支与巴人相融合发展而来的新的族群——賨人(賨族)。秦汉时期，

①[晋]陈寿：《三国志》卷38《秦宓传》中华书局1964年版，第973页。
②李宗放：《四川古代民族史》，民族出版社2010年版，第69页。
③段渝：《巴人来源的传说与史实》，载《历史研究》2006年第6期。
④罗二虎：《秦汉时代的中国西南》，天地出版社2000年版，第77页。

賨人的分布地有所扩大，除分布在川东北嘉陵江两岸及与渝相连地带，渝东、东北与鄂西南以外，还有一部分南下到了今天雅安一带。

5. 濮人

西汉时，原分布于蜀郡的濮人已经融入到汉族当中，而在巴郡则仍有濮人活动的记载。扬雄《蜀都赋》说："东南巴賨，绵亘百濮。"西晋左思《蜀都赋》亦载："于东则左绵巴中，百濮所充。"并且，巴郡的濮人受汉文化影响很深。而在滇国，由于大量昆明人东进和僰人南迁，迫使濮人向南移动，后来发展成为云南南部壮族、傣族的先民，贵州的濮人则有一部分融合到东迁的昆明人当中，另一部分则成为贵州仡佬族的先民。①

6. 氐人

关于氐人，《史记·西南夷列传》《汉书·西南夷两粤朝鲜传》《后汉书·南蛮西南夷传》均有记载。如《史记·西南夷列传》载："西南夷君长以什数，夜郎最大；其西靡莫之属以什数，滇最大；自滇以北君长以什数，邛都最大：此皆魋结，耕田，有邑聚。其外西自同师以东，北至楪榆，名为嶲、昆明，皆编发，随畜迁徙，毋常处，毋君长，地方可数千里。自嶲以东北，君长以什数，徙、筰都最大；自筰以东北，君长以什数，冉駹最大。其俗或士著，或移徙，在蜀之西。自冉駹以东北，君长以什数，白马最大，皆氐类也。此皆巴蜀西南外蛮夷也。"② 然而，学术界对上述文献记载的内容却有不同的解释，形成了三类不同的观点：一是认为秦汉时期的西南夷皆为氐类；二是认为氐类只包括徙、筰、冉駹、白马等；三是认为氐类只是指冉駹东北的一些部

① 张增祺：《中国西南民族考古》，云南人民出版社 2012 年版，第 126 页。
② [西汉] 司马迁：《史记·西南夷列传》，中华书局点校本 1959 年版，第 2991 页。

落。[1] 目前，第三类观点得到较多认可，即氐人应是分布在冉駹东北部，以白马为首的十余个大部落。总体而言，秦汉之际氐人的分布中心，在今甘肃、陕西和四川等几个省的交界地带。

具体来看，秦汉时期，氐人群体主要包括：白马氐、刚氐、甸氐和湔氐等。白马氐主要分布在武都郡所辖的九县，即武都、上禄、故道、河池、平乐道、沮、嘉陵道、修成道、下辨道。白马氐之名的来源与白马水、白水等水名或地名有关。《水经注·漾水》载："白水西北出于临洮县西南西倾山，水色白浊"，"白水又东南径阴平道故城南"，"又有白马水，出长松县西南白马溪，东北径长松县北，而东北注白水"。关于白马氐的人口，《汉书·地理志》载："武都郡，户五万一千三百七十六，口二十三万五千五百六十，县九。"由此推知，其中氐人在当时有不少。刚氐，又作"刚羝"，"刚"为"刚卤"之义，"羝"则是指雄羊。《后汉书·南蛮西南夷传》载：冉駹夷"土地刚卤，不生谷粟麻菽，唯以麦为资，而宜畜牧"。刚氐主要分布在汉代广汉郡的刚氐道，《华阳国志·汉中志》载"刚氐县涪水所出"，表明刚氐道在涪江上游。顾祖禹《读史方舆纪要》龙安府条下说：平武县，"汉广汉郡刚氐道地"；江油县，"汉为刚氐道地"。据此，可知汉代刚氐道即为今四川西北的平武至江油一带。甸氐，主要分布在广汉郡的甸氐道，《大清一统志》记甸氐故道"在文县西"，即今甘肃文县铁楼乡至四川平武县白马乡一带。甸氐中"甸"，颜师古注："音食证反。"读若沈。湔氐，主要居住在蜀郡的湔氐道。《读史方舆纪要》说："湔氐废县，在(茂)周西北，汉为湔氐道，属蜀郡。"《大清一统志》则载："古湔氐道，在(松潘)厅西北。"与其他氐人群体对照分析来看，湔氐居住的湔氐道似

① 杨铭：《氐族史》，商务印书馆2014年版，第16页。

乎应为松潘县西北。湔氐之名则来源于四川西北的湔水、湔山等名。此外，在广汉郡的阴平道也有氐人分布，《华阳国志·汉中志》载：阴平郡“土地山险，人民刚勇，多氐傁，有黑、白水羌、紫羌，胡虏风俗、所出与武都略同”。在陇西郡（今天水西南）也有氐人分布。[①]

总之，“汉代氐族分布的区域，主要是在今甘肃的西和、成县、武都、文县，四川的松潘、平武、江油，以及陕西的略阳、凤县等地。这一地区是黄土高原的东南角，以及与青藏高原、秦岭山地接址的地带，地理学上称之为‘湿润流水作用地区’。……故形成了他们的以农耕为主、畜养为辅的经济形态，以及特有的文化生活等。”[②]对于氐人的文化习俗，《荀子·大略篇》记载：“氐羌之虏也，不忧其系垒也，而忧其不焚也。”《三国志》卷30注引《魏略·西戎传》亦载：氐人“其俗，语不与中国同，及羌杂胡同，各自有姓，姓如中国之姓矣。其衣服尚青绛。俗能织布，善田种，畜养豕牛马驴骡。其妇人嫁时著衽露，其缘饰之制有似羌，衽露有似中国袍。皆编发。

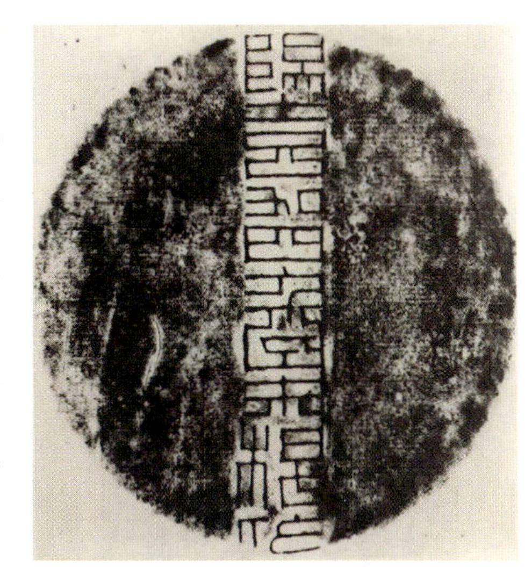

朱提铜洗

① 杨铭：《氐族史》，商务印书馆2014年版，第16—20页。
② 杨铭：《氐族史》，商务印书馆2014年版，第20页。

多知中国语，由与中国错居故也。……今虽都统于郡国，然故自有王侯在其虚落间”。[①]

7. 僰人

秦朝时期，僰道县仍为僰人的主要聚居区之一。《华阳国志·蜀志》言僰道“治马湖江会，水通越巂，本有僰人”。西汉时，原居僰道县的僰人，随着汉人移居当地，一部分吸收汉文化，逐渐融入汉人当中，一部分则随着当地“汉民多，渐斥徙之”[②]，他们沿着“五尺道”首先进入今天云南昭通地区。根据《水经·江水注》说“汉武帝感相如之言，使县令南通僰道，……唐蒙南入，斩之，乃凿石开阁，以通南中，迄于建宁，二千余里，山道广大丈余，深三、四丈，其錾凿之迹犹存。王莽更曰僰治也”。尤中先生认为，汉武帝时开通的僰道沿线都有僰人分布，即从僰道（今宜宾）往南一直到胜休县（今石屏、龙武至峨山一带）的区域内都有僰人。据《太平御览》卷791引《永昌郡传》说：“朱提郡，治朱提县，川中纵横五六十里，有大泉池水口，僰名千顷池；又有龙池，以灌溉种稻，与僰道接。”到朱提郡之后，

云南德钦石板墓及出土的‘安福拉’式陶罐（图片来源：《考古》学报）

①［晋］陈寿：《三国志》，中华书局标点本1959年版，第858—859页。
②［晋］常璩著，任乃强校注：《华阳国志校补图注》，上海古籍出版社1987年版，第175页。

僰人又继续向今曲靖至滇池地区迁徙。另据《汉书·地理志》载："胜休，河水东至毋棳入桥。莽曰胜僰。"因此西汉至晋，僰人的范围大致是：西北连邛僰，东北接僰道县的今永善、盐津、大关一带，往南的今昭通、会泽、巧家，然后至今曲靖至滇中地区，一直到今玉溪地区和红河州北部一带，自滇中地区往西，至今楚雄、大理一带。

对于秦汉时期僰人的族属问题，有学者认为，虽然尚有争论，"但若把视线集中于秦汉，根据它的分布和与邛都、筰都毗邻以及密切的关系，根据进程'邛僰'连书和'滇僰'之称，或可认为它属于氐羌族系中的氐之一部"。[①]

僰人的经济社会等方面。《华阳国志·蜀志》说僰道县"有荔枝、姜、蒟"。《太平御览》卷197引《郡国志》云："西夷有荔枝园。僰僮，施夷中最贤者，古所谓僰僮之富。多以荔枝为业，园植万株，收一百五十斛。"这说明僰人曾经种植荔枝、枸杞、姜等，特别是大量种植荔枝，有人因此而致富。并且，秦汉时期，一些商贾还从事僰僮买卖，《华阳国志·蜀志》因秦国史籍称："《秦纪》言僰僮之富。"《史记·西南夷列传》亦载："巴蜀民或窃出商贾，取其筰马、僰僮、髦牛，以此巴蜀殷富。"

7. 摩沙夷

摩沙夷，始见于《华阳国志》。《华阳国志·蜀志》"定筰县"条说："筰，筰夷也。汶山曰夷，南中曰昆明，汉嘉、越嶲曰筰，蜀曰邛，皆夷种也。县在郡西。渡泸水，宾刚徼，曰摩沙夷。有盐池，积薪，以齐水灌而后焚之，成盐。汉末，夷皆锢之，张嶷往争，夷帅狼岑，槃木王舅，不肯服，嶷禽，挞杀之。厚赏赐，余类皆安，官迄今有之。"[②] 目前，学术界普遍认为，摩沙夷源

---

① 田继周：《中国历代民族史·秦汉民族史》，社会科学文献出版社2007年版，第326页。
② [晋]常璩著，任乃强校注：《华阳国志校补图注》，上海古籍出版社1987年版，第210页。

于甘、青地区的古羌人，唐宋时称为么些蛮，他们是今天纳西族的先民。但是对于摩沙夷究竟属于古羌人中的哪一支，他们什么时候，从什么地方，沿着什么路线进入西南地区等问题，学术界还存在不同的看法。

方国瑜、和志武和李绍明诸先生认为，摩沙夷来自河湟地带南迁的古羌人，与旄牛羌之一支白狼羌有族属渊源关系；[①]张增祺先生则认为，摩沙夷与白狼羌有族属源流关系，但摩沙夷非旄牛羌。[②]

综合而言，摩沙夷源于白狼羌的观点没有疑义。从前述秦汉时期的白狼、槃木、唐菆的来源和分布，我们知道，白狼羌是旄牛道徼外羌即旄牛羌的一支，也是南下羌人的一支。

总而言之，摩沙夷源于甘、青地区南下羌人的一支，至秦汉时期，特别到汉时被称为白狼羌，而更南的部分则被称为摩沙夷。因此，汉代的摩沙夷应属白狼羌，而白狼羌又是旄牛羌的重要组成部分。因此，我们认为，摩沙夷属旄牛羌的一支。

综合来看，汉代的摩沙夷大部分分布于今盐源县，与昆明人和叟人杂居，一部分分布在今木里、盐边，东汉以后有很大一部分迁至宁蒗、华坪、丽江、永胜等地。

（二）西夷道沿线及周边的民族（零关道、灵关道、旄牛道）

1. 冉駹

关于秦汉时期的冉駹，有研究者认为其不是一个单一的民族，“而是有六夷、七羌、九氐”[③]，还有研究认为冉駹源于氐人，主要分布在岷江上游一带，并随着历史的发展不断分化、融

① 方国瑜：《么些民族考》，载《民族学研究集刊》第4辑，1944年10月；方国瑜、和志武：《纳西族的渊源、迁徙和分布》，载《民族研究》1979年第1期。李绍明：《康南石板墓族属初探——兼论纳西族的族源》，载《思想路线》1981年第6期。

② 张增祺：《“摩沙”源流考略》，载张增祺：《中国西南民族考古》，云南人民出版社1990年版，第89页。

③ 李宗放：《四川古代民族史》，民族出版社2010年版，第72页。

合，在大量羌人南下到达岷江上游时，双方可能发生了激烈的冲突，最终羌人胜出。因此，原来冉駹聚居地的岷江上游一带继而成为羌人在西南地区的主要集中地。以冉駹人为主的氐族或被征服，或被迫外徙，后一部分融入藏族，一部分融于汉族或其他民族。到魏晋以降，基本上不见其记载。现今聚居于岷江上游茂县、汶川县、理县等地的羌族自称"尔玛""尔麦""日玛""日麦"，这与"冉駹"的读音几乎相同。我们认为，可能在羌戈大战时，有大部分的冉駹人融入了羌族之中。因为氐人冉駹先于羌人徙居岷江上游，其社会发展水平可能高于羌人，并于羌人后仍保持其生产生活方式，故可能成为一部分羌人的自称，后逐渐成为羌族的自称。

2. 羌人

秦国发动大规模征服、兼并其邻近的羌部落的活动，导致了羌人向西部、西南的更大规模、更远距离的迁徙、移动。大量的羌人向西南移动，形成秦汉时期我国西南地区的白马羌、旄牛羌、参狼羌、青衣羌、昆明族、摩沙族等民族。他们与当地原有居民共同生活，由于自然条件的差别，有的处河谷地带，有的居丘陵地区，有的则在深山密林之中，加上其他因素的影响，决定其走上不同的发展道路。有的强大，有的弱小；或农耕，或畜牧；或与汉族同化，或与土著结合。[①] 向西、西南迁徙的羌人在历史的发展过程中，成了今天中国西南地区汉藏语系藏缅语族的主要先民。

旄牛羌的来源与分布

《后汉书·西羌传》载，秦献公时古羌人由赐支河曲南下于西南的一支就有"牦牛种，越嶲羌"。段玉裁注《说文解字》卷二

① 尤中：《中国西南民族史》，云南人民出版社 1985 年版，第 10 页；冉光荣、李绍明、周锡银：《羌族史》，四川民族出版社 1985 年版，第 48 页。

说："牦、髦、旄三字音同。"[①] 故可随用一字。可见，牦牛羌也即旄牛羌。《华阳国志·蜀志》所考更为具体，认为西部都尉辖青衣、严道、徙、旄牛四县，而且进一步明确了两部都尉，一治旄牛，主徼外羌人；一治青衣，管汉民。此徼外羌即旄牛羌。旄牛，本旄牛夷之地，汉武帝开为县，东汉、蜀、晋因之。《水经·江水》亦载："沈黎郡，汉武帝元鼎六年，以蜀郡西部莋都置，理旄牛道，天汉四年置都尉，主外羌，在邛崃山表。自蜀西度邛莋，其道至险。"纪昀案云："莋都即旄牛县，亦曰旄牛道，故城在今雅州府青溪县南部。"[②] 清溪县即今汉源县，其地原为筰都，亦即旄牛羌部的中心，后来汉朝在此设置沈黎郡。[③] 关于沈黎郡所辖之地望，任乃强先生认为，《汉书·武帝本纪》注引臣瓒曰："《茂陵书》：沈黎筰都，去长安三千三百三十五里，领县二十一"中的二十一个县，[④] 可确定的有九县：旄牛、徙、严道、青衣、筰都五县及越嶲郡之筰秦、定筰、大筰、姑复四县。故二十一县中只有十二县不知名。任乃强先生接着又说："沈黎郡失名之十二县，皆当在今康定、九龙、乾宁、道孚、炉霍县内，随当时部落酋长请置吏者置立。大都皆犛牛种之小酋，贪赏赐者所请。时皆牧部，人无定居，县不能立，故旋复废去，并已属于旄牛都尉也。"[⑤] 或许正因为初置沈黎郡时所领二十一县包括了徼外广大地区，所以在撤沈黎郡后特设一都尉主管徼外夷事务，又由于主管徼外夷事务的都尉居旄牛县，所以在叙述旄牛县时自然将徼外地区囊括于内。[⑥] 这也表明，任先生认为徼外夷与旄牛

---

① [东汉]许慎撰，段玉裁注：《说文解字》，上海古籍出版社1981年版，第52页。

② [清]杨守敬撰：《水经注疏·江水》，江苏古籍出版社1989年版，第2763、2764页。

③ 李绍明：《康南石板墓族属初探——兼论纳西族的族源》，载《思想战线》1981年第6期。

④ [东汉]《汉书·武帝本纪》，中华书局标点本1962年版，第189页。

⑤ [晋]常璩撰，任乃强校注：《华阳国志校补图注》，上海古籍出版社1978年版，第197页。

⑥ 石硕：《汉代的"筰都夷"、"旄牛徼外"与"徼外夷"——论汉代川西高原的"徼"之划分及部落分布》，载《四川大学学报》2004年第4期。

种羌人关系极为密切。

又，《后汉书·安帝纪》元初五年李贤注引《华阳国志》云，旄牛县“在邛崃山表”。邛崃山即今大相岭。《水经·沫水》：“沫水出广柔徼外，东南过旄牛县北，又东至越嶲零道县。”沫水，今大渡河；越嶲零道县，今甘洛一带。《方舆纪要》卷七三：“旄牛城在黎州千户所南。”其地为今汉源之清溪一带。据此，旄牛县故治当在今汉源县南大渡河南岸之大树堡一带。[①] 旄牛羌除分布在汉源县外，还不断南迁到今川西南之西昌至滇西北、滇北地区。因此，在秦汉时期，旄牛羌除主要分布在沈黎郡外，还广布于越嶲郡。

《汉书·地理志》载：“越嶲郡，武帝元鼎六年开……县十五。”这 15 个县分别是：邛都（今西昌、德昌），遂久（今永胜、丽江），灵关道（今喜德），台登（今冕宁南部之泸沽），定莋（今盐源、盐边、宁蒗），会无（今会理、会东、宁南），莋秦（今冕宁北部），大莋（今米易），姑复（今永胜、华坪一带），三绛（今会理西南之黎溪、姜驿），苏示（今西昌北部之礼州），阑（今越西），卑水（今昭觉、布拖、普格、美姑），灊街（今峨边），青蛉（今永仁、大姚北部）。[②] 此外，方国瑜先生在释“灊街”县时，认为“关于灊街地名，别无记载，殊难考校。惟从越嶲郡部族区域言之，大渡河南旄牛夷地，汉时设县，蜀以后不属越嶲郡，灵关、阑二县如此……疑灊街在越西以东之峨边、甘洛，盖古时亦为旄牛夷所居之地也”。[③] 在以上诸县中，均有羌系统民族分布。应该说，旄牛羌应是其中较大之种。无怪乎《后汉书·西羌传》载，“或为旄牛种，越嶲羌是也”，是说战国时羌人西徙南下至越

---

①［晋］常璩撰，刘琳校注：《华阳国志校注》，巴蜀书社 1984 年版，第 304、306 页。

②［东汉］班固：《汉书·地理志》，中华书局标点本，1962 年版，第 1600 页；方国瑜：《中国西南历史地理考释》，中华书局 1987 年版，第 132—134 页。

③ 方国瑜：《中国西南历史地理考释》，中华书局 1987 年版，第 130 页。

嶲者为旄牛种是也。因此，旄牛羌也被称为越嶲羌。

《后汉书·南蛮西南夷列传》载："（安帝元初）五年，卷夷大牛种封离等反叛，杀遂久令……乔乃遣从事杨竦将兵至楪榆击之，贼盛未敢进。先以诏书告示三郡，密征求武士，重其购赏。乃进军与封离等战，大破之，斩首三万余级，获生口千五百人，资财四千余万。"[①] 封离即旄牛羌人，其人口众多、经济发达从上文可见一斑。

总体而言，在秦汉时期，源于羌系统民族的旄牛羌，初聚居于旄牛县，后不断南迁，与羌人的其他支系及当地土著杂居于大渡河以南、安宁河流域及滇北、滇西北的金沙江两岸，并成为当时羌人中的主要支系之一。之所以被称为旄牛羌，大部分学者认为可能因这支羌人擅长于饲养牦牛之故。[②] 这也可以从当时的一些记载看出，《史记·西南夷列传》曰："巴蜀民或窃出商贾，取其筰马、僰僮、髦牛，以此巴蜀殷富。"[③] 史书还记载有旄牛道，《三国志·蜀书·张嶷传》载："（越嶲）郡有旧道，经旄牛中至成都，既平且近；自旄牛绝道，已百余年，更由安上，既险且远。嶷遣左右赍货币赐路……开通旧道，千里肃清，复古亭驿。"[④] 这说明旄牛羌所养的牦牛较为有名，影响较大，遂成为这支羌人的名号。刘琳先生在《华阳国志》校注中曾经说，有人认为旄牛羌或许就是《尚书·牧誓》八国"庸、蜀、羌、髳"中的髳，因其地产牦牛，故转称其人为旄牛夷，又称其地为旄牛。[⑤]

据何耀华先生的研究，在以后的历史发展中，旄牛羌中的一部分与他族融合发展为彝族，一部分加入了汉族，一部分发展成为川

① [南朝宋] 范晔：《后汉书·南蛮西南夷列传》，中华书局标点本1965年版，第2853页。
② 冉光荣、李绍明、周锡银：《羌族史》，四川民族出版社1985年版，第96页；王文光：《中国古代的民族识别》，云南大学出版社1997年版，第241页。
③ [西汉] 司马迁：《史记·西南夷列传》，中华书局标点本1959年版，第2993页。
④ [晋] 陈寿：《三国志·蜀书·张嶷传》，中华书局标点本1959年版，第1053页。
⑤ [晋] 常璩撰，刘琳校注：《华阳国志校注》，巴蜀书社1984年版，第306页。

西南的藏族，分散在滇西北的一部分发展成为后来的普米族。①

《后汉书·南蛮西南夷列传》载：延光二年（123 年）春，“旄牛夷”攻陷零关，旄牛夷在青衣西面。邓少琴认为，旄牛夷，古代或称之为“戎”，“因此我疑帝攻青衣雄张‘僚僰’二字，或为‘戎僰’。唐凤迦异《德化碑》有‘势连戎僰’之语；《舆地纪胜》卷 163 叙州府载黄山谷《杨子建集叙》以‘戎僰’连称，是其例也。蜀中有僚，应为蜀保子帝以后的事。”②

参狼羌的来源与分布

参狼羌属羌之一支，在战国时向南迁徙，秦汉时主要分布在今甘肃武都地区。《水经·羌水》说：“羌水出羌中参狼谷……《后汉书·羌无弋爰剑传》云，或为参狼种，武都羌是也。谷因种人得名……彼俗谓之天池白水矣。”③羌水即白龙江。《后汉书·西羌传》载：“自爰剑以后，子孙支分凡百五十种。其九种在赐支河首以西，及在蜀、汉徼北，前史不载口数。唯参狼在武都，胜兵数千人。”④“武都郡，本广汉西部都尉治也，元鼎六年别为郡……西接阴平。土地险阻，有麻田，氐傁，多羌戎之民……有瞿堆百顷险势，氐傁常依之为叛。汉世数征讨之，分徙其羌远至酒泉、敦煌。其攻战垒戍处所亦多。”⑤在对“氐傁”进行解释时，刘琳先生认为，武都郡古为氐、羌族的一个聚居区，氐称白马氐，羌称参狼羌。

到了东汉，武都参狼羌人起义而被征服。“（建武）十三年，武都参狼羌与塞外诸种为寇，杀长吏。援将四千余人击之，至氐道县……豪帅数十万户亡出塞，诸种万余人悉降”。⑥又，“中

① 何耀华：《川西南藏族史初探》，《思想战线》，1985 年第 4 期。
② 邓少琴：《巴蜀史迹探索》，四川人民出版社 1983 年版，第 20 页。
③［清］杨守敬撰：《水经注疏·羌水》，江苏古籍出版社 1989 年版，第 2712 页。
④［南朝宋］范晔：《后汉书·西羌传》，中华书局标点本 1965 年版，第 2898 页。
⑤［晋］常璩撰，刘琳校注：《华阳国志校注》，巴蜀书社 1984 年版，第 155 页。
⑥［南朝宋］范晔：《后汉书·马援传》，中华书局标点本 1965 年版，第 836 页。

元元年，武都参狼羌反，杀略吏人，太守与战不胜，陇西太守刘盱遣从事辛都、监军掾李苞，将五千人赴武都，与羌战，斩其酋豪，首虏千余人。时武都兵亦更破之，斩首千余级，余悉降。”[①]到了安帝时，参狼羌人开始内附。从以上论述中我们知道，白马羌也称广汉羌、武都羌，而参狼羌亦可称为武都羌，因此，史志中的武都羌究竟为何种羌人，必须视具体情况分析之。

青衣羌

青衣羌为羌人之一支，也有青羌之称，秦汉时主要分布在青衣县，即今芦山、名山等地。其名称来源与其居住地有青衣水，其地属青衣县有关。对其比较明确的记载出自郦道元的《水经注》。《水经·青衣水》载："青衣水出青衣县西蒙山。"《水经注》于"青衣县"条下注曰："县，故青衣国也。"[②]作为县名或水名使用的"青衣"一词在《史记》《汉书》中已比较普遍；而作为人群称谓，早期或单称"青羌"或"羌筰"连称。今雅安芦山县发现的东汉建安十年（205 年）所立《汉故领校巴郡太守樊府君碑》有"续蠢青羌"之说；另外，《吕氏春秋·慎行二》有"禹东至榑木之地，日出、九津、青羌之野"的记载。《汉书·枚乘传》则记载："昔者，秦西举胡戎之难，北备榆中之关，南距羌筰之塞，东当六国之从。""青衣江流域的'青衣羌'是我们目前所知进入藏彝走廊时间最早、南下最远的一支羌人，他们南下入踞青衣江流域地区的时间很可能在秦献公时代以前。"[③]从芦山县出土的汉墓来看，青衣羌在文化习俗上受迁徙到此地的汉人影响比较大。秦汉时期的青衣羌主要分布在今天雅安地区及与阿坝州连接地带。三国时期，青衣羌有很大部分南迁至越巂郡地，后为诸葛亮北迁

①［南朝宋］范晔：《后汉书·西羌传》，中华书局标点本 1965 年版，第 2879 页。
②［北魏］郦道元著，陈桥驿校证：《水经注校证》，中华书局 2007 年版，第 822 页。
③ 石硕：《羌人入据青衣江流域时间探析》，载《民族研究》2007 年第 2 期。

还至青衣江流域的蜀地。魏晋以后，青衣羌可能与其地的其他氐羌系统民族相融合而不见于史载。

3. 徙人

徙，音斯，又可称为“斯”“斯榆”“斯臾”“斯都”。《史记·西南夷列传》载：“自嶲以东北，君长以什数，徙、筰最大……在蜀之西。”集解引徐广曰：“徙在汉嘉。”[①] 汉嘉即今天四川雅安市天全。刘琳先生在校注《华阳国志》时亦说：“徙阳，本徙人所居，汉武帝置徙县，东汉、蜀因，晋改名徙阳。西魏于此置始阳县（徙、始声近），唐为始阳镇。即今天全县东三十里的始阳镇。辖今天全县地。”[②] 又，《史记·司马相如列传》载：“司马长卿便略定西夷，邛、筰、冉、駹、斯榆之君皆请为内臣，……因朝冉徙駹，定筰存邛，略斯榆，举苞满。”索隐引张揖云：“斯俞，国也。”案：今斯读如字，《益部耆旧传》谓之“斯臾”。《华阳国志》邛都县有四部，斯臾一也。[③] 可见汉代居住在今凉山州西昌一带的徙人，原来是从天全迁徙而来的。因此，秦汉时期的徙人大致分布在今四川雅安市及凉山彝族自治州一带。

青衣江洪雅县桫椤峡

---

①［西汉］司马迁：《史记·西南夷列传》，中华书局标点本1959年版，第2991、2992页。

②［晋］常璩撰，刘琳校注：《华阳国志校注》，巴蜀书社1984年版，第305页。

③［西汉］司马迁：《史记·司马相如列传》，中华书局标点本1959年版，第3047—3049页。

徙为南下羌人的一支。《汉书·彭越传》载：汉高祖十一年赦免彭越为庶人，"徙蜀青衣"。颜注引文颖曰："青衣，县名。"[①]《后汉书·郡国志》说："汉嘉故青衣，阳嘉二年改。"[②]是汉初已有青衣县，应是秦置，两汉因。汉顺帝阳嘉二年改名汉嘉。蜀、晋因之。青衣县，古青衣羌国。[③]我们知道，青衣羌国的主体民族应是青衣羌，因此，徙可能与青衣羌关系密切，或许是青衣羌的一支。《华阳国志·蜀志》还说："高后六年……开青衣。"[④]徙即包括于内。又载："天汉四年，罢沈黎，置两部都尉：一治旄牛，主外羌；一治青衣，主汉民。"[⑤]《史记·西南夷列传》载："正义引《括地志》云：'筰州本西蜀徼外，曰猫羌巂。《地理志》云徙县也。"[⑥]则徙应属"外羌"，是"旄牛种青衣羌"的一支。[⑦]

4. 筰人

筰都，筰字或可作"莋""笮"。《后汉书·南蛮西南夷列传》载："莋都夷者，武帝所开，以为莋都县。其人皆被发左衽，言语多好譬类，居处略与汶山夷同……元鼎六年，以为沈黎郡。"[⑧]"夷人"称桥为"笮"，此确有之，今纳西语、彝语称桥均与"笮"音近。但定笮、大笮等是以笮人而得名，而"笮"人之称并非来自笮桥。"笮"当是其"笮人"自称的译音。光绪《盐源县志》谓："笮为夷之自名，今夷谓九所曰阿笮，丽江人至今自称为笮。"么些经典《东巴经》及《放牲经》即称人为"zho"，与"笮"

---

①[东汉]班固：《汉书·彭越传》，中华书局标点本1962年版，第1880、1881页。
②[南朝宋]范晔：《后汉书·郡国志》，中华书局标点本1965年版，第3515页。
③[晋]常璩撰，刘琳校注：《华阳国志校注》，巴蜀书社1984年版，第304页。
④[晋]常璩撰，刘琳校注：《华阳国志校注》，巴蜀书社1984年版，第214页。
⑤[晋]常璩撰，刘琳校注：《华阳国志校注》，巴蜀书社1984年版，第218页。
⑥[西汉]司马迁：《史记·西南夷列传》，中华书局标点本1959年版，第2992页。
⑦祁庆富：《西南夷》，民族出版社1990年版，第135页；段渝：《玉垒浮云变古今：古代的蜀国》，四川人民出版社2001年版，第318页。
⑧[南朝宋]范晔：《后汉书·南蛮西南夷列传》，中华书局标点本1965年版，第2854页。

音极合。汉人称筰人之邑为筰都，故又转称其人为“筰都夷”。[①]所言极是。沈黎郡之所在，《汉书·地理志》《后汉书·郡国志》皆不载；《华阳国志·蜀志》载：“元鼎六年……西部筰都为沈黎郡……天汉四年，罢沈黎，置两部都尉：一治旄牛，主外羌；一治青衣，主汉人。”[②]《后汉书·南蛮西南夷列传》亦载：“至天汉四年，并蜀为西部，置两都尉，一居旄牛，主徼外夷；一居青衣，主汉人。”[③]东汉安帝延光二年改为蜀郡属国，灵帝时改为汉嘉郡。蜀汉、西晋因之。可见，汉嘉郡的辖境基本上就是沈黎郡辖境，基本没什么变化。《后汉书·郡国志》载：“蜀郡属国，故属西部都尉，延光元年（按，同书《南蛮西南夷列传》为延光二年为是）以为属国都尉，别领四城……汉嘉故青衣（今芦山）……严道（今荥经）……徙（今天全东）旄牛（今汉源南）。”[④]上述四县，汉嘉为青衣羌国，而严道则是蜀、邛杂居之地，与羌无关，徙则是徙都，只有旄牛一县为筰人集中聚居之地。则秦汉以前，筰人主要分布在今汉源县。[⑤]

《华阳国志·蜀志》载：“元鼎六年，以广汉西部白马为武都郡，蜀南部邛都为越嶲郡，北部冉駹为汶山郡，西部筰都为沈黎郡，合置二十余县。”[⑥]此二十余县，当指史料中所言四郡所辖县的总数。据对《汉书·地理志》所载在此地域的县数，除去因郡境变化归属不同从而重复的县，以及后来设置的县数，共二十余县，基本上与《华阳国志》所载相合。根据史料的记载来看，战国

①［晋］常璩撰，刘琳校注：《华阳国志·蜀志》，巴蜀书社1984年版，第321页；方国瑜：《么些民族考》，载《民族学研究集刊》第四期，1944年。

②［晋］常璩撰，刘琳校注：《华阳国志·蜀志》，巴蜀书社1984年版，第321页；方国瑜：《么些民族考》，载《民族学研究集刊》第四期，1944年。

③［南朝宋］范晔：《后汉书·南蛮西南夷列传》，中华书局标点本1965年版，第2854页。

④［南朝宋］范晔：《后汉书·郡国志》，中华书局标点本1965年版，第2515页。

⑤段渝：《玉垒浮云变古今：古代的蜀国》，四川人民出版社2001年版，第319页。

⑥［晋］常璩撰，刘琳校注：《华阳国志校注》，巴蜀书社1984年版，第218页。

到汉初，筰都仅分布在今汉源大渡河南北，汉武帝以后才逐渐南迁至雅砻江流域今凉山州西南地区。[①]

《史记·西南夷列传》集解引徐广曰："徙在汉嘉，筰音昨，在越嶲。"索隐引服虔云："二国名。"韦昭云："徙县属蜀。筰县在越嶲。"正义《括地志》云："筰州本西蜀徼外，曰猫羌嶲。《地理志》云徙县也。《华阳国志》雅州邛崃山本名邛筰山，故邛人、筰人界。"[②]《后汉书·郡国志》也有"邛崃山本名邛筰，故邛人、筰人界"之载，[③]说明今大相岭是邛人、筰人的分界。筰都以南是邛人的分布区，汉初以前筰都南界当不过今越西，但汉武帝天汉四年以后，这种状况发生了改变。《汉书·地理志》载："越嶲郡……县十五：……定莋……莋秦，大莋……"师古注曰："本莋都也。"[④]说明这三个带"莋"字的县均应是越嶲郡内筰人所集中居住之地。这三个县之筰人应是汉武帝罢沈黎郡的同时取消筰都县后南迁至越嶲郡的。[⑤]

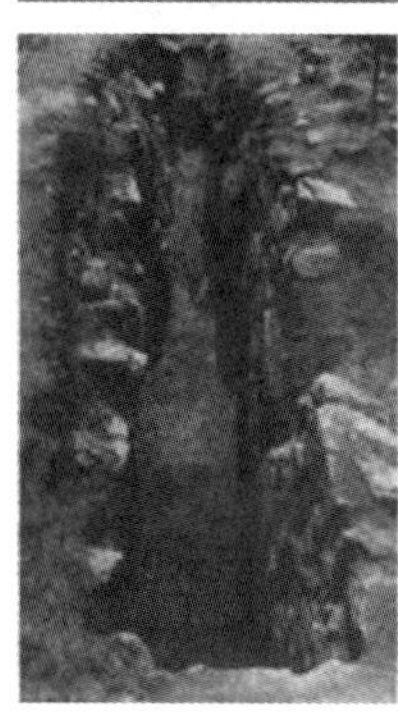

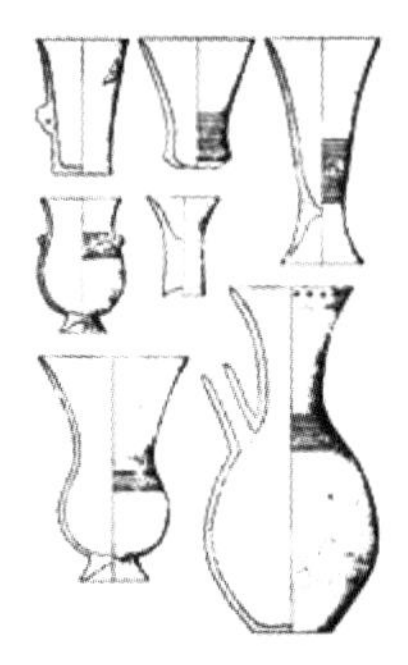

四川西昌坝河堡子大石墓及出土陶器（图片来源：《考古》学报）

筰都当是羌人的一支。"'筰都'，族名，为'牦牛羌'之一部。"[⑥]《史记·大

① 段渝：《玉垒浮云变古今：古代的蜀国》，四川人民出版社 2001 年版，第 319 页。
②［西汉］司马迁：《史记·西南夷列传》，中华书局标点本 1959 年版，第 2991—2992 页。
③［南朝宋］范晔：《后汉书·郡国志》，中华书标点本 1965 年版，第 2515 页。
④［东汉］班固：《汉书·地理志》，中华书局标点本 1962 年版，第 1600 页。
⑤ 段渝：《玉垒浮云变古今：古代的蜀国》，四川人民出版社 2001 年版，第 320 页。
⑥［晋］常璩撰，刘琳校注：《华阳国志校注》，巴蜀书社 1984 年版，第 219 页。

宛列传》载：“北方闭氐、筰”，正义曰：“筰，白狗羌也。皆在戎州西北也。”[①] 则白狗羌原来和氐一样分布在岷江上游的川北、甘南一带，与“居处略与汶山夷同”相合。后来不断南下到沈黎郡、越嶲郡。所以，筰都应是岷江上游白狗羌南下的一支。[②]

5. 邛人

关于邛都，《史记·西南夷列传》说：“自滇以北君长以什数，邛都最大。”[③]《后汉书·南蛮西南夷列传》载：“邛都夷者，武帝所开，以为邛都县（今西昌、德昌、普格、昭觉等县一带）。无几而地陷为污泽，因名为邛池，南人以为邛河。后复反叛。元鼎六年，汉兵自越嶲水伐之，以为越嶲郡。”[④]《水经·若水》亦载：“邛都县，汉武帝开邛筰置之。县陷为池，今因名为邛池，南人谓之邛河……元鼎六年，汉兵自越嶲水伐之，以为越嶲郡，治邛都县。”[⑤]

关于越嶲郡的范围，《汉书·地理志》载：“越嶲郡，武帝元鼎六年开……户六万一千二百八，口四十万八千四百五。县十五：邛都、遂久、灵关道、台登、定莋、会无、莋秦、大莋、姑复、三绛、苏示、阑、卑水、灊街、青蛉。”[⑥] 又据《后汉书·郡国志》云：“越嶲郡十四城，户十三万一百二十，口六十二万三千四百一十八。邛都、遂久、灵关道、台登、青蛉、卑水、三缝（应为三绛）、会无、定莋、阐（应为阑）、苏示、大莋、莋秦、姑复。”[⑦] 东汉与西汉相比，虽略有变化（省灊街），但与今之地域来看，据方国瑜先生的考释，越嶲郡大致包括了今

① [西汉]司马迁：《史记·大宛列传》，中华书局标点本1959年版，第3166、3167页。
② 段渝：《玉垒浮云变古今：古代的蜀国》，四川人民出版社2001年版，第321页。
③ [西汉]司马迁：《史记·西南夷列传》，中华书局标点本1959年版，第2991页。
④ [南朝宋]范晔：《后汉书·南蛮西南夷列传》，中华书局标点本1965年版，第2852页。
⑤ [清]杨守敬撰：《水经注疏·青衣水》，江苏古籍出版社1989年版，第2947、2948页。
⑥ [东汉]班固：《汉书·地理志》，中华书局标点本1962年版，第1600页。
⑦ [南朝宋]范晔：《后汉书·郡国志》，中华书局标点本1965年版，第3511页。

天安宁河流域与金沙江南北以四川西昌为中心的峨边、甘洛、越西、冕宁、喜德、美姑、西昌、昭觉、布拖、普格、德昌、盐源、米易、盐边、会理、会东、宁南、攀枝花、华坪、永胜、丽江、宁蒗、永仁等县、市。[①]秦汉时期的邛人主要就分布在上述广大区域内。当然，也有一部分邛人往北发展，进入了今汉源以北，与蜀杂居。据《华阳国志·蜀志》载：临邛县“本有邛民，秦始皇徙上郡实之”。“临邛县，秦置，两汉、蜀、晋因之。故城即今邛崃县治，距成都一百六十里。辖今邛崃、蒲江、大邑三县地。”[②]临邛县之得名，应与邛人相临近而得名。可见，邛人已向北到达了蜀郡，并与蜀人杂处。

“邛都”最初应为一地名、一行政区划名，大概包括今天四川省的西昌、德昌、普格、昭觉一带，汉时属越嶲郡，后成为居住在这一地域民族的一个称呼，并随其四处迁徙移动而不断被称为邛人、邛民。所以，虽然同是分布在邛都的人，但在民族来源上是有区别的，有些为百濮系统民族，有些为氐羌系统民族，到今天大多发展为彝族。

6. 和夷

和夷最早见于《尚书·禹贡》，其载曰：“岷、嶓既艺，沱、涔既道，蔡、蒙旅平，和夷底绩。”[③]《水经·桓水》引郑玄曰：“和上，夷所居之地也。和读桓。《地理志》曰：桓水出蜀郡蜀山西南行羌中者也。《尚书》又曰：西倾因桓是来。马融、王肃云：西治倾山，惟因桓水是来，言无他道也……桓水出西倾山，更无别流，所导者惟斯水耳。赵云：《禹贡锥指》曰，古者桓有和音，故郑康成破和为桓。《晋地道记》云，梁州自桓水以南为夷，《书》

① 方国瑜：《中国西南历史地理考释》，中华书局1987年版，第132—134页。

② [晋]常璩撰，刘琳校注：《华阳国志校注》，巴蜀书社1984年版，第244、245页。

③ [汉]孔安国传，[唐]孔颖达等正义：《十三经注疏·尚书正义》“夏书·禹贡”，上海古籍出版社1990年版，第83页。

所谓和夷底绩。”[①] 此说是也。又《史记·夏本纪》亦载：“华阳黑水惟梁州：汶、嶓既蓺，沱、涔既道，蔡、蒙旅平，和夷底绩。”[②] 西倾山所出之桓水，为今白龙江，东南流至甘肃文县东与白水东合，再东南流注嘉陵江。至于岷江称桓，不是指岷江正流，而是指其下游的支流大渡河。大渡河在古代称为“渽水”，据载：“渽水出徼外，南至南安，东入江过郡三，行三千四十里。”[③] 而《说文》和《水经》作“涐水”，“涐水”即桓水。涐、和、桓音近相通。宋毛晃《禹贡指南》注曰：“和夷，西南夷也。”尤中先生认为，夏朝时之和夷分布在岷山、嶓山及其支脉和蔡山、蒙山地区。和夷的西北部与西戎、氐、羌、渠叟的聚居区相连接。它显然是西戎、氐、羌、渠叟部落群分布向西南的延伸。[④] 而有学者则进一步认为，和夷是先秦时期分布在大渡河以南的族类。[⑤]

关于和夷的来源与族属问题，学术界探讨得不是太多。尤中先生认为，和夷部落群是西戎、氐、羌的近亲集团。[⑥] 有学者在综合了多种研究观点后认为，“和”是当地民族语言，本义为“山”，与夷相连为“和夷”，与水相连为和水，桓水、涐水是对同一条河的不同记音，即今大渡河。和夷是指居住在蜀郡桓水以北地区的山区民族，包括这一地区在先秦至汉代的蜀人、氐、羌、徙（叟）、虒、僰、笮，他们都是氐羌系统的民族。[⑦] 有学者认为，先秦时期大渡河以西、以南的族类以羌族为多，故和夷的族属与羌族有关。[⑧] 有学者从民族神话和历史记载分析后直接认

① [清]杨守敬撰：《水经注疏·桓水》，江苏古籍出版社1989年版，第2940、2941页。
② [西汉]司马迁：《史记·夏本纪》，中华书局标点本1959年版，第63页。
③ [东汉]班固：《汉书·地理志》，中华书局标点本1962年版，第1598页。
④ 尤中：《中华民族发展史》第1卷，晨光出版社2007年版，第29页。
⑤ 段渝：《玉垒浮云变古今：古代的蜀国》，四川人民出版社2001年版，第321页。
⑥ 尤中：《中华民族发展史》第1卷，晨光出版社2007年版，第29页。
⑦ 李宗放：《“和夷”诸解与我见》，《西南民族大学学报（人文社科版）》1997年第6期。
⑧ 段渝：《玉垒浮云变古今：古代的蜀国》，四川人民出版社2001年版，第322页。

为，和夷可能就是今天哈尼族的先民。[①]我们认为，这些观点并没有相互对立，只是研究的深广度有异，总体而言，和夷属于羌系民族的观点应大致不误。潘光旦先生也曾说："和夷，疑亦族名，言禹平此部分水土，此种人亦曾出力致功也。此地区为'彝'族旧地，或当禹时已尔。"[②]这说明先秦时期大渡河以南的族类应包有大量的羌系民族，和夷便是其中之一。

7. 丹、犁

秦汉时期，大渡河和青衣江流域除分布有和夷外，还有丹和犁。据《史记·秦本纪》载：秦惠文王十四年，"丹、犁臣"；秦武王元年，"伐义渠、丹、犁"。关于丹、犁，正义曰："二戎号也，臣伏于蜀。蜀相杀蜀侯，并丹、犁二国降秦。在蜀西南姚府管内，本西南夷，战国时蜀、滇国，唐初置犁州、丹州也。"[③]说明先秦时期的丹、犁应为两个大的部落，被历史学家称为丹、

滇国墓葬群出土的青铜牛虎铜案

① 冉光荣、李绍明、周锡银：《羌族史》，四川民族出版社1985年版，第199页；李光荣：《论哈尼族神话的优美》，载《民族文学研究》1998年第2期。
② 潘光旦：《中国民族史料汇编》，天津古籍出版社2005年版，第69页。
③［西汉］司马迁：《史记·秦本纪》，中华书局标点本1959年版，第207—209页。

犁二国，后为秦所并。而姚府即姚州都督府，知州治在府附郭，即弄栋川，今之姚安城区。[①] 辖姚安、大姚、永仁等，其时南下的丹、犁等羌人已迁徙至此。战国时的丹、犁则主要在汉之沈黎郡内，而沈读为丹，黎与犁之繁体字犂形近音同。沈黎郡之名当来自于丹、犁二族。从前述内容我们已知，汉时之沈黎郡是旄牛等羌人的杂居地，由此推之，丹、犁二族也应为羌系统民族。[②] 由于史料有限，具体是羌系统之何族现已无法考证。但从文献所记载出现丹、犁的具体名称来看，至迟在战国时，丹和犁已从羌人系统中分化出来，不断南迁并越过金沙江来到了滇北，与分布在当地的其他民族相融合。据对可见之资料查询，丹、犁在汉以后基本上不见于记载。

8. 滇人

根据《史记·西南夷列传》等记载来看，滇人主要分布在夜郎以西、邛都以南的滇中地区。张增祺先生曾根据考古材料做了以下推测：“就目前发掘的考古资料表明，滇文化遗物的分布范围大致为：东到路南、泸西一线；北达会泽、昭通等地；南抵新平、元江及个旧一带；西到安宁及其附近地区。在这个东西宽约150公里，南北长约400公里的区域内，战国至西汉时期除发现滇国青

滇人“椎髻”形象

① 方国瑜：《中国西南历史地理考释》，中华书局1987年版，第307页。
② 段渝：《玉垒浮云变古今：古代的蜀国》，四川人民出版社2001年版，第322页。

铜器外，尚未见别的文化遗物（因文化交流，滇池区域发现的少量外来文化遗物除外）。这一历史现象表明，上述地区大概就是古代滇族的活动范围，亦即滇国的分布区域。”[①]

西汉以后滇人分布的滇池地区汉文化占了主导地位，滇人及滇文化悄然而逝，不知所之。

滇人到哪里去了呢？他们已经在历史的发展中或融合、或迁徙，已经不在滇地区域分布了，但是遗憾的是史家也没有将有关情况记录下来，故成了一个历史之谜。我们认为滇人绝大部分都向南迁徙了。理由如下：益州郡建立后，虽然让滇王“复长其民”，但郡县制度的推行，极大地削弱了滇王在滇池地区的统治权，其政治地位、政治权力也大大削弱，故不再受到史家的关注。

另外，公元前 86 年益州郡廉头、姑缯反叛，滇人也参加了这次反抗，但反抗最终被镇压，滇王的权力在实质上受到损失。

再次，滇西的昆明族、滇东北的僰族、大量的汉族进入了滇池区域，开始发生民族融合，原来作为滇池区域主体民族的滇人现在成为一个弱势群体，民族的融合已成为一种趋势。在这种情况下，丧失权力的上层贵族就有可能迁徙，向着适宜自己生活方式的云南南部迁徙。对此，傣族史籍《帕萨坦》有详细的记载：傣族先民原来聚居在从滇池至滇西的广大地区，当东方强大的民族进入这一地区后，傣泐内部因故相互火并，杀掉了王族。于是，王族中另一个年轻有为的女首领婻罕捧，便率领傣泐各部 1 万 2 千人沿澜沧江往南迁徙。经过多年的辗转跋涉，终于来到了阿腊维地区（今西双版纳），逐步与当地的傣族先民汇合，在澜沧江东岸建立了 6 个“邦”。数年后，又从勐少本（今洱海地区）、勐浓傣（滇池地区）方向迁来 5 千多傣泐人，进入阿腊维后，在澜沧江

① 张增祺：《滇国与滇文化》，云南美术出版社 1997 年版，第 11 页。

西岸建立了 4 个“邦”，加上原来建立的 6 个“邦”和赕弥腊（今布朗族）在山区建立的两个“邦”，共建立了 12 个“邦”。随着时间的推移，又有一部分傣族先民继续南迁，直至进入东南亚地区。[①] 至今，玉溪市新平县的傣族还认为他们是古代滇人南迁过程中留在当地的滇人之贵族。

9. 昆明

从楪榆（大理）到永昌（保山）一带，分布着嶲、昆明等民族，“西自同师以东，北至楪榆，名为嶲、昆明，皆编发，随畜迁徙，毋长处，毋君长，地方可数千里。”可见嶲、昆明人分布范围比较广泛，并且一度成为中央王朝开拓南方丝绸之路在沿线遇到的主要阻碍力量之一。

晋宁石寨山纳贡贮贝器上的编发“昆明之属”

汉武帝时期，曾经“发间使，四道并出：出駹，出冉，出徙，出邛、僰，皆各行一二千里。其北方闭氐、筰，南方闭嶲、昆明。昆明之属，无君长，善寇盗，辄杀略汉使，终莫得通”[②]。秦汉时期，“除滇西地区的山区和半山区的昆明人仍为游牧民族外，大部分昆明人则迁至金沙江以南及滇池区域以西地区，他们的生产、生活方式，也由原来的‘随畜迁徙’逐步转化为以农、牧业相结合的定居形式。其时昆明人东临滇国，北接邛都，南与濮越民族杂处，西与南迁的北方游牧民族相接触。尤其和滇国的交往更

---

① 王懿之：《云南民族源流考》，载《民族历史文化论》，云南美术出版社 2000 年版，第 509、510 页。

②［西汉］司马迁：《史记·大宛列传》，中华书局 1959 年版，第 3166 页。

频繁，其中有战争，也有和平。”[①] 昆明人和滇国的关系，是与其向东扩展联系在一起的。昆明人以洱海区域为起点，经今天的弥渡、祥云、姚安等地向东发展，在上述地区遇到了拥有“大石墓”文化的濮人，继续往东在今天禄丰一带与滇人相遇。昆明人大规模向东扩展受到阻碍，但昆明人在向东发展的过程中，沿途留居，成为当地的定居民族。

战国末至西汉初，东迁的昆明人经过楚雄、元谋、牟定、禄丰一带，由于遇到比他们更为强大的滇王国，昆明人大规模向东扩张的行动才受到遏制，双方展开了激烈争战。之后昆明人绕过滇王国的正面抵抗，通过今武定、禄劝等地向其北境曲靖地区渗透，并有一部分沿南盘江岸向滇王国的东境移动。

至此，昆明人经过几个世纪的扩张迁徙，形成了西自怒江、东到南盘江流域，横跨云南东西千余里的“一字形”地带。史载“建武十八年，夷渠帅栋蚕与姑复、楪榆、弄栋、连然、滇池、建伶、昆明诸种反叛，杀长吏”，可见昆明已发展至滇中并向滇东挺进。东汉初、中期，昆明族分布区的东、西两端都有较大变化。东端的昆明人一部分向滇东北原为僰人分布区扩展，东汉中、晚期，滇东北的昆明人又向黔西及凉山地区发展。与此同时，昆明人的另一部分沿南盘江流域向滇东南地区扩张。西端的昆明人则有向南移动的趋势。[②] 至此，昆明人已几乎分布于我国现代彝族居住的大部分地区。

秦汉时期的昆明人是势力较大、人数较多的民族，经常与中原王朝发生冲突和战争。《史记·大宛列传》载：“其北方闭氐、筰，南方闭嶲、昆明。昆明之属无君长，善寇盗，辄杀略汉使，

① 张增祺：《云南滇池区域青铜文化内涵分析》，载云南省博物馆编《云南青铜文化论集》，云南人民出版社 1991 年版，第 41 页。
② 张增祺：《彝族的渊源及其形成》，载张增祺：《中国西南民族考古》，云南人民出版社 2012 年版，第 262—263 页。

终莫得通。"又说："是时汉既灭越，而蜀、西南夷皆震，请吏入朝。于是置益州、越嶲、牂柯、沈黎、汶山郡……乃遣使柏始昌、吕越人等岁十余辈，出此初郡抵大夏，皆复闭昆明，为所杀，夺币财，终莫能通至大夏焉。于是汉发三辅罪人，因巴蜀士数万人，遣两将军郭昌、卫广等往击昆明之遮汉使者，斩首虏数万人而去。其后（元封二年）遣使，昆明复为寇，竟莫能得通。"[①]《史记·西南夷列传》也载："岁余，皆闭昆明，莫能通身毒国。"[②] 据《汉书·地理志》载，益州郡有二十四县，其中楪榆、邪龙、云南、弄栋、比苏、不韦、嶲唐、来唯八县在"西自桐师以东，北至楪榆"的洱海和永昌地区。[③]《汉书·西南夷两粤朝鲜传》载："孝昭始元元年，益州廉头、姑缯民反……后三岁，姑缯、楪榆复反。"[④] 廉头即弄栋，姑缯即青蛉，均为昆明夷。《后汉书·南蛮西南夷列传》说："建初元年，哀牢王类牢与守令忿争，遂杀守令而反叛……明年春，邪龙县昆明夷卤承等应募，率种人与诸郡兵击类牢于博南。"这表明邪龙的主要居民是昆明族。又说："（元初）五年，卷夷大牛种封离等反叛，杀遂久令。"[⑤] 封离应是遂久的大牛种蛮夷。另，《后汉书·南蛮西南夷列传》说："及王莽政乱……越嶲姑复夷人大牟亦皆叛。"[⑥] 此大牟疑即大牛，亦即牦牛、旄牛。知遂久与姑复部落为同种属的昆明夷。[⑦]

《新唐书·南蛮传下》载："咸亨三年（672 年），昆明十四姓率户二万内附，析其地为殷州、总州、敦州，以安辑之。殷州居戎州（今宜宾）西北，总州居西南，敦州居南，远不过五百余里，

① [西汉]司马迁：《史记·大宛列传》，中华书局标点本 1959 年版，第 3166、3170、3171 页。
② [西汉]司马迁：《史记·西南夷列传》，中华书局标点本 1959 年版，第 2996 页。
③ [西汉]司马迁：《史记·西南夷列传》，中华书局标点本 1959 年版，第 2996 页。
④ [东汉]班固：《汉书·西南夷两粤朝鲜传》，中华书局标点本 1962 年版，第 3843 页。
⑤ [南朝宋]范晔：《后汉书·南蛮西南夷列传》，中华书局标点本 1965 年版，第 2851、2853 页。
⑥ [南朝宋]范晔：《后汉书·南蛮西南夷列传》，中华书局标点本 1965 年版，第 2846 页。
⑦ 林超民：《试论汉唐间西南地区的昆明》，载《民族研究》1982 年第 1 期。

近三百里。其后又置盘、麻等四十一州，皆以首领为刺史。昆明东九百里，即牂柯国也。兵数出，侵地数千里。元和八年（813年），上表请尽归牂柯故地。开成元年（836年），鬼主阿珮内属。会昌中（841—846年），封其别帅为罗殿王，世袭爵。”①“昆明十四姓”居住在这一带地方不始于唐朝初年，而是远在汉朝时期，他们从汉朝到唐朝时期都一直居住在这一带地方。②

由上可知，秦汉时期特别是两汉时期，昆明人主要分布在益州郡之楪榆（今大理）、邪龙（今魏山）、云南（今祥云）、弄栋（今姚安），越嶲郡之青蛉（今大姚）、遂久（今永胜）、姑复（今华坪）及东汉永昌郡的部分县域之内，且有一部分昆明族已东进到了滇东北、滇北、川南及黔西地区。

在西汉初期，昆明人和叟人等游牧民族主要分布在从川西南到滇西的广大地区。从汉开西南夷以后，随着滇国受到汉王朝的牵掣，势力下降，昆明人逐渐地向东发展。公元42年，“夷渠帅栋蚕与姑复、叶榆、弄栋、连然、滇池、建伶、昆明诸种反叛”。可见，当时滇中地区已经有了氐羌系统民族的分布。1936年，昭通洒鱼河古墓中出土“汉叟邑长”铜印一方，1953年又在同一地点的古墓中，发现一件少数民族的铜铸像。此铜像作跪坐式，头上戴一顶尖帽，身着窄长衣裤，衣上有点线纹，似为皮毛之物，面部两颊有长须，高鼻深目，穿皮靴。这种少数民族可能就是叟人。这样，至少在东汉时期，氐羌系统的民族的分布范围已经扩大到了滇东北地区，并且开始往贵州西部迁移。

10. 叟

叟，《华阳国志·南中志》载：“夷人大种曰昆，小种曰叟。”虽然史书中把叟和昆明都归为夷人，但是现在的研究通常认为叟

①［北宋］欧阳修，宋祁：《新唐书·南蛮传》，中华书局标点本1975年版，第6318、6319页。
②尤中：《中国西南的古代民族》，云南人民出版社1980年版，第43页。

人是由嶲人发展而来。秦汉以来，其分布范围逐渐由滇西地区向东扩展。《汉书·地理志》越嶲郡注引应劭曰“故邛都国也，有嶲水”，表明汉代越嶲郡内已有不少嶲人居住。汉、晋以来，“嶲”逐渐改称“叟”，《华阳国志·蜀志》载：“章武三年，越嶲叟帅高定元称王恣睢。”《华阳国志·南中志》说：“先主（刘备）薨，越嶲叟帅高定元杀将军焦璜，举郡称王以叛。”此外，《华阳国志·南中志》晋宁郡载“本益州也，汉武帝元封二年，叟反，遣将军郭昌平之”，表明滇池地区也有不少叟人居住，并与越嶲郡的叟人有着密切的联系，形成较大的势力。

关于叟人的族属、源流等问题，学术界至今也尚无定论。王叔武先生认为叟与蜀关系密切，叟人是今天白族的先民，① 张增祺等先生认为叟人是中亚南迁的塞种人，有学者则认为叟人为夷系民族，② 更多学者认为叟人来源于氐羌系统民族，③ 还有学者认为叟人是在东汉时从昆明族中分化出来的。④

综合来看，叟人主要源于古代的氐羌系统中的羌系民族，后不断南迁至西南地区，被称为“嶲”“叟”，后有一部分被称为“蜀”。在汉、晋时期比较活跃，与昆明人杂居共处。《史记·西南夷列传》之“西自桐师（今保山市）以东，北至楪榆（今大理市），名为嶲、昆明”⑤，及《华阳国志·南中志》云“夷人大种曰‘昆’，小种曰‘叟’。皆曲头木耳，环铁裹结，无大侯王，如汶山、汉嘉

① 王叔武：《白族源于滇僰、叟、爨考述》，载《云南社会科学》1988 年第 3 期；马曜：《汉晋时期白族先民族名的演变——略论僰人消失与叟人和爨人出现的原因》，载《云南社会科学》1997 年第 4 期。

② 张增祺：《“嶲人”——云南古代的斯基泰民族》，载张增祺：《中国西南民族考古》，云南人民出版社 1990 年版，第 42—44 页。蒙默：《说“叟”》，载《思想战线》1992 年第 2 期；《试论汉代西南民族中的“夷”与“羌”》，载《历史研究》1985 年第 1 期。

③ 方国瑜：《汉晋时期西南地区的部族郡县及经济文化》，方国瑜：《方国瑜文集》，云南教育出版社 2001 年版，第 240 页；尤中：《中国西南民族史》，云南人民出版社 1985 年版，第 59 页；童恩正：《古代的巴蜀》，四川人民出版社 1979 年版，第 55、56 页。

④［晋］常璩撰，刘琳校注：《华阳国志·南中志》，巴蜀书社 1984 年版，第 365 页。

⑤［西汉］司马迁：《史记·西南夷列传》，中华书局标点本 1959 年版，第 2996 页。

夷也”，[①] 表明南迁至西南地区的叟人主要与昆明人杂居相处。

关于叟人的分布，《后汉书·南蛮西南夷列传》载：“永平元年，姑复夷复叛……苏祈叟二百余人，赍牛羊送丧，至翕本县安汉，起坟祭祀。诏书嘉美，为立祠堂。”[②] 姑复县和苏祈县为越嶲郡之所辖。姑复在今云南永胜、华坪一带，苏祈在今四川西昌礼州。又，《华阳国志·南中志》载：“先主薨后，越嶲叟帅高定元杀郡将军焦璜。”[③]《三国志·蜀书·张嶷传》亦说：“初，越嶲郡自丞相亮讨高定之后，叟夷数反，杀太守龚禄、焦璜，是后太守不敢之郡，只住安上县，去郡八百余里，其郡徒有名而已。”[④]《华阳国志·李特雄期寿势志》亦载：“泰宁元年，越嶲斯叟反，攻围任回及太守李谦，遣其征南费黑救之。咸和元年夏，斯叟破。二年，谦移郡民于蜀。”[⑤] 以上史料说明以下三点：第一，越嶲郡在汉代当是叟人的主要聚居和分布地，叟人势力极大，并有叟帅，以高定（元）最强，其所统辖之下的夷人多为叟夷；第二，越嶲郡内不仅有苏祈叟，还有叟夷、斯叟等叟人；第三，汉代的越嶲郡所辖地域甚广，前述已知辖今西昌为中心的安宁河两岸及金沙江南北的攀枝花、永仁、永胜、华坪等川南、滇北、滇西北部分地区，在这一地区叟人势力较大。

秦汉时的叟人除主要分布在越嶲郡外，还有部分分布于益州郡和永昌郡。《史记·西南夷列传》载：“滇王者，其众数万人，其旁东北有劳浸、靡莫……元封二年，天子发巴蜀兵击灭劳浸、靡莫，以兵临滇。滇王始首善，以故弗诛。滇王离难西南夷，举国降，请置吏入朝。于是以为益州郡，赐滇王王印，复长其

①［晋］常璩撰，刘琳校注：《华阳国志校注》，巴蜀书社1984年版，第364页。
②［南朝宋］范晔：《后汉书·南蛮西南夷列传》，中华书局标点本1965年版，第2853页。
③［晋］常璩撰，刘琳校注：《华阳国志校注》，巴蜀书社1984年版，第351页。
④［晋］陈寿：《三国志·蜀书·张嶷传》，中华书局标点本1959年版，第1052页。
⑤［晋］常璩撰，刘琳校注：《华阳国志校注》，巴蜀书社1984年版，第672页。

民。”[①]《华阳国志·南中志》载：“元封二年，叟反，遣将军郭昌讨平之。因开为郡，治滇池上，号曰益州。”[②]《后汉书·光武帝纪》注引《华阳国志》：“武帝元封二年叟夷反，将军郭昌讨平之，因开为益州郡。”[③]这里劳浸、靡莫换为了叟，说明晋常璩撰《华阳国志》时，叟人在原劳浸、靡莫地已较多。“谷昌县，汉武帝将军郭昌讨夷，平之，因名郭昌以威夷，孝章时改为谷昌也”，[④]谷昌县属汉之益州郡即今之昆明市。《华阳国志·南中志》还说：“先主薨后……益州大姓雍闿亦杀太守正昂……益州夷复不从闿，闿使建宁孟获说夷叟曰：‘……’夷以为然，皆从闿。”[⑤]综上，我们认为，在汉代益州郡当确有大量叟人分布。1936年，云南昭通洒鱼河边古墓中掘出铜印一枚，为正方驼纽，上刻“汉叟邑长”款文。[⑥]这说明叟人的势力已到达了滇东北地区。此外，《华阳国志·南中志》载：“（建宁）郡久无太守，功曹周悦行郡事，轻敏，不下其板。逊至，怒，杀悦。悦弟秦臧长周歬合夷叟谋，以赵涛父混昔为建宁，有德惠，欲杀逊树涛。”[⑦]这说明秦臧也有夷叟，汉晋之秦臧县即今之禄丰、罗次、富民一带，表明滇北也分布有叟族。

西汉所置之益州郡及在汉明帝永平十二年分益州而置的永昌县，均有嶲唐县。关于嶲唐，《汉书·地理志》说：“周水首受徼外。又有类水，西南至不韦，行六百五十里。”[⑧]此外，《后汉书·郡国志》注曰：“本西南夷，《史记》曰古为嶲、昆明。《古

---

①［西汉］司马迁：《史记·西南夷列传》，中华书局标点本1959年版，第2997页。
②［晋］常璩撰，刘琳校注：《华阳国志校注》，巴蜀书社1984年版，第393页。
③［南朝宋］范晔：《后汉书·光武帝纪》，中华书局标点本1965年版，第71页。
④［晋］常璩撰，刘琳校注：《华阳国志校注》，巴蜀书社1984年版，第407页。
⑤［晋］常璩撰，刘琳校注：《华阳国志校注》，巴蜀书社1984年版，第351—352页。
⑥李春龙：《新纂云南通志》，云南人民出版社2007年版，第41页。
⑦［晋］常璩撰，刘琳校注：《华阳国志校注》，巴蜀书社1984年版，第373页。
⑧［东汉］班固：《汉书·地理志》，中华书局标点本1962年版，第1601页。

今注》曰：‘永平十年置益州西部都尉，治嶲唐，镇尉哀牢人楪榆蛮夷。’《华阳国志》曰：‘有周水从徼外来。’”[①] 周水即今之怒江，类水即漾濞江。刘琳先生在校注《华阳国志》之嶲唐县时也认为，嶲唐县原为嶲唐部族地，并说嶲唐又简称嶲（《史》《汉》之《西南夷传》称为“嶲、昆明”，《盐铁论》称“嶲唐、昆明”，可证嶲即嶲唐），种族当与昆明同属藏缅语族。今澜沧江、怒江两岸保山市以北皆其故地，东接昆明、东北近越嶲，其故城在今云龙西南、澜沧江西之漕镇。[②] 这表明，秦汉时期在今澜沧江和怒江两岸的云龙、永平、保山、凤庆等地有嶲人分布，可能是越嶲的一支继续南下的结果，并与昆明族不断融合发展。

综上所述，我们认为秦汉时期的叟族来源于古代氐羌系统的羌系统民族，大部分分布在越嶲郡，汉代部分分布于益州郡和东汉所置之永昌郡内，大概在今天的川南、滇北、滇西北、滇西南和滇东北地区，其分布地与昆明族相接并错居杂处，魏晋时期叟族的势力发展到仅次于昆明族，即所谓“（南中）大种曰昆，小种曰叟”。[③] 魏晋以后大部分融合、发展形成了唐宋时期的乌蛮。

（三）博南道沿线及周边的民族（永昌道）

零关道（西夷道）和南夷道在大理会合后再往西的道路，称博南道或永昌道，永昌道出大理，翻越博南山，经永昌（保山）、滇越（腾冲）到缅甸、印度等地。

公元 1 世纪，汉明帝统治时期，永昌郡辖 8 个县，“在这个郡中居住着闽濮、越、印度人（Shendu 或 Zhuandu）和其他民族，如鸠僚或葛僚（the Garos）”[④]。

① [南朝宋] 范晔：《后汉书·郡国志》，中华书局标点本 1965 年版，第 3514 页。
② [晋] 常璩撰，刘琳校注：《华阳国志校注》，巴蜀书社 1984 年版，第 439 页。
③ [晋] 常璩撰，刘琳校注：《华阳国志校注》，巴蜀书社 1984 年版，第 364 页。
④ [印度]Haraprasad Ray 著，江玉祥译，曾媛媛校：《从中国至印度的南方丝绸之路——一篇来自印度的探讨》，载江玉祥主编：《古代西南丝绸之路研究》（第二辑），四川大学出版社 1995 年版，第 274 页。

1. 哀牢

关于哀牢人的直接记载，比较早的文献有东汉杨终的《哀牢传》、王充的《论衡》及班固的《东都赋》等。此后东汉应劭的《风俗通义》，晋代常璩的《华阳国志》，南北朝时期的《后汉书》《水经注》等史籍对哀牢人的记载逐渐详细。

九隆山下九隆池（图片来源：《哀牢文化论》）

杨终的《哀牢传》对哀牢的来源及习俗做了记载："哀牢夷者，其先有妇人名沙壶，居于牢山。尝捕鱼水中，触沉木若有感，因怀妊，十月，产子男十人。后沉木化为龙，出水上。沙壶忽闻龙语曰：'若为我生子，今悉何在？'九子见龙惊走，独小子不能去，背龙而坐，龙因舐之。其母鸟语，谓背为九，谓坐为隆，因名子曰九隆。及后长大，诸兄以九隆能为父所舐而黠，遂共推以为王。后牢山下有一夫一妇，复生十女子。九隆兄弟皆娶以为妻，后渐相滋长。种人皆刻画其身，象龙文，衣皆著尾。"[1]

① 方国瑜主编：《云南史料丛刊》第一卷，云南大学出版社2001年版，第81页。

《哀牢传》还对哀牢王的世系做了简单记录：“九隆代代相传，名号不可得而数，至于禁高，乃可记知。禁高死，子吸代；吸死，子建非代；建非死，子哀牢代；哀牢死，子桑藕代；桑藕死，子柳承代；柳承死，子柳貌代；柳貌死，子扈栗代。”①

《哀牢传》还对哀牢人归顺东汉王朝的经过进行了记载：“建武二十三年，其王扈栗遣兵乘箄舡南攻鹿茤。鹿茤民弱小，将为所擒，会天大震雷，疾风暴雨，水为逆流，革船沉没，溺死者数千人。后扈栗遣六王攻鹿茤，鹿茤王迎战，大破哀牢军，杀其六王。哀牢人埋六王。夜，虎掘而食之，哀牢人惊怖引去。扈栗惧，谓耆老曰：‘哀牢略徼，自古以来，初不如此。今攻鹿茤，辄被天诛。中国有受命之王乎？是何天佑之明也？汉威甚神！’即遣使诣越巂太守，愿率种人归义奉贡。世祖纳之，以为西部属国。”②

《华阳国志·南中志》载：“永昌郡，古哀牢国。哀牢，山名也。其先有一妇人，名曰沙壶，依哀牢山下居，以捕鱼自给。忽于水中触有一沉木，遂感而有娠。度十月，产子男十人。后沉木化为龙，出谓沙壶曰：‘若为我生子，今在乎？’而九子惊走。惟一小子不能去，陪龙坐，龙就而舐之。沙壶与言语，以龙与陪坐，因名曰元隆，犹汉言陪坐也。沙壶将元隆居龙山下。元隆长大，才武。后九兄曰：‘元隆能与龙言，而黠有智，天所贵也。’共推以为王。时哀牢山下复有一夫一妇，产十女，元隆兄弟妻之。由是始有人民，皆象之，衣后著尾，臂胫刻文。元隆死，世世相继，分置小王，往往邑居，散在溪谷。绝域荒外，山川阻深，生民以来，未尝通中国也。南中昆明祖之，故诸葛亮为其国谱也。孝武时通博南山，度兰沧水、溪，置巂唐、不韦二县。徙

① 方国瑜主编：《云南史料丛刊》第一卷，云南大学出版社 2001 年版，第 81 页。
② 方国瑜主编：《云南史料丛刊》第一卷，云南大学出版社 2001 年版，第 83 页。

南越相吕嘉子孙宗族实之，因名不韦，以彰其先人恶。行人歌之曰：‘汉德广，开不宾。渡博南，越兰津。渡兰沧，为他人。’渡兰沧水以取哀牢地，哀牢转衰。至世祖建武二十三年，王扈栗遣兵乘箄船南攻鹿茤。鹿茤民弱小，将为所禽。会天大震雷，疾风暴雨，水为逆流，箄船沉没，溺死者数千人。后扈栗复遣六王攻鹿茤。鹿茤王迎战，大破哀牢军，杀其六王。牢人埋六王。夜，虎掘而食之。哀牢人惊怖，引去。扈栗惧谓诸耆老曰：‘哀牢略徼，自古以来，初不如此。今攻鹿茤，辄被天诛，中国有受命之王乎，是何天祐之明也？汉威甚神！’即遣使诣越巂太守，愿率种人归义奉贡。世祖纳之，以为西部属国。其地东西三千里，南北四千六百里。有穿胸、儋耳种，闽越濮、鸠僚。其渠帅皆曰王。孝明帝永平十二年，哀牢抑狼遣子奉献。明帝乃置郡，以蜀郡郑纯为太守。属县八，户六万，去洛六千九百里，宁州之极西南也。有闽濮、鸠獠、僄越、裸濮、身毒之民。土地沃腴，有黄金、光珠、虎魄、翡翠、孔雀、犀、象、蚕桑、绵、绢、采帛、文绣。又有貊兽食铁，猩猩兽能言，其血可以染朱罽。有大竹名濮竹，节相去一丈，受一斛许。有梧桐木，其华柔如丝，民绩以为布，幅广五尺以还，洁白不受污，俗名曰桐华布。以覆亡人，然后服之及卖与人。有兰干细布——兰干，獠言纻也，织成文如绫锦。又有罽旄、帛叠、水精、琉璃、轲虫、蚌珠。宜五谷，出铜锡。”①

《后汉书·南蛮西南夷传》也做了相应的记载：“哀牢夷者，其先有妇人名沙壶，居于牢山。尝捕鱼水中，触沉木若有感，因怀妊，十月，产子男十人。后沉木化为龙，出水上。沙壶忽闻龙语曰：‘若为我生子，今悉何在？’九子见龙惊走，独小子不能

① [晋]常璩撰，刘琳校注：《华阳国志校注》，巴蜀书社1984年版，第284—285页。

去，背龙而坐，龙因舐之。其母鸟语，谓背为九，谓坐为隆，因名子曰九隆。及后长大，诸兄以九隆能为父所舐而黠，遂共推以为王。后牢山下有一夫一妇，复生十女子，九隆兄弟皆娶以为妻，后渐相滋长。种人皆刻画其身，象龙文，衣皆著尾。九隆死，世世相继。乃分置小王，往往邑居，散在谿谷。绝域荒外，山川阻深，生人以来，未尝交通中国。建武二十三年，其王贤栗遣兵乘箄船，南下江、汉，击附塞夷鹿茤，鹿茤人弱，为所擒获。于是震雷疾雨，南风飘起，水为逆流，翻涌二百余里，箄船沉没，哀牢之众，溺死数千人。贤栗复遣其六王将万人以攻鹿茤，鹿茤王与战，杀其六王。哀牢耆老共埋六王，夜虎复出其尸而食之，余众惊怖引去。贤栗惶恐，谓其耆老曰：'我曹入边塞，自古有之，今攻鹿茤，辄被天诛，中国其有圣帝乎？天祐助之，何其明也！'二十七年，贤栗等遂率种人户二千七百七十，口万七千六百五十九，诣越巂太守郑鸿降，求内属，光武封贤栗等为君长。自是岁来朝贡。永平十二年，哀牢王柳貌遣子率种人内属，其称邑王者七十七人，户五万一千八百九十，口五十五万三千七百一十一。西南去洛阳七千里，显宗以其地置哀牢、博南二县，割益州郡西部都尉所领六县，合为永昌郡。始通博南山，度兰仓水。行者苦之。歌曰：'汉德广，开不宾。度博南，越兰津。度兰仓，为它人。'哀牢人皆穿鼻儋耳，其渠帅自谓王者，耳皆下肩三寸，庶人则至肩而已。土地沃美，宜五谷、蚕桑。知染采文绣，罽毲帛叠，兰干细布，织成文章如绫锦。有梧桐木华，绩以为布，幅广五尺，洁白不受垢污。先以覆亡人，然后服之。其竹节相去一丈，名曰濮竹。出铜、铁、铅、锡、金、银、光珠、虎魄、水精、琉璃、轲虫、蚌珠、孔雀、翡翠、犀、象、猩猩、貊兽。云南县有神鹿两头，能食毒草。先是，西部都尉广汉郑纯，为政清洁，化行夷貊，君长感慕，皆献土珍，颂德美。天子嘉之。即以为永昌太守。纯与哀牢夷人约，邑豪岁输布贯头衣二领，盐一斛，以为常赋，夷俗安之。纯自为都尉、太守，十年卒官。建初元年，哀牢王类牢与守令忿争，遂杀守令而反叛，攻嶲唐城。太守王寻奔楪榆。哀牢三千余人攻博南，燔烧民舍。肃宗募发越嶲、益州、永昌夷汉九千人讨之。明年春，邪龙县昆明夷卤承等应募，率种人与诸郡兵击类牢于博南，大破斩之。传首洛阳，赐卤承帛万匹，封为破虏傍邑侯。”①

根据这些记载，我们大致可以推知哀牢作为一个民族群体，大约形成于西汉末至东汉初年，其分布区域主要在汉代设置的永昌郡，即今滇西地区保山至大理一带。可见，其位居南方丝绸之路博南道的枢纽地区，是中国通向东南亚、南亚、西亚的前沿重地。东汉时期即可见中央王朝经哀牢地区与外界的交往的事例。《后汉书·南蛮西南夷列传》对此做了记载：“永元六年，郡徼外敦忍乙王莫延慕，遣使译献犀牛、大象。九年，徼外蛮及掸国王雍由调遣重译奉国珍宝，和帝赐金印紫绶，小君长皆加印绶、钱帛。永初元年，徼外焦侥种夷陆类等三千余口举种内附，献象牙、水牛、封牛。永宁元年，掸国王雍由调复遣使者诣阙朝贺，献乐及幻人，能变化吐火，自支解，易牛马头。又善跳丸，数乃至千。自言我海西人。海西即大秦也，掸国西南通大秦。明年元会，安帝作乐于庭，封雍由调为汉大都尉，赐印绶、金银、彩缯各有差也。”②

关于哀牢人的族属问题，自明代洪武年间以来至今，一直不断有研究、讨论和争论，尚未形成一致的看法。“在数百年的探讨、争议进程中，所提出哀牢族属之说多达一二十种，归纳起来有五种基本观点，即濮人说、越僚说、掸泰说、氐羌说、濮与昆

① [南朝宋]范晔：《后汉书·南蛮西南夷列传》，中华书局1965年版，第2848—2851页。
② [南朝宋]范晔：《后汉书·南蛮西南夷列传》，中华书局1965年版，第2851页。

明融合体说。明清时期和20世纪七八十年代以濮人说为主，19世纪至20世纪前期，林惠祥、吕思勉和西方学者们的掸泰说影响很大，近些年则以‘哀牢夷是昆明族之一部’说较为流行。”[①]

认为哀牢应属于氐羌系民族的学者，其依据主要是《华阳国志》所记“南中昆明祖之”及《蛮书》所载南诏王异牟寻“献书于剑南节度使韦皋，自言本永昌沙壶之源也”，加之昆明人的分布地域与哀牢人分布地区相重合。

持掸泰说的研究人员则是根据：其一，哀牢之“牢”和老挝之“老”或寮国之“寮”为同音，从而认为哀牢与“老”或“寮”同族，均为掸泰民族；其二，哀牢的起源地永昌地区有不少掸泰民族分布；其三，认为祖述哀牢的南诏也属于掸泰民族。“从前面所引的那些资料和学者的研究中，我们已经可以推断，傣——泰民族先民中的一支在公元前几个世纪的时候，从岭南地区迁往了哀牢山一带，他们迁到哀牢山一带时，被人们称为哀牢，哀牢山也因此而得名。此后，被称为哀牢的这些傣——泰民族的先民又从哀牢山向南向西发展，向南发展的哀牢人后来逐渐迁徒到今天的西双版纳和境外的老挝等中南半岛地区，并与当地的一些民族和后来又陆续迁往那一带地区的其他越人混合，逐渐形成了今天西双版纳的傣族和境外老挝的老族以及泰国的泰族等民族。向西发展的哀牢后来归顺了东汉王朝，之后，又从永昌郡再往西迁，抵达瑞丽江一带。后来，又有一些越人支系陆续向那个方向迁徙，与早期的哀牢人混合，逐渐形成了德宏一带的傣族和境外缅甸北掸邦的掸族乃至印度阿萨姆地区的阿洪姆，即今天所称的‘大泰’”。[②]

---

① 耿德铭：《哀牢文化论》，云南人民出版社、云南大学出版社2016年版，第124页。

② 何平：《从云南到阿萨姆——傣—泰民族历史再考与重构》，云南大学出版社2001年版，第203页。

认为哀牢属于越僚民族的学者，则根据历代文献中的记载，把哀牢与滇越、越僚、“粤族”、濮越、金齿百夷、傣族、壮族、老挝等民族群体分别联系在一起。其依据有民族名称的演变史料、民族分布情况、语言及风俗习惯等。

哀牢为濮人的观点自明代董难《百濮考》中提出以来，后世学者亦多赞同，方国瑜根据《华阳国志·南中志》及郭义恭《广志》相关记载认为：“永昌郡住民，以濮人为主要，见于记录的哀牢人和濮人的生活没有分别，明代董难《百濮考》说：‘哀牢即永昌濮人’，是正确的。”[①] 尤中认为《后汉书·西南夷传》谓哀牢人“衣著尾”；《华阳国志·南中志》永昌郡亦谓“以后著十尾”；而《太平御览》引《永昌郡传》也说“有尾濮”。《后汉书·西南夷传》谓哀牢地“有梧桐木，绩以为布”，而《广志》云“木棉濮，土有木棉树”“黑僰濮，出桐华布”。这些都足以说明哀牢族实为濮人。[②]

张增祺先生认为哀牢夷是濮人和昆明人的融合体，其依据如下：一是哀牢与永昌地区的濮人有相同的“衣著尾”装饰、相同的“纹身”习俗、相同的“桐华布”，以及相同的“贯头衣”；二是哀牢人与永昌地区的昆明人有相同的“龙生”故事，同为善于骑马的民族，哀牢夷尊崇“南中昆明”为先祖，以及唐代往往以“哀牢”称“昆明”；三是从哀牢起源的神话传说中，也可以看出他们是永昌地区濮人和“昆明”的复合体。[③]

哀牢文化研究专家耿德铭则认为“哀牢是以濮、越为主体的多民族共同体”。

2. 越裳

越裳是越民族群体分布在红河西南最为古老的一部分。其见

① 方国瑜编撰：《元代云南行省傣族史料编年》，云南人民出版社 1958 年版，第 27 页。
② 尤中：《汉晋时期的“西南夷”》，载《历史研究》1957 年第 12 期。
③ 张增祺：《哀牢族源新议》，载《云南民族学院学报》1985 年第 3 期。

于记载似以《竹书纪年》为最早："十年，王命唐叔督虞为侯，越裳氏来朝。"[①] 此事发生在公元前10世纪左右，但《竹书纪年》未详载越裳分布的地望。沿此说但更详者为《后汉书·南蛮西南夷列传》："交趾之南有越裳国，周公居摄六年，制礼作乐，天下和平，越裳以三象重译而献白雉，曰：'道路悠远，山川阻深，音使不通，故重译而朝。'成王以归周公。公曰：'德不加焉，则君子不飨其质，政不施焉，则君子不臣其人。吾何以获此赐也！'其使请曰：'吾受命吾国之黄耇曰：'久矣，天之无烈风雷雨，意者中国有圣人乎？有则盍往朝之。'周公乃归之于王，称先王之神致，以荐于宗庙。周德既衰，于是稍绝。"[②] 事隔千年，越裳又向汉朝入贡。《汉书·平帝纪》载："元始元年（1年）春正月，越裳氏重译献白雉一，诏使三公以荐宗庙。"颜师古注曰："越裳，南方远国也，译谓传言也，道路绝远，风俗殊隔，故累译而后乃通。"[③] 以上史料或言交趾之南，或言南方远国，仍未详其地望。《册府元龟》卷957外臣类条载："南蛮林邑国，古越裳之界也，南交州南，海行三千里，北连九真。"由于北连九真，说明越裳在日南郡一带。杜佑《通典》卷188边防林邑条则明言越裳在日南郡："林邑国，秦象郡林邑县也，汉为象林县，属日南郡，古越裳之界也。在交趾南，海行三千里。其地纵广可六百里。"[④] 又《元和郡县图志》卷38岭南道四欢州条载："欢州（按：汉属日南郡）古越地九夷之国，越裳氏重九译者也。贞观元年（627年），改为欢州，兼管羁縻州。……管县二，九德越裳。越裳县，本吴所置，因以越裳国以为名也。"以上皆言越裳分布在汉日南郡界内。实则不然，越裳的分布区当在今中国云南省的南部、西南部

①［清］王涣辑：《竹书纪年》，《汉魏丛书96种》，上海大通书局1911年版，第12页。
②［南朝］范晔：《后汉书·南蛮西南夷列传》，中华节局标点本1964年版，第2835页。
③［东汉］班固：《汉书·平帝纪》，中华书局标点本1962年版，第348、349页。
④［唐］杜佑：《通典·边防·林邑》，中华书局1988年版，第5089页。

和中南半岛北部的广大地区。

越裳与骆越相同，亦为越民族群体中较大的一部分，是掸泰民族的先民之一。《汉书·王莽传》载："风益州令塞外蛮夷献白雉，元始元年（1年）正月，莽白太后下诏，以白雉荐宗庙。……太后乃下诏曰：'大司马新都侯莽三世为公，典周公之职，建万世策，功（能）[德]为忠臣宗，化流海内，远人慕义，越裳氏重译献白雉。"[①] 从当时的情况看，益州塞外，应指中南半岛北部，因为汉代益州郡之东是牂牁郡，北是越嶲、犍为郡，东南是交趾，而南和西则是伊洛瓦底江、怒江、澜沧江流域今掸泰民族的分布区。综合上述史料来看，越裳的分布范围当西起伊洛瓦底江流域经怒江流域到澜沧江中下游（即益州塞外），向东经日南徼外到日南。这一广大地区在地理上是连成一片的，从历史到现状都是掸泰民族及其先民的分布区。仅言越裳在日南是失之偏颇的，因为汉之日南郡为今越南广平省、广治省、承天省，而这一地区是整个越南东西向的最狭处，只有50公里宽。[②] 再查看《中国历史地图集·隋唐五代》岭南道西部，则见欢州所辖的九德、越裳两县离老挝亦不过50公里而已。[③] 对此，《滇黔志略》卷1载："老挝，古越氏苗裔，按史又称交趾为越裳氏，盖交趾与老挝接壤故也。"[④] 此说证明交趾的古越民族群体与老挝的一些民族历史上有密切的共源关系。方国瑜先生在《新纂云南通志》卷23中更明确地指出："普洱府，南邻越裳，西通缅甸，左据李仙之水，右跨九龙之江。"[⑤] 从而可见越裳分布之一斑。徐松石先生亦言："越裳氏的根据地即今印度支那的老挝，而他们的领域似乎包括

① [东汉]班固：《汉书·王莽传上》，中华书局标点本1962年版，第4046、4047页。
② 《各国概况》编辑组编：《各国概况·越南》，世界知识出版社1979年版，第97页。
③ 谭其骧主编：《中国历史地图集》隋唐五代分册，中国地图出版社1982年版，第69、70页。
④ [清]谢圣纶辑，古永继点校：《滇黔志略》，贵州人民出版社2008年版，第2页。
⑤ 李春龙：《新纂云南通志》第3卷，云南人民出版社2007年版，第59页。

了今日的缅甸、暹罗、安南的大部分。"[1]古今民族的分布是不受国界限制的，故越裳的分布区不仅是日南郡，还应该包括其西部、西北部的广大地区。

因此，周成王时代的越裳广泛地分布于骆越以西南之地，即今中南半岛北部、云南南部及西南部。降至西汉，中南半岛西北部的一部分越裳见称滇越，东南部的仍称越裳；而东汉时，滇越和越裳都悄然而逝，不知所之，但突然出现了永昌徼外和日南徼外的掸，实际上他们便是原来的越裳，是不同时期中原汉族历史学家对同一民族群体名称的不同记载。

从地望上讲，越裳、滇越、掸的分布区在历史上大致相同。据前所论，先秦时越裳应在日南郡西北的广大地区；秦、西汉时，西部越裳为中原汉族历史学家记成滇越，东部者仍为越裳；东汉时，西部日南徼外的越裳亦称为掸，即以掸相称的这部分越民族群体已广泛分布于中南半岛北部。如果上述结论成立的话，中南半岛北部，云南南部、西南部的掸、泰、傣民族的历史发展过程应为先秦、秦、西汉的越裳（包括滇越）——东汉时的掸——魏晋南北朝时的僚、鸠僚——隋唐以后的泰、傣、掸（隋唐以后大部分则他称为金齿、银齿、绣脚、绣面等）。这便是共源于越民族群体的掸泰民族，他们很早就在中南半岛北部生活繁衍，并在历史发展中形成今日之掸泰民族。总之，越裳并不是一个有明确的国界而且只局限于一隅之地的民族群体，他们是一个广泛分布于中南半岛北部的以古越民族群体为先祖的共同体，其活动范围是东至交趾之南，西至益州（或后来的永昌郡）徼外，包括了今天越南中部以西，老、缅、泰三国北部，其中心范围应在老挝、泰国北部、缅甸东部、中国云南南部及西南部相连的一大片

① 徐松石：《粤江流域人民史》，中华书局1939年版，第267—273页。

区域。

由于越裳是一个分布很广的民族群体，其内部的联系是松散的，尚未形成一个统一的政权组织。因此，地域不同的各个部分，对外的交往也是分别进行的。于是，便出现了永昌徼外、日南徼外分别入贡之史事。《尚书大传》之所以只记载了越裳在“交趾之南”，是因为先秦时期中原对西南及其徼外还未进行开拓，对这一地区的民族情况了解甚少，便只能根据进贡者的路线来判断其方位。

3. 滇越

滇越，始见于《史记·大宛列传》：“昆明之属无君长，善寇盗，辄杀略汉使，终莫使通。然闻其西可千余里有乘象国，名曰滇越，而蜀贾奸出物者或至焉。”[①] 如前所述，昆明人分布在“西至桐师以东，北至叶榆”的地方，桐师为今天的保山市阳隆区，因此滇越的分布区是广大的，包括今滇西南、缅甸掸邦至印度阿萨姆地区。《三国志·魏书·乌丸鲜卑东夷传》注引《魏略·西戎传》载：“盘越国一名汉越，在天竺东南数千里，与益部相近，其人小与中国人等，蜀人贾似至焉。”[②] 这盘越便是滇越分布在今北掸邦至印度阿萨姆地区的部分。从人种的角度看与越人无异，同为蒙古利亚人种，故言“其人小与中国人等”。

滇越与下面将要讨论的哀牢分布在大致相同的地区，与哀牢是具有同源关系的民族，这是根据《史记·大宛列传》所得的结论。滇越的一个文化特点就是以“骑象”，所以“滇越国”又称为“乘象国”。

《华阳国志·南中志》：“兴古郡，建兴三年（225 年）置。属县十一……多鸠僚、濮。”《华阳国志·永昌郡》：“永昌郡，

①［西汉］司马迁：《史记·大宛列传》，中华书局标点本 1959 年版，第 3166 页。
②［晋］陈寿：《三国志·魏书·乌丸鲜卑东夷列传》，中华书局标点本 1982 年版，第 860 页。

故哀牢国，哀牢山名也……有闽濮、鸠僚、骠越、裸濮、身毒之民。”

4. 掸

掸，最早见于《后汉书 · 和帝本纪》：“（永元）九年（97年）春正月，永昌徼外蛮夷及掸国重译奉贡。”[①]《后汉书 · 安帝本纪》载：“（永宁）元年（120年）十二月……永昌徼外掸国遣使贡献。”[②]《后汉书 · 顺帝本纪》说：“（永建）六年（131年）十二月……日南徼外叶调国、掸国遣使贡献。”[③]然而记载此事最详者当数《后汉书 · 南蛮西南夷列传》：“（永元）九年（97年），徼外蛮及掸国王雍由调遣重译奉国珍宝，和帝赐金印、紫绶，小君长皆加印绶钱帛。（永宁）元年（120年），掸国王雍由调复遣使者诣阙朝贺，献乐及幻人，能变化吐火，自解支，易牛马头，又善跳丸，数乃至千。……明年元会，安帝作乐于庭，封雍由调为汉大都尉，赐印绶金银彩缯各有差也。”[④]如果说周公时是华夏族认识中南半岛北部越民族群体之始的话，那么东汉则是汉民族与之交往的第一个高潮时期。

从以上诸条史料的分析来看，掸既与永昌郡相连，又与日南郡毗邻，能先后多次从两路与东汉王朝交往，这说明掸人在地域上是连成一片的。泰国历史学素察也说：“三国时的傣族是分布于伊瓦底江上游、红河流域、永昌郡南面的澜沧江（当地人称为湄公河）一带的落后部落。这些‘帕雅阿拉武孙丹’的子孙，无论是哪个泰族的部落，都自称‘泰’或‘傣鸠’，因为他们都是同一个民族，三国时汉族的统治者称他们是‘鸠僚’，还有一些带蛮字

①［南朝］范晔：《后汉书 · 和帝本纪》，中华书局标点本1965年版，第183页。
②［南朝］范晔：《后汉书 · 安帝本纪》，中华书局标点本1965年版，第231页。
③［南朝］范晔：《后汉书 · 顺帝本纪》，中华书局标点本1965年版，第258页。
④［南朝］范晔：《后汉书 · 南蛮西南夷列传》，中华书局标点本1965年版，第2851页。

的称呼。”[①] 素察所说的这些“帕雅阿拉武孙丹”的子孙，其分布地与自称皆与东汉的掸同。从语言上看，现在与我国相邻的掸族自称为“傣茂”“傣仂”和“傣纳”，缅甸西北部及印度阿萨姆邦的一部分掸族自称“傣坎缇”[②]，这就更加清楚地表明泰（包括傣）即掸，都是以越民族群体为主发展而来的。

5. 苞满与闽濮

秦汉时期，在南方丝绸之路沿线的永昌郡内，还分布着苞满与闽濮两个群体。苞满始见于《史记 · 司马相如列传》记载：“汉兴，七十有八载，德茂存乎六世，威武纷纭，……于是乃命使西征，随流而攘，风之所被，罔无披靡。……略斯榆、举苞满，结轨还辕，东乡将报，至于蜀郡。”闽濮，则始见于《华阳国志 · 南中志》记载：“宁州之极西南也，有闽濮……”然而，由于史料对这两个群体的记载极少，所以关于他们的来源，以及他们当时的政治、经济、文化等情况，后人知之甚少。目前，民族史学界大都认为，以秦汉时期的苞满和闽濮为主体，发展成为今天生活在云南的南亚语系孟高棉语族各民族。

① 素察 · 蒲媚波叻：《探索泰族的历史》，陈健民译，人民出版社 1982 年版，第 72 页。
② 倪大白：《侗台语概论》，中央民族学院出版社 1990 年版，第 254 页。

第三节

秦汉时期南方丝绸之路周边地区的民族

一、苗蛮

秦汉时期的苗蛮主要居住在今重庆、贵州、湖北、湖南交界地区，即秦时的黔中郡、汉代的武陵郡。但近年来在贵州兴义的东汉墓葬中，出土了一株铜摇钱树，树上有个狗首人身骑鹿的怪物，有可能是上古关于西南地区少数民族神话传说中的盘瓠，而盘瓠是苗蛮祖先部落的图腾。如此，则东汉时期，已经有一部分苗蛮人口从黔东深入到了黔西南地区。

秦汉时期由于秦巴栈道的开凿，以及“五尺道”“南夷道”“西夷道”“博南道”等道路的修筑，不仅使得王朝的国都所在地关中地区与巴蜀、滇之间的联系变得更加紧密，而且，“随着中原王朝对西南地区的不断开发，也使四川和云南（古代的蜀与滇）之间有了更为广泛的文化联系”。[①]移民、商人往来于途，络绎不绝，随之而来的商品、物资，在促进地区间互通有无的同时，也深刻

① 霍巍：《西南考古与中华文明》，巴蜀书社 2011 年版，第 55 页。

影响了道路所连接起来的人们的生产、生活方式，从而进一步改变了道路沿线及周边地区人群的分布格局。

并且随着西南夷地区内部交往的加强，居住在巴蜀、滇地的人们也与更加遥远的区域联系在一起了。汉代蜀地商贾与外界往来经商的路线已有由夜郎、牂牁江至番禺（今广州），或到长安、乘象国、身毒（古印度）、大夏（今阿富汗北部）等地。

二、夜郎

夜郎，始见于《史记·西南夷列传》载："西南夷君长以什数，夜郎最大。"① 此处所指的是在今贵州境内的部分，其近亲集体也有分布在湘黔相连接地区者，今湖南新晃一带，古时曾有夜郎的一部分近亲集体存在过，所以唐代曾在今湖南省新晃县东北的舞阳河设过夜郎县。② 由于夜郎是骆越中的一部分，是后来的僚族，所以史家曾将中南半岛的僚族也称为夜郎，《后汉书·南蛮西南夷列传》载："安帝永初元年（107 年），九真徼外夜郎蛮夷举土内属，开境千八百四十里。"③ 东汉时的九真郡驻今越南清化省西北，地域包括今越南清化省、义安省和河静省之地在内。由此向东为大海，故开境千八百四十里只能是向西，因而东汉时九真徼外千八百四十里的这部分夜郎的分布区显然是在今老挝琅勃拉邦、桑怒、川圹、万象、甘蒙等省，从上寮到中寮一带。这部分夜郎到唐代已称为"生獠"。《太平寰宇记》卷 171 载："爱州，西至生獠界水路一百九十里。"④ 按，唐代的爱州即东汉的九真郡一带，也就是今天越南清化省，其西的水路有二，

①［西汉］司马迁：《史记·西南夷列传》，中华书局标点本 1959 年版，第 2991 页。
② 周维衍：《古夜郎三题》，《夜郎考论文集之二》，贵州人民出版社 1981 年版，第 229 页。
③［南朝］范晔：《后汉书，南蛮西南夷列传》，中华书局标点本 1965 年版，第 2837 页。
④［宋］乐史：《太平寰宇记》，中华书局 2007 年版，第 3268 页。

一条为马江，一条为朱江，沿着这两条江向西皆可到达老挝上寮地区，如果按一百九十里计恰好到达老挝桑怒省一带，这与前述不谋而合，二者可以互相印证。这部分被称为夜郎的“生獠”后来便发展为老挝的佬族。直到近代，老挝仍称为“寮国”，“寮国”即“僚国”。

夜郎部落联盟除夜郎外，还有“以什数”的大大小小部落，其中较大的部落有如下一些：

且兰 《华阳国志·南中志》载：“周之季世，楚顷襄王遣将军庄蹻溯沅水，出且兰，以伐夜郎，椓牂牁系舡于且兰。既克夜郎，而夺楚黔中地，无路得归，遂留王之，号为庄王。以且兰有椓舡牂牁处，乃改其名为牂牁。分侯支党，传数百年。”[①] 至西汉元鼎六年（前 111 年），汉中央政府征发且兰兵攻伐南越，且兰反，最终被汉武帝镇压，纳入了郡县统治，设“故且兰县”。《汉书·地理志》牂牁郡条载：“牂牁郡，……县十七：故且兰，沅水东南至益阳入江，过郡二，行二千五百三十里。”[②] 按，沅江在今贵州省东部有两源：一为㵲阳江，一为清水江。此两江在湖南省的洪江相会，始称沅江，然后东北流汇于洞庭湖以入长江。溯沅江而上，至今洪江，直西而入清水江较近；如北折然后始西入㵲阳江则迂曲。清水江源头在福泉县境内有重安江。重安江上游便不再能行船。今福泉县是且兰的中心所在，其四至显然包括福泉县邻近的贵定、麻江、凯里、黄平、余庆、瓮安等县之地在内。[③]

漏卧 汉武帝征服夜郎后，在漏卧部分布之地设牂牁郡的漏卧县，并封漏卧部落的首领为漏卧侯，故《汉书·地理志》牂牁郡

①［晋］常璩撰，刘琳校注：《华阳国志校注》，巴蜀书社 1984 年版，第 335 页。
②［东汉］班固：《汉书·地理志》，中华书局标点本，1962 年版，第 1602 页。
③ 尤中：《中华民族发展史》，晨光出版社 2007 年版，第 195、196 页。

条漏卧县注引应劭曰："故漏卧侯。"[①]

都梦　汉武帝在都梦部落分布之地设都梦县，属牂牁郡，《汉书·地理志》牂牁郡条都梦县载："都梦，壶水东南至麊冷入尚龙溪，过郡二，行千一百六十里。"[②]按，壶水即今云南文山壮族苗族自治州境内的盘龙河。盘龙河发源于今文山西北，东南流经马关、麻栗坡，出境入越南为明江。又东南流经越南河江省、宣光省境，入永富省汇入红河，此即壶水"东南至麊冷入尚龙溪"。麊冷县当时属于交趾郡，在今越南越池至山西一带，则西汉都梦县为今云南省的文山、马关、麻栗坡及越南河江省之地，这些地方都是设县前的都梦部落分布地。

句町　汉武帝在句町部分布地设句町县，属牂牁郡，地域范围包括今云南文山州东部的广南、富宁及广西的百色地区。

进桑　汉武帝在进桑部落分布地设立了进桑县，属牂牁郡，是汉朝在这一地区的政治中心，故《汉书·地理志》载："进桑，南部都尉治，有关。"[③]《水经·叶榆河注》亦载："进桑县，牂牁之南部都尉治也。水上有关，故曰进桑关也。"[④]故进桑部落分布地在今云南省河口、屏边二县境内。

镡封　汉武帝在镡封部落分布地设镡封县，属牂牁郡，《汉书·地理志》载："镡封，温水东至广郁入郁，过郡二，行五百六十里。"[⑤]温水即今南盘江，则镡封在南盘江流经之地，故《水经·温水注》载："温水东南径镡封县北，又径来惟县东，而仆水右出焉。"[⑥]今南盘江自北向南流，在云南开远折东南流经丘北县北，故镡封部落分布地今丘北县境内。

①［东汉］班固：《汉书·地理志》，中华书局标点本1962年版，第1602页。
②［东汉］班固：《汉书·地理志》，中华书局标点本1962年版，第1602页。
③［东汉］班固：《汉书·地理志》，中华书局标点本1962年版，第1602页。
④［北魏］郦道元：《水经注》，上海古籍出版社1990年版，第693页。
⑤［东汉］班固：《汉书·地理志》，中华书局标点本1962年版，第1602页。
⑥［北魏］郦道元：《水经注》，上海古籍出版社1990年版，第677页。

同并 汉武帝在同并部落分布地设同并县，属牂牁郡，同时仍封同并部落首领为“同并侯”，对此《汉书·地理志》牂牁郡条注引应劭曰：“（同并县）故同并侯邑。”[①]同并部落分布地当在今贵州盘县、普安东南一带。

谈指 汉武帝在谈指部落分布地设谈指县，属牂牁郡，谈指部落的分布地为今布依族分布的贵州兴义贞丰、安龙、册亨一带。

鳖县 汉武帝在鳖部落分布地设鳖县，属牂牁郡，《汉书·地理志》载：“鳖，不狼山，鳖水所出，东入沅，过郡二，行七百三十里。”[②]尤中先生认为“东入沅”乃“东入延”之误，《水经注·延江水》载：“延江水出犍为南广县，东至牂牁鳖县，又东屈北流。”[③]此延江水即今贵州的乌江，鳖水为今遵义市的湘江，则鳖部落的分布地在今遵义。

毋敛 汉武帝在毋敛部落分布地设毋敛县，属牂牁郡，地在今贵州独山、三都水族自治县与榕江、从江县一带，则毋敛部落分布在这一地区。这一地区至今仍是以百越为主体发展来的壮侗语民族。

毋单 汉武帝在毋单部落分布地设毋单县，属牂牁郡，据尤中先生考证，毋单部落分布地在今云南华宁县东部、南盘江东岸的弥勒县北部至泸西县一带。[④]

谈稿 汉武帝在谈稿部落的分布地设谈稿县，属牂牁郡，据尤中先生考证，谈稿部落的分布地在今曲靖市东北的王家圩、富源。[⑤]至今富源仍然是以百越为主体发展来的水族分布地。

---

①[东汉]班固：《汉书·地理志》，中华书局标点本1962年版，第1602页。
②[东汉]班固：《汉书·地理志》，中华书局标点本1962年版，第1602页。
③[北魏]郦道元：《水经注》，上海古籍出版社1990年版，第673页。
④尤中：《中华民族发展史》，晨光出版社2007年版，第196页。
⑤尤中：《中华民族发展史》，晨光出版社2007年版，第196页。

西随　汉武帝在西随部落的分布地设西随县，属牂牁郡，据尤中先生考证，西随部落的分布地在今云南省金平和越南莱州。[①]这一地区自古是骆越分布地（夜郎即骆越的一支），现在亦是以百越为主体发展而来的傣族的分布区。

作为骆越一支的夜郎部落集团，其分布的地域范围应为：东北自今贵州省的凤冈、黄平、余庆、凯里一带起，往西南抵今云南省金平县境内的藤条江东岸和越南莱州境内的南那河东岸（按，今老挝境内也有夜郎，故应到中南半岛北部地区）；北自今贵州绥阳、遵义一带起，往南经广西百色地区、云南文山州东部，抵越南北部的河江省一带；西北自今贵州毕节地区的赤水河南岸起，往东南抵柳江流域地带；东部自贵州独山、广西天峨一带起，往西达今云南省境内的南盘江中游东岸。在这一地区内的夜郎部落集团，自古便“椎结，耕田，有邑聚”[②]，是稻作农耕定居民族，以之发展来的民族由于对土地的依赖，基本上没有发生大规模的迁移，他们便是今滇、黔、桂、中南半岛壮侗语族各族中的重要组成部分。

① 尤中：《中华民族发展史》，晨光出版社2007年版，第196页。
② [西汉]司马迁：《史记·西南夷列传》，中华书局标点本1959年版，第2991页。

第三章

魏晋南北朝时期南方丝绸之路沿线的民族

第一节

魏晋南北朝时期西南的古道与交通

魏晋南北朝时期，南方丝绸之路的主线大致沿袭了两汉时期的线路。从成都地区出发，经临邛（今邛崃）到严道（今荥经），再翻越邛崃山（今大相岭），经牦牛（今汉源）过灵关（今甘洛境）至孙水（今安宁河）边，然后顺水而下抵邛都（今西昌），再沿孙水南行出越巂郡后经今洱海而达博南山，然后渡兰仓水（今澜沧江）到滇越活动地区，穿过永昌西境，抵达缅甸和身毒（今印度）境内。[①]

魏晋南北朝时期与秦汉时期相比，南方丝绸之路有所衰落，同时，原来的一些路段又有了不同的名称。

一、堂琅道

《华阳国志》载：由越嶲入益州的东路“是由会无东渡泸水入朱提之堂琅县（巧家、会泽），再南入益州郡味县（今曲靖），至

① 罗二虎：《“西南丝绸之路”的初步考察》，载江玉祥主编：《古代西南丝绸之路研究》（第二辑），四川大学出版社 1995 年版，第 195 页。

滇池”。[①] 由于此路经过朱提郡的堂琅县，故又被称为堂琅道。

二、青蛉道

《华阳国志校注》载：由越嶲入益州的西路“由邛都（西昌）、会无（会理）、三缝（黎溪）渡泸水（金沙江）至蜻蛉（大姚，仍属越嶲郡），入益州弄栋县（姚安），再由此西至叶榆（大理）或东至滇池（晋宁）”。[②] 由于此条路线必经青蛉县，故这条道路也被称为青蛉道。

三、摩沙夷道

这条路“从西昌向西南，渡雅砻江，翻越磨盘山、小高山后至盐源。再向南经盐边（汉大笮县）西部而至华坪、永胜一带（汉姑复县），由此向西渡金沙江后可至丽江；向南也需渡金沙江后直达大理”。[③] 由于这条道路经过摩沙夷分布的核心地区，故被称为摩沙夷道。《华阳国志·蜀志》“定笮县”条载：“县在郡西，都泸水。宾刚徼，曰摩沙夷。”

四、牦牛道

《三国志·蜀书·张嶷传》记载：“（越嶲）郡有旧道，经旄牛中至成都，既平且近。自旄牛绝道，已百余年，更由安上，既

① [晋] 常璩撰，刘琳校注：《华阳国志校注》，巴蜀书社 1984 年版，第 335 页。
② [晋] 常璩撰，刘琳校注：《华阳国志校注》，巴蜀书社 1984 年版，第 335 页。
③ 李淼：《南丝绸之路的开凿与形成》，载《南方丝绸之路文化论》编写组编：《南方丝绸之路文化论》，云南民族出版社 1991 年版，第 291 页。

险且远。”[①]

五、永昌道

两汉时期的永昌道（博南道）至三国两晋时期，由于南中大姓、夷帅的争夺，加上中原地区战乱纷争，永昌道受阻，日益衰落。西南地区的对外通道被迫改道。

六、进桑关道

魏晋南北朝时期，永昌道受阻之后，原有的通道路线改变。“向南改由陆路经今江川、通海至步头，再经水路到交趾（今越南河内）入海。向东南，顺南盘江上游和右江而下，经邕州（今广西南宁）入海。”[②] 这条南下的路线，通常被称为进桑道或进桑关道。

① [晋]陈寿：《三国志》，中华书局标点本1959年版，第1053页。
② 张波：《汉晋时期西南丝绸之路上的永昌道》，载《云南民族学院学报》1990年第2期。

第二节

魏晋南北朝时期南方丝绸之路核心区域的民族

一、氐人

至魏晋时，氐人除了原来的聚居地武都、阴平二郡之外，在关中和陇右又形成两个分布中心，进入关中和陇右的氐族，魏晋以后逐渐融入汉族；原居于阴平等地的氐族，与周围各族不断融合、分化和发展，最终大部分融入汉族，一部分融入吐蕃，一部分融于羌人之中。

1. 氐人的迁徙与分布

三国时期，中国西南部为蜀汉政权所统治。蜀汉与曹魏之间为了取得战争的主动权，常常对氐人进行争夺。蜀汉与曹魏对氐人的争夺造成了氐人的迁徙、流散，其分布与秦汉时期相比发生了新变化。

秦汉时期，西南地区的氐人主要居住在广汉郡之甸氐道、刚氐道、阴平道及蜀郡之湔氐道，即今甘南、川北一带。《北史·氐传》载："氐者，西夷之别种，号曰白马……秦、汉以来，世居岐、陇以南，汉川以西，自立豪帅。汉武帝遣中郎将郭昌、卫广灭之，以其地为武都郡。自汧、渭抵于巴、蜀，种类实繁，或谓之白氐，或谓之故氐，各有侯王，受中国封拜。”[①]此描述的是秦汉时期氐族的分布情形，但汉末以后，情况发生了变化。

东汉末年，介居于陇、蜀之间有两大氐王，一是兴国氐王阿贵，一是百顷氐王杨千万，两王各拥有氐众万余户。同时，下辨等地有氐帅雷定等七部；河池氐王窦茂，也拥氐众万余户。这些是势力较大的氐王。除此之外，还有许多无名的王侯小帅分布在汧、陇各地。而且，在曹魏与蜀汉两大政权之间，氐族多是倒向后者的。[②]因此，曹魏与蜀汉的相争，也导致原居于甘南、川北的氐族多次被迫向北迁徙。

至魏晋南北朝时期，西南地区的氐族就主要聚居在阴平郡。《华阳国志·汉中志》记载："阴平郡，本广汉北部都尉治。永平后，羌虏数反，遂置为郡。属县四。户万。去洛二千三百四十四里。东接[汉中]武都，南接梓潼，西接[陇西]汶山，北接[酒泉]陇西。土地山险。人民刚勇。多氐傁。有黑、白水羌，紫羌，胡虏。风俗、所出与武都略同。”[③]

《三国志·魏书·张既传》载："太祖将拔汉中守，恐刘备北取武都氐以逼关中，问既。既曰：'可劝使北出就谷以避贼，前至者厚其宠赏，则先者知利，后必慕之。'太祖从其策，乃自到汉中引出诸军，令既之武都，徙氐五万余落出居扶风、天水界。”[④]《资治通鉴》胡三省注曰："武都，本白马氐地……操盖已弃武都而不有矣。诸氐散居秦川，苻氏乱华自此始。”[⑤]除了以上北迁的氐人之外，北迁的氐人，当然也包括阴平之氐人。江

① [唐]李延寿：《北史·氐传》，中华书局标点本，1974年版，第3171页。
② 杨铭：《氐族史》，商务印书馆2014年版，第23—24页。
③ [晋]常璩撰，任乃强校注：《华阳国志校补图注》，上海古籍出版社1987年版，第103页。
④ [晋]陈寿：《三国志·魏书·张既传》，中华书局标点本1959年版，第472—473页。
⑤ [北宋]司马光：《资治通鉴》卷六八，中华书局1956年版，第2158页。

统《徙戎论》说：“徙扶风、始平、京兆之氐，出还陇右，著阴平、武都之界。”[①] 这说明阴平的氐人基本已被迁到关中地区，以至于“（景元四年）冬十月，（邓）艾自阴平道行无人之地七百余里”，[②] 是因为氐人基本北迁之故。

因此，魏晋南北朝时期，虽然昔日氐人聚居的阴平县、升迁县等依然存在，但其所居之氐族基本上都北迁了，因此岷江上游和阴平郡的氐人减少了，而关中和陇右一带的氐人则增多了。关中氐人主要分布在京兆、扶风、始平，其中以扶风郡为最多，主要集中在雍、美阳、汧、隃麋等县。陇右的氐人则主要分布在天水、南安、广魏三郡之内。[③]

总体而言，魏晋南北朝时期，由于蜀汉与曹魏之间的战争等历史原因，原居甘南、川北岷江上游一带的氐族被北迁，分布到了关中、陇右地区。留在原地的氐族也不断为蜀、魏所争夺。可以看到，西南地区氐族的分布地与秦汉时期相比，有一定变化。但甘南、川北仍是氐人在西南地区的重要聚居地。

2. 氐人的分化与融合

三国时期，曹魏对氐人的北迁，导致西南地区的氐族大量迁到关中、陇右之地，使其较快融入了汉族之中。两晋南北朝时期，以氐族为主曾先后建立过前秦、后凉及仇池诸国（前仇池国、后仇池国、武都国、武兴国、阴平国），这是氐族历史上活动最频繁的时期，对西南地区氐族的影响也非同一般。从地理分布而言，西南地区岷江上游一带的氐族实则是和甘肃阴平、武都紧密联系的。以武都为中心的今陇南、川西北地区，是我国氐人最早的聚居地，是从东汉末年到北周建立过前述仇池诸国的地方。另

---

①［唐］唐玄龄：《晋书·江统传》，中华书局标点本1974年版，第1532页。
②［晋］陈寿：《三国志·魏书·邓艾传》，中华书局标点本1959年版，第779页。
③ 杨铭：《氐族史》，商务印书馆2014年版，第26页。

一方面，此地又爆发过多次氐民反抗北朝统治的斗争。[①]这些反抗斗争，客观上增加了今陕、甘、川三省连接地区的氐族与南、北汉族交流、接触的机会，使之不断吸收汉文化，从而逐渐融入汉族中。

晋归义氐王印（图片来源：《氐族史》）

《三国志·魏书》注引《魏略·西戎传》载："（氐人）其种非一，称槃瓠之后，或号青氐，或号白氐，或号蚺氐，此盖虫之类而处中国，人即其服色而名之也……各有王侯，多受中国封拜……其俗、语不与中国同，及羌、杂胡同。各自有姓，姓如中国之姓矣。其衣服尚青绛。俗能织布，善田种，畜养豕牛马驴骡。其妇人嫁时著衽露，其缘饰之制有似羌，衽露有似中国袍。皆编发。多知中国语，由与中国错居故也……今虽都统于郡国，然故自有王侯在其虚落间。"[②]《文献通考》亦载："氐者，西戎之别种，在冉駹东北、广汉之西，其种非一，或号青氐，或号白氐，或称蚺氐，此盖中国人即其服色而名之也。土地险阻，有麻田……氐人勇敢，抵冒，贪货死利……俗能织布，善田种，畜羊豕牛马驴骡。""语不与中国及羌、胡同，各自有姓，如中国之姓。其衣服尚青……婚姻备六礼，知书

① 杨铭：《氐族史》，商务印书馆2014年版，第97页。

②［晋］陈寿：《三国志·魏书·乌丸鲜卑东夷传》注引《魏略·西戎传》，中华书局标点本1959年版，第858—859页。

疏，多知中国语，由与中国错居故也。”[①] 通过上述记载可知，氐族虽然有自己的语言，但是由于与汉族交错杂居，受汉文化的影响，也知汉文、懂汉话，婚姻习俗与汉族类似。

魏晋南北朝时期，氐人的情况详见于《北史·氐传》，其记载称[②]：“汉建安中，有杨腾者，为部落大帅。腾勇健多计略，始徙居仇池，方百顷，因以为号。四面斗绝，高七里余，蟠道三十六回，其上有丰水泉，煮土成盐。腾后有名千万者，魏拜为百顷氐王。千万孙名飞龙，渐强盛，晋武帝假平西将军。无子，养外甥令狐茂搜为子。惠帝元康中，茂搜自号辅国将军、右贤王，群氐推以为主。关中人士流移者，多依之。”茂搜死后，其子难敌继位，并与弟坚头分部曲。“难敌自号左贤王，屯下辨；坚头号右贤王，屯河池。难敌死，子毅立，自号使持节、龙骧将军、左贤王、下辨公……臣晋，晋以毅为征南将军。”后杨氏家族内部不断发生争权夺位之事。南朝宋时，杨玄“号征西大将军、开府仪同三司、秦州刺史、武都王。虽蕃于宋，仍奉晋义熙之号。后始用宋元嘉正朔”。据此可以知道以下两点：一是杨氏家族在氐人中势力较大，控制了今天陕、甘、川连接地带的大量氐人聚居区；二是杨玄处于晋、宋交替时期，都奉中原王朝为正朔。杨玄死后，其弟杨难当代之，后自立为大秦王，先附于宋，后又反。“寻而倾国南寇，规有蜀土，袭宋益州，攻涪城，又伐巴西，获雍州流人七千余家，还于仇池。宋文帝怒，遣将裴方明等伐之。难当为方明所败，弃仇池，与千余骑奔上邽。”之后，杨氏家族一直斡旋于南、北朝之间，活动在武都、白水郡一带。北魏末年西魏初，武都上下周围的氐酋又活跃起来，但最后均为西魏、北周政权所平定。

① [元]马端临：《文献通考·四裔十》卷333，浙江古籍出版社1988年版，第2617页。
② 本段引文均引自[唐]李延寿：《北史·氐传》，中华书局标点本1974年版，第3171—3174页。

总体来看，自汉武帝元鼎六年开武都郡，迫使氐人外流，到三国时曹魏数次徙氐人于关中，乃至前、后秦时亦再三徙氐人出武都，大大减少了武都、阴平之地的氐族。而与此同时，中原各朝都派军队、官吏等坐镇氐族地区，加之工匠、商人以及流民源源不断的流入，使汉人及其他民族成分的人口在氐族分布地区不断增加，这就在一定程度上改变了该地区的民族构成，为氐族的分化和融合创造了条件。在氐民外迁、汉族及其他民族迁入的背景下，氐人与汉等民族通婚，这就为广大氐民与汉族的融合奠定了基础。因此，到南北朝及至隋时，大部分氐人已融入汉族之中。① 作为单一民族的氐族已然消失在历史的舞台上。

概而言之，魏晋南北朝时期西南地区的氐族，由于各种原因分化为两部分，一部分被迫北徙，进入关中，很快融于汉族之中；而另一部分留居原地的氐族，在后来杨氏政权及其他如前秦、后秦及南、北朝政权的统治下，加快了民族之间的交流和融合，后来大部分融入汉族之中，部分为吐蕃所并，融入后来的藏族之中，还有部分与其近邻羌族相融合。

二、羌人

魏晋南北朝时期，西南地区实则是氐羌系统民族杂居之地。与氐人一样，由于地理位置的关系，羌人也不断被迁徙。但由于蜀汉政权的中心在西南，因此西南地区大部分的羌人仍居原地，比较活跃，文献中除了称羌以外，又出现了不同于秦汉时期羌人称谓的记载。

三国时期，我国西南地区的羌人也是魏、蜀争夺的主要对

① 杨铭：《氐族史》，商务印书馆 2014 年版，第 97—98 页。

魏晋南北朝羌

象。因此，魏、蜀甚至吴都大量征调羌人为军。在曹军中，有“湟中、羌、僰”及武都氐羌；而在蜀汉政权中，有“賨、叟、青羌散骑、武骑一千余人，此皆数十年之内所纠合四方之精锐”。[①] 为了控制更多的羌人，保证兵源和巩固其统治，各统治者在战争中都竭力将其内迁。如魏正始元年（240 年），在陇西打败姜维后，魏就将羌人三千户强迁入关中。正始九年（248 年），龙夷（今青海湖附近）的羌人迁居今四川新繁县。建兴三年（225 年）秋，诸葛亮平定南中后，“移南中劲卒青羌万余家于蜀，为五部，所当无前，号为飞军”。[②] 出于战争的需要而不断迁徙羌人的做法，在一定程度上改变了羌人的分布和加快了羌人的汉化进程。

另一方面，魏晋时期西北的行政区划略有变动，即将雍州陇西五郡及益州广汉属国的阴平划为秦州。从此，秦州包括陇西、南安、天水（略阳）、武都、阴平六郡。因此，魏晋时西南地区的羌人就主要分布于秦州以西今甘肃洮河流域和白龙江上游的甘南藏族自治州（以下简称甘南州）及益州的汶山郡岷江两岸。[③] 在甘南州以东，先后出现了羌人的分支宕昌羌和邓至羌，与北魏、西魏关系密切，后为吐谷浑所并。汶山郡的羌人也比较活跃，出现

①［晋］常璩撰，刘琳校注：《华阳国志·南中志》，巴蜀书社 1984 年版，第 357 页。
②［晋］陈寿：《三国志·蜀书·诸葛亮传》，中华书局标点本 1959 年版，第 923 页。
③ 冉光荣，李绍明，周锡银：《羌族史》，四川民族出版社 1985 年版，第 129 页。

了从羌人中分化出来的白兰羌、女国羌、可兰羌、附国羌等不同支系。

《华阳国志·蜀志》载："汶山郡，本蜀郡北部冉駹都尉，孝武元鼎六年置。旧属县八……东接蜀郡，南接汉嘉，西接凉州酒泉，北接阴平。有六夷、羌胡、羌虏、白兰峒、九种之戎。"①按，蜀汉汶山郡辖绵虒、汶江、湔氐、蚕陵、广柔、都安、白马、平康八县。此外，又改置广汉属国为阴平郡，设阴平县（今甘肃文县西北）、广武县（今四川青川县青溪镇）、刚氐县（今四川平武县古城）。不仅如此，蜀汉还在汶山郡边缘地带建了"五围"。《华阳国志·大同志》载："蜀以汶山郡北逼阴平、武都，故于险要置守，自汶江、龙鹤、冉駹、白马、匡用五围，皆置修屯牙门。"后"晋初以御夷徼，因仍其守"。②可见，蜀汉和晋对羌人的控制是十分严密的。

总体来看，魏晋南北朝时期西南地区的羌人主要就分布在汶山郡及甘南一带，包括今四川阿坝以东及其与青海东部相连一带、大渡河上游至甘南相接地区，有部分与氐人错居杂处。由于各种因素的影响，西部的羌人还在向西南地区迁徙，仍处于不断的分化和融合的过程中。

魏晋南北朝时期，西南地区的羌人在与他族融合发展的过程中，不断分化出新的支系，在称谓上也出现了与秦汉时期不同的特点。较大的有宕昌羌、邓至羌、白兰羌、女国羌、可兰羌、附国羌、党项羌等羌人支系。

宕昌羌　分布于羌水流域，汉以后，宕昌分布在洮河以东、白水之北、渭水以南的地区，过着以牧畜为主、相对定居的生活。南北朝时较为活跃。宕昌羌或与汉代的宕昌羌有关。《水经

①［晋］常璩撰，刘琳校注：《华阳国志·蜀志》，巴蜀书社1984年版，第295页。
②［晋］常璩撰，刘琳校注：《华阳国志·大同志》，巴蜀书社1984年版，第605页。

注·羌水》载："羌水出羌中参狼谷。彼俗谓之天池白水矣。《地理志》曰：出陇西羌道。东南流径宕昌城东，西北去天池五百余里。"① 则羌水上游之羌又可能为参狼种的后代。②

邓至羌 《北史·邓至传》载："邓至者，白水羌也，世为羌豪，因地名号，自称邓至。其地自亭街以东，平武以西，汶岭以北，宕昌以南，土风习俗，亦与宕昌同。"③《周书·邓至传》说："邓至羌者，羌之别种也。有像舒治者，世为白水酋帅，自称王焉。其地北与宕昌相接，风俗物产亦与宕昌略同。"④ 这说明邓至羌是羌之一种，居于白水，强大后即以地名号。关于其地域，除前述《北史》所载外，杜佑《通典》所载更详，其载曰："其（邓至）地自千亭以东，平武以西，汶岭以北，宕昌以南。今懹道郡（今四川松潘）之南，通北郡（今四川理县通化）之北，交川、临翼（今松潘及茂汶之间）、同昌（今甘肃文县西部）郡之地也。"⑤ 白水江正是这个区域的一条主流，故白水流域之羌，名曰白水羌。故其地域大概包括了今川、甘间的白水江以及岷江的上游，而中心区可能是在甘肃的文县镇羌堡一带。⑥

关于邓至羌的流向问题，学术界普遍认为，可能是因其后日益衰弱而竟至泯灭。⑦ 但也有学者进一步认为，邓至羌日渐衰落而融于藏族之中。⑧

白兰羌 杜佑《通典》说："白兰，羌之别种，周时兴焉。"⑨

---

①［晋］杨守敬撰：《水经注疏·羌水》，江苏古籍出版社 1989 年版，第 2712 页。
② 冉光荣、李绍明、周锡银：《羌族史》，四川民族出版社 1985 年版，第 129 页。
③［唐］李延寿：《北史·邓至传》，中华书局标点本 1974 年版，第 3191 页。
④［唐］令狐德棻：《周书·邓至传》，中华书局标点本 1971 年版，第 894 页。
⑤［唐］杜佑：《通典·边防六》卷 190，中华书局 1984 年版，第 1022 页。
⑥ 冉光荣，李绍明，周锡银：《羌族史》，四川民族出版社 1985 年版，第 131 页。
⑦ 冉光荣，李绍明，周锡银：《羌族史》，四川民族出版社 1985 年版，第 132—133 页；万永林：《中国古代藏缅语民族源流研究》，云南大学出版社 1997 年版，第 67 页。
⑧ 王文光：《中国古代的民族识别》，云南大学出版社 1997 年版，第 255 页。
⑨［唐］杜佑：《通典·边防六》卷 190，中华书局 1984 年版，第 1022 页。

按，“周”指宇文周，故其名不见于此前之史载。《北史·白兰传》载：“白兰者，羌之别种也。其地东北接吐谷浑，西北至利模徒，南界那鄂。风俗物产，与宕昌略同。周保定元年，遣使献犀甲、铁铠。”①

《读史方舆纪要》卷65云：白兰山，在吐谷浑西南。慕容廆庶兄吐谷浑国于洮水之西，南极白兰。其后每被侵伐，辄保白兰以自固。又西南即伏罗川，刘宋元嘉二十九年，吐谷浑王拾寅始居伏罗川，盖未离白兰之险也。从附国羌的地理位置推之，白兰羌疆域在今青海、四川间，离甘肃的西南部也不远，白兰山即巴颜喀拉山。②《中国历史地图集》则将白兰标定于青海达日县一带。之所以会出现这些不同的观点，主要是白兰羌在南北朝时期活动地域较为广阔之故，可能确实有一支北达格尔木，但其主要活动地域还是应在今天四川甘孜藏族州、青海果洛藏族州和玉树藏族州相连地带。从《北史》所载来看，其时的白兰羌过着以农业为主兼营畜牧业的生活。

在南北朝时期，白兰即已活动于吐谷浑南，宕昌之西南的青海东南及与川西北相连地带。隋唐之后，白兰已不见于记载，基本上融于藏族的先民吐蕃之中。

可兰羌　《北史·吐谷浑传》说：“白兰山西北，又有可兰国，风俗亦同（同于吐谷浑）。目不识五色，耳不闻五声，是夷蛮戎狄之中丑类也。土无所出，直大养群畜，而户落亦可万余人。顽弱不知斗战，忽见异人，举国便走。性如野兽，体轻工走，逐不可得。”③从中我们可以看出，发展缓慢的可兰羌尚处于氏族部落或组织的阶段，过着不定居的游牧生活，当是羌人中发展较

①［唐］李延寿：《北史·白兰传》，中华书局标点本1974年版，第3191页。
②李范文：《嘉戎与道孚族源考》，载《宁夏社会科学》1983年第1期。
③［唐］李延寿：《北史·吐谷浑传》，中华书局标点本1974年版，第3189页。

为缓慢的一支。关于其分布，顾颉刚先生认为，“‘可兰’今无考，而其音与‘喀喇’极似，疑即在今巴颜喀喇山西脉巴颜喀喇得里本山一带”，[①]则可兰羌当分布在青藏高原东部一带，后可能也融入了藏族之中。

女国羌　《北史·吐谷浑传》载：“白兰西南二千五百里，隔大岭，又度四十里海，有女王国。人庶万余落，风俗土著，宜桑麻，熟五谷，以女为王，故因号焉。”[②]这说明女国羌已过着农业定居的生活。顾颉刚先生认为，女王国，当指今藏中。而大岭，当为今唐古拉山脉。[③]从地理位置上看，“白兰西南”是唐古拉山脉，而“四十里海”当为今拉萨北部的纳木错湖，因此女王国可能就是在今以拉萨为中心的西藏地区。[④]

《北史·西域传》对女王国的记载更加详细，其载曰：“女国，在葱岭南。其国世以女为王，姓苏毗，字末羯，在位二十年。女王夫号曰金聚，不知政事。国内丈夫，唯以征伐为务。山上为城，方五六里，人有万家。王居九层之楼，侍女数百人，五日一听朝，复有小女王共知国政。其俗(贵)妇人轻丈夫，而性不妬忌。男女皆以彩色涂面，而一日中或数度变改之。人皆被发。以皮为鞋。课税无常。气候多寒，以射猎为业……尤多盐，恒将盐向天竺兴贩，其利数倍。亦数与天竺、党项战争。其女王死，国中厚敛金钱，求死者族中之贤女二人，一为女王，次为小王。”[⑤]

南北朝时的女王国，其最初的起源地应在西藏的拉萨地区。

① 顾颉刚：《史林杂识初编·白兰》，中华书局1963年版，第76页。《北史·吐谷浑传》，中华书局标点本1974年版，第3189—3190页。

②［唐］李延寿：《北史·吐谷浑传》，中华书局标点本1974年版，第3189—3190页。

③ 顾颉刚：《史林杂识初编·白兰》，中华书局1963年版，第76页。

④ 万永林：《中国古代藏缅语民族源流研究》，云南大学出版社1997年版，第67页；王文光：《中国古代的民族识别》，云南大学出版社1997年版，第255页。

⑤［唐］李延寿：《北史·吐谷浑传》，中华书局标点本1974年版，第3235页。

后分为两支：一支东迁昌都地区，称东女国；一支西迁至克什米尔之刘城地区，称西女国。[①]《旧唐书·东女国传》云："东女国，西羌之别种，以西海中复有女国，故称东女焉。"[②]因此，女王国分为东西两个是事实。我们认为，西女国可能就是何耀华先生认为的在西藏阿里地区的女王国，后来发展演变成为古格王国。[③]总之，女王国兴起于南北朝末期，之后渐为吐蕃所并，最后大部分融于吐蕃之中。

附国羌 《北史·附国传》曰："附国者，蜀郡西北二千余里，即汉之西南夷也。有嘉良夷，即其东部，所居种姓自相率领，土俗与附国同，言语少殊。不统一，其人并无姓氏。附国王字宜缯。其国南北八百里，东西千五百里。无城栅，近川谷，傍山险。"又说："嘉良有水阔六七十丈，附国有水阔百余丈，并南流。用皮为舟而济。"[④]

其分布地，大致在今天西藏、青海与四川连接地区。吐蕃强大后，附国羌也为其所并。

党项羌 《北史·党项羌传》说："党项羌者，其种有宕昌、白狼，皆自称猕猴种。东接临洮、西平，西拒叶护，南北数千里，处山谷间。每姓别为部落，大者五千余骑，小者千余骑。服裘褐，披毡为上饰。俗尚武力，无法令，各为生业，有战阵则屯聚，无徭役，不相往来。养犛牛、羊、猪以供食，不知稼穑。其俗淫秽蒸报，于诸夷中为甚。无文字，但候草木以记岁时。三年一聚会，杀牛羊以祭天。人年八十以上死者，以为令终，亲戚不哭；少死者，则云夭枉，共悲哭之。"[⑤]《旧唐书·西戎·党项

---

① 何光岳：《氐羌源流史》，江西教育出版社2000年版，第556页。
② [后晋]刘昫：《旧唐书·南蛮西南蛮·东女国传》，中华书局标点本1975年版，第5277页。
③ 何耀华：《试论古代羌人的地理分布》，载《思想战线》1988年第4期。
④ [唐]李延寿：《北史·附国传》，中华书局标点本1974年版，第3193、3194页。
⑤ [唐]李延寿：《北史·党项羌传》，中华书局标点本1974年版，第3192页。

羌传》又载："党项羌，在古析支之地，汉西羌之别种也。魏、晋之后，西羌微弱，或臣中国，或窜山野。自周氏灭宕昌、邓至之后，党项始强。其界东至松州，西接叶护，南杂春桑、迷桑等羌，北连吐谷浑，处山谷间，亘三千里。"[①]这说明党项羌早已存在，只不过是宕昌、邓至亡后，党项羌才发展起来。他们之间可能有相互融合的关系，是羌的不同分支。党项羌的分布"东接临洮（甘肃岷县）、西平（青海西宁），西拒叶护（西突厥），南北数千里"，"其界东至松州（四川松潘），西接叶护，南杂春桑、迷桑，北连吐谷浑"。故党项羌应分布在今四川甘孜州、西藏东部一带，[②]但这只是党项羌在西南地区的部分，有学者认为其地域应在巴颜喀拉山之东，即今积石山一带，[③]这种说法又太含糊。因此，我们认为，南北朝时的党项羌应分布在北达积石山、南至甘孜、西至藏东、东达松潘，甘、青、川及藏东相连这一广大地域内，并与羌族的其他支系交错杂处。

本时期羌人各支系的文化已经有所区别，但同时也存在着许多共同的文化特点。

三、摩沙与僰人

秦汉时期，摩沙和僰人就与昆明人、叟人交错杂居于我国西南地区。汉代，源于羌人的摩沙大部分与昆明人、叟人杂居于越嶲郡的定笮县（今盐源县），一部分居住在木里、盐边，后可能西徙至宁蒗、华坪、丽江、永胜等地，也即《华阳国志》所言之"宾刚徼，曰摩沙夷"；至迟在公元3世纪，摩沙夷已经分布在定笮

① [后晋]刘昫：《旧唐书·西戎·党项羌传》，中华书局标点本1975年版，第5290页。
② 万永林：《中国古代藏缅语民族源流研究》，云南大学出版社1997年版，第68页。
③ 顾颉刚：《从古籍中探索我国的西部民族——羌族》，载《社会科学战线》1980年第1期。[后晋]刘昫：《旧唐书·西戎·党项羌传》，中华书局标点本1975年版，第5291页。

（盐源）至刚徼（丽江）一带。[①] 而源于氐人的僰族则以僰道（今宜宾市）为中心，散居南境，广布于西南羌、滇、邛、僚人所居之地，西汉后期持续不断南迁至滇东北、滇东及滇中等地。

魏晋南北朝时期的摩沙，其分布与秦汉时期相比，变化不大。只是可能到了南北朝时期，有一部分摩沙南徙至今洱海以东地区，至唐时建立过越析诏。汉晋之摩沙夷，在唐代又被称为磨些蛮。樊绰《云南志》卷三载："越析，一诏也。亦谓之磨些诏。部落在宾居，旧越析州也。去囊葱山一日程"；卷一说："越析州今西洱河东一日程。越析州咨长故地也"；卷二曰："囊葱山在西洱河东隅，河流俯啮山根。土山无树石。高处不过数十丈。面对宾居、越析。山下有路，从渠敛赵出登川"；卷五又说："（渠敛赵）东北至毛郎川，又东北至宾居汤，又北至越析川，磨些诏故地也。"[②] 渠敛赵即今大理凤仪；登川即今大理邓川；宾居北即今大理宾川县城，越析诏城应在其地，所管为洱海以东地区。摩沙族具体何时迁至越析州，不得而知，但其兴于开元年间，为当时六诏之一，后为蒙舍诏所败。据方国瑜、尤中等先生的研究，"盖么些族是从双舍地区（今盐边县境）渡泸而南至越析州，聚成部落，其势渐盛，既为南诏击败，又退回双舍，此后泸水以南无么些居民了"。[③] 这些观点都是值得注意的。

总体看来，魏晋南北朝时期的摩沙主要分布在雅砻江下游与金沙江相连地带及金沙江两岸川西南与滇西北相连一带，主要在今天盐源、盐边、木里、宁蒗、丽江、永胜等地，其中的一支可能迁徙分布在宾川县地。

摩沙的分布地比较集中，这种分布的大聚居状态，有利于本

① 张增祺：《中国西南民族考古》，云南人民出版社 2012 年版，第 69 页。

② 木芹：《云南志补注》，云南人民出版社 1995 年版，第 32、11、20、75 页。

③ 方国瑜，和志武：《纳西族的渊源、迁徙和分布》，载《民族研究》1979 年第 1 期；尤中：《中国西南民族史》，云南人民出版社 1985 年，第 271 页。

民族文化的传承和发展。但从更大范围来看，摩沙东、南部与昆明人、叟人、僰人相连，北与吐蕃相接。因此，摩沙可能也与这些民族发生了联系，并出现了比较微妙的融合关系。但由于这种融合可能只出现在摩沙与他族杂居的边缘地带，所以在这一时期，摩沙仍是以同源同流的发展为主，异源同流的融合发展不明显。

僰人，是魏晋南北朝时期南中地区又一较大的民族。这一民族的南迁，对我国西南地区近现代白族的形成意义重大，其分化不明显，但其分布地的逐渐西移，特别是与汉族等的融合，可能是同时期西南地区氐羌系统民族中最为显著的。

秦、西汉时期，僰族主要聚居在僰道（今宜宾市），西汉后期以降，不断南下进入滇东北。因此在秦汉时期，形成了僰人的两个居住中心，即僰道和朱提郡（今昭通地区）。之后，僰人又不断南下西徙，逐渐进入了滇东，到达了滇中及滇西地区。魏晋南北朝时期，僰族的分布虽与秦汉时期相比相差不大，但重心已发生了变化。秦、西汉时期，主要聚居于川西南、滇东北一带，但东汉以后，特别是魏晋以降，僰人已遍居滇东、滇中及滇西洱海一带，僰道、朱提郡已基本没有僰族。

僰人在不断的南迁、西徙的过程中，与当地的少数民族特别是南迁进入南中地区的汉族发生了融合。

三国时期，南迁进入南中地区的汉族已开始和早就迁入该地的昆明人、叟人、僰人等民族发生了融合。总体来看，汉族和僰人的融合是最多的。这主要有两个原因：一是僰人属经济文化发展水平较高之民族，前述《说文解字·羊部》说僰人“颇有顺理之性”，《水经·江水》中亦载僰人是“夷中最仁，有人（仁）道，故字从人”，所谓“顺理”“仁道”，自然是指顺应汉人之理，有汉人所主张的仁道。这说明僰人汉化程度较深，与汉族更容易融洽相处，其融合程度更深。二是两族所居之地理环境相近。前述所言之《太平御览》卷 791 引《永昌郡传》曰："朱提郡在犍为南千八百里，治朱提县。川中纵广五六十里，有大泉池水，顷(僰)名千顷池。又有龙池以灌溉种稻，与僰道相接。"① 这说明西汉以降僰人从僰道南迁之后，大部分居住在平坝、城镇地方从事农业生产。汉族沿僰道进入南中地区后，也是居住在平坝地区，故其居住地域与僰人基本上是一致的，这也加速了两族的融合发展。

当然，不是说所有的汉族都与僰人相融合，还有少部分的汉族也与昆明人和叟人发生了融合关系。但总的看来，进入南中地区的极大部分的汉族与僰人相融合，与部分叟人、昆明人一起共同融合发展为唐宋时之白蛮。

在秦汉时期，洱海地区一直是昆明人和叟人的聚居地，但东汉以后就有了所谓的"上方、下方夷"之分，② 说明有新的民族群体迁入。我们可以推之，上方夷就是居住于洱海以北的昆明人和叟人，下方夷当是新迁入的僰人和汉人。

综上所述，魏晋南北朝时期，虽然僰人的分布地与秦汉相比变化不大，但由于各种因素的影响，其聚居中心发生了转移，更多的僰人聚居到了滇中至滇西洱海一带。在与汉族、叟人、昆明人融合发展的基础上，到唐代时，这一民族共同体不再被称为僰人，而被称为白蛮。

四、昆明人与叟人

魏晋南北朝时期，西南夷地区的一部分被称为南中。主要是

①［宋］李昉：《太平御览》卷 791，中华书局 1960 年版，第 3509 页。
② 林超民：《僰人的族属与迁徙》，载《思想战线》1982 年第 5 期。

指今云南及其与四川、贵州相连地带。昆明人和叟人大体就分布在这一地域范围内。

秦汉以降，昆明人与叟人仍错居杂处，但其分布各有重点。我们知道，汉时桐师、楪榆之间以昆明人为主；而叟人主要分布在邛都地区，且向西南延伸，和昆明人错居杂处。《华阳国志·蜀志》“定筰县”条说：“筰，筰夷也。汶山曰夷，南中曰昆明，汉嘉、越嶲曰筰，蜀曰邛，皆夷种也。县在郡西，渡泸水……”[①]定筰县，西汉置，东汉、蜀、晋因。至齐梁废，北周始于故县设定筰镇，唐初置昆明县，即今之盐源县地。说明当地从秦汉至唐时乃是昆明族、叟族杂居之地。

秦、西汉时期的叟人主要分布在越嶲郡、益州郡，东汉时还有一部分分布于永昌郡内，大概在今天的川南、滇北、滇西北、滇西南和滇东北地区，与昆明人杂处。昆明人在秦汉时主要分布在滇西，势力强大，屡次阻止汉王朝向西南的开拓计划，并不断向滇东、滇北、滇南发展，有一部分到达了滇东北和黔西地区。《三国志·蜀书·李恢传》载：“以恢为庲降都督，使持节领交州刺史，住平夷县。先主薨，高定恣睢于越嶲，雍闿跋扈于建宁，朱褒反叛于牂牁。丞相亮南征，先由越嶲，而恢案道向建宁。诸县大相纠合，围恢军于昆明。时恢众少敌倍，又未得亮声息，绐谓南人曰：‘官军粮尽，欲规退还，吾中间久斥乡里，乃今得旋，不能复北，欲还与汝等同计谋，故以诚相告。’南人信之，故围守怠缓。于是恢出击，大破之，追奔逐北，南至盘江，东接牂牁，与亮声势相连。南土平定，恢军功居多，封汉兴亭侯，加安汉将军。”[②]李恢所居之平夷县，即今贵州毕节地，南下建宁（滇池地区）时，被围于昆明，突围后南至盘江，东接牂牁，与诸

---

①［晋］常璩撰，刘琳校注：《华阳国志·蜀志》，巴蜀书社1984年版，第320页。
②［晋］陈寿：《三国志·蜀书·李恢传》，中华书局标点本1959年版，第1045—1046页。

葛亮会师滇池。可见，此“昆明”在盘江以北，平夷以南，牂牁以西，建宁以东，即后来所谓“牂牁昆明”，在今黔西滇东地区。“围恢军于昆明”的“昆明”不是地名，应是民族名称，即围恢军于昆明人的居地。知滇东黔西亦有昆明部族。[①]在诸葛亮南征时，滇东黔西已有大量昆明人居住，则其迁徙至该地的时间应早于南征之时。在围攻李恢的南人中，不仅有昆明人，叟人也杂于其中，因《三国志·蜀书·李恢传》又说：“后军还，南夷复叛，杀害守将。恢身往扑讨，锄尽恶类，徙其豪帅于成都，赋出叟、濮耕牛战马金银犀革，充继军资，于时费用不乏。”[②]经过魏晋南北朝时期的迁徙和发展，昆明人的分布已与现代彝族的分布格局基本吻合。

综上所述，秦汉时期，昆明人和叟人就已迁徙、分布在滇西北、滇西南、滇东南与黔西一带及川南与滇北、滇东北相连地带。这样的格局，经过魏晋南北朝时期的继续巩固和加强，基本上固定了下来。在特定的历史条件下，随着南下汉族不断迁入南中，昆明人和叟人走向了新的分化和融合。

汉、晋以来，“嶲人”亦称为“叟人”。1936年，昭通洒渔古墓中出土“汉叟邑长”铜印一方，以及此地汉墓又出土铜铸像等，其文化内涵都说明，叟人“他们的活动范围由原来的滇西地区逐步向滇池区域及曲靖、昭通等地扩展，早期的游牧经济也开始转化为半农半牧形式。隋唐以来，叟人不再见于史籍，他们很可能融合于当地的其他民族中。由于和别的少数民族错综杂居，不仅原来的服装、发式有所改变，就连‘高鼻深目’的形象特征也逐步消失了。”[③]

① 林超民：《试论汉唐间西南地区的昆明》，载《民族研究》1982年第1期。
② [晋]陈寿：《三国志·蜀书·李恢传》，中华书局标点本1959年版，第1046页。
③ 张增祺：《中国西南民族考古》，云南人民出版社2012年版，第38页。

魏晋南北朝时期的昆明人与叟人分布面甚广，主要分布在今天澜沧江以东、红河以北地带。还有一部分越过澜沧江以西，到达今保山一带。东部到达了今滇、桂、黔相连地带，北部则自今大渡河往北，直抵甘、青高原的羌族聚居区。[①]我们认为，昆明人和叟人的中心聚居区应该在大渡河以南，包括今四川凉山州及云南省大部分地区、贵州省西部被称为南中的广大地区。[②]在如此广泛的地域范围内，有的处高山、有的居平坝，他们之间及其内部的经济、文化发展是极不平衡的。这就必然导致昆明人和叟人的分化及其与他族包括汉族的融合发展。

总体而言，魏晋南北朝时期，由于昆明人和叟人是当地势力较大的民族，其分化不明显，融合的趋势是南下的一部分汉族逐渐融入昆明人和叟人之中。当然，西南地区的夷人特别是叟人的一部分则产生了分化，这就是越嶲郡的叟人。《华阳国志·蜀志》载："章武三年（223年），越嶲叟大帅高定元称王，恣睢，遣斯都耆帅李承之杀将军梓潼焦璜，破没郡土……延熙三年（240年），蜀安南将军马忠讨越嶲郡夷，郡夷刚很，皆鸱视。忠率越嶲太守张嶷将所领之郡，诱杀苏祁邑君冬逢及其弟隗渠等，怀集种落，威信允著，诸种渐服……嶷迁后，复颇奸轨。虽有四部斯臾及七营军，不足固守，乃置赤甲、北军二牙门及斯臾督军中坚，卫夷徼。"又说："邛都县……又有四部斯臾。"[③]而《华阳国志·李特雄期寿势志》亦载："泰宁元年，越嶲斯叟反，攻围任回及太守李谦，遣其征南费黑救之。咸和元年夏，斯叟破。二年，谦移郡民于蜀。"[④]则至魏晋南北朝时期，叟人聚居地之一的越嶲郡，其耆帅为高氏家族。这一支叟人，后来可能不断南

① 尤中：《中国西南的古代民族》，云南人民出版社1980年版，第50页。
② 万永林：《中国古代藏缅语民族源流研究》，云南大学出版社1997年版，第78页。
③ [晋]常璩撰，刘琳校注：《华阳国志·南中志》，巴蜀书社1984年版，第308—309、311页。
④ [晋]常璩撰，刘琳校注：《华阳国志·李特雄期寿势志》，巴蜀书社1984年版，第672页。

徙，越过了金沙江，分化发展成为今天白族的先民之一。有学者对《姚郡世守高氏源流总派图》进行研究后认为，高定元乃大理国相或“大中国”高量成之祖。量成的子孙八人分牧八郡，姚安是大理国的统矢郡，为八郡之一，高氏子孙世守之。今传白族高氏诸族谱，于唐以前世系率多攀附内地汉族高门，此为谱牒之常例，无待究诘；唯此谱不加忌避，以一个被历史贤相诸葛亮所镇压的“叟帅”为其族祖，是有其一定的内涵的。由此，我们也可以得到一个有益的启示，说明大理国高氏之兴也并非出于偶然，是有其世袭的、传统的基础，符合古代民族社会政治发展史规律的。然则越嶲斯叟也是白族的来源之一。[①]

综上所述，魏晋南北朝时期，昆明人和叟人的分布地域与秦汉时期相比，变化不大，有一定的中心聚居区但又杂居相处。昆明人和叟人与南迁的汉族有一定程度的融合发展，与中原地区的剧烈的各民族大融合相比，其融合是缓慢的、潜移默化的。这主要也是因为，当时的南中与中原相比，相对稳定和封闭，特别是南北朝时期，南朝只是遥领宁州，但实际上宁州已经不受其统治了。这种相对闭塞的环境限制了其间各民族的互相融合、流动，因此其分化不明显，除了越嶲郡的一部分叟人分化发展成为今天白族先民之一外，大部分的叟族及基本上所有的昆明族在南北朝以后，在与南下汉族融合发展的过程中逐渐形成了新的民族共同体，被称为“乌蛮”，成为了唐宋时期西南地区的重要民族群体之一。

在南北朝后期，以昆明人、叟人为主体及融合他族的基础上发展形成了西南地区唐宋时期屡见史载的乌蛮民族群体，成为唐宋时期西南地区最重要、影响最大的民族群体之一。这一民族群体后来绝大部分发展成为了今天汉藏语系藏缅语族彝语支的民族。

① 《白族简史》编写组：《白族简史》，云南人民出版社1988年版，第14—15页。

“乌蛮”之称，最早见于南北朝时期的历史记载。《北史·周法尚传》说：“嶲州乌蛮反，诏法尚便道讨击破之。”[①] 而《隋书·周法尚传》所载更详，曰：“嶲州乌蛮反，攻陷州城，诏令法尚便道击之。军将至，贼弃州城，散走山谷间，法尚捕不能得。于是遣使慰谕，假以官号，伪班师，日行二十里。军再舍，潜遣人觇之，知其首领尽归栅，聚饮相贺。法尚选步骑数千人，袭击破之，获其渠帅数千人，虏男女万余口。”[②] 其时之嶲州，南梁武帝大同三年（537 年）置，故治在今四川西昌市。实则这是对分布于川西南乌蛮的记载，而对于滇东北、黔西、滇西等地区乌蛮（可能当时还未被称为乌蛮），由于其时爨氏对宁州的统治，保境不通，中原王朝对其了解不深，故直到唐时才被认识，史书才详细记载。《中国大百科全书·民族卷》载：“乌蛮系由昆明部落发展而成。”[③] 田晓岫先生也认为：“被泛称为乌蛮的，是分布于今天云南东部、中部，四川南部和贵州西部崇尚黑色的族群。其源出于汉晋时西南中的叟、昆明。”[④] 因此，我们认为，乌蛮是囊括了上一个历史时期有共源关系的昆明人、叟人等的民族群体，到南北朝时被汉族概括为一个具有尚黑文化习俗的民族群体，故被称为乌蛮。[⑤]

概而言之，魏晋南北朝时期西南地区的昆明人和叟人，在其历史发展的过程中，特别是在与南迁汉族及其他民族的共同发展中，不断发生了分化和融合，至南北朝后期被称为乌蛮。在这一时期的发展中，源于氐羌系统的昆明人、叟人，始终贯穿着同源异流和异源同流，甚至同源同流的民族发展线路。少部分的叟人

①［唐］李延寿：《北史·周法尚传》，中华书局标点本 1974 年版，第 2600 页。
②［唐］魏征：《隋书·周法尚传》，中华书局标点本 1973 年版，第 1528 页。
③ 中国大百科全书总编辑委员会《民族》编辑委员会：《中国大百科全书·民族卷》，中国大百科全书出版社 1986 年版，第 500 页。
④ 田晓岫：《中华民族发展史》，华夏出版社 2001 年版，第 269 页。
⑤ 王文光、张曙辉：《西南边疆乌蛮源流考释》，载《中国边疆史地研究》2007 年第 1 期。

和昆明人与僰人一起，在融合汉族等民族的基础上共同发展成为了白蛮；大部分的昆明人和叟人则在与汉族等民族融合发展的过程中形成了乌蛮，而乌蛮中的绝大部分发展成为今天我国汉藏语系藏缅语族彝语支民族。

五、闽濮

东汉设置的永昌郡，除了鸠僚外，还分布着大量的闽濮。据《华阳国志·南中志》记载，东汉建武二十三年，哀牢王内属，“世祖纳之，以为西部属国。其地东西三千里，南北四千六百里。有穿胸、儋耳种，闽越濮、鸠僚。其渠帅皆曰王”。[①]之后在东汉明帝永平十二年，东汉在其地置永昌郡，郡中“有闽濮、鸠僚、僄越、裸濮、身毒之民”。[②]

爨龙颜碑

在永昌郡的众多民族中，闽濮应是人口较多、分布较广的一支。《华阳国志》在对南中地区进行总结时说：“南域地处邛、筰、五夷之表，不毛

①［晋］常璩撰，刘琳校注：《华阳国志·南中志》，巴蜀书社1984年版，第428页。
②［晋］常璩撰，刘琳校注：《华阳国志·南中志》，巴蜀书社1984年版，第430页。

闽濮之乡，固九服之外也。”[①] 而且由于当时闽濮已经形成了一定的政治力量，所以曾对晋王朝在当地的统治造成毁灭性的打击。“（吕）祥子元康末为永昌太守。值南夷作乱，闽濮反，乃南移永寿，去故郡千里，遂与州隔绝。”[②] 至此后，永昌郡地又游离于王朝体系之外，包括闽濮在内的各民族均处于独立发展之中。

现在分布在当年属永昌郡的西双版纳、德宏、临沧、思茅等地的孟高棉语民族如布朗族、德昂族、克木人的资料和传说，也证明了在公元 12 世纪傣族先民势力迅速崛起之前，孟高棉语民族是当地人口较多、分布较广的民族群体。例如据克木人的传说，傣族土司因打不过克木人，就将公主送给克木首领为妻，并约定 3 年续亲结盟一次，由克木首领与傣族土司轮流当东道主。头一次，傣族土司亲自送女儿上门完婚，带着大量金银首饰陪嫁物品到克木都城赴宴，并喝咒水、立盟约，麻痹了克木人。事隔三年，傣族土司请克木首领及文武百官赴宴，暗设陷阱。入席前，请克木人将武器挂在钩钩上，而钩钩是吊杆，一转动就将挂在钩上的弓箭、长矛、刀剑等武器送入鱼塘中去了。入席后，众多美女用酒将克木人灌醉，然后扶到鱼塘中闷死；未喝醉的也死于刀剑之下，剩下的人落荒而逃。又如在中华人民共和国建立前，磨歇盐井井神的主祭人都不能由傣族土司、汉族官吏担任，而是由他们买好肥猪及祭品，请克木老人主祭，祭品也由克木人享用，原因就是盐井是克木人发现并开采出来的。[③] 又如在德宏州，许多村寨都保留了德昂语名称，许多地名则被称为崩龙山、崩龙箐、崩龙寨等，都说明了在傣族先民崛起前孟高棉语民族应是当地的主体民族之一。

---

①［晋］常璩撰，刘琳校注：《华阳国志·南中志》，巴蜀书社 1984 年版，第 468 页。
②［晋］常璩撰，刘琳校注：《华阳国志·南中志》，巴蜀书社 1984 年版，第 435 页。
③ 郭净等主编：《云南少数民族概览》，云南人民出版社 1999 年版，第 760 页。

第三节

魏晋南北朝时期南方丝绸之路周边地区的民族

一、賨人

经过秦汉时期的融合和发展，到魏晋南北朝时期，賨人纷纷北迁。而留居原地的賨人和于汉末魏初北上后又返回的一部分賨人活跃在中国西南地区，并建立了成汉政权。公元347年，桓温入蜀灭成汉，进入成都的賨人基本上均融于汉族，活动于川、鄂、湘、黔相连地带的賨人则保持其特有的文化和习俗继续向前迈进。北迁之賨人活跃在南北朝的历史舞台上，与内地发生了密切之联系。

《华阳国志·李特雄期寿势志》载："李特字玄休，略阳临渭人也。祖世本巴西宕渠賨民。种党劲勇，俗好鬼巫。汉末，张鲁居汉中，以鬼道教百姓，賨人敬信。值天下大乱，自巴西之宕渠移入汉中。魏武定汉中，祖父虎与杜濩、朴胡、袁约、杨车、李黑等移于略阳，北土复号曰'巴人'。"① 这说明李氏一族乃原

① [晋]常璩撰，刘琳校注：《华阳国志·李特雄期寿势志》，巴蜀书社1984年版，第661页。

居于宕渠之賨人，东汉后期才北迁汉中和略阳，但其迁徙远不止此。《太平御览》卷 123 引崔鸿《十六国春秋·蜀录》说："及魏武克汉中，（李）特祖父虎归魏，魏武嘉之，迁略阳，拜虎等为将军。内徙者亦万余家，散居陇右诸郡及三辅、泓农，所在号为巴人。"[①] 则说明在今甘肃南部、陕西中部、河南西部都有賨人迁入。《华阳国志·汉中志》又说："至刘焉子璋为牧时，鲁益骄恣，璋怒。建安五年，杀鲁母、弟。鲁说巴夷杜濩、朴胡、袁约等叛为雠敌。"并载："魏武以巴夷王杜濩、朴胡、袁约为三巴太守"；[②] 且《三国志·魏书·武帝纪》亦载："（兴平二十年）九月，巴七姓夷王朴胡、賨邑侯杜濩举巴夷、賨民来附，于是分巴郡，以胡为巴东太守，濩为巴西太守，皆封列侯。"[③] 可见杜濩、朴胡、袁约乃三巴板楯蛮之首领，则北迁之賨人，大部分当为曹魏所统。这些北迁的賨人，后来又继续向北、东北发展至河东、平阳等地。北朝所称的豫、荆、襄三州诸蛮，东晋南朝的山蛮、雍州蛮，都是以巴蛮賨人为主的蛮族集团。[④] 以上说明北迁之賨人在南北朝的影响极大，难怪其时出现了用賨人巴蛮合五胡总称的"六夷"称号。《晋书·刘聪载记》曰：（刘聪时）"单于左右辅，各主六夷十万落，万落置一都尉"；[⑤]《晋书·姚弋仲载记》说："启勒以弋仲行安西将军、六夷左都督"，"迁持节、十郡六夷大都督、冠军大将军"，"拜弋仲使持节、六夷大都督、都督江淮诸军事、车骑大将军、仪同三司、大单于"。[⑥]《资治通鉴》胡三省注曰："六夷，盖胡、羯、鲜卑、氐、羌、巴蛮；或曰乌丸，

---

①［宋］李昉：《太平御览》卷 123，中华书局 1960 年版，第 596 页。
②［晋］常璩撰，刘琳校注：《华阳国志·汉中志》，巴蜀书社 1984 年版，第 118、120 页。
③［晋］陈寿：《三国志·魏书·武帝纪》，中华书局标点本 1959 年版，第 46 页。
④ 蒙默：《魏晋南北朝的賨人》，李绍明、林向、徐南洲：《巴蜀历史·民族·考古·文化》，巴蜀书社 1991 年版，第 117 页。
⑤［唐］房玄龄：《晋书·刘聪载记》，中华书局标点本 1974 年版，第 2665 页。
⑥［唐］房玄龄：《晋书·姚弋仲载记》，中华书局标点本 1974 年版，第 2960、2961 页。

非巴蛮也”，“六夷：胡、羯、氐、羌、段氏及巴蛮也”。[①]巴蛮即賨人。

汉末大量的賨人北迁汉中、略阳等地，仍有賨人居于原来所分布的地域。《三国志·蜀书·杨戏传》载：“（程）季然名畿，巴西阆中人也。刘璋时为汉昌长，县有賨人，种类刚猛，昔高祖以定关中。巴西太守庞羲以天下扰乱，郡宜有武卫，颇招合部曲……遣羲子郁宣旨，索兵自助。”[②]汉昌县治今川北巴中，阆中渝水之域，这本是賨人的世居地；“索兵”在《资治通鉴》中记为“索賨兵”。[③]这表明汉末魏初，川北尚有大量賨人。而又据《华阳国志·大同志》载：“（元康）八年（298年），歆至州，虽崇简约，而性实奢泰。略阳、天水六郡民李特及弟庠、阎式、赵肃、何巨、李远等，及氐叟、青叟数万家，以郡土连年军荒，就谷入汉川。诏书不听入蜀，益州敕关禁之。而户曹李苾开关放入蜀，布散梁州及三蜀界。”[④]《晋书·李特载记》亦载：“汉末，张鲁居汉中，以鬼道教百姓，賨人敬信巫觋，多往奉之。值天下大乱，自巴西之宕渠迁于汉中杨车坂，抄掠行游，百姓患之，号为杨车巴。魏武帝克汉中，特祖将五百余家归之，魏武帝拜为将军，迁于略阳，北土复号之为巴氐……元康中，氐齐万年反，关西扰乱，频岁大饥，百姓乃流移就谷，相与入汉川者数万家。特随流人将入于蜀，至剑阁，箕踞太息……同移者阎式、赵肃、李远、任回等咸叹异之”。[⑤]我们可以看出，原居宕渠的李、阎、赵、何等姓賨人自东汉末年迁至汉中、略阳、天水，但在西晋末年由于秦、雍二州连年荒旱，不得不返回梁、益地区就食；二是

①［北宋］司马光：《资治通鉴》卷89，中华书局1956年版，第2809页。

②［晋］陈寿：《三国志·蜀书·杨戏传》，中华书局标点本1959年版，第1089页。

③［北宋］司马光：《资治通鉴》卷64，中华书局1956年版，第2042页。常璩撰，刘琳校注：《华阳国志·大同志》，巴蜀书社1984年版，第617页。

④［晋］常璩撰，刘琳校注：《华阳国志·大同志》，巴蜀书社1984年版，第617页。

⑤［唐］房玄龄：《晋书·李特载记》，中华书局标点本1974年版，第3022页。

巴西宕渠迁至略阳的賨人又被称为杨车巴和巴氐；三是在就谷汉川的族群中，有賨人，也有氐叟、青叟，但从文献记载来看，以賨人为多且势力较大。公元 306 年，李特之子李雄在成都称帝，国号大成，都成都。公元 338 年，李特弟李骧之子李寿杀李期自立，改国号为汉，史称成汉。公元 347 年，东晋桓温伐蜀，成汉末帝李势兵败出降，成汉灭亡。

总体来看，在魏晋南北朝时期，由于賨人政权成汉的建立，使得賨人的分布更加广泛。在其政权最盛之时，特别是李雄之时，领有益州、梁州，并进兵宁州，占有今黔、滇大部分地区。《晋书·李雄载记》说："雄遣李寿攻朱提，以费黑、印攀为前锋，又遣镇南任回征木落，分宁州之援。宁州刺史尹奉降，遂有南中之地。"[①] 因此，我国西南地区这一时期的賨人可以说是遍布川、滇、黔，但主要集中在成都地区和川北、川东北、川东与鄂西相连一带。

魏晋南北朝时期，汉末晋初北迁至关中、略阳、雍、豫等地的賨人与汉人杂居相处，"夷狄居半"，南北朝以后逐渐融于汉族之中，唐以后基本不见于史载。至于分布于西南地区的賨人，由于是成汉政权的统治民族，其分化、融合有其自身的特点。

在其所建的政权下，不仅有賨人，还有氐叟、青叟及大量汉人。在李雄时期，"夷夏安之，威震西土。时海内大乱，而蜀独无事，故归之者相寻。雄乃兴学校，置史官，听览之暇，手不释卷"。[②] 说明李雄时期，大成政权实行了宽和的民族政策，使"夷夏"能安然相处。此外，政权上层人物执行的文教措施也使得汉文化影响日深，这样势必加速賨人及统治下的其他氐人、叟人的汉化进程，因此，成都地区的賨人在魏晋唐宋后，都渐次融入汉

---

①［唐］房玄龄：《晋书·李雄载记》，中华书局标点本 1974 年版，第 3039—3040 页。
②［唐］房玄龄：《晋书·李雄载记》，中华书局标点本 1974 年版，第 3040 页。

族之中。

但另一方面，在成汉时期，西南地区賨人的发展又有了新的情况。原因就在于僚人的入蜀。

南北朝时期，许多賨人一部分汉化，一部分与僚人杂居而被称为僚人，向汉化的方向发展。此外，还有一部分賨人仍固守其传统文化，在历史的发展过程中从賨人的大流中分化出来，在与他族融合的基础上，最终形成了今天的土家族。这部分賨人主要居于渝东、鄂西、湘西北及黔东北相连地带。《北史·蛮传》载："又有冉氏、向氏者，陬落尤盛，余则大者万家，小者千户，更相崇僭，称王侯，屯据三峡，断遏水路，荆、蜀行人至有假道者。"[①] 冉氏、向氏、田氏统治下的村落分布在三峡周围即今川、鄂、湘、黔四省连接地区，这一地区正是先秦以来巴族、賨人的传统分布区，而冉氏、向氏是土家族中的大姓或土司，田氏则直到元明时期仍为湘西黔东地区的土家族土司。据此，由古代巴族、賨人及其他民族群体分化组合而成的土家族先民，在魏晋南北朝时期，出现了"称王侯"的贵族势力。[②]《隋书·地理志》在叙述梁州（包括巴、蜀、汉中及南中地区）风俗及民族时说："傍南山杂有獠户，富室者颇参夏人为婚，衣服居处言语，殆与华不别。"又说："又有獽狿蛮賨，其居处风俗，衣服饮食，颇同于獠，而亦与蜀人相类。"[③] 说明其时梁州的賨人已经华夏化。

总体而言，南北朝以后，由于各种原因北迁至关中、略阳、秦、雍等地的賨人渐次融入汉族之中，唐以后基本不见于记载。西南地区的賨人由于与汉人、僚、氐叟、青叟等民族居住在一起，有一部分在魏晋南北朝及其以后就直接融于汉族之中；有一

①［唐］李延寿：《北史·蛮传》，中华书局标点本 1974 年版，第 2248 页。
② 万永林：《中国古代藏缅语民族源流研究》，云南大学出版社 1997 年版，第 78 页。
③［唐］魏征：《隋书·地理志》，中华书局标点本 1973 年版，第 829、830 页。

部分则被称为僚人，这部分被称为僚人的賨人在宋以后也不见于史载，可能也是融于汉族之中；居于川、鄂、湘、黔四省相连地带的賨人后成为今天土家族的先民之一。① 因此，在这一时期，賨人同源异流和异源同流的发展道路是共进的。

二、僚人

随着东部越民族群体渐次融入汉族，汉文化和中央集权政治向西边深入发展，以骆越为主体的人们共同体，开始被汉族历史学家称为僚。

僚族作为族称始见于西晋张华的《博物志·异俗》，但未具体交代僚之称始于何时。与张华同时代的陈寿在《三国志·蜀书·霍峻传》中有如下记载："时永昌郡夷獠恃险不宾，数为寇害，乃以弋领永昌太守，率偏军讨之，遂斩其豪帅，破坏邑落，郡界宁静。迁监军翊军将军，领建宁太守，还统南郡事。"② 又《三国志·蜀书·张嶷传》注引《益州耆旧传》载："后南夷刘胄又反，以马忠为督庲降讨胄，嶷复属焉，战斗常冠军首，遂斩胄。平南事讫，牂牁兴古獠种复反，忠令嶷领诸营往讨，嶷内招降得二千人，悉传诣汉中。"③ 以上材料明确蜀汉时便有僚。如果依《后汉书·西南夷传》载则西汉时就有僚："夜郎侯，以竹为姓。武帝元鼎六年（前 111 年），平南夷，为牂牁郡，夜郎侯迎降，天子赐其王印绶。后遂杀之。夷獠咸以竹王非血气所生，甚重之，求立为后。"④ 则西汉武帝时就有僚。但由于《后汉书》成书比《博物志》

---

① 潘光旦：《湘西北的"土家"与古代的巴人》，载潘光旦：《潘光旦民族研究文集》，民族出版社 1995 年版。

②［晋］陈寿：《三国志·蜀书·霍峻传》，中华书局标点本 1959 年版，第 1008 页。

③［晋］陈寿：《三国志·蜀书·张嶷传》中华书局标点本 1959 年版，第 1052 页。

④［南朝］范晔：《后汉书·西南夷传》，中华书局标点本 1965 年版，第 2844 页。

晚，故见诸史籍仍以《博物志》为最早。以后僚作为部落共同体的称呼，往往见诸史籍，《魏书》中为僚立传。

东晋，南朝宋、齐、梁、陈四代均设平越中郎将来统治僚，这说明僚与越之间的源流关系。《宋书·百官志》载：“平越中郎将，治广州，主护南越。”平越中郎将还毫无例外地兼领广州刺史，权重者还“持节为之”，职能是“绥静百越，岭外安之”。[1]但此时已无百越，只有僚，此亦说明了僚是以秦汉时越民族群体中的骆越为主体发展而来的。

僚的根据地为骆越分布区，但在本时期，僚人开始北上巴蜀，因此僚人的分布区发生了变化，可分为两大片，即所谓“北獠”（北上入巴蜀者）分布区和岭南至交广的僚族分布区。“北獠”入巴蜀后，在浓厚的汉文化氛围中，渐次华夏化；而岭南之僚则在隋唐以后向着不同的民族方向发展。

僚族在三国时已有部分开始北上和东迁。东迁部分在南朝时就和武陵蛮杂处，《南史》对此曾有记录。《南史·齐高帝诸子传》载：“时沈攸之责赕，伐荆州界内诸蛮，遂及五溪。禁断鱼盐，群蛮怨怒。酉溪蛮王田头拟杀攸之使，攸之责赕千万，头拟输五百万，发气死。其弟娄侯篡立，头拟子田都走入獠中。于是蛮部大乱，抄掠至郡城下，嶷诛娄侯于郡狱，命田都继其父，蛮众乃安。”[2]萧嶷如此处理的目的，主要是怕田都鼓动僚人扩大事态。因此，东迁的僚因受蛮族隔断，没有再向东发展。[3]

南北朝时期，汉中及川北的僚族见称为“北獠”，北魏立巴州统理僚，而僚也开始在魏之安抚下稳定地发展着。《魏书·獠传》载：“其后朝廷以梁、益二州控摄险远，乃立巴州以统诸獠，后以

①［梁］沈约：《宋书·张茂度传》，中华书局标点本1974年版，第1510页。

②［唐］李延寿：《南史·齐高帝诸子传》，中华书局标点本1975年版，第1060页。

③ 邱树森主编：《中国少数民族简史》，河北教育出版社1994年版，第136页。

巴酋严始欣为刺史。又立隆城镇，所管獠二十万户，彼谓北獠，岁输租布，又与外人交通贸易。巴州生獠并皆不顺，其诸头王每于时节谒见刺史而已。孝昌（北魏孝明帝号年，公元525—527年）初，诸僚以始欣贪暴，相率反叛，攻围巴州。山南行台勉谕，即时散罢。自是僚诸头王相率诣行台者相继，子建厚劳赍之。”①

这一时期的僚人也开始分化，“与夏人参居者颇输租赋，在深山者仍不为编户”。②此外，社会或乱或治的过程，也加速了“北獠”渐次汉化的发展进程，“（梁州）傍南山杂有獠户，富室者颇参夏人为婚，衣服、居处、言语，殆与华不别。”③在巴蜀文化浓厚的气氛中逐渐“亦与蜀人相类”，隋唐以后“北獠”渐渐有融合于当地汉族的倾向，故今蜀土无僚后裔。

有关“北獠”分布，无专门史料记载，亦散见于各传之中，现据之分述如下：

据《元和郡县图志·剑南道》载：简州，“李雄据蜀，夷獠内侵，因兹荒废”。④简州领阳安、金水、平泉三县。州治今四川简阳县简城镇绛河北岸。则简州有僚族分布。

资州，“李雄之乱，夷獠居之”。资州所领有盘石、资阳、清溪、内江、月山、龙水、银山、丹山八县。州治今资中县重龙镇。则资州有僚族分布。

雅州，李膺记曰：“自永嘉崩离，李雄窃据，此地荒废，将二十纪，夷獠居之。”雅州领严道、百丈、名山、卢山、荣经五县，州治今雅安县。则雅州有僚族分布。

邛州临邛县，“晋末李雄乱后，为獠所侵”。邛州临邛县治今邛崍县临邛镇。则邛州有僚族分布。

①［北齐］魏收：《魏书·獠传》，中华书局标点本1974年版，第2249页。
②［唐］魏征：《隋书·地理志上》，中华书局标点本1973年版，第829页。
③［唐］魏征：《隋书·地理志上》，中华书局标点本1973年版，第829页。
④［唐］李吉甫：《元和郡县图志》，中华书局标点本1983年版，第782页。

泸州江安县，“李雄乱后，没于夷獠”。江安县治今江安县江安镇。则泸州有僚族分布。①

巴西州、宕渠州，桓温灭李势后，梁、益两州地方官争巴西、梓潼、宕渠三郡的归属，对此，殷仲堪在奏折中提到上述诸郡有僚族分布。《晋书·殷仲堪传》载：“夫制险分国，各有攸宜，剑阁之隘，实蜀之关键。巴西、梓潼、宕渠三郡去汉中辽远，在剑阁之内，成败与蜀为一……致令巴、宕二郡为郡獠所覆，城邑空虚，士庶流亡，要害膏腴皆为獠有。”② 则巴西州、宕渠州有僚分布。

梁州，《北史·獠传》载：“天和三年（568 年），梁州恒獠叛，总管长史赵文表讨之。”③ 则梁州有僚分布。

通州，《北史·辛庆之传》载：辛庆之族子昂担任通州刺史时，“推诚布信，甚得夷獠欢心。秩满还京，首领皆随昂诣阙朝觐。以昂化洽夷落，进位骠骑大将军，开府仪同三司”。④ 通州领开巴、新宁、临清、三巴四郡，州治今达县。则通州有僚族分布。

渠州，《周书·李弼传》载：“时渠、蓬二州生獠，积年侵暴，辉至州绥抚，并来归附。”⑤ 北周之渠州，治今渠县，则渠州有僚族分布。由于分布在今川东巴河、渠及嘉陵江中游一带的僚族，社会经济文化的发展相对滞后，所以被称为“生獠”。

涪城，《宋书·朱龄石传》载：“谯纵闻诸处尽败，奔于涪城，巴西人王志斩送。伪尚书令马耽封府库以待王师。道福闻彭

① 以上简州、资州、邛州、雅州、泸州有关僚族分布材料，皆引用张雄：《中国中南民族史》，广西人民出版社 1989 年版，第 120—121 页。

②［唐］房玄龄：《晋书·殷仲堪传》，中华书局标点本 1974 年版，第 2195 页。《北史·獠传》，中华书标点本 1974 年版，第 3157 页。

③［唐］李延寿：《北史·獠传》，中华书局标点本 1974 年版，第 3157 页。

④［唐］李延寿：《北史·辛庆之传》，中华书局标点本 1974 年版，第 2426 页。

⑤［唐］令狐德棻：《周书·李弼传》，中华书局标点本 1971 年版，第 241 页。

模不守，率精锐五千兼行来赴，闻纵已走，道福众亦散，乃逃于獠中。”[①] 涪城属梓潼郡，地在今绵阳市，则梓潼郡有僚族分布。

遂州，《北史·卫玄传》载：“遂州獠叛，复以行军总管讨平之。”[②] 遂州治今遂宁县，则涪江流域的涪城、遂州皆有僚族分布。

陵州，《周书·陆腾传》载：“魏恭帝三年（556 年）……陵州木笼獠恃险粗犷，每行抄动，诏腾讨之。獠既因山为城，攻之未可拔。腾遂于城下，多设声乐及诸杂伎，示无战心。诸贼果弃其兵仗，或携妻子临城观乐。腾知其无备，密令众军俱上，诸贼惶惧不知所为。遂纵兵讨击，尽破之。”[③] 陵州州治普宁县，地为今仁寿县，则陵州有僚族分布。

资州，《周书·陆腾传》载：“二年（即北周武帝保定二年，562 年），资州盘石民反，杀郡守，据险自守，州军不能制，腾率军讨击，尽破斩之。而蛮、獠兵及所在蜂起，山路险阻，难得掩袭。腾遂量山川形势，随便开道。蛮獠畏威，承风请服。”[④] 盘石县属资州郡，治今资中县重龙镇，则资州有僚族分布。

综上，则巴蜀间的渠江、嘉陵江、涪江、沱江、岷江流域皆有僚族分布。他们与汉民族接触少，发展相对缓慢者，被称“生獠”。

骆越故地的僚族主要分布在以下地方。

建宁郡，《华阳国志·南中志·建宁郡》载：“建宁郡，治故庲降都督屯也，南人谓之屯下。属县晋太安二年（303 年）分为益州、平乐二郡，合县十三，户万。去洛五千六百三十九里。有五部都尉、四姓及霍家部曲。……谈稾县有濮、獠。伶丘县，

① ［梁］沈约：《宋书·朱龄石传》，中华书局标点本 1974 年版，第 1423 页。
② ［唐］李延寿：《北史·卫玄传》，中华书局标点本 1974 年版，第 2600 页。
③ ［唐］令狐德棻：《周书·陆腾传》，中华书局标点本 1971 年版，第 471 页。
④ ［唐］令狐德棻：《周书·陆腾传》，中华书局标点本 1971 年版，第 471 页。

主獠。”[①] 按，谈槀县，西汉立，属牂牁，晋改属建宁，地在今云南富源至贵州盘县；伶丘，地在今富源之南。则建宁郡有僚族分布。

兴古郡，《华阳国志·南中志·兴古郡》载：“兴古郡，建兴三年（225年）置，属县十一，户四万，去洛五千八百九十里。多鸠獠、濮。”[②] 兴古郡地在今云南东南部的红河、文山两州，则兴古郡有僚族分布。

而在岭南地区的僚族大多与俚杂居，故史籍多将“俚僚”联称。《后汉书·马援传》注引裴氏《广州记》载：“俚獠铸铜为鼓，鼓唯高大为贵。面阔丈余。”[③] 又《南史·林邑国传》载：“广州诸山并俚、獠，种类繁炽，前后屡为侵暴，历世患之。宋孝武大明（刘宋孝武帝年号，公元457—464年）中，合浦大帅陈檀归顺，拜龙骧将军。”[④] 按，广州为三国吴永安七年（264年）置，治所在番禺县（今广东省广州市），所辖范围甚广，西至今广西百色，东至福建厦门，南至雷州半岛的徐闻，北至湘黔交界的通道侗族自治县界，则广州有僚族分布。

越州，《南齐书·州郡志》载：“越州，镇临漳郡，本合浦北界也。夷獠丛居，隐伏岩障，盗寇不宾，略无编户。宋泰始中，西江督护陈伯绍猎北地，见二青牛惊走入草，乃志其处，云‘此地当有奇祥。’启立为越州。……元徽二年（474年），以伯绍为刺史，始立州镇，穿山为城市，威服俚獠。”[⑤] 按，越州为南朝宋泰始七年（471年）置，治所在临漳县（今广西合浦县东北旧州东）。则越州有僚族分布。

---

①［晋］常璩撰，刘琳校注：《华阳国志校注》，巴蜀书社1984年版，第410—411页。
②［晋］常璩撰，刘琳校注：《华阳国志校注，》巴蜀书社1984年版，第455页。
③［南朝］范晔：《后汉书·马援传》，中华书局标点本1965年版，第841页。
④［唐］李延寿：《南史·林邑国传》，中华书局标点本1975年版，第1951页。
⑤［梁］萧子显：《南齐书·州郡志》，中华书局标点本1972年版，第267页。

交州，《三国志·吴书·陆凯传》载：“赤乌十一年（249年），交趾、九真贼攻没城邑，交部骚动，以胤为交州刺史、安南校尉。”[①] 又《宋书·杜慧度传》载：“李逊子李弈、李脱等奔窜石碕，盘结俚、獠，各有部曲。”[②] 本时期的交州以今越南河内为中心，北接今云南富宁，东至今广西钦州东，西至今云南河口一带，南至今越南中部的宣化。则交州有僚族分布。

从史料的记载来看，交州的僚族活动中心在以今河内为中心的地区。《资治通鉴·梁纪十五》载：交州大姓“李贲世为豪右，仕不得志，……会交州刺史武林侯咨，以刻暴失众心，时贲监德州，因连结数州豪杰，俱反”。大同八年（542年）梁武帝遣陈侯、宁巨、李智、阮汉等征李贲。大同十年（544年）李贲据龙编城。由于李贲为僚族中汉化贵族，所以当其受到重创后便逃入僚地。“李贲复帅众二万自獠中出，屯典澈湖，众军惮之，顿湖口，不敢进。陈霸先谓诸将曰：‘我师已老，将士疲劳；且孤军无援，入人心腹，若一战不捷，岂望生全！今藉其屡奔，人情未固，夷僚乌合，易为摧殄。正当共出百死，决力取之；无故停留，时事去矣！’诸将皆默然莫应。是夜，江水暴起七丈，注湖中。霸先勒所部兵乘流先进，众军鼓噪俱前，贲众大溃，窜入屈獠洞中。”[③]

到了魏晋南北朝时期，南朝政府加强了对交广地区僚族的统治，设置专门的职官和任用少数民族上层为官，相当于后代的土流并治，这样的民族政策是针对当时的民族情况制定的，具有很好的效果。

晋代设立了平越中郎将，刘宋因之，《宋书·百官志下》载：“平越中郎将，晋武帝置，治广州，主护南越。”[④] 以后，齐、

①［晋］陈寿：《三国志·吴书·陆凯传》，中华书局标点本1959年版，第1409页。
②［梁］沈约：《宋书·杜慧度传》，中华书局标点本1974年版，第2264页。
③［北宋］司马光：《资治通鉴·梁纪十五》，中华书局胡注本1956年版，第4940页。
④［梁］沈约：《宋书·百官志下》，中华书局标点本1974年版，第1255页。

梁、陈都置平越中郎将治理岭南僚族。

除平越中郎将外，南齐还设有督护，《南齐书·州郡志上》载："广州，镇南海。滨际海隅，委输交都，虽民户不多，而俚、僚猥杂，皆楼居山险，不肯宾服。西南二江，川源深入远，别置督护，专征讨之。"① 平越中郎将和督护的设置虽然有镇压僚族的一面，但对于地区的稳定和民族间的交往仍有积极意义。

三、鸠僚

鸠僚，始见于《华阳国志·南中志》。该书兴古郡条说："兴古郡，建兴三年（225 年）置，属县十一，户四万，去洛五千八古九十里。多鸠僚、濮。"②《太平御览》卷 191 引《永昌郡传》也说："兴古郡在建宁南八百里，郡领县九，经千里皆有瘴气，九县之人皆号鸠民，语言嗜欲不与华人同。"这儿说鸠僚为鸠民，《华阳国志·南中志》则直称鸠僚，该书永昌郡条说："其地东西三千里，南北四千六百里，有穿胸、儋耳种，闽越濮、鸠僚。其渠帅皆曰王。"③《华阳国志》的记载中这两处说到鸠僚（五处提到僚）这一事实使我们不得不承认，僚和鸠僚是具有共源关系的近亲群体，在汉晋时期已经成为互相有区别的民族群体。我们认为，分布于东部兴古郡与分布于西部永昌郡的鸠僚，自古在地理上是连成一片的。东部兴古郡的鸠僚、西部永昌郡的鸠僚与中南半岛的掸族关系更为密切。所以，鸠僚的发展线索应为越裳——滇越——掸——鸠僚。这就是他们后来形成历史文化特征相同的掸傣民族群体的主要原因。

①［梁］萧子显：《南齐书·州郡志上》，中华书局标点本 1972 年版，第 262 页。
②［晋］常璩撰，刘琳校注：《华阳国志·南中志》，巴蜀书社 1984 年版，第 455 页。
③［晋］常璩撰，刘琳校注：《华阳国志·南中志》，巴蜀书社 1984 年版，第 428 页。

第四节

魏晋南北朝时期汉文化在西南民族地区的传播与变迁

汉王朝在云南设置郡县的同时，不断以屯垦戍边等方式向西南民族地区移民。随着大量汉族移民的进入及定居，从东汉开始一直到南北朝时期，内地汉民的语言、行为方式、价值观念、精神风貌、风俗习惯等逐步对西南民族地区产生了影响，所以本时期西南民族地区在文化上的一个重要特点就是交通沿线、郡县驻地周围地区原有的少数民族文化色彩淡化，汉文化凸显出来并具有了和内地相同的文化面貌。与此同时，这些汉文化在与当地民族文化交流融会的过程中，最终又发生了涵化和转型。

一、汉文化的传播

由于进入西南地区的汉民主要居住在交通沿线，因此本时期汉文化也以道路为中心向两侧传播，越接近交通要道及郡县驻地，汉文化气息越浓厚。

目前，已经在四川西南部、云南和贵州发现了大量的汉晋墓葬。在云南，滇东北的昭通、曲靖，滇中的昆明、楚雄以及滇西的大理和保山都出土有汉晋墓葬；在贵州，此类墓葬主要分布在

大理喜洲西晋墓砖

黔西北的威宁、赫章、黔西、金沙，黔中清镇、平坝、安顺以及黔西南的兴义、贞丰以及黔北的沿河、务川等地；在四川西部，虽然墓葬多被盗掘或破坏，但凉山州的西昌市以及昭觉、美姑、越西、喜德、盐源、冕宁、会理等县都发现有汉晋砖石墓零散的汉砖。当我们将这些出土汉晋墓葬的地点连接起来时，就会发现他们基本都分布在汉以来形成的连接西南与内地的零关道、五尺道、永昌道以及牂牁道和从巴郡进入贵州的道路两侧。

两晋时，今滇东北地区因有靠近四川的五尺道经过，迁入内地移民居住较多，因而受到内地较深的影响，汉文化色彩亦明显浓于宁州其他地区。所以《华阳国志·南中志》说："朱提郡，其民好学，滨犍为，号多人士，为宁州冠冕。"[①]"自四姓子弟仕进，必先经都监。"[②]可见当时当地汉民子弟已经通过科举入仕，并且这些参加科举考试的主要是大姓的子弟。除通过科举入仕外，当时在西南地区还实行晋朝每年举荐秀才、廉良的制度。《华阳国志·大同志》即记载："罢宁州，诸郡还益州，置南夷校尉，

①［晋］常璩撰，刘琳校注：《华阳国志·南中志》，巴蜀书社 1984 年版，第 416 页。
②［晋］常璩撰，刘琳校注：《华阳国志·南中志》，巴蜀书社 1984 年版，第 363 页。

昭通后海子东晋霍氏墓壁画

持节如西夷，皆举秀才、廉良。”①

从考古材料来看，滇东北地区也是汉晋墓葬最为密集的地区。20世纪50年代至80年代在昭通地区已发现300多座。从墓葬结构看，这些墓葬多以高大的封土堆为标识，一般称为梁堆。梁堆多为砖室墓，基部或砌石块，有墓道，单室、双室或附耳室，券顶或四角攒尖顶。葬具常用石棺，棺上雕有画像，内容有青龙、白虎、朱雀、玄武等。墓葬出土有铁器、铜器以及陶器等。其中出土的朱提堂琅洗的铸造年代在东汉晚期，出土铜镜等器物也多具汉晋风格，货币中有汉五铢、王莽时货泉、货布、大泉五十，蜀汉时的“直百五铢”及“剪轮五铢”，再加上纪年砖所给出的信息，人们基本认定这类墓葬从东汉延续到南北朝时期，并且与内地同时期的墓葬基本上属同一类型。②

其中比较具有代表性的是在昭通后海子发现的太元（东晋孝武帝年号，376—396年）年间的霍承嗣墓。从壁画中可看出进入西南民族地区的汉民着汉式服装、住汉式房屋、信仰汉族的四神、使用汉族常用的麈尾和仪仗等，③其生活方式和风俗习惯等与内地汉族地区并无不同。

①［晋］常璩撰，刘琳校注：《华阳国志·大同志》，巴蜀书社1984年版，第615页。
② 李昆声：《55年来云南考古的主要成就（1949—2004年）》，载《四川文物》2004年第3期。
③ 汪宁生：《云南考古》，云南人民出版社1980年版，第88—100页。

在今曲靖市发现的大小爨碑，也反映了两晋到南北朝时期内地与西南民族地区之间存在着较密切的文化交流，汉文化的传播并未中断。爨宝子立于大享四年（考证为 405 年），碑为青石质，碑首为半圆形，碑身为长方形，高 1.83 米，宽 0.68 米，因形体较小而被称为小爨碑。该碑碑文中多别体及假借字，此为晋唐间碑刻文字常见现象。又爨宝子字宝子，名与子同，此亦晋南北朝时始兴的习俗。爨龙颜碑立于刘宋武帝大明二年（458 年），同为青石质，碑身为长方形，碑额为半圆形。碑额上部有青龙、白虎、朱雀浮雕；下部有穿，其左右两边刻日、月，日中有三足金乌，月中有蟾蜍。碑高 3.38 米，上宽 1.35 米，下宽 1.46 米，形体伟岸，仪态丰硕，所以又被称为大爨碑。从碑文内容上看，两碑尽管长短不一，但都词采华丽、文笔凝练、流利畅达，同时两碑文多别体字及假借字，书法极佳，大爨碑更被认为是八分书的楷模。[①] 这些都体现了当时南中大姓具有极高的汉文化修养。

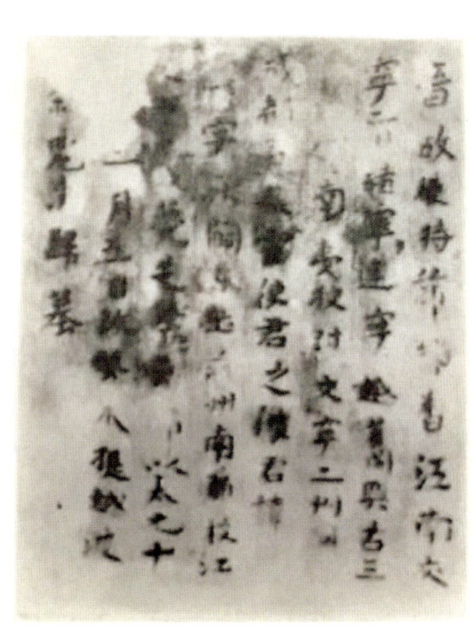

昭通后海子东晋霍氏墓题记

两晋南北朝时期，由于战乱等原因，仍然不断地有汉民进入西南民族地区，其中越嶲郡、牂牁郡及永昌郡是汉民进入的主要地区，而随着他们的进入，汉文化在这些地区得到了进一步的传播。

① 汪宁生：《云南考古》，云南人民出版社 1980 年版，第 111—119 页。

西晋末年，由于流民进入，蜀中动乱。“永嘉元年春，尚施置关戍，至汉安、僰道。时益州民流移在荆、湘州及越嶲、牂牱，尚表置郡县，就民所在；又施置诸村参军。”[①] 专门针对移民设置郡县以及参军，可见当时进入这些地区的汉民数量之多，而伴随着汉民进入的是汉文化的进一步传播。在今凉山州，考古学者已经收集了上千块汉晋时期的墓砖，其中有相当数量可辨别为两晋时期的墓砖。例如，1990 年西昌市发现了“新都大守庞府君墓”，该墓的墓壁上嵌有正反两种隶书字体铭文砖。汉晋之际，“太”字可不加点如“大”字，“大守”即“太守”。太守为郡之长官，府君为太守之尊称。由此可知，“新都大守”当是“新都郡太守”。新都郡有二，一为三国吴置，在今浙江省，一为晋所置，在四川省广汉，这里显然指的是后者。新都郡存在的时间很短，晋武帝太康六年（266 年）改广汉郡为新都郡，到 304 年，李特之子李雄在成都建立成汉政权，复新都郡为广汉郡。由此看来，此姓庞的太守应当是在这段时间内逃亡至邛都，后死葬于此。

自东汉设立永昌郡以后，随着大量官吏、士兵及商人的进入，汉文化更是深入传播到了今天云南西南部的广大地区。魏晋时期，大姓吕氏长期统治今保山地区并在当地留下了数量较多的遗存，例如城池、桥梁、水利设施和墓葬等。在保山城南法宝山东麓保存有一古代人工农田水利设施遗址，《永昌府记》和东堤《碑记》都认为其是蜀屯军所筑。又在保山东南的汪官营村发现有蜀汉纪年墓 1 座。该墓保存有模印“延熙十六年七月十日”的纪年砖，所存随葬品多为陶制品，有陶鸭、陶牛、陶鸡、陶狗以及陶罐、陶钵、陶盆、陶缸、陶尊、陶仓、摇钱树陶尊等，此外还有铜刀、铜泡、铁钉等物品。其中陶牛形象为滇西历来用于农耕的

---

①［晋］常璩撰，刘琳校注：《华阳国志·大同志》，巴蜀书社 1984 年版，第 643 页。

主要品种驼峰牛。这些遗存反映了永昌郡当时的农、牧、手工业生产和文化发展都有了较快的发展，并受到了四川文化的较深影响。①

二、汉文化的涵化与变迁

如前所述，进入西南民族地区的汉族移民势必要和当地土著民族发生联系。在人口处于劣势，尤其是南北朝以后和内地联系减少的情况下，西南土著民族的语言、行为方式、价值观念、精神风貌、风俗习惯等又逐步对汉族移民产生了影响，经过长时间的交流、融会，其原有的文化模式发生了变化，逐渐涵化。

最初，文化的差别与抗拒、民族之间接触的强度低、频率小，就使得汉族移民和西南土著民族之间文化的涵化处于较浅的层次。但随着时间的推移，汉族移民逐渐土著化，为了生存与发展，他们开始认可和接受当地民族的文化。这充分地说明了为了生存与发展，本时期西南民族地区的汉文化已经开始了“夷化”的变迁进程。

南北朝中期以后，西南地区与内地的政治关系淡薄。在长期与母文化隔绝的情况下，汉族逐步与当地土著民族发生融合形成了新的民族白蛮，而表现在文化上就是汉夷文化涵化出了新的文化。这一文化保留了许多汉文化的因素，例如从语言来看，“白蛮最正，蒙舍蛮次之”；从文字来看，白文是用汉字记白音，大部分直接用汉字，少部分参照汉字创新字；从丧葬习俗来看，“三日内埋殡，依汉法为墓，稍富室广栽杉松，蒙舍及诸乌蛮不墓葬”。同时其中也吸收了大量的夷文化的因子，例如从宗教信仰

① 耿德明：《云南保山发现的蜀汉遗存》，载《东南文化》1992年第2期。

来看，南中少数民族中的原始宗教鬼教保留了下来，其次白蛮也同南中的许多少数民族一样披毯，服饰等和汉族已经不同。

总的说来，这一时期随着中原地区移民的进入，中原地区的政治、经济、文化影响的加强，汉文化成为了主导文化。但在和当地民族的交往过程中，各民族文化也在相互交流、彼此吸收中逐步涵化。

第四章

隋唐五代时期南方丝绸之路沿线的民族

第一节

隋唐五代时期西南地区的古道与交通

隋唐时期，南方丝绸之路有了长足的发展，道路上往来官员和商贾络绎不绝。一些行经南方丝绸之路的官吏、文人，还留下了记载其行程的碑刻或文献，著名的有袁滋的《云南记》、樊绰的《蛮书》(《云南志》)、贾耽的《皇华四达记·安南通天竺道》等。如《蛮书》说："自西川成都府至云南蛮王府，州、县、馆、驿、江、岭、关、塞并里数计二千七百二十里。"此时的南方丝绸之路走向大致沿袭了此前南夷道、西夷道和博南道等路线，但在名称上有所改变，路线的空间范围有所扩大。

一、石门关道

石门道由汉晋时期的南夷道(五尺道)演变形成，此路被称为北路。《蛮书》卷一记载："从石门外出鲁望、昆州至云南，谓之北路。"[①] 石门道的具体路线为："从戎州都督府(今四川宜宾)过石门(今云南盐津)，入曲州(今云南昭通、鲁甸)、靖州(今

① [唐]樊绰撰，向达校注：《蛮书校注》，中华书局1962年，第19页。

贵州毕节、威宁）至郎州（今云南曲靖），过昆州（今云南昆明）、云南（今云南祥云）抵达羊苴咩城（今云南大理）。”[①]

二、清溪关道

清溪关道由汉晋时期的西夷道（零关道）演变而来，也称为清溪路、会同路等，是隋和唐初进入云南的主要通道，因清溪关而得名。《蛮书》卷一记载：“黎州清溪关出邛部，过会通至云南，谓之南路”[②]，因此这条路又称为南路。其路线为：“自成都出发，经双流（今四川双流）过临邛（今四川邛崃）至雅州（今四川雅安），南过荥经（今四川荥经）抵巂州（今四川西昌），由俄准岭（今会理县北）跨泸江（金沙江）至弄栋（今云南大姚），过云南（今云南祥云），抵羊苴咩城（今云南大理）。”[③]

三、永昌道

永昌道也称缅印道，据贾耽记载，其路线大致为：“自羊苴咩城（大理）西至永昌故郡（保山）三百里，又西渡怒江至诸葛亮城二百里，又南至乐城（瑞丽）二百里，又入骠国境（缅甸），经万公（今瑞丽江和伊洛瓦底江汇合处）等八部落至悉利城七百里，又经突旻城至骠国千里，又自骠国西度黑山至东天竺（印度）迦摩波国（今印度阿萨姆邦西部地区）千六百里，又西北渡迦罗都河至奔那伐檀那国六百里，又西南至中天竺国东境恒河南岸羯朱嗢罗国（今印度恒河以北之拉杰马哈尔地方）四百里，又西至摩羯陀国

① 范建华：《西南古道与汉、唐王朝开边》，载《思想战线》1991年第6期。
② [唐]樊绰撰，向达校注：《蛮书校注》，中华书局1962年版，第19页。
③ 范建华：《西南古道与汉、唐王朝开边》，载《思想战线》1991年第6期。

（在恒河南）六百里。一路自诸葛亮城西去腾充城（腾冲）二百里，又西至弥城（盏西）百里，又西过山二百里至丽水城（今伊洛瓦底江东岸之打罗），乃西渡丽水、龙泉水二百里至安西城（今缅甸孟拱），乃西渡弥诺江水千里至大秦婆罗门国（即印度），又西渡大岭三百里至东天竺北界个没卢国，又西南千二百里至中天竺国东北境之奔那伐檀那国，与骠国往婆罗门路合。”①

四、步头路

步头路由汉晋时期的滇越进桑关道发展而来，“步头”即渡头或埠头，其地在今云南建水南部的红河岸边。这条路于唐代天宝年间开通，是连接唐与安南及东南亚、南亚的一条重要通道。《新唐书·地理志》载：“安南经交趾太平，百余里至峰州。又经南田，百三十里至恩楼县，乃水行四十里至忠城州。又二百里至多利州，又三百里至朱贵州，又四百里至丹棠州，皆生獠也。又四百五十里至古涌步，水路距安南凡千五百五十里。又百八十里经浮动山、天井山，山上夹道皆天井，间不容跬者三十里。二日行，至汤泉州。又五十里至禄索州，又十五里至龙武州，皆爨蛮安南境也。又八十三里至傥迟顿，又经八平城，八十里至洞漾水，又经南亭，百六十里至曲江，剑南地也。又经通海镇，百六十里渡海河、利水至绛县。又八十里至晋宁驿，戎州地也。又八十里至柘东城，又八十里至安宁故城，又四百八十里至云南城，又八十里至白崖城，又七十里至蒙舍城，又八十里至龙尾城，又十里至大和城，又二十五里至羊苴咩城。……一路自驩州东二日行，至唐林州安远县，南行经古罗江，二日行至环王国之

① [唐]贾耽：《皇华四达记·安南通天竺道》，载[北宋]欧阳修，宋祁：《新唐书·地理志》，中华书局标点本1975年版，第1152页。

檀洞江。又四日至朱崖，又经单补镇，二日至环王国城，故汉日南郡地也。自驩州西南三日行，度雾温岭，又二日行至棠州日落县，又经罗伦江及古朗洞之石蜜山，三日行至棠州文阳县。又经檠涩涧，四日行至文单国之算台县，又三日行至文单外城，又一日行至内城，一曰陆真腊，其南水真腊。又南至小海，其南罗越国，又南至大海。”①根据上述记载，可知步头路的行进路线大致为：从安南境内沿红河上溯，行船至步头（今云南建水县）的阿土村，在此登陆，向北经曲江、通海、绛县（今云南江川）、晋宁驿（今云南晋城）达拓东城（今云南昆明）。

五、通海城路

通海城路是与步头路同时并存的一条连接安南、唐与东南亚、南亚的国际通道。据《蛮书》记载：“从安南府城至蛮王见坐苴咩城水陆五十二日程，只计日，无里数。从安南上水至峰州两日，至登州两日，至忠诚州三日，至多利州两日，至奇富州两日，至甘棠州两日，至下步三日，至黎武贲栅四日，至贾勇步五日。已上二十五日程，并是水路。大中初，悉属安南管系，其刺史并委首领勾当。大中八年，经略使苛暴，川洞离心，疆内首领旋被蛮贼诱引，数处陷在贼中。从贾勇步登陆至矣符管一日。从矣符管至曲乌馆一日，至思下馆一日，至沙双馆一日，至南场馆一日，至曲江馆一日，至通海城一日，至江川县一日，至进宁馆一日，至鄯阐柘东城一日（案：‘柘东’，《旧唐书》及《通鉴》俱作‘拓东’，胡三省云，言开拓东境也，《新唐书》作“柘”，从木，与此同）。从柘东节度城至宁宁馆一日，安宁馆本是汉宁郡

① [北宋]欧阳修，宋祁：《新唐书·地理志》，中华书局标点本1975年版，第1151—1153页。

城也。从安宁城至龙和馆一日，至沙雌馆一日，至曲馆一日，至沙却馆一日，至求赠馆一日，至云南驿一日，至波大驿一日，至白严驿一日，至龙尾城一日。李谧伐蛮，于龙尾城误陷军二十万众，今为万人冢。至阳（‘阳’，《新唐书》作‘羊’）苴咩城一日（蛮王从大和城移在苴咩城。案‘蛮王至咩城’十一字，原本误入正文，今改正）。”据此可知通海城路其行进路线大致为：从贾勇步（今云南河口县田房），走陆路至矣符馆（今云南屏边县滴水层）、曲乌馆（今屏边县新观）、思下馆（今蒙自县城）、沙只馆（今云南个旧沙甸）、南场馆（今建水县南庄）；再经今曲江、江川、晋宁至拓东城（今昆明），再至大理、保山，而后进入骠国（今缅甸）。[①]

① 张保华：《“步头路”上的国际交流》，载《今日民族》2004年第2期。

第二节

隋唐五代时期南方丝绸之路核心区域的民族

一、乌蛮

关于乌蛮的最早记载始见于《北史·周法尚传》："巂州乌蛮反，诏法尚便道讨击破之。[①]此记载过于简单，但却表明至少在南北朝时期，中国历史文献中已经出现了乌蛮。

对于乌蛮，《隋书·周法尚传》所载比《北史·周法尚传》更为详细："巂州乌蛮反，攻陷州城，诏令法尚便道击之。军将至，贼弃州城，散走山谷间，法尚捕不能得。于是遣使慰谕，假以官号，伪班师，日行二十里，军再舍，潜遣人觇之，知其首领尽归栅，聚饮相贺。法尚选步骑数千人，袭击破之，获其渠帅数千人，虏男女万余口。"[②]

唐代，南诏国境内的乌蛮各部主要分布在南诏国拓东节度、会川都督、南诏国的十赕地区，此外，剑川节度、弄栋节度也有乌蛮分布。

---

①［唐］李延寿：《北史·周法尚传》，中华书局标点本1962年版，第2600页。
②［唐］魏征：《隋书·周法尚传》，中华书局标点本1973年版，第1528页。

（一）拓东节度辖境内的乌蛮群体

拓东节度辖境内的乌蛮群体主要分布在拓东节度的北部和中部。

拓东节都北部主要分布着阿竿部、阿孟部、夔山部、暴蛮部、卢鹿蛮部、磨弥敛部，这些乌蛮群体虽然与洱海地区相隔很远，但是与南诏王族蒙氏具有十分亲近的关系，是一个通婚圈，所以文献说其“与南诏世婚姻”①，说明他们具有民族的共源关系，而且相互之间的关系相当密切。

这些乌蛮群体基本上是分布在从唐朝进入南诏的交通沿线上，《云南志》卷一“云南界内途程第一”说：“第九程至鲁望，即蛮汉两界，旧曲靖之地也。依山有阿竿路部落。过鲁望第七程至竹子岭。岭东有暴蛮部落，岭西有卢鹿蛮部落。第六程至生蛮磨弥殿部落。”② 综合史料来看，阿竿部落分布在今昭通市昭阳区、鲁甸等地；阿孟部落分布在镇雄境内，为后来乌蛮的芒部；夔山部在今大关、彝良等县；暴蛮部在今贵州省威宁、六盘水市等地；卢鹿蛮部分布在今会泽、巧家、东川等地；磨弥部在今宣威等地。

拓东节都中西部也是乌蛮群体的主要分布区之一。《新唐书·南蛮传下》说：“爨蛮之西，有徒莫祇蛮、俭望蛮，贞观二十三年内属，以其地为傍、望、览、丘、求五州，隶郎州都督府。”③ 从在徒莫祇蛮、俭望蛮分布的地区设置了“傍、望、览、丘、求五州”来看，徒莫祇蛮、俭望蛮是分布在拓东节都中西部的民族群体，傍州在今天的双柏县境内，望州在今天的一平浪镇以西，览州在今天的牟定县以北地区，丘州在今天的南华县附

---

①［北宋］欧阳修，宋祁：《新唐书·南蛮传下》，中华书局标点本 1975 年版，第 6317 页。
② 木芹：《云南志补注》，云南人民出版社 1995 年版，第 12 页。
③［北宋］欧阳修，宋祁：《新唐书·南蛮传下》，中华书局标点本 1975 年版，第 6315 页。

近，求州在今天的武定县一带。但是，这仅仅是徙莫祇蛮、俭望蛮在唐朝初年的情况，到唐朝晚期由于人口逐渐增多，徙莫祇蛮又开始分化出一些新的族群，并且向东部地区迁徙，发展成为罗伽部、阳宗部、步雄部、休制部、弥勒部等，是东部乌蛮三十七部的组成部分。

（二）南诏国都城十赕地区的乌蛮群体[1]

在南诏国都城十赕地区的乌蛮群体主要是蒙巂诏、浪穹诏、邓赕诏、施浪诏、蒙舍诏等部。[2]

到了南诏国时期，在洱海区域还有一部分昆明人没有被汉族历史学家称为乌蛮，仍然被称为昆明。既然乌蛮是以昆明人为主体发展而来，所以在此也将之列入乌蛮群体论述。《新唐书・南

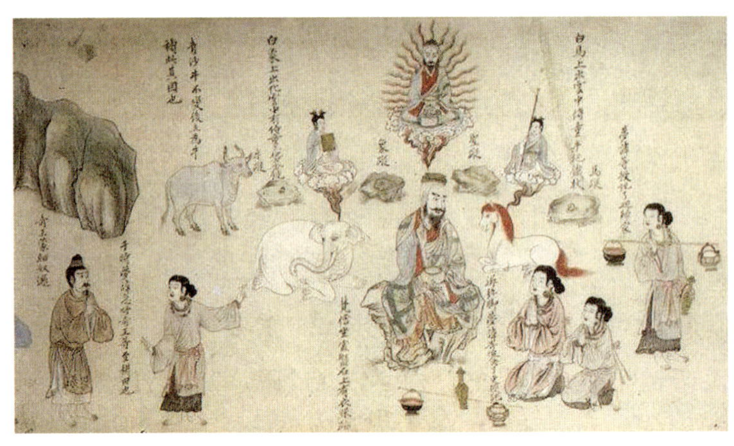

南诏图传

① 南诏国的统治者设置的十睑都在洱海周围，云南睑在今天祥云县云南驿一带、白崖睑在今天的弥渡县一带、品澹睑在今天的祥云县城一带、邓川睑在今天的洱源县南部的邓川、蒙舍睑在今天的巍山县、大厘睑在今天的喜洲、苴咩睑在今天的大理古城一带、蒙秦睑在今天的巍山县到漾濞县一带、矣和睑在今天的邓川到洱源县之间、赵川睑在今天的大理凤仪。这些地方也是乌蛮的分布区。

② 南诏的"诏"有两层含义，第一层含义指民族首领，第二层含义是指民族群体的名称，例如蒙巂诏、浪穹诏、邓赕诏、施浪诏、蒙舍诏。关于这些诏是乌蛮群体的论述已经很多，此处就不展开论述。

蛮传下》载："昆明蛮，一曰昆弥，以西洱河为境，即叶榆河也。"[1] 和《史记·西南夷列传》的记载相比较，《新唐书·南蛮传下》对昆明人的记载更加丰富了，[2] 秦汉时期的昆明族分布区为"西自桐师以东，北至叶榆"。这到唐代仍然没有发生重大的变化，还是以"叶榆河"为境，即分布在叶榆地区；生产生活方式也没有发生多少变化，秦汉时期是"皆编发，随畜迁徙，毋长处，毋君长"，到了唐代仍然是"人辫首，随水草畜牧，夏处高山，冬入深谷"。相比较而言，唐代对昆明族的记载，多了更加深入的描写，即对于昆明族每年必须在不同海拔高度的山地进行转场，是对"随水草畜牧"的进一步解释，夏天昆明族在凉爽的高山放牧，到了寒冷的冬季又转场到相对暖和的山谷中放牧，此其一；其二，《史记·西南夷列传》中没有对昆明族的民族性格进行描述，而《新唐书·南蛮传下》中相当简要地记载了昆明族的民族性格，认为昆明族的民族性格是"尚战死，恶病亡"，至此我们大致可以知道汉武帝时期为什么汉朝的军队不能通过昆明族分布的叶榆地区；其三，《史记·西南夷列传》没有对昆明族的军事力量进行描述，而《新唐书·南蛮传下》则说"胜兵数万"。对于当时的昆明族来说，有一支数万人的常备军，说明其武装力量是十分强大的，特别是在西南地区的地缘政治格局当中具有举足轻重的作用。

（三）会川都督府的乌蛮群体

在雅砻江以东、大渡河以南、安宁河的上下周围地区，南诏国设置了会川都督，其境内分布着勿邓、丰琶、两林等乌蛮群体，由于勿邓、丰琶、两林等乌蛮族群分布在雅砻江之东，史

①［北宋］欧阳修，宋祁：《新唐书·南蛮传下》，中华书局标点本1975年版，第6318页。
②［西汉］司马迁：《史记·西南夷列传》载："西至桐师以东，北至叶榆，名为嶲、昆明。皆编发，随畜迁徙，毋长处，毋君长，地方可数千里。"《史记·西南夷列传》，中华书局标点本1982年版，第2991页。

书上又将之称为“东蛮”，在整个“东蛮”内部一共有34个乌蛮群体。

在“东蛮”中，勿邓是一个有较强政治与军事力量的乌蛮群体，分布在大渡河南岸，其分布区有千里。在勿邓内部又分为众多的亚层次群体，具体有乌蛮的邛部六姓，还有分布在邛部、台登之间的乌蛮初裹五姓，所有这些乌蛮群体的文化特征具体在妇人的服饰上表现出来“衣黑缯，其长曳地”。勿邓分布区内的乌蛮群体又有属于乌蛮的东钦蛮两个群体，因为这两个群体在服饰上的特点是“妇人衣白缯，长不过膝”，所以被称为白蛮，但是此“白蛮”非洱海地区的白蛮。被勿邓控制的乌蛮群体还有“散处黎、嶲、戎数州之鄙”的粟蛮二姓、雷蛮三姓、梦蛮三姓。①

总的来说，在勿邓的势力范围之内有众多的乌蛮群体，具体有邛部的六个乌蛮群体，有分布在邛部、台登之间的“初裹”五个乌蛮群体，有东钦两个乌蛮群体，② 有粟蛮二个乌蛮群体，有雷蛮三个乌蛮群体，有梦蛮三个乌蛮群体，以上包括勿邓总计有22个乌蛮群体。

与乌蛮勿邓群体相比，乌蛮两林部内部的群体少一些，这些群体分布在勿邓的南部，“有两林部落，有十低三姓、阿屯三姓、亏望三姓隶焉。其南有丰琶部落，阿诺二姓隶焉。两林地虽窄，而诸部推为长，号都大鬼主”③。则乌蛮两林部的首领作为一个区域性的政治首领控制着十低三姓乌蛮群体，阿屯三姓乌蛮群体、亏望三姓乌蛮群体、丰琶乌蛮群体、阿诺二个乌蛮群体，包括两林在内总计有12个乌蛮群体。两林、丰琶等乌蛮群体主要分

① 本段引用文字出自［北宋］欧阳修，宋祁:《新唐书·南蛮传下》，中华书局标点本1975年版，第6317页。

② 在此需要解释的是“东钦蛮二姓”虽然称为“白蛮”，但是他们与洱海地区的白蛮有区别，他们是因为穿白色的衣服而被称为“白蛮”，仍然是属于乌蛮民族群体中的一部分。

③［北宋］欧阳修，宋祁：《新唐书·南蛮传下》，中华书局标点本1975年版，第6317页。

布在大渡河流域与金沙江中游之间，这些地方高山峡谷，是历代王朝政治统治难以进入的地区。

由于以勿邓为首的各部，分布在会川都督的北部，地理上与唐朝的剑南西川相连接，所以一直都在唐朝、南诏、吐蕃三个政权当中左右事之。《新唐书·南蛮传下》载："天宝中，（勿邓、丰琶、两林的政治首领）皆受封爵。及南诏陷嶲州，遂羁縻吐蕃。贞元中……数为吐蕃侵猎。两林都大鬼主苴那时遗韦皋书，乞兵攻吐蕃……吐蕃退壁西贡川，据高为营。"[①] 此战之后，各部首领皆得唐朝奖励，勿邓、丰琶、两林的首领"皆入朝，宴麟德殿"。显然与唐朝的关系有了进一步的改善，最终南诏国会川都督境内的乌蛮群体成为了唐之臣民。

（四）南诏国境外的乌蛮群体

南诏国境外的乌蛮主要分布在剑南节度辖境内的黎州、邛州、戎州以及"牂柯国"，唐朝以乌蛮各部为基础设置了众多的羁縻州，对他们进行管理。

黎州是唐朝剑南西川节度使下面的州，地在今天的雅安市和西昌市之间，大渡河的北岸，在黎州的西面就是吐蕃的地界。就此而言，黎州已经是唐朝在西南的一个边州，由于州内有众多属于乌蛮系统的民族群体，所以唐朝对黎州的治理主要是以这些少数民族群体为主体，设置了许多羁縻州，以之来稳定唐朝与吐蕃边界的安全。从时间上来看，唐朝初年设置了奉上等二十六个羁縻州，到了唐玄宗开元十七年又设置了三十一个羁縻州，由此说明唐朝中央政府在这一个地区的统治一直是稳定且不断深入的。

黎州境内乌蛮系统的民族群体除了唐朝先后设置的五十七个羁縻州之外，还有一些没有设置羁縻州的民族分布区，具体是：

① ［北宋］欧阳修，宋祁：《新唐书·南蛮传下》，中华书局标点本1975年版，第6318页。

黎州南道“有廓清道部落主三人，婆盐鬼主十人”[1]，即这一地区有十三个乌蛮群体，因为部落主、鬼主就是民族群体的首领，他们代表着一个地区的民族群体。又有：“阿逼蛮分十四部落：一曰大龙池，二曰小龙池，三曰控，四曰苴质，五曰乌披，六曰苴赁，七曰觱篥水（古代的一种管乐器），八曰戎列，九曰婆狄，十曰石地，十一曰罗公，十二曰光，十三曰离旻，十四曰里汉。”[2]显然，在这些没有设置羁縻州的地方又有27个乌蛮群体。

巂州辖境主要在今天的四川省凉山彝族自治州境内，从巂州向西边走就是吐蕃的地界，是今天的四川省木里藏族自治县、云南省迪庆藏族自治州，巂州的北边是羌人传统的分布区。以巂州为中心，乌蛮群体的情况是：

第一，在巂州新安城附近有“六姓蛮，一曰蒙蛮、二曰夷蛮、三曰讹蛮、四曰狼蛮，余勿邓及白蛮也”。[3]巂州新安城在今天四川凉山州越西县的北方，这些地区是乌蛮系统中邛部的主要分布区。《新唐书》之所以把巂州新安城附近的民族群体单独列出来记述，说明他们与邛部是有一定区别的，但可以肯定的是巂州新安城附近的“六姓蛮”也是属于乌蛮系统的民族群体。

第二，巂州直接管辖的12个乌蛮群体，《新唐书·南蛮传下》载：“又有夷望、鼓路、西望、安乐、汤谷、佛蛮、亏野、阿益、阿鹗、印蛮、林井、阿异十二鬼主皆隶巂州。”[4]对这些乌蛮群体具体的经济、政治、文化及分布区情况，文献没有具体记载。

第三，在巂州进入吐蕃的交通要道上，唐朝设置了石门、柳强等军事要塞，派军队戍守，并且治理这里的弥羌、铄羌、胡丛、东钦等民族群体。从民族的族源上讲，弥羌、铄羌、胡丛应该是

---

①［北宋］欧阳修，宋祁：《新唐书·南蛮传下》，中华书局标点本1975年版，第6324页。
②［北宋］欧阳修，宋祁：《新唐书·南蛮传下》，中华书局标点本1975年版，第6323页。
③［北宋］欧阳修，宋祁：《新唐书·南蛮传下》，中华书局标点本1975年版，第6324页。
④［北宋］欧阳修，宋祁：《新唐书·南蛮传下》，中华书局标点本1975年版，第6324页。

巂州西北雅砻江流域的羌人，东钦属于乌蛮系统的民族群体。

戎州是秦汉以来中原王朝经营西南的一个重镇，也是一个多民族的聚居区，南北朝后期，乌蛮系统的民族群体渐渐进入这些地区，并且成为当地重要的政治力量，所以唐朝政府仍然以羁縻制度治理。

牂牁是秦汉时期夜郎的分布区，当夜郎政权灭亡之后，氐羌系统的民族进入了这一地区，秦汉时期夜郎的分布地区开始成为多民族的杂居区，史载："昆明东九百里，牂牁国也。"[①] 牂牁国在唐宪宗时期（806—820）开始与唐朝联系"上表请尽归牂牁故地"。唐文宗元年，牂牁国的大鬼主请求归附唐朝，所以唐朝对于这些处于封闭地区的少数民族群体，仍然采用羁縻制度进行治理。

总地来说，在唐代的历史文献中对乌蛮各部的记述比前代更加清晰，不但把各部的名称细化，而且各部的分布区也相当明确，使我们对乌蛮的认识更加深入，是我们认识下一个历史时期乌蛮的主要根据。这样的变化主要是因为唐朝对剑南西川和剑南东川境内的乌蛮各部的治理比前代政府更加深入，南诏国对其境内乌蛮的治理也不断深入，能够较为准确地记述南诏国境内的乌蛮各部的情况。在乌蛮与唐朝、南诏、吐蕃的关系中，我们看到了乌蛮各部有自己的一套务实性生存策略，从统一多民族国家发展的历史角度来看，这样的务实性生存策略对其发展有一定的延续作用。

总之，乌蛮是上一个历史时期的有共源关系的昆明族、叟族等民族群体，到南北朝时被汉族历史学家或政府官员概括出的、一个具有尚黑文化习俗的民族群体，故被称为乌蛮。

① [北宋]欧阳修，宋祁：《新唐书·南蛮传下》，中华书局标点本1975年版，第6319页。

二、白蛮

唐、宋时期的白蛮是以汉晋时期的僰族为主体，在融合少部分昆明族、叟族与大部分汉族的基础上发展而来的一个民族群体。《云南志·蛮夷风俗》载："西爨及白蛮死后，三日内埋殡，依汉法为墓。稍富室广栽杉松。蒙舍及乌蛮不墓葬，凡死后三日焚尸，其余灰烬，掩以土壤，唯收两耳。"[①] 可见，当时汉民族的官员或学者，是根据当地民族自身的历史发展特点，从汉文化视角，以及文化为标准，将爨氏统治下的爨蛮，把较为接近汉文

大理火葬墓碑

① 木芹：《云南志补注》，云南人民出版社1995年版，第47页。

化或大量吸收汉文化的部分称为白蛮，把与汉文化距离较远的部分称为乌蛮。

《云南志·名类》中除“西爨，白蛮也，东爨，乌蛮也”[①]的记载外，《云南志·云南界内途程》又载在北部乌蛮中，其内部又有一些被称为白蛮者：“泸水从曲罗南经剑山之西，又南至会同川。边水左右，总谓之西蛮。邛部东南三百五十里至勿邓部落，大鬼主梦冲，地方阔千里。邛部一姓，白蛮五姓，乌蛮初止五姓……妇人以白缯为衣，下不过膝，又东、钦两姓在北谷，皆白蛮。”[②]对东、钦两姓为白蛮，《云南志·名类》也有相同的记载。上述的“白蛮”应是乌蛮系中的组成部分，当为“以白缯为衣”的原因，或在内部有等级的差别，而被称为“白蛮”。

《云南志》又载：“渠敛赵，本河东州也。……州中列树夹道为交流，村邑连甍，沟塍弥望。大族有王、杨、李、赵四姓，皆白蛮也。”[③]则这儿的“白蛮”指的是接受汉民族文化较多的部分，他们中的上层贵族都已经采用了汉族姓氏，与邛部中的那个“白蛮”是有区别的，不能视为同类。

对于上述认识，方国瑜先生曾说：“根据樊绰《云南志》的记载，可以得出洱海区是以不同族系来分‘乌蛮’‘白蛮’；滇东区则以同一族系，不同地区来分‘乌蛮’‘白蛮’；西昌（即凉山州）地区则以同一族系同一区域不同的统治者来分‘乌蛮’‘白蛮’。虽同用‘乌蛮’‘白蛮’的称谓，但在不同地区有不同的涵义，所以不能以滇东或西昌的‘乌蛮’‘白蛮’的记载与洱海区‘乌蛮’‘白蛮’的记载混为一谈。”[④]方先生的见解是符合当时的历

① 木芹：《云南志补注》，云南人民出版社 1995 年版，第 13 页。
② 木芹：《云南志补注》，云南人民出版社 1995 年版，第 75 页。
③ 木芹：《云南志补注》，云南人民出版社 1995 年版，第 75 页。
④ 方国瑜：《关于“乌蛮”“白蛮”的解释》，《方国瑜文集》第 2 辑，云南教育出版社 2001 年版，第 37 页。

史情况的，使乌蛮、白蛮的区别有了一个合理的结论。因此《云南志·名类》载：“（台登城）又东有白蛮，丈夫妇人以白缯为衣，下不过膝。……亦呼为东蛮。”[①] 这儿的“东蛮”是从地理分布的角度把东部四乌蛮叫做“东蛮”，其内部有众多支系，着黑色服饰者叫“乌蛮”，着白色服饰者叫“白蛮”，这也就是方国瑜先生说的“同一族系，同一地区”区分出的乌蛮与白蛮，是同一民族群体中的两个部分。

三、乌蛮系统的其他民族

乌蛮是一个比较大的民族群体，除了直接被称为乌蛮的之外，还有许多乌蛮群体的部分有其他的民族名称。大致情况如下：

徙莫祇蛮　《新唐书·南蛮传下》记载：“爨蛮之西，有徙莫祇蛮、俭望蛮，贞观二十三年（649年）内属，以其地为傍、望、览、丘、求五州。”徙莫祇蛮在以往的史书中不见于记载，但他的分布区是汉晋时期的僰族、昆明族和叟族的分布区，因此徙莫祇蛮可能是汉晋时期的上述三族人口分化组合而成的民族。

独锦蛮　《云南志》卷四载：“独锦蛮者，乌蛮之苗裔也。在秦藏川南，去安宁两日程。天宝中命其长为㟷州刺史。其族多姓李。异牟寻母，独锦蛮之女也。牟寻之姑，亦嫁独锦蛮。独锦蛮之女为牟寻妻。有李负蓝，贞元十年为大军将，在勃弄川为城使等。”[②] 独锦蛮主要分布在今天的云南禄丰、富民一带，是南诏蒙氏王族的通婚部落。

长裈蛮　主要分布在剑川，是乌蛮中发展程度较低者，“长

① 木芹：《云南志补注》，云南人民出版社1995年版，第51页。

② 木芹：《云南志补注》，云南人民出版社1995年版，第56页。

裈蛮，本乌蛮之后，部落在剑川，属浪诏。其本俗皆衣长裈曳地，更无衣服，惟披牛羊皮。”在被南诏攻灭后，长裈蛮迁到了滇西北和吐蕃相接处。

施蛮、顺蛮　唐初，原来滇西的昆明族、叟族分化组合成西部乌蛮，但也有一部分叟族仍然保留着自己的特点，被史家称为施蛮、顺蛮，他们实则为同一个民族群体。《云南志》卷四载："顺蛮，本乌蛮种类，初与施蛮部落参居剑、共诸川。"[①] 可见早期施蛮、顺蛮共同居住在今天云南省的剑川、鹤庆、丽江一带。在被南诏攻破、沦为被统治民族后，南诏多次对施蛮、顺蛮进行迁移，使其分布区发生了很大的变化。

和蛮　属于乌蛮系统的民族，其与乌蛮有着亲近关系。和蛮这一称谓始见于唐代典籍，其来源同样是从昆明族、僰族、叟族中分化出来的。据张九龄的《敕安南首领爨仁哲等书》所载，当时的和蛮已有很大的政治势力，出现了"和蛮大鬼主孟谷误"。和蛮散居于红河上游的广阔地区，其大的分布区有两片，东部即孟谷误统治下的部分，分布在今滇东南的红河、文山；西部的和蛮则与白蛮、乌蛮相杂居。张九龄《敕安南首领爨仁哲等书》云："敕安南首领岿州刺史爨仁哲、潘州刺史潘明威、獠子首领阿迪、和蛮大鬼主孟谷误、姚州首领左威卫将军爨彦征、将军昆州刺史爨嗣绍、黎州刺史爨曾、戎州首领右监门卫大将军南州刺史爨归王、南宁州司马威州刺史都大鬼主爨崇道、升麻县令孟耽卿等：虽在僻远，各有部落，俱属国家，并识王化。比者时有背叛，似是生梗，及其审察，亦有事由：或都府不平，处置有失；或朋雠相嫌，经营损害。既无控告，自不安宁，兵戈相防，亦不足深怪也。然则既渐风化，亦当颇革蛮俗，有须陈请，何不奏闻？蕃中

① 木芹：《云南志补注》，云南人民出版社 1995 年版，第 56 页。

事宜，可具言也。今故令掖庭令安道训往彼宣问，并令口具，有不稳便，可一一奏闻。秋中已凉，卿及百姓并平安好，遣书指不多及。”①

么些蛮（磨些蛮） 属于乌蛮种类，由汉晋时期的摩沙夷发展而来，本时期仍然居住在金沙江上游，今云南丽江、中甸和四川盐源一带，但其中有一部分么些人口已经向南迁移到洱海地区今天云南的宾川境内，建立了越析诏，其地后被南诏兼并，这些么些人口又北移回到了其原来的居住地。南诏强盛之后，曾攻占么些居住的铁桥（今中甸塔城）、昆明（今四川盐源）等地，强迫一些么些迁往昆川及西爨故地。么些以畜牧业为主，畜养牛羊。男女身披羊皮。

锅锉蛮 锅锉蛮是与乌蛮有近亲关系的民族群体，与乌蛮一样是从汉晋时期的叟、昆明中分化出来的。《新唐书·南蛮传下》记载：“（黎州）南有离东蛮、锅锉蛮，西有磨些蛮，与南诏、越析相婚娅。”②由此可见，锅锉蛮主要分布在今云南省楚雄州西部至大理一带。

寻传蛮 寻传蛮因其居住地寻传地区而得名，主要分布在澜沧江上游以西至伊洛瓦底江上游以东，是从昆明、叟中分化出来的民族，他们自称为“阿昌”“峨昌”。此外，金沙江流域也有寻传蛮的分布。寻传蛮“俗无丝绵布帛”“射豪猪，生食其肉”，社会发展水平较低，以狩猎为生。

裸形蛮 在寻传蛮以西还有一部分社会发展水平更落后的民族群体，“无衣服，惟取木皮以蔽形”，被称为裸形蛮或野蛮。裸形蛮是滇西昆明族、叟族中的落后部分，唐代已迁至今缅甸克钦邦一带，当时还处于母系氏族社会。

---

①［清］董诰等编：《全唐文》卷287，中华书局1983年版，第2913页。

②［北宋］欧阳修，宋祁：《新唐书，南蛮传下》，中华书局标点本1975年版，第6327—6328页。

磨蛮（当与磨些蛮同） “磨蛮，亦乌蛮种类也。铁桥上下及大婆、小婆、三探览、昆池等川，皆其所居之地也。土多牛羊，一家即有羊群。终身不洗手面，男女皆披羊皮。俗好饮酒歌舞。”① 上述各族的经济当以畜牧为主，社会发展程度还不高，男女皆披羊皮是一大文化特征，亦当有图腾崇拜之意义。

穿鼻蛮 “穿鼻蛮、长鬃蛮、栋峰蛮，其蛮并在拓东，南生杂类也。穿鼻蛮部落以径尺金环穿鼻中隔，下垂过颐。若是君长，即以丝绳系其环，使人牵起乃行。其次者以花头金钉两枚，从鼻两边穿令透出鼻孔中。长鬃蛮部落、栋峰蛮部落鬃黑而长，为一长鬃，髻下过脐。每行即以物撑起。若是君长，即使两女人前各持一物，两边撑其髻乃行。”② 穿鼻蛮等蛮的生活习俗是十分少见的，而且在以后的文献中少有记载，当为在民族融合的浪潮中，这些奇异的风俗亦随之消亡。概括言之是鼻饰和美发。

四、扑子蛮和望蛮

秦汉时期的闽濮到了唐代分化为扑子蛮和望蛮，与近代南亚语系孟高棉语族的布朗、德昂、佤族先民有民族的源流关系。

（一）扑子蛮的分布

《新唐书·南蛮传下》“有扑子蛮”的记载，即今天保山市以西的地方有扑子蛮分布，但是这句话十分模糊，没有具体指出到底在永昌以西的什么地方，仅仅让我们有一个模糊的印象。

关于扑子蛮的分布，《云南志》卷四有详细的记载：“（扑子蛮）开南、银生、永昌、寻传四处皆有，铁桥西北边延澜沧江亦

---

①［唐］樊绰撰，向达校注：《蛮书校注》，中华书局1962年版，第96页。
②［唐］樊绰撰，向达校注：《蛮书校注》，中华书局1962年版，第104页。

有部落。”[①] 文中提到的开南、银生、永昌、寻传具体的地望为：开南即开南节度辖区，相当于今云南省普洱市和临沧市东部；银生即银生节度辖区，包括今云南西双版纳州及境外的一些地方；永昌即永昌节度辖区，即今云南省保山市、德宏州东部、临沧市西部；寻传即寻传地区，指今云南省澜沧江西岸的云龙县之地往西经德宏州北部而至缅甸克钦邦一带。

（二）望蛮的内部结构与分布

除了望蛮之外，在关于唐代民族的历史文献中，还有望蛮外喻部落、望苴蛮两个民族名称。

通过对历史文献的深度解读，我们认为，望蛮是不同部分的总称，它指的是整体。而望蛮外喻部落是望蛮当中的一部分，望苴蛮则是被南诏国王征发的望蛮战士，不是一个民族群体，具体情况试述如下。

第一，望蛮是汉民族的历史学家记载的一个他称，其中“望”是民族名称，而蛮是在“贵华夏，贱四夷”思想指导下对南方少数民族的蔑称，望蛮的“望”与今天佤族的“佤”，是古今历史学家对同一个民族名称的同音异写，“望”即“佤”，所以望蛮指的是一个民族整体，望蛮是今天佤族的直接先民。

第二，望蛮外喻部落是望蛮分布在永昌西北的部分，《云南志》卷四载：“望蛮外喻部落，在永昌西北。”[②] 之所以叫做望蛮外喻部落，我们的理解是分布在永昌西北的望蛮，由于距离这一个地区的政治中心永昌比较远，需要招徕与安抚，所以称为望蛮外喻部落。因此，望蛮与望蛮外喻部落的关系是整体与局部的关系。

第三，南诏国时期望蛮分布在南诏国的西部地区，南诏国王

---

① 木芹：《云南志补注》，云南人民出版社 1995 年版，第 58 页。
② 木芹：《云南志补注》，云南人民出版社 1995 年版，第 61 页。

从众多的士兵当中选出一支卫队，卫队的战士称为罗苴子（即卫士），其中也有大量的望蛮战士被征发为罗苴子，又因为在所有的罗苴子当中以望蛮的卫士最勇敢，所以在《新唐书·南蛮传下》中就把望蛮的罗苴子称为“望苴蛮”。每当有军事行动的时候“以望苴子前驱”，可见望苴蛮是指望蛮当中被南诏国王征发的卫士，他们不是一个民族群体。

关于望蛮的分布，《新唐书·南蛮传下》认为望蛮也在永昌的西边[①]，但是没有具体指出到底分布在什么地方。所以需要我们研究，明确其具体的分布地望。首先，整个望蛮都分布在澜沧江以西的地区，即今天云南省的保山市、德宏州、临沧市一直到缅甸西北部地区，这与今天佤族的分布大致相同。具体到望蛮外喻部落，《新唐书·南蛮传下》十分明确地说：望蛮外喻部落在永昌西北，也就是今天保山市的西北边，当为保山市、德宏州、怒江州所连接的地区，一直到缅甸密支那为中心的伊洛瓦底江上游地区。

①［北宋］欧阳修，宋祁：《新唐书·南蛮传》，中华书局标点本1975年版，第6325页。

第三节

隋唐五代时期南方丝绸之路周边地区的民族

一、吐蕃

《新唐书·吐蕃传》记载："因并西洱诸蛮，尽臣羊同、党项诸羌。其地东与松、茂、嶲接，南极婆罗门，西取四镇，北抵突厥，幅圆万余里。"①

《新唐书·吐蕃传》综合了《通典》《旧唐书》关于吐蕃历史的相关内容，告诉了我们以下信息：第一，吐蕃是一个大的民族集团，内部还有诸多的分支或者说是族群，例如有发羌、唐旄等。第二，吐蕃最初是居住在析支水的西部，后来渐渐扩展到河、湟、江、岷等中国几条著名大江大河的上游。从今天来看，这些大江大河的上游都是海拔较高的地区，自然生态环境比较恶劣。因为自然环境的恶劣，所以要不断寻找生存发展的空间，于是向东发展成了吐蕃的主要选择。第三，一直到魏晋南北朝时期，吐蕃与汉民族除了民间的交流之外，吐蕃和中原汉族上层政治力量

①[北宋]欧阳修，宋祁：《新唐书·吐蕃传》卷216，中华书局1975年版，第6077—6078页。

之间的交往还没有大规模进行。第四，到了唐代，吐蕃当中的政治首领鹘提勃悉野开始向东部扩展，兼并了一些与吐蕃具有一定关系的羌人群体，成了分布在西部的一个强大民族群体，即吐蕃在向东发展的历史过程中不断在吸收融合羌人。

宋人王钦若等编撰的《册府元龟》卷956“外臣部·种族”说：“吐蕃在吐谷浑之西，本西羌别种，南凉秃发利鹿孤之后，以秃发为国，音讹故曰吐蕃。利鹿孤初有子曰樊尼奔，沮渠蒙逊署临松郡丞，蒙逊灭，建国西土，改为勃窣野。”[①]《册府元龟》卷956“外臣部·国邑二”又说：“吐蕃，在长安之西八千里，本汉西羌之地也。后魏神瑞初，南凉秃发樊尼率众西奔，济黄河逾积石于羌中建国，开地千里，以秃发为国号，语讹谓之吐蕃，其后子孙繁昌，又侵伐不息，土宇渐广。”[②]作为类书的《册府元龟》对吐蕃的记述基本上是把《通典》《旧唐书》《新唐书》当中的相关内容集中起来，没有多少“创新”，例如在《册府元龟》有这样的一段文字：“唐高宗时吐蕃尽收羊同、党项及诸羌之地，东与凉、松、茂、巂等州相接，南至婆罗门，西又攻陷龟兹、疏勒四镇，北抵突厥，地方万余里，自汉魏以来西戎之盛未之有也。”[③]

在《通典》《旧唐书》《新唐书》中都提到吐蕃“抚有群羌”，根据这些记载，可以认为吐蕃与同区域内的民族发生着紧密的联系，融合了众多的羌系族群，使吐蕃自身也得到了较快发展。重大的事件有吐蕃在龙朔三年（663年）灭了吐谷浑政权，这当中有众多的吐谷浑民众融入吐蕃，党项羌、白兰羌也有许多融入吐蕃。

拓拔赤辞部融入吐蕃。《新唐书·西域传》记载说，拓拔赤

---

①［北宋］王钦若：《册府元龟》卷956“外臣部·种族”，中华书局影印本1960年版，第11250页。

②［北宋］王钦若：《册府元龟》卷956“外臣部·国邑二”，中华书局影印本1960年版，第11276页。

③［北宋］王钦若：《册府元龟》卷956“外臣部·国邑二”，中华书局影印本1960年版，第11277页。

辞部由于地与吐蕃相接，在吐蕃强大起来之后向东扩展，被吐蕃兼并，渐渐融入吐蕃，当时的情况是："赤辞知宗族携沮，稍欲自归，岷州都督刘师立复诱之，即与思头俱内属。以其地为懿、嵯、麟、可三十二州，以松州为都督府，擢赤辞西戎州都督，赐氏李，贡职遂不绝。于是自河首积石山而东，皆为中国地。后吐蕃浸盛，拓拔畏逼，请内徙，始诏庆州置静边等州处之。地乃入吐蕃，其处者皆为吐蕃役属，更号弭药。"[①] 吐蕃在向东扩展的过程中，攻击拓拔赤辞部，最后导致拓拔赤辞部的上层首领进入唐朝的统治区，而其境内的民众则融入吐蕃。

白兰羌等融入吐蕃。随着吐蕃的强大，分布在今四川阿坝藏族羌族自治州、甘孜藏族自治州和甘、青连接地区的白兰羌为吐蕃所驱使，最终融入吐蕃。白狗羌主要分布在今川西北，地与吐蕃接，亦在历史的发展中融于吐蕃。羊同羌主要分布今西藏西部的阿里地区，与吐蕃虽然有一定的差别，但关系颇为接近。公元649年，羊同羌被吐蕃所灭，最终融入吐蕃之中。总之，唐以后吐蕃周边的许多羌人融入吐蕃，人口逐渐减少，分布区缩小，所剩下的羌人大多分布在茂州和威州所属各羁縻州内。

部分吐谷浑融入吐蕃。唐高宗年间（650—683），吐谷浑与吐蕃之间发生战争，吐谷浑败走凉州，吐蕃遂有其地。公元666年，唐朝封诺曷钵为青海国王。公元670年，唐王朝派薛仁贵、阿史那道真等率兵往救吐谷浑，但被吐蕃打败，于是吐谷浑地为吐蕃攻占，诺曷钵内属。"诺曷钵以吐蕃盛，势不抗，而鄯州地狭，又徙灵州，帝为置安乐州，即拜刺史，欲其安且乐云"。[②] 从此，吐谷浑的土地全部被吐蕃占领，吐谷浑建立的政权最终灭亡，但作为一个民族，大部分人仍留居旧地，后来大多融入吐

①［北宋］欧阳修，宋祁：《新唐书·西域传下》，中华书局标点本1975年版，第6215页。
②［北宋］欧阳修，宋祁：《新唐书·西域传下》，中华书局标点本1975年版，第6227页。

蕃，成为今天藏族的先民之一。

苏毗羌融入吐蕃。苏毗羌就是魏晋南北朝时期的女国羌，因“以女为王”，故又称为“女国”，又因为“王姓苏毗”，史称苏毗羌。苏毗羌的分布地在今西藏拉萨河以北往东抵青海省西部一带。在历史的发展中，有相当数量的苏毗羌融合到吐蕃人当中，“苏毗，本西羌族，为吐蕃所并，号孙波，在诸部最大。东与多弥接，西距鹘莽硖，户三万”。[①]

多弥羌融入吐蕃。“多弥，亦西羌族，役属吐蕃，号难磨。滨犁牛河，土多黄金。贞观六年（632 年），遣使者朝贡，赐遣之。”[②] 犁牛河即金沙江上游流经四川甘孜与西藏和青海玉树相连接地的通天河，多弥羌就分布在这一地区，后来吐蕃势力扩展后，多弥羌为吐蕃统治，终融于吐蕃人之中。在《新唐书 · 西域传下》当中，多弥羌从原来依附于附国、臣服于吐谷浑，最后被吐蕃控制，在历史的发展过程当中，渐渐与吐蕃融合，最后成为吐蕃的一个组成部分。据历史文献记载，多弥羌在贞观年间还向唐朝朝贡，是一个中国西部的民族实体，但是在被吐蕃控制以后，渐渐从汉民族的历史文献中消失。赵心愚认为，“对于吐蕃来讲，多弥羌的融合则同苏毗、吐谷浑等的融入一样，在其内部增加了一些新的氏族或家族集团的名称。因此，从藏文史籍所记吐蕃时代的一些氏族和家族集团名称中，可以发现融入的多弥人的线索。多弥部落与其他被征服的羌人部落一样，后来都成为藏族先民的一部分”。[③]

在《新唐书》中，我们还发现许多因为唐朝和吐蕃的战争中留在吐蕃境内的汉族，在多年以后唐朝的使者看到他们的时候，除

① [北宋] 欧阳修，宋祁：《新唐书 · 西域传下》，中华书局标点本 1975 年版，第 6257 页。
② [北宋] 欧阳修，宋祁：《新唐书 · 西域传下》，中华书局标点本 1975 年版，第 6257 页。
③ 赵心愚：《纳西族与藏族关系史》，四川人民出版社 2004 年版，第 59、60 页。

了在祭祀等场合把象征汉族的服饰拿出来展示之外，已经渐渐和吐蕃发生融合，这也是汉族融入吐蕃的例证。

从吐蕃的发展历史来看，他们一开始就与羌人有着密切的关系。在其发展过程中，不断有大量羌人以不同的途径加入其中。可以说，隋唐时期的吐蕃实则是融合了青藏高原的土著、大量羌人及其他民族的一个人们共同体，其以今天之西藏为中心，散及今青海、甘肃、川西、川西北和滇西北地区。元、明、清时期，其分布仍沿袭不变。但元、明、清时期也在一定范围内称藏族先民为“西番”，藏族与普米族关系密切。[①]

二、僚人

唐宋时期，僚族处在急剧分化与重新组合之中，其具体表现为开始在僚的前面冠以地名或郡县名，或在僚前面冠以“生”或“熟”以表示社会发展程度之不同，或把风俗习惯的特点放在僚的前面，如《新唐书·南蛮传下》就载：今四川之地有巴州（今巴中一带）山僚，眉州（今眉山一带）僚，洪、雅二州（今洪雅、雅安一带）僚，纳州（今叙永一带）僚，集州（今南江一带）僚，壁州（今通江一带）僚，邛州（今邛崃一带）僚，婆笼川（今乐山市境）生僚，戎泸（今宜宾、泸州）葛僚，等等。[②] 这些处于急剧分化与重新组合中的僚族，大多成为汉藏语系壮侗语族各民族的先民，一部分融入汉族。

（一）南平僚

《新唐书·南蛮传下》载：“南平獠，东距智州，南属渝州，

---

① 尤中：《中国西南民族史》，云南人民出版社1985年版，第587—588页。

② [元]脱脱等撰：《宋史·蛮夷传》，中华书局标点本1985年版，第14233页。

西接南州，北涪州，户四千余。”[①]《旧唐书 · 地理志二》又载：“渝州，隋之巴郡。武德元年（618 年），置渝州，因开皇旧名，领江津、涪陵二县。其年，以涪陵属涪州。三年，置万春县。改万春为万寿县。贞观十三年（640 年），以废霸州之南平县来属。天宝元年（742 年），改为南平郡，乾元初（758 年），复为渝州。”[②] 南州，武德二年（619 年）置，三年，改为僰州，四年复为南州，天宝元年（742 年）改为南州郡，乾元元年（758 年）复为南州，州治今四川綦江。关于智州，唐代有两处。一是在今广西玉林之南，一是在今贵州北部，本处所言的智州是在广西玉林。则南平僚的分布是在川黔湘三省连接地区延至广西玉林一带。这部分僚族在南北朝至隋朝与汉族有较多的接触，变化较大，以至于其贵族在隋朝初年之时，欲取代被隋朝消灭的南朝陈后主陈叔宝为皇帝。《新唐书 · 南蛮传下》载：“有宁氏，世为南平渠帅。陈末，以其帅猛力为宁越太守。陈亡，自以为与陈叔宝同日而生，当代为天子，乃不入朝。隋兵阻瘴，不能进。猛力死，子长真袭刺史。及讨林邑（今越南南方），长真出兵攻其后，又率部落数千从征辽东，炀帝召为鸿胪卿，授安抚大使，遣还。又以其族人宁宣为合浦太守。隋乱，皆以地附萧铣。”[③]

到了宋代，南平僚又被称为渝州蛮。《宋史 · 蛮夷传四》载：“渝州蛮者，古板楯七姓蛮，唐南平獠也。其地西南接乌蛮、昆明、哥蛮、大小播州（当为今川、黔、湘、鄂四省连接地区），部族数十居之。治平（1064—1067）中，熟夷李光吉、梁秀等三族据其地，各有众数千家，间以威势胁诱汉户，有不从者，屠之，没入土田，往往投充客户，谓之纳身，税赋皆里胥代偿。藏

① [北宋]欧阳修，宋祁：《新唐书，南蛮传下》，中华书局标点本 1975 年版，第 6325 页。
② [后晋]刘昫：《旧唐书 · 地理志二》，中华书局标点本 1975 年版，第 1542 页。
③ [北宋]欧阳修，宋祁：《新唐书 · 南蛮传》，中华书局标点本 1975 年版，第 6326 页。

匿亡命，数以其徒伪为生獠劫边民，官军追捕，辄遁去。”[①] 文中的熟夷，是僚人中渐趋汉化者，亦称“熟獠”，这些“熟獠”后来先后融入汉族，而地处僻远山区者一直缓慢发展着，被称为“生獠”。

（二）西原蛮

《新唐书·南蛮传下》载：“西原蛮，居广（州驻今广州市）、容（州驻今北流市）之南，邕（州驻今南宁市西南）、桂（州驻今桂林市）之西。有宁氏者，相承为豪，又有黄氏，居黄橙洞，其隶也。其地西接南诏。”[②] 这里的西原蛮，实为僚人族属，他们的分布区域大抵为：自今广西钦州往西至云南文山州的广南、富宁二县一带。唐朝初年，西原蛮地区的僚族势力较为强大，唐王朝在其分布区先后设置了羁縻州、县，任用他们的首领担任都督、刺史、县令，其中的大姓贵族有黄氏、韦氏、周氏、侬氏，但他们由于诸多的历史原因，经常性地发生动乱和相互兼并。《新唐书·南蛮传下》载：“天宝（742—756）初，黄氏强，与韦氏、周氏、侬氏相唇齿，为寇害，据十余州。韦氏、周氏耻不肯附，黄氏攻之，逐于海滨。至德（756—758）初，首领黄乾曜、真崇郁与陆州（驻今广西钦州东南乌雷）、武阳（今广西罗城北武阳）、朱兰洞蛮皆叛，推武承斐、韦敬简为帅，僭号中越王，廖殿为桂南王，莫淳为拓南王，相支为南越王，梁奉为镇南王，罗诚为戎成王，莫浔为南海王，合众二十万，绵地数千里，署置官吏，攻桂管十八州，所至焚庐舍，掠士女，更四岁不能平。”[③]

（三）葛僚

葛僚是僚族中的一部分，主要分布在今四川宜宾市和泸州市

---

①［元］脱脱等撰：《宋史·蛮夷传四》，中华书局标点本1985年版，第14240页。
②［北宋］欧阳修，宋祁：《新唐书·南蛮传》，中华书局标点本1975年版，第6329页。
③［北宋］欧阳修，宋祁：《新唐书·南蛮传》，中华书局标点本1975年版，第6329页。

南部与贵州省毕节、遵义相连接地带。《新唐书·南蛮传下》载：“戎（州驻今四川省宜宾市）、泸（州驻今四川泸州市）间有葛獠，居依山谷林菁，逾数百里。俗喜叛，州县抚视不至，必合党数千人，持排而战，奉酋帅为王，号曰‘婆能’，出入前后植旗。”[①]由于靠近戎州、泸州的葛僚大部分已接受正州、正县汉族官员的统治，汉化的程度较高，已开始能够使用汉语了。《新唐书·南蛮传下》载：“大中（847—860）末，昌（州驻今荣昌县西北）、泸二州刺史贪沓，以弱缯及羊强獠市，米麦一斛，得值不及半。群獠诉曰：‘当为贼取死耳！’刺史召二小吏榜之曰：‘皆尔属为之，非吾过。’獠相视大笑，遂叛。立酋长始艾为王，逾梓、潼，所过焚剽，刺史刘成师诱降其党，斩首领七十余人。余众遁至东川，节度使柳仲郢谕降之。”[②]可见部分葛僚居住在内地，已能够用汉语与刺史对话，当然许多居住在山区的葛僚则发展较为缓慢，发展为后来的仡佬族。即唐朝时期的葛僚，到宋代仍然存在，向着仡佬族发展。《宋会要辑稿·蕃夷五》载：“淳熙十年（1138年）十二月一日，臣獠言：‘叙州（即唐之戎州）既外控蛮夷，而城之内外，僰、夷、葛獠动以万计，与汉人杂处，其熟户居省地官庄者，多为义军子弟。’”[③]由此看来，唐代在戎、泸二州之南“居依山谷林菁”的葛僚，有一部分向北发展，到北宋淳熙年间，有的“熟户”已居住在叙州城内外，与汉人杂处，成了汉族地主的佃户和充当了“义军”。

而与汉族接触较少的部分则变化不大，时出劫掠，也有部分在朝廷的“招辑”下迁到发达地区，接受政府的管理。《宋史·蛮夷列传一》载：“宝元二年（1039年），辰州（驻今湖南沅陵）犵僚

①［北宋］欧阳修，宋祁：《新唐书·南蛮传》，中华书局标点本1975年版，第6328页。
②［北宋］欧阳修，宋祁：《新唐书·南蛮传》，中华书局标点本1975年版，第6328页。
③ 转引自王文光：《中国南方民族史》，民族出版社2001年版，第170页。

三千余人款附，以州将张昭懿招辑有功，进一官。”[①] 这里所说的“猪僚”即“葛僚”。到 12 世纪，史书上对葛僚的称呼渐改变。《宋史·蛮夷列传二》载：“七年(乾道七年，1171 年)，前知辰州章才邵上言：‘辰之诸蛮与羁縻保静、南渭、永顺三州接壤，其蛮酋岁贡溪布，利于回赐，颇觉驯伏。庐溪诸蛮以靖康多故，县无守御，犵狑乘隙焚劫。后徙县治于沅陵县之江口，蛮酋田仕罗、龚志能等遂雄据其地。沅陵之浦口，地平衍膏腴，多水田，倾为猺蛮侵掠，民皆转徙而田野荒秽。会守卒无远虑，乃以其田给靖州犵狑杨姓者，俾佃作而课其租，所获甚微。’”[②] 辰州即今川、鄂、湘、黔四省连接地带，分布在这里的葛僚到宋代被称为犵狑，与苗蛮、猺民杂处。

(四)守宫僚

《新唐书·南蛮传下》载：“西爨之南，有东谢蛮，居黔州(驻今四川彭水县)西三百里，南距守宫獠，西连夷子，地方千里。”[③] 则守宫僚在“东谢蛮”的南部，贞观三年(629 年)，唐在“东谢蛮”分布地设羁縻州应州，地在今贵州省东南与广西相接的三都、榕江、雷山、台江、剑河一带。从表面来看，上面所引材料似乎在说东谢蛮，但如果细细研究一下紧接此段材料后面论述东谢蛮生产、生活习俗情况的材料，便可发现，主要是讲述受东谢蛮统治的守宫僚，他们是当地的主要民族。《新唐书·南蛮传下》载：“地方千里。宜五谷，为畲田，岁一易之。众处山，巢居，汲流以饮。无赋税，刻木为契。见贵人执鞭而拜。赏有功者以牛马、铜鼓。犯小罪则杖，大事杀之，盗物者倍偿。婚姻以牛酒为聘。女归夫家，夫惭涩避之，旬日乃出。会聚，击铜鼓，

①[元]脱脱等撰：《宋史·蛮夷列传一》，中华书局标点本 1985 年版，第 14183 页。
②[元]脱脱等撰：《宋书·蛮夷列传二》，中华书局标点本 1985 年版，第 14192 页。
③[北宋]欧阳修，宋祁：《新唐书·南蛮传下》，中华书局标点本 1975 年版，第 6320 页。

吹角。俗椎髻，韬以绛，垂于后。坐必蹲踞，常带刀剑。男子服衫袄、大口袴，以带斜冯右肩，以螺壳、虎豹、猨狖、犬羊皮为饰。有谢氏，世为酋长，部落尊畏之。其族不育女，自以姓高不可以嫁人。贞观三年，其酋元深入朝，冠乌熊皮若注旄，以金银络额，披毛帔，韦行縢，著履。”①

（五）剑南诸獠（僚）

剑南诸僚是魏晋时期北上入川的僚族，但由于与汉族大量的接触，开始出现民族融合与分化的趋势，因此，汉族史家常在僚字前面冠以地名、郡县名，故有众多称呼，统而称之为剑南诸僚。

武德（618—626）、贞观（627—649）时期，僚族因不堪压迫而反抗，梁州都督庞玉镇压屠杀了王多馨，又攻破符阳、白石二县中配合王多馨反抗的僚族。故紧接着又发生了眉州（驻今眉山县）的僚族反抗，被益州行台郭行方镇压下去；不久，郭行方又镇压雅州（驻今雅安）僚族的反抗。尽管如此，反抗仍然此起彼伏。同年，益州（驻今成都市）的僚族也起而反抗。唐高宗初年（650年）琰州僚反，对此，《新唐书·南蛮传下》载：“大抵剑南诸獠，武德、贞观间数寇暴州县者不一。巴州山獠王多馨叛，梁州都督庞玉枭其首，又破余党符阳、白石二县僚。其后眉州僚亦反，益州行台郭行方大破之。未几，又破洪、雅二州獠，俘男女五千口。是岁，益州獠亦反，都督窦轨请击之，太宗报曰：‘獠依山险，当拊以恩信。胁之以兵威，岂为人父母意耶？’贞观七年（633年），东、西玉洞獠反，以右屯卫大将军张士贵为龚州道行军总管平之。十二年，巫州獠叛，夔州都督齐善行击破之，俘男女三千余口。钧州獠叛，桂州都督张宝德讨平之。明州山獠

① [北宋]欧阳修，宋祁：《新唐书·南蛮传下》，中华书局标点本1975年版，第6320页。

又叛，交州都督李道彦击走之。是岁，巴、洋、集、壁四州山獠叛，攻巴州，遣右武候将军上官怀仁破之于壁州，虏男女万余，明年遂平。十四年，罗、窦诸獠叛，以广州都督党仁弘为窦州道行军总管击之，虏男女七千余人。太宗再伐高丽，为舡剑南，诸獠皆半役，雅、邛、眉三州獠不堪其扰，相率叛，诏发陇右、峡兵二万，以茂州都督张士贵为雅州道行军总管，与右卫将军梁建方平之。"[①]在这个过程中，不断有僚族被俘，脱离了原本的生活，逐渐融入其他民族。

唐高宗至德宗时，生产生活较为落后的生僚又不断反抗。《新唐书·南蛮传下》载："高宗初（650年），琰州獠叛，梓州都督谢万岁、充州刺史谢法兴、黔州都督李孟尝讨之。万岁、法兴入洞招慰，遇害。显庆三年（658年），罗、窦生獠酋领多胡桑率众内附。上元（674—676）末，纳州僚叛，寇故茂、都掌二县，杀吏民，焚廨舍，诏黔州都督发兵击之。大历二年（767年），桂州山獠叛，陷州，刺史李良遁去。贞元中（785—805），嘉州绥山县婆笼川生獠首领甫枳兄弟诱生蛮为乱，剽居人，西川节度使韦皋斩之，招其首领勇于等出降。或请增栅东凌界以守，皋不从，曰：'无戎而城，害所生也。'獠亦自是不扰境。"[②]正是由于韦皋之后的地方官员正确掌握民族政策，使民族矛盾减弱，到唐末，剑南诸僚大多消失，当融入以汉族为主的民族之中。

（六）金齿、银齿、白衣、棠魔蛮、茫蛮等

《云南志》卷四记载说："黑齿蛮、金齿蛮、银齿蛮、绣脚蛮、绣面蛮……黑齿蛮以漆漆其齿，金齿蛮以金镂片裹其齿，银齿以银。有事出见人则以此为饰，寝食则去之。……绣脚蛮则于踝上腓下，周匝刻其肤为文彩。绣面蛮初生后出月，以针刺面

---

①［北宋］欧阳修，宋祁：《新唐书·南蛮传》，中华书局标点本1975年版，第6327页。
②［北宋］欧阳修，宋祁：《新唐书·南蛮传》，中华书局标点本1975年版，第6327页。

上，以青黛涂之，如绣状。”[①] 这显然是根据牙齿装饰或文身而命名为黑齿蛮、金齿蛮、银齿蛮、绣脚蛮、绣面蛮的。《云南志》卷四又记载说：“茫蛮部落……茫是其君之号，蛮呼茫诏……”[②] 文中的“茫诏”应该是“诏茫”的颠倒，也就是“召勐”。因为傣语称平坝为“勐”，称统治这个平坝的人为召勐。而茫蛮就是勐蛮，因为他们居住在勐中（坝子中），所以汉族史家记为茫蛮。

另外，《新唐书·南蛮传》记载说，大中时（唐宣帝年号，公元 847 年至 859 年），李琢担任安南经略使，对安南都护府北部与南诏接境处的夷人进行残酷剥削，导致了这一带的夷人组成白衣没命军参加南诏军队进攻安南都护府。对于白衣，范成大《桂海虞衡志》、周去非《岭外代答》、赵汝适《诸蕃志》等书都提到，先后所指都是同一地区内的同一民族。至于为什么称为白衣，则不得其详。有可能因为他们穿白色衣服的缘故，也有可能是古代“百越”的音转，甚至有可能就是“摆夷”的最早译音所记。

《云南志》卷四还记载说：“崇魔蛮，去安南管内林西原十二日程，溪洞而居，俗养牛马，比年与汉博易。自大中八年（845 年），经略使苛暴，令人将盐往林西原博[易]牛马，每一头匹只许盐一斗。因此隔绝，不将牛马来。”[③] 这里与《新唐书·南蛮传》所说的是同一件事，“棠魔蛮”显然就是“白衣”中的一部分。如果白衣是他称，那么棠魔便是自称。“棠魔”是“傣勐”的对音。而近现代傣族称最早建寨的人为傣勐。

金齿、银齿等与茫蛮各有主要聚居区，而又交错杂居。南诏所设永昌节度的管制区，相当于近代云南保山地区的南部和西部，德宏的大部、临沧地区西部；开南节度管制区相当于近

① 木芹：《云南志补注》，云南人民出版社 1995 年版，第 62 页。
② 木芹：《云南志补注》，云南人民出版社 1995 年版，第 64 页。
③ 木芹：《云南志补注》，云南人民出版社 1995 年版，第 91 页。

代思茅地区、临沧地区东部。在这些地方都有金齿、银齿，所谓“杂类种”指的是在同区域内杂居的茫蛮、扑子蛮、望蛮、寻传蛮。

除了永昌、开南二节度的管制区之外，镇西节度的管制区内也有“金齿”分布。《云南志》卷六镇西城（即镇西节度驻地）条记载说：“南诏特于摩零山上筑城，置腹心，理寻传、长傍、摩零、金弥城等五道事云。凡管金齿、漆齿、绣脚、绣面、雕题、僧耆等十余部落。”[①]南诏设置的镇西节度，后期迁驻丽水城（在今缅甸克钦邦密支那南部伊洛瓦底江东岸的达罗基附近），称丽水节度。在这个区域内（也就是今天云南省德宏西南边境到缅甸克钦邦及克钦邦与掸邦连接地带）的金齿等“蛮”，后来成为德宏与缅甸的掸傣民族。

茫蛮的主要聚居区在银生节度管制区（即今西双版纳至境外的缅甸掸邦地区）。茫蛮与其他民族杂居的地区很广大，开南节度是茫蛮的杂居区之一。《云南志》卷四记载说：“茫蛮部落……从永昌城（今保山县）南，先过唐封（应为今施甸），以至凤蓝苴（应为今凤庆）。以次茫天连（应为今孟连）。以次茫吐薅。又有大赕（今缅甸克钦邦北部的葡萄）、茫昌（应为‘茫冒’，即勐卯，今云南省瑞丽市）、茫盛恐、茫鲊、茫施，皆其类也。”[②]从文中所记来看，茫蛮的这一杂居区，显然是在今保山地区南部、临沧地区、思茅地区四南部、德宏南部边境、缅甸掸邦而往北散及克钦邦境内。棠魔蛮也就是白衣，他们分布在金齿、茫蛮的东部，在安南都护府北部与南诏南部边境连接地带，即今云南省的文山和红河南部与越南北部连接地带。

---

① 木芹：《云南志补注》，云南人民出版社1995年版，第91页。
② 木芹：《云南志补注》，云南人民出版社1995年版，第64页。

三、苗人与徭人

唐时的苗人仍然主要分布在湘西黔东连接地带，但公元7世纪至8世纪初的唐朝时期，已经有一部分苗人从这里向贵州腹地深入，并经黔西南进入了云南东南部。所以《云南志》中记载了南诏的军队中有“祖乃盘瓠之后”的苗人兵将。南北朝时期徭人也已经从过去的“盘瓠种”中分化了出来，成为与苗人并列的单一民族。唐朝时徭人的主要分布区域与苗人相交错，并不断有人口向外迁移，大约在唐朝初年以后，徭人中的一部分逐渐通过广西而进入到了云南东南部的文山境内。[①]

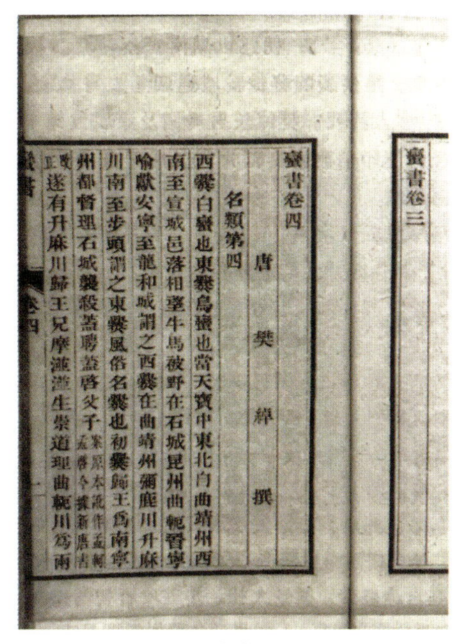
蠻書卷四

唐 樊綽 撰

名類第四

西爨白蠻也東爨烏蠻也當天寶中東北自曲靖州西南至宣城邑落相望牛馬被野在石城昆州曲軛晉寧喻獻安寧至龍和城謂之西爨在曲靖州彌鹿川升麻川南至步頭謂之東爨風俗名爨也初爨歸王爲南寧州都督理石城襲殺孟聘孟啓父子（案原本訛作孟騁孟啓今據新唐書改正）遂有升麻川歸王兄摩湴湴生崇道理曲軛川爲兩

蠻書 卷四

蛮书

近现代苗人的先民这一时期已出现在西南地区，《云南志》卷十有这些的记载：“又黔、泾、巴、夏四邑苗众，咸通三年春三月八日，因入贼朱道古营栅竟日，与蛮贼将大羌杨阿触、杨酋盛、柘东判官杨忠义话得姓名，立边城自为一国之由。”[②]这是关于苗人的最早史料记载。在《云南志》卷十中还对苗人的历史与风俗进行了介绍。

苗人最晚自隋朝起已生活在荆楚地区，大致可分为两部分，与汉族杂居者，“则与诸华不别”；而居于偏僻之地的山谷地中，

① 尤中：《中国西南民族史》，云南人民出版社1985年版，第289页。
② 木芹：《云南志补注》，云南人民出版社1995年版，第139页。

"则言语不通，嗜好居处全异"。他们承认共同的祖先——盘瓠。[①]

四、夷化的汉族

由于从汉代开始起不断有汉族人口迁移到西南地区，这些从人口数量来说处于劣势的汉族长期与其他民族交错而居，其文化逐渐与周边各民族趋同，产生了"夷化"的现象。这时期已有一些群体获得族称，表面上看已属于当地土著民族，但仔细观察却发现其为夷化的汉族。

唐朝时期被称为裳人的民族群体生活于今天云南西北部的金沙江上游地区，"部落在铁桥北"，当时已不知道这一群体何时迁移到该地区。裳人仅只保留少部分独特的习俗，如服饰中的"朝霞缠头"，其余的习俗及文化上已与当地其他民族群体相同。贞元十年（794 年），南诏与吐蕃交战，大部分裳人被迁到南诏的东北部地区。[②]

其他还有一些汉族夷化的群体，如河蛮等，这些群体由于长期在西南地区生活，为适应当地环境及与当地各民族共处，从文化上表现出了趋同的情况。

① 本段引用出自［唐］魏征：《隋书·地理志》，中华书局标点本 1973 年版，第 897 页。

② 本段引用出自［唐］樊绰著，赵吕甫校释：《云南志校释》，中国社会科学出版社 1985 年版，第 143 页。

第五章

宋元时期南方丝绸之路沿线的民族

第一节

宋元时期西南的古道与交通

宋代由于国内政治中心的迁移，川滇地区与中原内地联系的通道和路线的空间有所变化，但彼此之间的联系仍然十分密切，以邕州道、东驿道等为往来的主要线路。元朝建立之后，国家空前统一，中央王朝在全国广置驿传。川滇之间，及其与其他区域之间有多条道路通达。

一、宋代的邕州道

邕州道，大致路线为：从邕州（今南宁）至邕州横山寨（今广西田阳县），然后可分三路，分别经自杞（今贵州兴义）、特磨（今云南广南）、罗殿（今贵州安顺、普定一带），再至善阐（今昆明）汇合，再至大理，从大理可至蒲甘（即缅甸）、天竺（印度）。周去非《岭外代答》卷三“通道外夷”条云：“中国通道南蛮，必由邕州横山寨。自横山一程至古天县，一程至归乐州，一程至唐兴州，一程至睢殿州，一程至七源州，一程至泗城州，一程至古那洞，一程至龙安州，一程至凤村山獠渡江，一程至上展，一程至博文岭，一程至罗扶，一程至自杞之境名曰磨巨，又三程至自杞国。自杞四程至古城郡，三程至大理国之境名曰善阐府，六程至大理国矣。自大理国五程至蒲甘国，去西天竺不远。限以淤泥河不通，亦或可通，但绝险耳。凡三十二程。”杨佐《云南买马记》亦载：“王馆佐于大云南驿。驿前有里堠，题：‘东至戎州，西至身毒国，东南至交趾，东北至成都，北至大雪山，南至海上。’悉著其道里之详。”

二、元代的东驿道

元朝至元年间，赛典赤在云南派爱鲁开辟乌蒙道。至元“十三年，诏开乌蒙道……水陆皆置驿传”，“陆出乌蒙（今云南昭通），水由马湖（金沙江下游）”[①]，打开了被阻隔已久的川滇交通线。这条交通路线被称为“东驿道”，其走向大致为“出湖藩，转辰、沅，经贵州”，入滇东。[②]

三、元代的“站赤”

元代在云南遍设站赤，驿道四通八达，“如中庆（今昆明）至建都（今西昌）道、中庆至哈剌章（今大理）道、中庆至乌蒙（今昭通）通叙州（今四川宜宾）道、中庆经普安（今贵州盘县）通湖广道、滇南通广西道、哈剌章至丽江吐蕃道、哈剌章经金齿（今保山、德宏等地）通缅甸道、中庆经景东至八百媳妇（今泰国北部）道、中庆经临安（今建水）交趾（今越南）道等，因而驿传也遍

---

①［明］宋濂等：《元史》，中华书局 1976 年版，第 3012 页。
② 范建华：《西南古道与王朝开边》，载《南方丝绸之路文化论》，云南民族出版社 1991 年版，第 17 页。

及全省并中南半岛诸国”。[①] 元代在云南所设站赤共计有“七十八处，马站七十四处，马二千三百四十五匹，牛三十只；水站四处，船二十四只”。[②]

元代在云南所设的这些站赤大多数都是沿着以往的南方丝绸之路的路线而置的。“如中庆路（昆明）入蜀驿站，途经安宁、利浪（富民）、相曲、武定、虚仁（元谋）、环州、黎溪、浍川（会川，今会理）、大龙、明夷、法山、泸州（今西昌南）、泸古州（今泸沽）、邛部州（越嶲北）、西囗、大渡河（汉源南），由大渡河站北上入成都。”这条路线大致沿零关道而设。同时还有沿南夷道（五尺道）而设的站赤，其路线为：“中庆经乌蒙（昭通）至四川庆符（今高县北）的驿站，所设有杨林（嵩明）、马龙、不鲁吉（沾益）、火盒都、木渠、枇杷、亢撒（乌撒，今贵州威宁）、乌蒙、雪山、合析仆、闹早（罗佑）、叶梢坝（盐津）、滩头、庆符。”[③]

元代除继续沿横江河谷设立驿站外，还正式开通了从今盐津经筠连、高县到宜宾的陆站，有华贴、盐井、必撤（定川站，今筠连县）、老鸦乙抹、庆符五站。这条路线为明清及后来川滇公路中段沿用。[④]

中庆路至大理的道路，设安宁、路品、禄丰、舍资、路甸、威楚、禄葛、砂桥、普润、普棚、小云南、白山石、河尾关、样备、打牛坪、永平、沙磨和、永昌、腾冲等19处驿站。其中包括沿以往永昌道而设的：河尾关（下关）、样备（漾濞）、永平、永昌、腾冲、金齿等。

元代自大理前往东南亚、南亚有两条路线：“其一由今大理经保山、腾冲入缅甸北达印度；其二自永昌（今保山）经金齿（今

① 申旭：《云南移民与古道研究》，云南人民出版社2012年版，第142页。
② [明]宋濂等：《元史》，中华书局1976年版，第2593—2594页。
③ 本段引用出自胡绍华：《西南丝绸之路》，载《历史教学》1989年第8期。
④ 蓝勇：《古代交通生态研究与实地考察》，四川人民出版社1999年版，第108页。

云南德宏）达江头城（今缅甸杰沙），在经今拉因公、新古、曼德勒抵蒲甘，沿伊洛瓦底江南下至勃固，往西南经孟加拉湾出海。”①

中庆经蒙自至安南的道路，其走向大致为：自今昆明经晋宁、江川、通海、建水至蒙自八甸，再南下至安南大罗城。或经舍资（今蒙自以东）经水路或陆路抵大罗城。②

第二节 宋元时期南方丝绸之路核心区域的民族

一、宋代成都府路辖区内的少数民族

成都府路少数民族主要指与吐蕃、大理国毗邻的茂州、威州、永康军、雅州、黎州和嘉州境内的少数民族。在《宋史》中把这些少数民族称为“茂州诸部落”“威州保霸蛮”“雅州西山野川路蛮”“黎州诸蛮”、嘉州“虚恨蛮”，等等。

（一）威州、茂州蛮

威州和茂州位于岷江上游。岷江上游自古就是羌人居住的地

① 方铁：《简论西南丝绸之路》，载《长安大学学报》2015 年第 3 期。
② 方铁：《简论西南丝绸之路》，载《长安大学学报》2015 年第 3 期。

区。唐朝时，吐蕃势力不断发展，不断向威州和茂州地区渗透，这里的民族接受了吐蕃的统治。唐朝贞元九年（793 年），他们脱离吐蕃的统治，向当时西川节度使韦皋纳土内附。韦皋把他们安置在维（后改为威州）、保、霸等州。前后蜀和两宋时期，岷江上游今阿坝州一带仍由吐蕃据有，唐所设置的羁縻州未能全部恢复，只维持对归附的羌人统治。前蜀设茂州，领有汶山、汶川、石泉、通化四县；设维州，领有保宁、小封二县，管辖仅及于茂汶以南、理县以东地区。总的说来，前蜀对这一地区的统治基本上无所建树。永平二年（912 年），维州羌曾发生反叛，后来被平定。后蜀对这一地区的统治也无所作为，名为正州，实则羁縻统治。故宋代仍称羌人为“蛮”，居威州者称为“威州蛮”，居茂州者称为“茂州蛮”，但是他们实际上是羌人。[①]

茂州蛮。“茂州，唐武德初仍曰会州，四年改为南会州，贞观七年又改为茂州，天宝初曰通化郡，乾元初复为茂州。宋因之。州逼近羌、戎，环带山险，成都肩背之地也。”[②]北宋时，茂州领汶山县、镇羌砦和鸡宗关，南宋时，茂州控制范围扩大，增领原属威州的汶川县。从谭其骧主编《中国历史地图集》来看，原属威州北部与吐蕃毗邻的部分就是汶川县，划归茂州控制。茂州“南有箕宗关（注：鸡宗关）路通永康军，北有陇东路通绵州，皆为蛮所据”[③]。在宋朝，“茂州诸部落，盖、涂、静、当、直、时、飞、宕、恭等九州蛮也。……茂州居群蛮之中，地不过数十里，宋初无城隍，惟植鹿角自固。”[④]当时的羌人分布仍以茂州为中心，东到石泉，南与永康军灌县接界，西至保县，北连黑

① 参见贾大泉主编：《四川通史》第 4 册，四川大学出版社 1994 年，第 135 页；冉光荣，李绍明，周锡银：《羌族史》，四川民族出版社 1985 年，第 213 页。

② ［清］顾祖禹：《读史方舆纪要》卷 67《四川二》，中华书局 2005 年，第 3183 页。

③ ［北宋］司马光：《涑水记闻》卷 30，中华书局 1989 年，第 252、253 页。

④ ［元］脱脱等：《宋史·蛮夷传四》，中华书局标点本 1985 年，第 14239 页。

水、松潘等地。有的是聚居，有的是与吐蕃、汉各族相错而居。由于不少汉人移入羌区，宋太宗雍熙（984—987）时茂州已有汉民三百二十六户。[①]

据郭声波先生的研究，在翼州境内，从前蜀初至宋淳熙（1174—1189）初年一直分布着茂州羌人，约200户左右，约在今汶川南部。在涂州境内从唐广德（763—764）后至宋政和七年（1117年），一直分布着林台羌，约60户左右，约在今茂县中部。向州境内从唐末至宋淳熙（1174—1189）初年分布着茂州羌，约50户，在今茂县东北。在达州境内分布着特浪羌，约100户，在今汶川北部。时州境分布着辟惠羌，约100户，在今茂县南部。本在灵关路，唐永隆（679—681）后内徙茂州。居州境分布着辟惠羌，约50户，在今茂县南部。可州境分布着辟惠羌，约200户，在今汶川西南。宕州境分布着辟惠羌，约275户，在今茂县南部。飞州境分布着渠步羌，约200户，在今茂县中部。本丰弱水西山，唐麟德（664—665）后内徙茂州。保州境分布着维州羌，在今理县东部。霸州分布着维州羌，在今理县东部。当州分布着茂州羌，约50户，在今茂县中部。悉州分布着茂州羌，约315户，在茂县西部。静州分布着茂州羌，约400户，在今茂县中部。柘州境分布着茂州羌，约100户，在今茂县中部。恭州境分布着茂州羌，约200户，在今茂县南部。直州境分布着茂州羌，约200户，在今茂县中部。乾州境分布着茂州羌，约400户，在今汶川中部。[②]

威州保霸蛮。威州，本是唐朝的维州。唐武德七年（624年），“白狗羌归附，始置维州，贞观元年羌叛州废，明年复来

① 冉光荣，李绍明，周锡银：《羌族史》，四川民族出版社1985年版，第215页。
② 郭声波：《唐宋岷江西山羁縻州民族研究》，载霍巍，王挺之主编：《长江上游早期文明的探索》，巴蜀书社2002年版，第254—257页。

归，降为羁縻州。麟德二年复为正州，比于中华诸州也。仪凤二年以羌叛复降为羁縻州，垂拱二年又为正州，寻没于吐蕃，开元末收复。天宝初曰维川郡，乾元元年复为维州。广德初陷于吐蕃，大和五年收复。寻弃其地，大中（祥符）三年复内附。五代蜀时亦曰维州”[①]。宋仁宗景祐三年（1036年），因与潍州声同易误，“以京递发潍州断狱文书误至维州”[②]，故改名为威州。从谭其骧主编《中国历史地图集》来看，威州控制范围到南宋时有所缩小，原属威州北部与吐蕃毗邻的部分，改由茂州蛮控制。威州的少数民族，主要集中居住在保州和霸州，史书称之为“威州保霸蛮”，主要是后来羌人的先民。

保州，原是唐朝维州定廉县，唐高祖武德七年（624年），招白狗羌置维州及定廉县，唐肃宗乾元二年（759年）于定廉县置保州（治今四川理县西），领定廉、归顺、云山、安居四县。《旧唐书》记载：“乾元元年二月，西山子弟兵马使嗣归诚王董嘉俊以西山管内天保郡归附，乃为保州，以嘉俊为刺史。”[③]后没于吐蕃。霸州系唐天宝元年（742年）“招附生羌”而置静戎郡，乾元元年（758年）改名为霸州（今四川黑水县），曾有安信、牙利、保宁、归化四县。宋朝时，基本沿袭唐朝时的羁縻统治。所以，《宋史》载：“威州保霸蛮者，唐保、霸二州也。天宝中所置，后陷没。酋董氏，世有其地，与威州相错，因羁縻焉。保州有董仲元、霸州有董永锡者，嘉祐及熙宁中皆尝请命于朝。”[④]在威州，主要是在董氏的控制之下。

威州和茂州均位于今天四川岷江上游，为羌人自古居住之地。据《太平寰宇记》所载，宋初威州居住的主要是羌人，而茂州

①［清］顾祖禹：《读史方舆纪要》卷67，中华书局2005年版，第3190页。
②［北宋］欧阳忞：《舆地广记》卷30，四川大学出版社2003年版，第868页。
③［后晋］刘昫：《旧唐书·地理志四》，中华书局标点本1975年版，第1705页。
④［元］脱脱等：《宋史·蛮夷传四》，中华书局标点本1985年版，第14238—14239页。

“州居群蛮之中，地不过数十里”，仍然是羌人占绝对多数。威州和茂州在宋朝的统治下，社会经济得到了快速发展。成都府官冯京把农业生产技术教给羌族人民，“给稼器，饷粮食，使之归。夷人喜，争出犬豕割血受盟，愿世世为汉蕃”。[①]因此，从茂州通往石泉的陇东路，五谷六畜禽兽草木无不备有。

威州、茂州蛮好弓马，以勇悍相高，畜牧业较为发达。牲畜有马、牛、羊、豕等，故其人衣羊皮，豹岭以西皆织毛毯盖屋。狩猎和采集是其副业，麝香、五味子、马升麻、雪蛆、羌活、当归、大黄、朴硝是当地的珍贵药材和土产。此外，羌人的碉楼和索桥的建筑著称于世。同时，羌族人民还吸取汉族人民的建筑技艺，在今天汶川以东建筑板屋、土屋。宋朝在茂州和永康军设置马市，与羌人进行茶马贸易。[②]

（二）雅州西山野川路蛮

五代两宋时期，雅州西北地区的少数民族称为“西山野川路蛮”，大概主要活动在今天四川的天全、芒山和邛崃以西的泸定、小金等地。自古以来，这一带就居住着众多的羌人族属部落。唐代吐蕃兴起，势力不断向东发展，这些羌人部落由于力量分散，被吐蕃征服。唐末，吐蕃王朝瓦解，其在今甘、青、川、滇等地的统治政权即告崩溃。《宋史》载：“雅州西山野川路蛮者，亦西南夷之别种也，距州三百里，有部落四十六，唐以来皆为羁縻州。”[③]对于宋朝雅州边外羁縻州民族，由于文献资料较少，并无明确系统的记载，研究者也不多。据郭声波研究，主要分布在灵关路及和川路一带。

灵关在雅州卢山县西北九十里，今宝兴县灵关镇。其地当入

① [元]脱脱等：《宋史·冯京传》，中华书局标点本1985年版，第10339—10340页。
② 贾大泉主编：《四川通史》第4册，四川大学出版社1994年版，第137—138页。
③ [元]脱脱等：《宋史·蛮夷传四》，中华书局标点本1985年版，第14230页。

吐蕃要冲，由灵关溯宝兴东河北越夹金山入今小金县境地为灵关路，溯宝兴西河西越夹金山入今康定县境为夏阳路，此两路以灵关路为主，故亦可统称“灵关路”。

和川，雅州镇名。镇在雅州西北九十里今天全县城西禁门关，以临和川水得名，为唐时西通吐蕃咽喉。和川路指溯天全河、昂州河越风洞口至泸定县大渡河之道路，宋时亦称砂坪路。继续往西，自大渡河夔龙州至吐蕃偏松城，又称夔松路，《读史方舆纪要》引《寰宇记》中记载[①]：“州西和川路去吐蕃大渡河五日程，从大渡西郭至吐蕃松城四日程”；自大渡河经会野川入吐蕃，又称会野路；自罗岩州至柏坡州，又称罗岩路。此三路均系和川路系统。灵关、和川地区的原住民族，唐宋时期一般称作“生羌”“夷獠”“生獠”“诸蛮”，反映出该地区处于从西北诸羌到西南诸蛮的过渡地带。正如《读史方舆纪要》中引《寰宇记》中记载的那样：“羌蛮混杂，连山接野，鸟路沿空，不知里数。”

灵关路民族大致属诸羌范围，郭声波先生对灵关路的辟惠羌、叶川羌、贵川羌、嘉梁羌、逋租羌进行了探考。[②]

辟惠羌，旧称小铁围山羌，居灵关路，居地比特浪偏南，在今夹金山脉东南、灵关以北、碉门以西的宝兴、天全县境。根据《新唐书·地理志》对蓬鲁等三十二州的排列顺序，特浪在前，辟惠在后，达州以下包括时、可、宕、居等入宋仍存的羁縻州在内的二十五州应属辟惠羌，达州以上七州应属特浪羌。

叶川羌，即昝捶部落羌，约八千人，武后如意元年（692 年）内附，以其地置叶川州，当今芦山县北部，约于长安二年（702 年）州废。

① [清]顾祖禹：《读史方舆纪要》卷 72，《四川七》，中华书局 2005 年，第 3385 页。

② 以下对灵关路诸羌的探考，主要参考郭声波：《唐宋雅州边外羁縻州民族探考》，载《面向新世纪的中国历史地理学——2000 年国际中国历史地理学学术讨论会论文集》，齐鲁书社 2001 年版，第 192—196 页。

砂坪蛮，唐时为贵川羌，即贵川部羌，本为吐蕃所役属，武后时欲降唐，唐遣张玄遇出雅州迎接未果，仍就便以昝捶部落置叶川州，可知贵川部亦在叶川州近旁。唐后期改姓高氏，酋首世居碉门外侧之砂坪寨（今王全县青石乡），基本上与内地王朝保持着羁縻与茶马互市关系。《建炎以来朝野杂记》将其记为“沙平”：“沙平者，雅州严道县徼外夷也，与碉门寨才隔一水，而寨在州西八十里。沙平凡六族。”[①]

嘉梁羌，唐初在附国东部，亦即在康定县一带。开元所置雅州都督府羁縻州中有嘉梁州，贞元间又分为东嘉梁、西嘉梁二州，及新置相距甚近的耀川、金川二州，固应嘉梁羌置，其位置大约在今康定县北部孔玉区。土俗与附国同，《隋书·附国传》载：嘉良夷“所居种姓自相率领，土俗与附国同，言语少殊，不相统一。其人并无姓氏。……嘉良夷政令系之酋帅，重罪者死，轻刑罚牛”。[②] 贞元间，嘉梁州部落酋长姓刘氏，当是作为羁縻州时期接受汉文化影响的结果。经济仍以农耕为主，种小麦、青稞。

逋租羌，即贞元年间内附安置于夏阳路的逋租羌、马东煎等部落，他们应是当时所置夏阳路论川、让川、远南、卑卢、夔龙诸羁縻州的部民，大约分布在今康定县金汤、鱼通二区。

和川路所居民族，一般统称“西山野川路蛮”，为西南夷之别种。西山指今邛崃山，野川当指今石棉县北境田湾河，“西山野川”指西山、野川之间地区，即今宝兴、泸定县及天全县西部、康定县东北部一带。其民族可考者，有五部落羌蛮、么些蛮及高万唐、婴婴、马定德、马德唐、杨矣逢、费东君、铄罗莽酒等吐

①［南宋］李心传：《建炎以来朝野杂记》乙集卷20，中华书局2000年版，第875页。
②［唐］魏征：《隋书·附国传》，中华书局标点本1973年版，第1858页。

蕃部落。[1]

五部落羌蛮，其名始见于宋而源于唐。《建炎以来朝野杂记》乙集卷19载："五部落居黎之西，去州百余里，限以飞越岭，有姓郝、赵、王、刘、杨五族，因以得名，即唐史所谓两面羌也。"[2] 实际上，五姓部落在唐代见于记载是在贞元年间郝、刘、杨三姓酋长重新归附唐朝之时，唐朝赐封郝全信为和义郡王，刘志辽为恭化郡王，杨清元为遂宁郡王。[3] 其分布，《舆地纪胜》引《皇朝郡县志》云："（始阳路）自苦蒿平外则与黎州五部落及诸羌接。"飞越岭即今汉源县西北大相岭山口，苦蒿坪即今荥经县大相岭山口，则所谓"五部落居黎州之西"，实居雅州西南之和川路，即今泸定县境。郝、刘、杨三王蛮的分布，当是今汉源、泸定、天全三区。赵姓部落属雅州，当在今泸定县，郝姓部落属黎州羁縻，当在今石棉县。王姓，《宋会要辑稿》中载："大中祥符二年十一月，雅州砂平路罗岩州蕃部首领王阿黎等十八人来贡马二十七匹、犎牛二，砂平罗岩蛮自昔未尝来贡。……三年正月，诏以首领王子野黎为怀化司戈。"[4] 罗岩州在今泸定县北部。赵姓居泸定县。

么些蛮，据《太平寰宇记》载，贞元年间有自吐蕃来降杨矣逢、费东君部落，在蛮宿川安置。蛮宿川即今泸定县磨西河川。在杨矣逢、费东君诸部到来之前，置为会野州的蛮宿川部落乃是么些蛮。

吐蕃部落，贞元十二年，韦皋奏于雅州会野路招得投降蛮首

① 以下对和川路诸蛮的探考，主要参考自郭声波：《唐宋雅州边外羁縻州民族探考》，《面向新世纪的中国历史地理学——2000年国际中国历史地理学学术讨论会论文集》，齐鲁书社2001年版，第197页。

② [南宋]李心传：《建炎以来朝野杂记》乙集卷19，中华书局2000年版，第854页。

③ [北宋]司马光：《资治通鉴》卷261，《大明一统志》卷73；刘志辽，《唐会要》卷99作"刘志宁"。

④ [清]徐松：《宋会要辑稿》蕃夷5之4，中华书局影印本1957年版，第7768页。

领高万唐部落二万余口，仍在会野路安置。十六年，吐蕃曩贡、腊城等九节度婴婴、国师马定德、笼官马德唐等又帅其部落来降，在会野路久马州安置。还有自吐蕃来降杨矣逢、费东君部落，也在会野路安置。这些部落应即会野州群新置之椎梅、作重、祸林、三恭、布岚、欠马、罗蓬诸羁縻州。吐蕃嵬笼城铄罗莽酒等部落贞元年间内附，也在和川路安置，当在罗岩州附近。

宋朝时，西山野川路蛮多次向宋朝贡，并受到宋朝的封赏。

雅州西山野川路蛮主要居住在今天雅安西北的甘孜地区，而该地自古以来就分布着众多的羌人部落。唐时随着吐蕃的兴起，这些部落悉为其所统。唐朝末年，随着吐蕃王朝的瓦解，这些羌人部落又恢复到分散状态。宋朝对这一地区进行羁縻统治。

西山野川路蛮以畜牧业为主，狩猎是其重要副业。其曾向宋朝进贡名马、牦牛、虎豹皮、麝香等珍贵畜产品，“雅州西山野川路蛮者，亦西南夷之别种也……太平兴国三年，首领马令膜等十四人以名马、犛牛、虎豹皮、麝脐来贡”。[①]此外，其还将马、珠犀、水银、麝香等贩运至雅州与汉族进行商业贸易。但毗邻汉族的部族，则以农业定居为主。他们已完全掌握了种植稻麦、茶树和修建房屋的技术。宋朝在雅州和碉门设置马市，进行贸易。

（三）黎州诸蛮

五代两宋时期，“黎州诸蛮”泛指今雅安、凉山地区大渡河流域一带的少数民族。黎州，古为邛、笮民族居住之地。唐代以东泸水（雅龙江）为界，以东称“东蛮”，以西称“西蛮”。“西蛮”以“白蛮”为主，主要居住在今云南省境内。北宋时，“西蛮”主要处于大理国的统治之下。“东蛮”主要指乌蛮的勿邓、风琶、两林三部落，活动于今凉山州一带。咸通年间（860—874 年），

① ［元］脱脱等：《宋史·蛮夷传四》，中华书局标点本 1985 年版，第 14230 页。

南诏攻占大渡河南部后，“东蛮”尽为南诏统治。唐昭宗天复二年（902年）郑买嗣篡南诏，建立长和国。五代前蜀永平四年（914年），长和国进犯黎州，为前蜀击败，遂遣使通好。后唐明宗天成三年（928年），赵善政为王，建立大天兴国，不久杨干贞废赵善政建立大义宁国。后蜀明德六年（934年），段思平逐杨氏，建立大理国，结束了南诏灭亡后政局不稳的状态。从郑氏、赵氏、杨氏到段氏的大理国，都以大渡河为其北界，“东蛮”部落都受其统治，基本不与中原相通，但亦有受后唐封号的。《读史方舆纪要》载：“五代梁乾化四年（914年）南诏寇黎州，王建遣王宗范等追败之于大渡河，蛮走渡河，桥绝溺死者数万人。宗范将作浮桥济大渡河攻之，蜀主召还，自是蛮寇益少。”北宋平蜀后，宋太祖鉴于“黎州控制云南极边，在唐为患尤甚”，“弃越西不毛之地，画大渡河为界”①。对于以大渡河为界，有“宋挥玉斧”②的传说，不管这一传说是否属实，但可以从中看出，宋朝其实是承认了从郑氏、赵氏、杨氏到段氏的大理国都以大渡河为其北界的事实。以大渡河为界，大渡河以南诸部，仍受大理国控制。因此，黎州地区的民族分布状况在北宋末发生大的变化。

黎州诸蛮，并不是一个单一的民族，而是分为许多部分。《宋史·蛮夷传四》载：黎州诸蛮，凡十二种，有山后两林蛮、邛部川蛮、风琶蛮、保塞蛮、三王蛮（也叫部落蛮）、西箐蛮、净浪蛮、白蛮、乌蒙蛮、阿宗蛮、大云南蛮、小云南蛮。以上十二种

---

①［清］徐松：《宋会要辑稿》蕃夷5之58、59，中华书局影印本1957年版，第7795、7796页。

②［清］顾祖禹：《读史方舆纪要》卷66《四川一》，中华书局2005年版，第3120页记载：祝穆曰：“大渡河，唐西川要害也。大渡之戍一不守，则黎、雅、邛、嘉、成都皆扰。”宋初乾德三年王全斌平蜀，以图来上，议者欲因兵威服越巂，艺祖以玉斧画此河曰：“外此吾不有也。”于是为黎之极边。昔时河道平广，可通漕船，自玉斧画后，河之中流忽陷下五六十丈，水至此澎湃如瀑，从空而落，舂撞号怒，波涛汹涌，舡筏不通，名为“噎口”，殆天设险以限中外。父老云：“旧有寨将欲载杉木板繇阳山入嘉定贸易，以数片试之，板至噎口为水所舂没，须臾片片自沫水浮出，蛮人闻之益不敢窥伺。”

中，邛部川、风琶、两林蛮为东蛮，力量最强，是“黎州诸蛮”的主体，其余诸“蛮”均分别隶属于“东蛮”三部之下。对此，《宋史》也做了十分明确的记载：“凡风琶、两林、邛部皆谓之东蛮，其余小蛮各分隶焉。”[①] 在“东蛮”中，邛部川最大，两林蛮最强。

“山后两林蛮”，在黎州南七日程，是唐宋时期活动于今喜德一带的“东蛮”三部之一。从谭其骧主编《中国历史地图集》来看，北宋、南宋时期，两林蛮的分布有一定的变化：北宋时期主要分布在今甘落一带，接近大渡河。而南宋时期主要分布在今喜德一带，直接与大理国毗邻。五代后唐天成元年（923 年），“两林百蛮”都鬼主李卑晚遣使朝贡，被后唐封为宁远将军。宋朝时，两林蛮多次向宋朝贡，宋朝对其进行赏赐，曾封其首领为将军、大将军。从史籍记载来看，两林蛮长期与宋朝保持密切关系。

“邛部川蛮”，在黎州东南十二程，居汉越嶲郡会无县地，唐宋时活动于越西等地，与黎州邻境，是“东蛮”中最大的部落，位于宋朝与大渡河南的交通要道，故被称作“大路蛮”。从谭其骧主编《中国历史地图集》来看，北宋和南宋时期，邛部川都主要活动于以越西为中心的地区。不过，南宋时期，两林蛮势力南移到喜德一带，邛部川势力直达大渡河。因为邛部川所处之地在唐代主要是勿邓居住，它统辖了原来勿邓所统辖的各部、姓，因此又称“勿邓”。而且由于邛部川在一定程度上支配了两林蛮、风琶蛮等各部、姓，所以其酋长自称“百蛮都鬼主”“邛部川山前、山后百蛮都鬼主”“大渡河南邛部川山前、山后百蛮都首领”。[②] 五代时，“邛部川蛮”与“两林蛮”首领同时接受唐朝的封号。从史籍

① [元] 脱脱等：《宋史·蛮夷传四》，中华书局标点本 1985 年版，14231 页。

② 本段引用皆出自 [元] 脱脱等：《宋史·蛮夷传四》，中华书局标点本 1985 年版，第 14231—14235 页。

记载来看，邛部川蛮是向宋朝朝贡次数最多的民族。在黎州诸蛮中，邛部川蛮势力最强，“邛部于诸蛮中最骄悍狡谲，招集蕃汉亡命，侵扰他种，闭其道以专其利”，几乎支配了大渡河以南的地区。邛部川与宋朝关系密切，“素效顺，捍御边陲”。因此，当南宋嘉定九年（1216 年），邛部川被云南大理政权攻灭以后，宋朝就“失西南一藩篱矣”。元至元元年（1264 年），其地为元军攻占。

“风琶蛮”，亦作“丰琶蛮”，在黎州西南，是唐宋时活动于今德昌一带的“东蛮”民族。宋咸平元年（998 年）和景德三年（1006 年）向宋朝贡，并受到宋朝封赏，其后与宋朝保持友好关系。

“保寨蛮”，在黎州西南 300 里，活动于今冕宁县境。《宋会要辑稿》记载：“保塞蛮在黎州之西南，颇以善马来市。太祖开宝六年（973 年）四月，黎州上言保塞蛮七十余人自大渡河来归。”[①] 其后时常到黎州出售善马。

“部落蛮”，在黎州西百里，唐、五代时有刘王、郝王、杨王，称为“三王蛮”，活动于大渡河北汉源县境，故又称“浅蛮”。唐时“部落蛮”世袭封号，每年由西川赐锦 3000 匹，令其侦察南诏的情况，但他们又接受南诏的贿赂，充当南诏的向导侦察成都的虚实，故又称“两面羌”。前蜀永平四年（914 年）长和国进攻黎州，“三王蛮”向长和国泄露军事机密，王建斩“三王蛮”首领，自此群部震服，使云南政权断绝了情报来源，终五代迄宋，不敢犯西川。[②] 宋时“部落蛮”有“刘、杨、郝、赵、王五姓”，[③] 称“五部落蛮”。“其居叠石为碉，积糗粮器甲于上。族无君长，

---

①［清］徐松：《宋会要辑稿》蕃夷 5 之 58，中华书局影印本 1957 年版，第 7795 页。
② 贾大泉主编：《四川通史》第 4 册，四川大学出版社 1994 年版，第 133 页。
③［元］脱脱等：《宋史·蛮夷传四》，中华书局标点本 1985 年版，第 14236 页。

唯老宿之听。往来汉地，熟悉能华言，故比诸蕃尤奸黠。犀象珠玉皆出其地，每互市，马甚驽，又所出不多。”[①] 南宋淳熙七年（1180 年），举兵反宋，逼近黎州，史称“庚子五部落之变”，宋朝调大军讨伐，“五部落蛮贡马三百匹求内附，诏许通互市，却其所献马。”[②]

“西箐蛮”，在黎州西 300 里，有弥羌部落。而弥羌部落又有青羌、弥羌等部，史称吐蕃青羌、弥羌。虽名为羌，实际上已不属羌范畴。[③]

这些少数民族大多分布在今四川凉山地区、攀枝花市一带，有的分布在今云南省境内。在宋朝时，它们实际上已深入到大理国的腹地，而不仅仅限于黎州沿边，所以它们或属大理国，或为宋朝黎州所羁縻。

（四）嘉州虚恨蛮

成都府路嘉州地区分布的少数民族，主要是“虚恨蛮”。宋朝虽然未在嘉州设置羁縻州县，但仍把嘉州虚恨蛮地区作为少数民族地区来治理。“虚恨蛮”是宋代活动于今大渡河南峨边一带的民族部落，属“乌蛮之别种”，是马湖三十七部之一。之所以以“虚恨”为名，是因为“所居高山之后，夷人以高为虚，以后为恨，故名焉”。[④] 在宋朝时，其活动范围“东接马湖，南抵邛部川、北接中镇，地方三百里”[⑤]。宋初，虚恨被称为“蕞尔虚恨”，势力不大，与宋朝的关系融洽。[⑥] 熙宁十年（1074 年），峨眉县人杨佐等数十人，应成都府路招募，从峨眉县往来姚州买马，曾经虚恨地方。《云南买马记》中写道：“嘉州峨眉县西十里有铜山寨，与西

① [南宋] 李心传：《建炎以来朝野杂记》乙集卷 19，中华书局 2000 年版，第 854 页。
② [元] 脱脱等：《宋史・蛮夷传四》，中华书局标点本 1985 年版，第 14236 页。
③ 冉光荣，李绍明，周锡银：《羌族史》，四川民族出版社 1985 年版，第 215 页。
④ 李心传：《建炎以来系年要录》卷 124，中华书局 1988 年版，第 2030 页。
⑤ 李心传：《建炎以来系年要录》卷 124，中华书局 1988 年版，第 2030 页。
⑥ 贾大泉主编：《四川通史》第 4 册，四川大学出版社 1994 年版，第 128 页。

南生蕃相接界，户不满千，俗呼为小道虚恨姓。县尉例以十月一日上寨守护，谓之防秋，至四月一日罢归。意者以水潦方溢，而蕞尔虚恨无能为也。虚恨固无能为，仅六七百里有束密，束密之西百五十里至苴咩城，乃八诏王之巢穴也。其地东南距交趾，西北连吐蕃而旁靠蜀。”[①]宋末，虚恨蛮势力一度强盛，“方子直之成都，甫浃日，马湖蛮犯嘉州笼鸠堡，子直饬郡县毋袭故例，辄招谕许之赏犒，第谨边备，绝岁赐，禁互市以困之。蛮悔过，尽归所虏，具所当偿以请命，乃许如故。余蛮俱帖服。虚恨蛮族最强，善斗，破小路蛮，并其地”。[②]

关于两林蛮的分布地区，依据《宋史》的记载，位于黎州，在州南七日程，由黎州南行七日而至其地。而虚恨蛮分布在嘉州，在《云南买马记》中也明确记载：“嘉州峨眉县西十里有铜山寨，与西南生蕃相接界，户不满千，俗呼为小道虚恨。”[③]根据《元丰九域志》的记载，峨眉县在嘉州西九十里。根据这些记载，峨眉县应在嘉州西百里。在《元丰九域志》中记载：嘉州，“治龙游县。……西至本州界二百里，自界首至雅州六十里”。[④]《建炎以来系年要录》中也明确记载：“其地东接马湖南抵邛部川，北接中镇，地方三百里，疆落数十。”[⑤]从这些记载来看，两林蛮与虚恨蛮是有各自的分布区域的。从《中国历史地图集》来看，在北宋时期，“两林部”与“虚恨部”是毗邻关系，可能有交叉重叠的情况，但也各有分布地。

嘉州虚恨蛮或被认为是彝族的先民，或被认为是西蕃（藏族的先民之一）的先民。关于其事迹，主要见于杨佐的《云南买马

①［宋］李焘：《续资治通鉴长编》卷 267，中华书局 2004 年版，第 6539 页。
②［南宋］李心传：《建炎以来朝野杂记》乙集卷 19，中华书局 2000 年版，第 867 页。
③［宋］李焘：《续资治通鉴长编》卷 267，中华书局 1979 年版，第 3338 页。
④［宋］王存：《元丰九域志》卷 7，中华书局 1984 年版（2005 年重印），第 313 页。
⑤［南宋］李心传：《建炎以来系年要录》卷 124，中华书局 1988 年版，第 2030 页。

记》。南宋时，虚恨蛮叛服不常。虚恨蛮多次要求到嘉州地区互市，宋朝为求自身安全，均给予拒绝，并在与虚恨蛮接壤的交通要道上建立寨堡，加以防守，故虚恨蛮只得常附于邛部川蛮到黎州汉地进行贸易活动，与汉族的直接联系较少，受汉族的影响也较小。

（五）叙州三路蛮

梓州路的少数民族，主要集中分布在叙州和泸州地区。五代两宋时期，叙州地区的少数民族主要是马湖蛮、南广蛮、石门蕃部，合称“叙州三路蛮”，是对分布在今四川南部和滇东北地区的少数民族的称呼。

马湖蛮，在叙州西北，马湖江之右，是古僰侯国之地。因酋首董氏，故又称“董蛮”。据《建炎以来朝野杂记》记载：“马湖蛮者，西爨昆明之别种也。其地在梁为南宁州。承圣中，刺史徐文盛召去，有爨歹赞者遂据其地，子孙相传，后为东、西焉。西爨之地，在唐为殷、驯、骋、浪四州，其酋姓董氏，隶戎州都督府。”[①]《宋史》中两处都记为“驯、聘、浪、商”[②]四州，“殷”可能是“商”。关于马湖蛮的具体位置、村落等，《建炎以来朝野杂记》也作了较详细的记载：“马湖之地，东南接石门，西南接沙汉、虚恨及黎雅诸蛮与吐蕃之境，而北接叙州之商州寨、宣化县，西接嘉定之赖因、沐川，东北接叙州之宜宾。凡蛮地仰给者七村，曰胡盐，曰黎谿，曰平夷，曰都夷，曰什葛，曰蒲润，曰荒桃。”“自叙州沿流十里至马湖江口，又西溯七十里至安边寨，又水陆行三百二十里至夷都村，又水陆行一百八十三里至马

①［南宋］李心传：《建炎以来朝野杂记》乙集卷20，中华书局2000年版，第883、884页。
②［元］脱脱等：《宋史·地理五》中记载为：“商州、驯州、浪川州、骋州，已上皆在马湖江”，中华书局标点本1985年版，第2218页；卷496《蛮夷传四》中记载为：“唐羁縻驯、骋、浪、商四州之地”，中华书局标点本1985年版，第14238页。

湖江口，此马湖蛮王所居也。”[①] 酋首自称“马湖路三十七部落都王子”。

南广蛮，在叙州之东南部，“叙州庆符县（今高县西北）以西，为州十有四”。[②] 所以，“南广蛮”当在今四川高县、筠连至云南盐津、镇雄一带。

石门蕃部，在叙州正西，在“南广蛮”之西，为“乌蛮”民族。《宋史》记载：“石门蕃部与临洮土羌接，唐曲、播等十二州之地”[③]，因此，石门蕃部当在今云南省昭通、会泽、巧家一带。

史载董蛮“僰侯国也”“昆明之别种”，是当地彝族先民或西迁的西番之先民。其地“多沃壤，宜耕稼，其民被毡椎髻，而比屋皆复瓦，如华人之居，饮食种艺，多与华同”。[④] 马湖蛮之农业发展水平，与汉族相比已区别不大。南广蛮属僚人系统，此不展开。石门蕃部属“乌蛮”民族群体，据史书所载，其俗“椎髻、披毡、佩刀，居必栏棚，不喜耕稼，多畜牧。其人精悍善斗，自马湖、南广诸族皆畏之。盖古浪稽、鲁望诸部也”。[⑤] 其俗与马湖蛮有一定的相似之处，都披毡椎髻。

（六）泸州蛮

宋代泸州及其羁縻州的范围，大致包括今泸州和宜宾市南部及相邻的滇、黔边境一带。唐王朝在这一地区开拓“生僚”置羁縻州，隶泸州都督府。在这个范围内的少数民族，在宋代被统称为“泸夷”“泸州部”“泸州蛮”。宋代史籍中对这些少数民族的称谓较多，有“乌蛮”“蛮”“夷”“僚”“僰”“夷僚”“蛮僚”等。《宋史》载：“泸州西南徼外，古羌夷之地，汉以来王侯国以

---

①［南宋］李心传：《建炎以来朝野杂记》乙集卷 20，中华书局 2000 年版，第 884 页。
②［元］脱脱等撰：《宋史·蛮夷传四》，中华书局标点本 1985 年版，第 14238 页。
③［元］脱脱等撰：《宋史·蛮夷传四》，中华书局标点本 1985 年版，第 14238 页。
④［南宋］李心传：《建炎以来朝野杂记》乙集卷 20，中华书局 2000 年版，第 884 页。
⑤［元］脱脱等撰：《宋史·蛮夷传四》，中华书局标点本 1985 年版，第 14238 页。

百数，独夜郎、滇、邛都、嶲、昆明、徙、莋都、冉駹、白马氐为最大。夜郎，在汉属牂牁郡，今涪州之西，溱、播、珍等州封域是也；滇，在汉益州郡，今姚州善阐之地是也；邛都，嶲州会同川与吐蕃接，今邛部川蛮所居也；嶲，今嶲州；昆明，在黔、泸徼外，今西南蕃部所居也；徙，今雅州严道地；莋都，在黎州南，今两林及野川蛮所居地是也；冉駹，今茂州蛮、汶山夷地是也；白马氐，在汉为武都郡，今阶州、汶州，盖羌类也；此皆巴属西南徼外蛮夷也。”[①]

在“泸夷”中，除乌蛮有所专指外，宋代泸州地区的其他少数民族或称为“蛮”，或称为“夷”，或称为“僚”，或称为“僰”，有时还称之为“蛮僚”或“夷僚”。专指时，则往往冠之以所在地名，大者以其所在政府州县或羁縻州县呼之，如“泸州夷人”“泸州蛮人”“江安县蛮人”“晏州多刚县夷人”“长宁军界夷人”等等。或以水名呼之，如“淯水夷”。小者则以少数民族所聚居的村寨称之，如“罗苟夷”“三里夷”等。即使是某一夷人中，也包含了众多的少数民族，如“淯水夷”中所包括少数民族就比较多，所以《宋史》才说：“淯水夷者，羁縻十州五囤蛮也，杂种夷僚散居溪谷中。”[②]宋代史籍上所说的“淯水夷”，是指以淯州（宋朝泸州所属羁縻州，后改为淯井监，今长宁县）为中心地带的少数民族，其分布地带有“十州五囤”，大致在今合江、纳溪、江安、长宁、兴文、珙县、叙永、高县一带，所以又称之为“十州五囤蛮”。这些非乌蛮集团的人，其族属，刘复生认为是僚人。记载较多的都掌、罗始兜（又称为罗始党）等，也是僚人。[③]

都掌始见于唐代，都掌为羁縻纳州的属县之一。元丰年间都

①［元］脱脱等撰：《宋史·蛮夷传四》，中华书局标点本1985年版，第14243—14244页。
②［元］脱脱等撰：《宋史·蛮夷传四》，中华书局标点本1985年版，第14244页。
③刘复生：《宋代“泸夷”非乌蛮集团的民族成分》，《西南民族学院学报》，1987年第1期。贾大泉主编：《四川通史》第4册，四川大学出版社1994年版，第124—125页。

掌曾协助宋朝镇压“乌蛮”乞弟反叛。罗始党又名罗始兜、罗氏党，是宋代活动于泸南今兴文县东北僚人族属的民族部落。罗始党本为村落名称，周围有良田万顷，是“泸夷”的主要农业区。“晏夷”是居住在今兴文、长宁、珙县一带从事农耕的僚人。宋代四川著名的盐井监——淯井监就位于这一带少数民族的腹心之地。

“乌蛮”是北宋中期泸南地区最强盛的民族。庆历初，这一带为“乌蛮王子”得盖所据有，旁有旧姚州，得盖愿得州名以长夷落。于是宋朝诏复建姚州，以得盖为刺史。得盖死后，其子窃号“罗氏鬼主”。鬼主死，子仆射继任“鬼主”。但到仆射时，浸弱不能号令诸族。在乌蛮中出现了两个势力强大的首领：一个是晏子，居住在长宁、宁远以南；另一个是斧望个恕，居住在纳溪、江安以东。熙宁七年（1074 年），熊本平定“晏夷”之后，对乌蛮实行羁縻政策，以个恕知归徕州，仆夜知姚州，个恕之子乞弟、晏子之子沙取禄路并为把截将，西南夷部巡检。个恕于元丰二年（1079 年）死后，子乞弟袭归徕州刺史。乞弟死后，其子阿永在政和年间修复了与宋朝的关系，被封为“夷界都大巡检使”，其后裔遂以阿永为号。元初在“阿永蛮部”的基础上设永宁路。

晏子之子沙取禄路死后，其子鳖弊，承袭其位。政和五年（1115 年）助宋讨晏夷“卜漏”，授“西南夷界都大巡检”，其后裔称鳖弊部。又晏子四世孙名吕告者，助宋镇压卜漏，被封为“武略郎、西南蕃部都大巡检使”，其后裔遂以吕告为号。南宋末年吕告曾助宋抵御蒙古军队。元朝初年在“吕告蛮”的基础上设置了芒布路。[①]

① 贾大泉主编：《四川通史》第 4 册，四川大学出版社 1994 年版，第 124—125 页。

二、大理国境内的民族

（一）大理国境内的乌蛮诸部

和两宋辖区内的民族相比，由于汉族史家对大理国的记录较少，所以就难以更详细记录大理国境内的民族情况，只能从分布区上推断当时乌蛮发展的大致情况。

前面说过邛部川蛮是黎州乌蛮诸部之一，但嘉定九年（1216年），邛部川蛮投降大理国，大理国设建昌府（驻今四川西昌）领乌蛮十余部：虚恨部（分布在今峨边县境内）、邛部（分布在今越西县境内）、落兰部（分布在今冕宁县南部泸沽一带）、阿都部（分布在今美姑县境内）、沙麻部（分布在今金阳县）、两林部（分布在今布拖）、科部（分布在今宁南县境内）、风琶部（分布在今普格至德昌一带）、巴翠部（分布在今德昌县东南）、屈部（分布在今德昌县南）。笼么城和沙城赕也是乌蛮的分布区。[①]

大理国的威楚府（驻今楚雄）内，也有乌蛮各支系分布：华竹部（分布在今元谋县）、罗婺部（分布在今禄劝县西北之云龙）、洪农碌券部（分布在今禄劝县）、掌鸠法块部（分布在今禄劝县东部之石旧）、马笼部（分布在今新平县莫沙）、罗盘部（分布在今元江县）、步日部（分布在今普洱县）、思摩部（分布在今思茅）、罗陀部（分布在今思茅西南之官房）等。[②]

秀山郡（驻今通海县）内有乌蛮支系分布：宁部（分布在今华宁县）、嶍峨部（分布在今峨山县西北）、阿僰部（分布在今建水县）、纳楼部（分布在今建水县南之官厅）、铁容甸部（分布在今红河县东部之下亏容）、七溪部（分布在今红河县东南之溪处）。

① 尤中：《中华民族发展史》第3卷，晨光出版社2006年版，第464页。
② 尤中：《中华民族发展史》第3卷，晨光出版社2006年版，第68—69页。以下所引皆同，不再一一作注。

最宁府（今云南文山州除广南、富宁二县外之地）有乌蛮支系分布：教合山部（分布在今文山县西郊）、空亭部（分布在今文山县西部乐龙一带）、车部（分布在今文山县南部之阿基）、惠么部（分布在今砚山县北部之维莫）、屈中部（分布在今开远县东南部）、阿马部（分布在今屏边县）、阿月部（分布在今马关县西部之八寨）、舍资部（分布在今蒙自县东部之老寨）、阿迷部（分布在今开远市）。

鄯阐府（驻今昆明市市区）有乌蛮支系分布：黎囊甸部（分布在今富民县）、罗普笼部（分布在今宜良县）、嵩盟部（分布在今嵩明县）、羊林部（分布在今嵩明县南部之杨林）、阳城堡部（分布在今晋宁县晋城）、阿宁部（分布在今安宁市）、大吴笼部（分面在今呈贡县南之化城）、罗伽部（分布在今澄江县）、强宗部（分布在今澄江县北部之阳宗城）、步雄部（分布在今江川县）、落蒙部（分布在今路南县）。

石城郡（驻今曲靖市麒麟区）有乌蛮支系分布：落温部（分布在今陆良县东北之旧州）、普么部（分布在今曲靖南之越州镇）、罗雄部（分布在今罗平县城北提埂村）、纳苟部（分布在今马龙县）、磨弥部（分布在今宣威市东）、新丁部（分布在今寻甸县）、于矣部（分布在今贵州省盘县，普安之间的的旧普安）、弥鹿部（分布在今泸西县城南之雨龙）、师宗部（分布在今师宗县）、弥勒部（分布在今弥勒县）、夜苴部（分布在今富源县南之亦佐）。

东川郡（驻今会泽）的乌蛮：大理国曾经设东川郡大都督管理今滇东北的乌蛮各支系，但除东川的乌蛮閟畔部外，其余的乌蛮部（分布在今昭通市昭阳区、鲁甸）、乌撒部（分布在今贵州威宁县、水城市）、易娘部（分布在今彝良县）、茫布部（分布在今镇雄）都羁属于宋朝的梓州路，被称为石门蕃部。

从文献所载来看，有许多乌蛮支系的名称是用本支系祖先的名字来命名，具有浓厚的祖先崇拜色彩，而且这些名称对后来的政区命名有重要的影响。从以下几个部的得名可以看出[①]：

罗雄部，史载："罗雄州……夷名其地为塔敝纳夷甸。……有罗雄者居此甸。至其孙普恐，名其部曰罗雄。"元代又以之为罗雄州。

新丁部，"后乌蛮之裔新丁夺而有之。至四世孙，因其祖名新丁，以为部号。语讹为仁地"。蒙古帝国同时又以之为仁德万户府，元代又改为仁德府。

师宗部，"昔爨蛮逐獠、僰等居之，其后师宗据匿弄甸，故名师宗部"。蒙古帝国时立为师宗千户所，元代改为师宗州（今师宗县）。

弥勒部，"昔些莫徒蛮之裔弥勒得郭甸、巴甸、部笼而居之，故名其部曰弥勒"。蒙古帝国时立为弥勒千户所，元初改为弥勒州（今弥勒县）。

乌撒部，"乌撒者蛮名也。……后乌蛮之裔折怒始强大，尽得其地，因取远祖乌撒为部名"。

其他与此情况类似的还有阿都部、科部、赫綖部、屈部、绛部等。

结合乌蛮的地理分布特点和自身的发展情况，可以从北向南将大理国境内的乌蛮分为北部乌蛮、中部乌蛮、南部乌蛮。

大理国的北部乌蛮主要分布在大理国北部的建昌府（驻今四川西昌）、会川府（驻今四川会理）、东川郡（驻今云南会泽）。

大理国的建昌府设立于南诏国时期，这一地区曾经在唐肃宗年间（756—758）被吐蕃占领，后复之。正因为如此，南诏国设立建昌府后，迁移了大量的乌蛮、白蛮到建昌府，这一状况到大理

① 关于以下几个部的引用出自［明］宋濂等撰：《元史·地理志四》，中华书局标点本1974年版，第1468—1483页。

国时也没有多少改变，造成了乌蛮和白蛮在局部地区的流动。

建昌府以大渡河和宋朝成都府路的黎州接界，而在大渡河南边的乌蛮邛部则在大理国的宋朝之间左右事之，大理国对此极为不满，以武力胁之，使之最终归服大理国。所以，从南宋嘉定九年（1216 年），宋朝和大理国的北部边境就以大渡河为界稳定了下来，大理国北部的乌蛮分布区也因此稳定了下来。

建昌府内有乌蛮的十二个部，接受建昌府的管理，这十二个部是[①]：

虚恨部，在今四川峨边县境内；邛部，在今四川越西县东北；勿邓部，在今四川昭觉县境内；落兰部，在今四川泸沽县；阿都部，在今四川美姑县；沙麻部，在今四川金阳县北部瓦岗一带；两林部，在今四川布拖一带，也称山后两林蛮，为世居的乌蛮；科部，在今四川宁南县；风琶部（又记为丰琶部），在今四川普格县至德昌县一带，为世居的乌蛮；巴翠部，在今四川德昌县东南巴松一带，其下又分为三个小部落；赪綖部，在今四川德昌县；屈部，在今四川德昌县城南。

大理国的会川府在建昌府南边，府驻今四川会理县，府内有乌蛮的三个部：绛部，在今四川会东县；黎弭部，在今四川会理县西南的黎溪，是一个汉族、乌蛮、白蛮杂居区，“初，乌蛮与汉人杂处。及南诏阁罗凤叛，徙白蛮守之。蒙氏终，罗罗逐去白蛮。大理国段氏兴，令罗罗乞夷据其地”。[②]麻笼部，在今四川会理县城东，地名棣罗能，城名麻笼。麻笼部是从东川郡迁到会川府的，“乌蛮蒙次次之裔，祖居閟畔东川，后普恐迁苗卧龙”，[③]筑城而居，自为一部。

---

① 尤中：《云南地方沿革史》，云南人民出版社 1990 年版，第 187—189 页。
② [明]宋濂等撰：《元史·地理志四》，中华书局标点本 1974 年版，第 1474 页。
③ [明]宋濂等撰：《元史·地理志四》，中华书局标点本 1974 年版，第 1475 页。

大理国的东川郡与宋朝的潼川府路相接，有乌蛮的七个部：乌蒙部，在今云南昭通市昭阳区；乌撒部，在今贵州威宁县；易娘部，在今云南彝良县；芒布部，在今云南镇雄县；易溪部，在今四川叙永与贵州黔西相接处；阿头部，在今贵州赫章县；閟畔部，在今云南会泽县。

由于大理国对上述七部管理控制的松弛，所以易溪部、易娘部、乌蒙部、乌撒部、芒布部、阿头部便投向宋朝，但宋朝因为与北方契丹、女真、党项各民族的战争是宋王朝民族关系的主要矛盾方面，不能对易溪等六部进行有效的管理，所以易溪等六部实际上是处于相对独立发展的状态之中，只有东川郡閟畔部还在大理国的控制之下。

大理国北部乌蛮共有二十个部，这二十部见诸唐代史书的只有风琶、邛部、勿邓、两林、阿头、芒布。为什么唐代北部乌蛮只有六个部，而到了大理国时却有二十个部呢？这反映了两方面的问题：第一是当时对乌蛮的了解不深入；第二是南诏国时乌蛮的分化没有大理国时快。

中部乌蛮主要分布在大理国中东部的弄栋府（驻今云南姚安）、威楚府（驻今云南楚雄市）、石城郡（驻今云南曲靖市麒麟区）、善阐府（驻今云南昆明市市区）。

弄栋府在会川府之西南，是南诏国的弄栋节度驻地，但大理国的弄栋府辖地远远小于南诏时，仅领有今永仁、大姚、姚安一带。虽然在今天的永仁、大姚、姚安一带乌蛮后裔众多，但历史上对弄栋府境内的情况记载几乎为零。

威楚府在弄栋部之南，是大理国在南诏拓东节度西部、弄栋节度南部、开南节度的基础上设置的，其境内有乌蛮十三部[1]：

① 尤中：《云南地方沿革史》，云南人民出版社1990年版，第190—192页。

白鹿部，在府境内，今地不详；罗部，在今云南罗茨；华竹部，在今云南元谋县；罗婺部，在今云南禄劝县北部；洪农碌券部，在今云南禄劝县；掌鸠法块部，在今云南禄劝县东部；马笼部，在今云南新平县漠沙镇；罗盘部，在今云南元江县；因远部，在今云南元江县因远坝；步日部，在今云南普洱县；思摩部，在今云南思茅市；罗陀部，在今云南思茅市西南；步腾部，在今云南景洪市北部普文。

善阐府（驻今昆明市城区）是大理国东部的政治、经济、文化中心，其境内共有乌蛮八个部：嵩盟部，在今云南嵩明县；羊林部，在今云南嵩明县南的杨林镇；阳城堡部，在今云南晋宁县晋城镇；阿宁部，在今云南安宁市；罗伽部，在今云南澄江县；强宗部，在今云南澄江县的阳宗海周围；步雄部，在今云南江川县；落蒙部，在今云南石林县。

以上各部，基本是由乌蛮中的些莫徒（些么徒）组成，他们是近代彝族支系撒摩都、撒梅、撒尼的先民。[①]

石城郡（驻今云南曲靖市麒麟区西北）在善阐府的东部，是大理国最东边的一个郡，“东部乌蛮三十七部”的十一个部分布在石城郡内：落温部，在今云南陆良县；普么部，在今云南曲靖市麒麟区之越州镇；罗雄部，在今云南罗平县；纳苟部，在今云南马龙县；磨弥部，在今云南宣威市、沾益县、富源县境内；新丁部，在今云南寻甸县境内；于矢部，在今贵州盘县、普安、晴隆一带；弥鹿部，在今云南泸西县；师宗部，在今云南师宗县；弥勒部，在今云南弥勒县；夜苴部，在今云南富源县。

大理国中部的乌蛮三十二个部，都是今天彝族的先民。

大理国的南部乌蛮主要分布在秀山郡（驻今通海县）和最宁府

---

① 尤中：《云南地方沿革史》，云南人民出版社 1990 年版，第 179 页。

（驻今开远市）。秀山郡的乌蛮主要有：宁部，在今云南华宁县；嵋峨部，在今云南峨山县；阿僰部，在今云南建水县；纳楼部，在今云南建水县南之官厅。

最宁府为今以文山县为核心的地区，是大理国后期从秀山郡分出另立为府，和宋朝的广南西路相接，宋朝与大理国的马市通道通过这里，境内多民族杂居，以百越后裔僚人和乌蛮为主，乌蛮主要有：哈迷部，在今云南开远市；舍资部，在今云南蒙自县。

大理国乌蛮的分布情况有一个大致的规律，北部辖境内乌蛮二十部；中部有乌蛮三十二个部；南部只有乌蛮六个部，呈现出北部、中部多，而南部分布少的规律。这说明北部是乌蛮的核心分布区，居住的时间最长；中部是乌蛮的主要分布区，到达的时间稍晚；而南部乌蛮则到达的时间最晚，人数也呈递减趋势。

现在，我们再讨论大理国时乌蛮为什么会呈现中部多、北部次之，南部递减的分布特点。从族属源流上讲，南诏国的建立者蒙氏集团也是乌蛮，蒙氏集团与乌蛮各部有着十分紧密的政治关系，贵族间多以婚姻关系来进一步强化政治关系，《新唐书》载："乌蛮与南诏世婚姻"。[①] 因此，当南诏国建立后，必定要以乌蛮各支系作为自己重要的政权基础，特别是在天宝战争后，唐和南诏关系破裂，南诏国的势力快速向东和东南发展，其所依托的力量就是同族属的乌蛮各支系，在此情况下乌蛮得到了一次极好的向南发展的机遇，在南诏政权强大的支持下，乌蛮获得了一个空前广阔的生存空间，他们随着南诏政权的推进，向南诏国的东部、东南部扩张。对这个以往的研究者不太留意的事件，历史文献并没有将之遗忘，记载颇多，《元史》就记载了元朝云南行省中

① [北宋]欧阳修，宋祁：《新唐书·南蛮传下》，中华书局标点本1975年版，第6317页。

的许多路府州县都是天宝战争（754年）以后被乌蛮占领，现列出一些典型的事例以证明上述观点[①]：

中庆路的昆阳州（今云南昆明市昆阳），“阁罗凤叛唐，令曲缚蛮居之”。

中庆路的安宁州（今云南安宁市），“阁罗凤叛唐后，乌、白蛮迁居”。

镇南州（今云南南华县），“唐时蒙舍诏阁罗凤合六诏为一，侵俄碌，取和子城，今镇南州是也”。

陆凉州（今云南陆良县），“南诏叛后，落温部蛮世居之”。

沾益州（今云南沾益县），“天宝末，没于蛮，为僰、剌二种所居”。

临安路的宁州（今云南华宁县），“天宝末，没于蛮……步雄部蛮些么徒据之”。

以上是《元史·地理志》所载，清代的《道光云南志钞》也有一些相同的记载[②]：

广西直隶州，“天宝末没于蛮，仍为（乌蛮）师宗、弥勒、维摩三部所据”。

昭通府，“唐乌蛮仲由牟之裔阿统迁此，传至十一世孙乌蒙强盛，号乌蒙部”。

江川县，“蒙氏叛唐，徙曲旺蛮居此，以白蛮首治之，后为么些徒蛮所据”。

安宁州，“唐武德初，设置安宁县，仍属昆州，后陷于蛮，遂为蒙氏（乌蛮）所据，段氏因之”。

与元史相对照，说明是天宝后期乌蛮才到达这里的。

---

① 关于以下事例的引用出自［明］宋濂等撰：《元史·地理志四》，中华书局标点本1974年版，第1459—1468页。

② 关于以下记载的引用出自［清］王崧：《道光云南志钞》，云南社科院文献所1990年内部版，第65，63，58，9页。

此外，在中部乌蛮、南部乌蛮的分布区，广泛流传着诸葛亮的传说，留有许多与诸葛亮有关的遗迹，但很多地方是诸葛亮根本没到过的。众所周知，诸葛亮在蜀汉建兴三年（225 年）由越巂郡（驻今四川西昌）渡过泸水（今金沙江），抵达滇池地区，再没有向南进军，而诸葛亮没有到的地方为何广泛流传与诸葛亮有关的传说和遗迹呢？对此，我们认为是乌蛮在南迁过程中将与诸葛亮有关的传说进行了传播，同时为了表明其传说的真实性，还“创造”出许多诸葛亮遗迹，如“诸葛营”“诸葛台”“诸葛山”“武侯祠”等。这在明清的许多地方文献中多有记载，《滇南志略》就有许多这样的记载。

首先是诸葛亮到过的滇池区域：云南府昆明县城内有诸葛武侯祠，“道光中，大学士总督阮元重修，额曰：‘诸葛武侯祠堂’”；富民县有诸葛营，“在城南小石岭，诸葛亮南征时尝置营于此，今名诸葛营”；嵩明州有诸葛盟蛮台，“在城南四十里，世传诸葛武侯七擒孟获，与诸蛮盟此，州守瞿唐建祠其上……万历辛亥，州守孙汝正以石镌‘古盟台’三大字，立于其地”。[①]

上述地区可以认为是诸葛亮到过的地方，乌蛮子孙留有关于诸葛亮的历史记忆不足为奇，但滇南乌蛮分布区诸葛亮不曾到过，却也有关于诸葛亮的传说和遗迹就值得思考。如临安府通海县有“诸葛山，一名驻军城，在县南二百里，昔诸葛武侯南征，驻兵于此，濠堑尚存，上有悬崖石窟”。普洱府宁洱县有多处武侯传说：“锦袍山，一名光山，在城东二里，山势雄峙，上有垒址，相传武侯南征，结营于此。”普洱府思茅厅有“孔明山，在攸乐北三百里大川原旁，曰‘孔明寄箭处’，有石碑，传为孔明

①［清］刘慰三：《滇南志略》，方国瑜主编：《云南史料丛刊》第 13 卷，云南大学出版社 2001 年版，第 42、50、55 页。

碑”[1]，等等。

（二）大理国境内氐羌系统的其他民族群体

在大理国境内，除了众多的乌蛮部落外，属于氐羌系的民族也还有很多，可以认为大理国本身就是一个多民族政权，现将大理国境的氐羌民族简述如下：

白蛮 白蛮是以氐羌系民族僰人为主体并吸收了大量的汉族人口及汉族文化而形成的民族。[2]到宋代已经广泛采用汉姓，贵族主要是杨、赵、李、董、段、高、尹、何、杜、张等十大姓。大理国的国王段氏就是白蛮，而且段氏琮将洱海、滇池两大区域的肥田沃土分封给白蛮贵族，在这一背景下，白蛮迅速地发展起来，成为当时经济文化发展水平较高的民族。

么些蛮 大理国的么些蛮主要分布在大理国的善巨郡，金沙江是一个N字形从善巨郡中部流过，由于么些蛮主要分布在N字形河段，所以金沙江的这一河段称“么些江”。

长时间以来，么些蛮部落没有形成一个大的政治力量，所以各个部落之间彼此不相统属，大理国时期仍然如此，因此与大理国有关的文献中对么些蛮内部的情况基本没有记录，较为详细的记载是元代李京的《云南志略》，但那已经是元代的事了。

和蛮 和蛮与乌蛮有十分紧密的亲缘关系，大理国时期和蛮的社会经济有了大的发展，但内部发展得也不平衡，滇东南六诏山区[3]分布的和蛮维摩、强现、王弄等部，由于受到汉僮等民族的影响，农业甚至商业都较以前有快速进步。北宋皇祐年间（1049—1054）狄青追击侬智高时，曾得到和蛮首领的帮助，因此被封为“强现部和泥大首领”。而分布在哀牢山区的和蛮因远、思

① [清]刘慰三：《滇南志略》，方国瑜主编：《云南史料丛刊》第13卷，云南大学出版社2001年版，第121、198、202页。

② 段玉明：《大理国史》，云南民族出版社2003年版，第265页。

③ 六诏山，在今云南东南部，其东南段伸入广西，是南盘江与元江的分水岭。

陀、溪处、落巩（罗孔）等部，发展就相对缓慢，诸部中只有轩远部较强。到了大理国时期，情况有了一些变化，罗孔部曾于绍兴三年（1133 年）到广西横山寨贩马，《岭外代答》载："有知寨、主簿、都监三员，同主管买马钱物。产马之国曰大理，自杞、特磨、罗殿、毗那、罗孔、谢蕃、滕蕃等。"①

卢蛮 唐代的施蛮和顺蛮到大理国时被汉族史家记为卢蛮，但实际上还应包括与乌蛮关系十分密切的栗粟两姓蛮。大理国在卢蛮的主要聚居区设谋统府。此外，在善巨郡也有卢蛮分布。从总体上看，卢蛮的社会经济发展较为缓慢。

峨昌蛮 唐代的寻传蛮和裸形蛮到了大理国时期被汉族史家称为峨昌蛮，主要分布在大理国永昌府和腾冲府交接地区。需要说明的是他们到近代发展演化为阿昌族和景颇族。

值得注意的是在大理国境内还有许多与氐羌有源流关系的民族生存并发展着，如怒族、独龙族、基诺族、拉祜族等民族的先民，但由于当时的文献没能将之记录下来，其详情不得而知，并不等于当时没有这些民族存在。

（三）大理国境内百越系统的民族

汉晋时期从永昌郡到兴古郡内，以及中南半岛的百越百裔，在唐宋两朝被汉族史家根据他们各自不同的生活习俗，衍生出许多复杂的他称。如金齿百夷。两汉时期的"滇越"，至汉晋时被称为"鸠僚"，到了南诏、大理国时期又被称为"金齿""银齿""黑齿""绣脚""绣面"等。这些都是汉族就其文化生活方面某些表象所作的称呼，都是他称。

大理国时期，西南地区百越系统民族的分布状况基本不变，仍以南诏时期的三个区域为主要聚居之地，并有向四周扩散的趋势。

① 杨武泉：《岭外代答校注》，中华书局 1999 年版，第 187 页。

三、元代的西南民族

（一）元代的乌蛮与分布

蒙古帝国的军队灭亡大理国进入云南后，首先在大理国乌蛮各部的基础上设立万户府、千户所、百户所，云南行省又在此基础上设立了路府州县。

如果说唐代的乌蛮各支系的分布还不能十分明确的话，那么元代的路府州县设置基本完成后，乌蛮各支系的分布就相对清晰，同时乌蛮作为元代主体民族的格局也渐渐显示了出来。现将行政区和乌蛮的情况分述如下[①]：

中庆路的嵩明州，“治沙札卧城，乌蛮车氏所筑，白蛮名为嵩明。昔汉人居之，后乌、白蛮强盛，汉人徙去，盟誓于此，因号嵩盟。”嵩明州的杨林县、邵甸县也是乌蛮的聚居地：“（杨林县）乃杂蛮枳氏、车氏、斗氏、么氏四种所居之地，城东门内有石如羊形，故又作羊，唐有羊林部落，即此地。……邵甸，在州西，治白邑村，无城郭，车蛮、斗蛮旧地。”

中庆路的晋宁州领呈贡县和归化县，此地在汉代为滇人的核心分布区，滇人南迁后，乌蛮在南北朝晚期氐势力衰亡时开始进入，南诏国建立后，在强大的南诏政权力量支持下，更多的乌蛮到了滇地区域。故晋宁州是乌蛮的主要聚居区：呈贡，“西临滇泽之滨，在路之南，州之北。其间相去六十里，有故城曰呈贡，世为些莫，强宗部蛮所居。……（归化县）在州东北，呈贡县南，西滨滇泽，地名大吴龙，（背）［昔］吴氏所居，后为些莫徒蛮所有，世隶鄯阐。”

中庆路的昆阳州下辖三泊（晋云南安宁县三泊）、易门二县，

① 本节引用出自［明］宋濂等撰：《元史·地理志》，中华书局标点本1974年版，第1459—1483页。

是乌蛮、白蛮杂居区，昆阳州，“在滇池南，僰、卢杂夷所居，有城曰巨桥，今为州治。阁罗凤叛唐，令曲缚蛮居之”。此中的僰，即今天的白族先民，而卢夷即“罗罗夷”，为乌蛮一支。又易门县，“在州之西治市坪村，世为乌蛮所居”。从乌蛮的发展史看，这儿的“世为乌蛮所居”的最初时间应该是在南北朝晚期。

中庆州的安宁州下辖禄丰、罗茨二县，是乌蛮、白蛮杂居区。安宁州，“唐初置安宁县，隶昆州，阁罗凤叛唐后，乌、白蛮迁居”。又禄丰县，“非大酋所居，惟乌、杂蛮居之，迁徙不常。……（罗茨县）在州北，治厌磨吕白村，本乌蛮罗部”。

元代云南行省的武定路领有和曲州（今武定县）、禄劝州，是乌蛮分布的又一核心区，乌蛮最大的部为罗婺部，故元宪宗设罗婺万户府。《元史·地理志》载：“（武定路）唐隶姚州，在滇北，昔卢鹿等蛮居之。至段氏使乌蛮阿治纳夷胒共龙城于共甸，又筑城名曰易龙，其裔孙法瓦浸盛，以其远祖罗婺为部名。”

和曲州（地在今云南武定县）在乌蛮没有到来之前，有过大量汉族，南诏国以后乌蛮大量进入，“至段氏以乌蛮阿并吞诸蛮聚落三十余处，分兄弟子侄治之，皆隶罗婺部。……（禄劝州易笼县，地在今云南禄劝县北）昔罗婺部大酋居之，为群酋会集之所”。

元代云南行省的普安路是乌蛮分布的最东部（地在今贵州六盘水市），大理国的乌蛮于矢部，元宪宗时设于矢万户府，又众多乌蛮，这些乌蛮几乎都是天宝战争时期进入这一地区的，史载：“蒙氏叛唐，其地为南诏东鄙，东爨乌蛮七部落居之。其后爨酋阿宋逐诸蛮据其地，号于失部，世为酋长。”普安路就是在于矢万户府的基础上设置的。

元代云南行省的曲靖路辖陆凉州（今云南陆良县）、越州、罗雄州（今云南罗平县）、马龙州（今云南马龙县）、沾益州（今云南沾益县）及南宁等县，这些州县多有乌蛮分布，这一地区的乌蛮也主要是天宝之战以后进入的。“贞观中（627—649）以西爨归王为南宁都督，袭杀东爨首领盖聘。南诏阁罗凤以兵胁西爨，徙之至龙和，皆残于兵。东爨乌蛮复振，徙居西爨故地，世与南诏为婚，居故曲靖州。天宝末（754年），征南诏，进次曲靖州，大败，其地遂没于蛮。”

陆凉州，“南诏叛后，（乌蛮）落温部蛮世居之”。

越州，“在路之南，其川名鲁望，（乌蛮）普么部蛮世居之”。

沾益州，“天宝末，没于蛮，为僰、剌二种所居，后（乌蛮）磨弥部夺之”。沾益州下有交水、石梁、罗山三县，全是乌蛮磨弥部的分布区，“交水，治易陬龙城，其先磨弥部酋蒙提居之；……石梁，系磨弥部，又名伍勒部，其酋世为巫；……罗山，夷名落蒙山，乃磨弥部东境”。

罗雄州，地处氐羌民族与百越系民族的交错杂居区，乌蛮罗雄部生活在这里，与“溪洞蛮僚接壤”。

马龙州，“夷名曰撒匡。昔僰、剌居之，盘瓠裔纳垢逐旧蛮而有其地”。按：纳垢非盘瓠之后，实为乌蛮之裔。

元代云南行省的澄江路下辖新兴州（今云南玉溪市红塔区）、路南州（今云南石林县）及江川县、阳宗县、普舍县（今云南玉溪市红塔区北城镇），都是乌蛮聚居区。

澄江路，“初，么些蛮居之，后为僰蛮所夺。南诏蒙氏为河阳郡，至段氏，么些蛮之裔复居此甸，号罗伽部”。澄江路就是在罗伽万户府的基础上设置的。

江川县，“蒙氏叛唐，使白蛮居之。至段氏，么些徙蛮之裔居此城，更名步雄部”。阳宗县境内的乌蛮部落也是步雄部。

普舍县，“在州西北，昔有强宗部蛮之裔，长曰部傍，据普具龙城，次曰普舍，据普扎龙城”。由此可见，澄江路的乌蛮强宗部到宋元时期已经开始分化，部傍部和普舍部成了新兴州境内的乌蛮支系。

元代云南行省的仁德府（今云南寻甸县）是乌蛮的聚居区，“仁德府，昔僰、刺蛮居之，无郡县。其部曰仲扎溢源，后乌蛮之裔新丁夺而有之。至四世孙，因其祖名新丁，以为部号，语讹为仁地”。仁德府就是在仁地万户府的基础上设置的。

元代云南行省建昌路（驻今四川西昌市）是乌蛮早期的分布中心，南诏国时又迁乌蛮进入，“建昌路，本古越嶲地，唐初设中都督府，治越嶲。至德中（756—758）没于吐蕃。贞元中（785—805）复之。唐懿宗时（860—874）蒙诏立城曰建昌府，以乌、白二蛮实之。”尽管未说从何处迁来乌、白蛮，但今天大小凉山的许多彝族仍然认为他们的祖居地在滇东北，他们是从滇东北迁到凉山的。

元朝在建昌路下设里州（地在今四川美姑县），管理乌蛮阿都部，“里州，唐隶嶲州都督，蒙诏时落兰部小酋阿都之裔居此，因名阿都部”。

又在建昌路下设阔州（今四川宁南县）管理乌蛮的乌蒙部，而“阔州”的“阔”也是由乌蛮部落首领讹变而来的，“（阔）州治密纳甸，古无城邑，乌蒙所居。昔仲由蒙之裔孙名科居此，因以名为部号，后讹为阔”。

在建昌路设姜州（驻今四川会理县东南）治理乌蛮绛部，“姜州，姜者，蛮名也。乌蛮仲牟由之裔阿坛绛始居閟畔部，其孙阿罗仕大理国主高泰，是时会川（驻今四川会理县南）有城曰龙纳，罗落蛮世居焉。阿罗挟高氏之势，攻拔之，遂以祖名曰绛部”。[①]

元代云南行省德昌路下也设有州治理乌蛮。设昌州治理乌蛮的屈部，“初，乌蛮阿屈之裔浸强，用祖名为屈部”。

①［明］宋濂等撰：《元史·地理志》，中华书局标点本1974年版，第1473页。

设威龙州治理乌蛮的巴翠部，“威龙州，州在路西南，夷名巴翠部，领小部三，一曰沙娲普宗，二曰乌鸡泥祖，三曰娲诺龙莒蒲，皆卢鲁蛮种也”。

元代云南行省会川路的会理州（今四川会理县）的乌蛮与今滇东北乌蛮是连成一片的。“会理州，……有蛮名阿坛绛，亦仲由蒙之遗种。其裔罗于则，得昔陀地居之，取祖名曰绛部，后强盛，尽有四州之地，号蒙歪”。

同时会川路下的麻龙州也有乌蛮，但是从东川路迁来的，“麻龙州……乌蛮蒙次次之裔，祖居閟畔东川，后普恐迁苗卧龙，其孙阿麻内附”。

元代云南行省的临安路（驻今云南通海县），是乌蛮与百越后裔的杂居区，从文献记载来看，乌蛮阿僰部进入的时间稍晚，“临安路，唐隶牂州，天宝末没于南诏。蒙氏立都督府二，其一曰通海郡，段氏改为秀山郡，阿僰部蛮居之”。在乌蛮阿僰部未进入之前，有乌蛮步雄部，但都为“阿僰蛮易渠夺而居之”，并将阿僰蛮的势力向东南方向推进到了舍资（今蒙自），其“舍资”就是阿僰蛮首领的名字：“舍资千户，蒙自县之东，阿僰蛮所居地。……传至裔孙舍资，因以为名，内附后，隶蒙自千户。”

临安府的建水州（今云南建水县），古称步头，也叫做巴甸，为步雄蛮的一支些么徒蛮分布区，而其西边的石平州（今云南石屏县）则为乌蛮阿僰部。

临安路的宁州（今云南华宁县）乌蛮也是天宝战争后迁入的，“宁州，在本路之东，唐置黎州，天宝末，没于蛮……步雄部蛮些么徒据之，后属爨蛮酋阿几，以浪旷割与宁酋豆圭”。宁州下属的嶍峨县也是因有乌蛮而设立，“昔嶍猊蛮居之，后阿僰酋逐嶍猊据其地。至其孙阿次内附，以其部立千户”。

元代云南行省的广西路最早是百越后裔的聚居区，乌蛮进入后，成了氐羌系民族与百越系民族的杂居区，其下辖的师宗州和弥勒州的得名都与乌蛮首领名字有关，“师宗州，在路之东南。昔爨蛮逐僚、僰等居之，其后师宗据匿弄甸，故名师宗部。……弥勒州，在路南，昔些莫徒蛮之裔弥勒得郭甸、巴甸、部笼而居之，故名其部曰弥勒”。则弥勒部是从步雄部中分化出来的“子孙部落”。

元代云南行省元江路的乌蛮属阿僰部，到元代也开始大量分化，有罗盘、马龙、步日、思么、罗丑、罗陀、步腾、步竭、台威、台阳、设栖、你陀等十二部。

元代的乌撒乌蒙宣慰司为今滇东北和黔西北，是乌蛮的核心分布区之一，有众多的乌蛮部落分布在宣慰司辖区内，《元史·地理志》载：“乌撒者，蛮名也。其部在中庆东北七百五十里，旧名巴凡兀姑，今曰巴的甸，自昔乌杂蛮居之。今所辖部六，曰乌撒部、阿头部、易溪部、易娘部、乌蒙部、閟畔部。其东西又有芒布、阿晟二部。后乌蛮之裔折怒始强大，尽得其地，因取远祖乌撒为部名。”

（二）元代西南的其他民族

白蛮，元代李京《云南志略》载：“白人，有姓氏。汉武帝开僰道，通西南夷，今叙州属县是也。故中庆（今滇中地区）、威楚（今楚雄州）、大理（今大理州）、永昌（今保山、永平）皆僰人，今转为白人矣。”① 而据《元史·地理志》载：“腾冲府，在永昌之西，即越赕地。唐置羁縻郡。蒙氏九世孙异牟寻取越赕，逐诸蛮有其地，为软化府。其后白蛮徙居之，改腾冲府。元宪宗三年，府酋高救内附。”② 这表明白蛮到了元代已被称为白人，其

---

①［元］李京：《云南志略》，方国瑜主编：《云南史料丛刊》第3卷，云南大学出版社1998年版，第130页。

②［明］宋濂等撰：《元史·地理志》，中华书局标点本1974年版，第1480页。

主要分布于滇中往西直达腾冲府一线的路、府、州、县城中及其周围的平坝区。此外，还有一部分散居于今滇、川、黔交界连接地带及丽江路、鹤庆路、元江路、临安路、澄江路、曲靖路、武定路、仁德府、茫部、乌蒙、东川、建昌路、会川路、普安路和普定路等地。这种居住状况，是南诏、大理时期延续下来的。[①]

西番，清人余庆远《维西见闻纪》载："巴苴，又名西蕃，亦无姓氏。元世祖取滇，渡自其宗(今属维西县)，随从中流亡至此者，不知其为蒙古何部落。浪沧江内有之。与么些杂居，亦么些头目治之。"据尤中先生考证，此史料中余庆远所谓"西蕃"是蒙古之某一部落的观点是误解。"西番"是汉族所作的称呼，其自称则为"普米"；纳西族称其为"博"，即"巴苴"。普米族先民原居于青藏高原的昆仑山区，后不断南迁，至迟在南宋时期，"西番"已经从西北散及东南的大渡河南至雅砻江流域东西两岸。至公元1253年忽必烈征大理之前，早已到达了川西南与滇西北连接地带，且其分布地还应包括川西与西藏连接地带。直往西北，今青海境内清朝时期仍有一部分西番族人。当蒙古军队征大理时，忽必烈率领一路自建昌(今四川西昌)进入丽江北部，居住在雅砻江下游一带的"西番"便有一部分加入蒙古军队进入丽江；兀良合台率领的一路由旦当岭(在今中甸境)入维西，有一部分居住在雅砻江中、上游一带的"西番"便中途加入蒙古军队，越过旦当岭而入维西活动。[②]

从上面论述可以看出，汉晋时期南徙至川西、川西南及滇西北地区的羌系统民族，至宋时被称为"西番"，元、明、清时期仍沿其旧称，但"西番"已逐渐分化或融入为其他民族，如普米

① 尤中：《中国西南民族史》，云南人民出版社1985年版，第520—523页。
② 尤中：《中国西南的古代民族》，云南人民出版社1980年版，第369—375页；《中国西南民族史》，云南人民出版社1985年版，第588—590页。

族，又如藏族。“在长期的历史发展中，川西南的拍木依及被称为西番的其他自称的人由于接受西藏的喇嘛教及藏文藏经等西藏藏族的文化，使之具有了藏族的共同心理素质，从而形成藏族的一支。迁入云南地区的拍木依，虽然也信喇嘛教，但由于迁出后受藏族的影响不像川西南的那样大，所以在云南发展成了单一民族——普米族。”[①] 何耀华先生对川西南拍木衣的源流研究，可以让我们窥见“西番”演变发展之一斑。

元朝时期，顺元路(驻今贵阳市)及其以东、以南都有佯僙和布依族、仫佬族、苗族、侗族等民族杂居。

“佯僙”有些史书又记为“杨黄”，当是汉文记音，其最初的分布比今天大得多。尤中先生在其《中国西南的古代民族》(续编)中对佯僙有过深入研究：[②]“佯僙”作为一种民族名称，首见于元朝时期的记录，不知是自称还是他称。《贵阳府志·苗蛮传》载：“播州杨氏，其族属在贵州境者名曰杨黄。”杨黄(即佯僙)意为“本地人”，在族源上与同源于百越的侗族、水族有亲缘关系，今识别为毛南族。《元史·地理志六》又载：“茆难等团，……茅难，思风、北郡、都变等处。”[③] 文中的“茆难”和“茅难”都是“毛南”一词的同音异写，是有关毛南族的最早的记载。

仫佬族在历史文献中常记为“木佬”“沐僚”“姆佬”。仫佬族约在宋元之际从僚族中分化出来，“元贞二年(1296年)六月平伐(在贵定南部)邻界平珠洞寨主王三原、谢鸡公、韦巴郎、杨义贵十八处等官来云南省告降。行省差官入洞抚谕。至大德元年(1297年)四月，平珠洞(今平塘县)宿家、沙家二族，赍进呈礼物出洞，道经其邻蛮新添葛蛮(在今贵定)宋氏之村头水底寨，宋氏怒二族

① 何耀华：《川西南藏族史初探》，《思想战线》1985年第4期。
② 尤中：《中国西南的古代民族》(续编)，云南人民出版社1989年版，第158—178页。
③[明]宋濂等撰：《元史·地理志》，中华书局标点本1974年版，第1549页、第1557页。

不由己以降，乃遣上都云（今麻江附近）长官落昌率众遮道，夺进物，二族逃散，破却韦巴郎寨。五月，宋氏复令平浪（在今都匀南部）巡检濯龙与其下洞李林、竹哥等率木佬（即仫佬）六十余人劫平珠洞蛮官足万金、婆南大寨棚，逼使云南之招从己”。[①] 平浪土官欧阳濯龙率领的土兵为木佬，说明在此之前已有仫佬族。

《元史·地理志》又载：“大德七年（1303 年），顺元同知宣抚事（宋）阿重，尝为曾竹蛮夷长官，以其叔父宋隆济结诸蛮为乱，弃家朝京师，陈其事宜，深入乌撒、乌蒙，至于水东，招谕木楼、苗、佬，生获隆济以献。”[②] 由此看来，本时期仫佬族的力量已大。明以后，关于仫佬的记载越来越多，而且都在强调仫佬为僚，实际上仫佬的“佬”便是“僚”。

元以后，布依族先民被普遍称为“仲家”，《元史·地理志》就曾载“栖求（今贵州长顺县）等处仲家蛮”。对于仲家的分布范围，从《元史·地理志》湖广行省新添葛蛮安抚司所载来看，布依主要分布于今黔南至黔东南一带。此外，《大元混一方舆胜览》云南行省临安道宣慰司也记当地有“钟家部”（当即仲家部），这部分仲家即今天分布在滇东、滇东南相连接地区的布依族先民。

元代，将傣族的先民称为“金齿百夷”，或者他称为“金齿”“百夷”，但这些都是他称，自称是傣。他们的聚居区主要在元代云南行省的西南部、南部、东南部边疆，各地的“金齿百夷”之间没有统属关系。云南行省时，“金齿百夷”中的上层贵族先后被授予万户、总管、安抚、宣抚、宣慰、知府、知州等土官官衔，政府在行政事务上很少干涉他们的内部事务，让他们原有的政治、经济运行方式保留下来。由于所处的地理位置关系尚未产生足以将各地傣族统一起来的政治力量，所以，各地傣族相互之

① 尤中：《中国西南的古代民族》（续编），云南人民出版社 1989 年版，第 328 页。
② [明]宋濂等撰：《元史·地理志》，中华书局标点本 1974 年版，第 1545 页。

间都在相对独立的状态下发展着。

元代的蒲蛮是今天中国孟—高棉语族民族先民的统称。《云南志略》载："蒲蛮，一名扑子蛮，在澜沧江迤西。"[1]说明蒲蛮分布在今天保山地区、德宏州、临沧地区、思茅地区、西双版纳州的澜沧江以西之地。此外，佤族在南诏时期已与蒲蛮分开，分化发展为单一民族，分布区域亦在澜沧江以西。元代不见于记录，到明代时再现，分布区域与南诏时期相同。

宋元时期南方丝绸之路周边地区的民族

一、抚水蛮

唐代，开始从僚族中分化出水蛮。《文献通考·四裔八》载："抚水蛮，在宜州南，有县四，曰抚水，曰京水，曰多建（按：依《新唐书·地理志》当为多蓬），曰古劳。唐隶黔南，其酋皆蒙姓同出。有上中下三房，民则有区、廖、潘、吴四姓（按：今黔桂间的水族仍以蒙、潘、吴姓最多，占水族总人口的 80% 左右）。

① [元] 李京：《云南志略》，载方国瑜主编：《云南史料丛刊》第 3 卷，云南大学出版社 1998 年版，第 130 页。

亦种水田，采鱼，其保聚山险者，虽畲田，收谷粟甚少，但以药箭射生，取鸟兽尽，即徙他处。”① 宋王朝企图通过团结水族中的贵族上层来稳定对水蛮地区的羁縻统治，但效果不大。《文献通考·四裔八》载：“无羊马桑柘，地曰帚洞，五十里至前村，川原稍平，合五百余家夹龙江居种稻，似湖湘，中有楼屋，战棚卫以竹栅，即其酋所居。兵器有环刀、标牌、木弩，善为药箭，中者大叫，信宿死，得邕药解之即活。宋雍熙（984—987）中，数寇边境，掠取民口畜产。诏书招安，补其酋蒙令地殿直、蒙令札奉职。咸平（998—1003）中，又数为寇盗，上令边臣驱逐出境。其党狡狯者凡三十余人，宜州守将因擒送阙下，上（宋真宗）召见诘责之，对曰：‘臣等蛮陬小民，为饥寒所迫耳。’上顾谓左右曰：‘昨不欲尽令杀戮，顾无噍类矣！’因释罪，赐锦袍、冠带、银彩，戒勖遣还。”由于政策得当，水蛮上层暂时归服。“逾年，酋长蒙项等六十五人诣阙，纳器甲百七十事。又蒙汉诚、蒙虔玮、蒙损来朝，上器甲数百及毒药箭，誓不骚边，比岁皆遣使来贡及输兵器，乃授汉诚官，赐物有差。”②

二、峒人

唐宋以后，分布于今湘、桂、黔连接地带的一些以越民族群体为主体发展而来的人们共同体被称为溪峒蛮。溪峒义同溪洞，原指四周有山峦，中有平坝，且平坝中溪流纵横之地。《旧唐书·窦群传》载：“（观察使窦群）复筑其城，征督溪峒诸蛮。”这时的溪洞蛮，当指同住在溪洞者，还未专指峒族，但可以明确的是，峒人包括在溪洞蛮之中。

①［元］马端临：《文献通考·四裔八》，中华书局 1986 年版，第 2598 页。
②［元］马端临：《文献通考·四裔八》，中华书局 1986 年版，第 2598 页。

宋元时期，分布在溪洞山涧中的部分僚族开始渐渐出现向近现代峒族分化的趋势，其最终形成为单一的侗族，当在明代。

三、茅难蛮

茅难也写为茆难、茅滩，分布在安化州，即唐之抚水州，州治在今广西环江县东北，荔波为今贵州荔波县，而古代常常在未设州郡的地方，多以民族名称称呼民族分布地，即以民族名称为地名。《岭外代答》卷1《并边》载：“广西西南一方，皆迫化外令甲……自融（今广西融水县）稍西南曰宜州（今宜山），宜处群蛮之腹，有南丹州、安化三州一镇，荔波、赢河、五峒，茅滩、抚水诸蛮。”[①] 又《宋史·蛮夷列传三·抚水州》载：“观州（驻今南丹县东南高峰坳）则控制南丹、陆家砦、茆滩十道及白崖诸蛮。”[②] 如果说茅难当指茅难蛮的分布地仅为一种推断的话，那么在《岭外代答》和《宋史》中茅难蛮已正式作为民族名称出现。

四、僮人

僮人是最先从俚僚中分化出来的。关于僮人的称呼或以为始于唐，因为柳宗元有僮俗诗五首，但经后人考证，其诗的风格不似柳宗元的风格，而且《柳河东集》又不载，故不足为据。或以为始出自宋人范成大的《桂海虞衡志》，其文曰：“庆远、南丹溪洞之民呼为僮。”但今本亦不存在这一句，可疑。或以为始出自宋人朱辅的《溪蛮丛笑》，其文曰：“南方之民有五，曰苗、曰徭、曰獠、曰僮、曰仡佬。”对这一记载，现有的版本或有或无，亦可

①［宋］周去非著，杨武泉校补：《岭外代答校注》，中华书局1999年版，第3—4页。
②［明］宋濂等撰：《宋史·蛮夷列传》，中华书局1985年版，第14210页。

疑。较为可信的是南宋李曾伯在上书宋理宗的奏折中，曾提到宜山有“僮丁”[①]。又《招捕总录》广西两江条载：“至治二年(1322年)，广西宣慰使燕牵言‘傜族非一……其杂处近民曰熟傜，稍知生理，亦不出赋；又有僮傜，则号为兵官守隘通道，于官有用。自宋象州(今广西象州，在柳州东南)王太守始募熟傜，官供田牛以供此役，至今因之。为今之计，莫若置熟傜与僮傜并为僮户，分地遏贼为便’。”这段记载虽出自元代，但其中已明确指出有僮，这个名称是南宋时出现在象州，延至元代未改。

尽管僮的族称已经出现，但发展较为缓慢的部分仍被称为僚或生僚。《桂海虞衡志·志蛮》载：“广西经略使所领二十五郡，其外则西南诸蛮。蛮之区落，不可殚记；姑记其声问相接，帅司常有事于其地者数种，曰羁縻州洞，曰傜，曰獠，曰蛮，曰黎，曰疍，通谓之蛮。羁縻州洞，隶邕州左右江者为多。旧有四道侬氏，谓安平、武勒、忠浪、七源，四州皆侬姓；又有四道黄氏，谓安德、归乐、露城、田州，四州皆黄姓；又有武侯、延众、石门、感德四镇之民，自唐以来内附，分析其种落，大者为州，小者为县，又小者为洞。国朝开拓浸广，州、县、洞五十余所，推其雄长者为首领，籍其民为壮丁。其人物犷悍，风俗荒怪，不可尽以中国教法绳治，故羁縻之而已。有知州，权州，监州，知县，知洞，其次有同发遣、权发遣之属，谓之主户。余民皆称提陀，犹言百姓也。”[②]则《桂海虞衡志》只交代了唐代西原蛮地区在宋代设置羁縻州、县、洞的情况，尚未明确这些地区的民族名称。但从历史沿革及相关史料来看，这些羁縻州县的边远山区主要是“山僚”分布。

---

①《壮族简史》编写组：《壮族简史》，广西人民出版社1980年版，第9页。
②[宋]范成大著，齐治平校补：《桂海虞衡志校补》，广西民族出版社1984年版，第32页。

第六章

明代南方丝绸之路沿线的民族

第一节

明代西南地区的道路与交通

一、云南与内地交通的东路和西路

《滇志》卷之四《旅途志》记载：普安入黔旧路“自云南至沅州(今湖南芷江)一千八百九十里，为东路”；乌撒入蜀旧路“自交水(今云南沾益)至纳溪(今四川纳溪)一千二百一十里，为西路”。

二、川滇之间的闰盐古道

这条道路“是从今凉山州首府西昌经盐源、宁蒗到丽江的古道，它是川滇盐道中最重要的一支。这条古道以四川盐源县为中心，支线密布，遍及于川滇边金沙江、雅砻江之间大片区域，涉及的范围包括今四川西昌、冕宁、德昌、攀枝花、盐源、木里，以及云南宁蒗、永胜、华坪、丽江等地”。[1]明代嘉靖年间，按察司副使朱篚巡视建昌道时，曾监修打冲河(即雅砻江)索桥，事

① 赵逵：《川盐古道：文化线路视野中的聚落与建筑》，东南大学出版社2008年版，第88页。

后在道旁石壁上题下“闰盐古道”四字，此即为这条道路名称的来源。

三、滇黔之间的道路

明代在西南地区广设驿亭，特别在元代“东驿道”的基础上，修建“滇南胜境关”等关、坊、驿站，使这条道路成为中原进入云南的第一要道。其路线为：从贵州亦资孔，经胜境关东入平彝卫（今云南富源），沿南宁（今曲靖麒麟区和沾益区）、马龙、杨林诸驿，抵达省城昆明；再西出碧鸡关、安宁、楚雄，经普棚驿、云南驿达到下关；再南下样备驿（今云南漾濞县）、永平，至永昌（今云南保山隆阳区）。明代杨慎《滇程记》说：“自亦资孔驿至永昌，凡二十四驿，一百五十六亭，一千五百六十里。”自永昌至东南亚的路线为：从永昌出发，经蒲缥、南甸（今云梁河）、干崖（今槟榔江与大盈江交汇处），渡过大金沙江（今伊洛瓦底江）入孟艮（今缅甸境内），进而入东南亚。[①]

四、滇桂之间的“粤西路”

从昆明西南行至南宁的路线，明代以来也已开通，此条路线被称为“粤西路”，是在唐宋时期邕州道的基础上发展形成的，其大体情况是：“自云南（今昆明），由临安（今建水）、弥勒湾、广南、富州（今富宁）、归顺至南宁府，二千一百二十里。”[②]

---

① 范建华：《西南古道与王朝开边》，载《南方丝绸之路文化论》，云南民族出版社 1991 年版，第 17 页。

②［明］刘文征撰，古永继校点，王云、尤中审定：《滇志》，云南教育出版社 1991 年版，第 172 页。

五、通往国外的贡道

明代由云南至缅甸的道路，主要有两条，称为“贡道上路”（或称“贡象上路”）和“贡道下路”（或称“贡象下路”）。

万历《云南通志》卷16《羁縻志》十一“贡象道路”说：“上路：由永昌过蒲缥，经屋床山，箐险路狭，马不得并行。过山即怒江，过江即僰夷界也。江外高黎贡山，路亦颇险，山巅夷人，立栅为寨。此栅，三代谓之徼外也。过腾冲卫西南行，至南甸、干崖、陇川三宣抚司。陇川有诸葛孔明寄箭山。陇川之外，皆是平地，一望数千里，绝无山溪。陇川十日至猛密。二日至宝井。又十日至缅甸。又十日至洞吾。又十日至摆古，见今莽酋居之地。”

万历《云南通志》卷16《羁縻志》十一“贡象道路”又说：“下路，由景东历者乐甸，行一日，至镇沅府。又行二日，始达车里宣慰司之界。行二日，至车里之普洱，此处产茶，一山耸秀，名光山，有车里一头目居之，蜀汉孔明营垒在焉。又行二日至一大川原，轮广可千里，其中养象。其山为孔明寄箭处。又有孔明碑，苔泐不辨字矣。又行四日，始至车里宣慰司，在九龙山之下，临大江，亦名九龙江，即黑水之末流也。由车里西南行八日，至八百媳妇宣慰司，此地寺塔极多，一村一寺，每寺一塔，村以万计，塔以万计，号慈国，其酋恶杀，不喜争，敌人侵之，不得已举兵，得所仇而罢。由此又西南行一月，至老挝宣慰司，其酋一代止生一子承袭，绝不生女。西行十五六日，至西洋海岸，乃摆古，莽酋之地也。”

第二节

明代南方丝绸之路核心区域的民族

明代南方丝绸之路沿线的民族，从四川到云南主要有乌蛮、吐蕃、西番、羌、么些、僰人、土家、摆夷、僚、和泥、古宗、苗、瑶等民族。

一、明代四川的民族

(一)明代四川的乌蛮

明朝建立后，把元朝属于云南行省的罗罗宣慰司都元帅府(今四川凉山州)划归四川，于是明代四川的乌蛮就主要分布在建昌卫、会川卫、越嶲卫、黎州、马湖府、乌蒙府、东川府、乌撒府、镇雄府、永宁宣抚司等地。

建昌卫(驻今西昌)境内有众多的乌蛮分布，文献中将这些乌蛮称为罗罗："建昌卫……所属有四十八马站火头，吐蕃、僰人……倮罗、回纥诸部各种类散居山谷间。"分布区北边到大渡河，南达金沙江，东至乌蒙山，西迄盐井，上层贵族是乌蛮中的安氏、凤氏、禄氏，史载："安忠无后，妻凤氏管事，凤氏死，族人安等继袭，复无子，妻瞿氏管事，以族人世隆嗣。世隆复无子，继妻禄氏管事。……所辖有四驿，曰禄马、阿用、白水、泸沽，各以百里为差，并凉山、拖郎、桐槽、热水等夷亦以强弱为向背矣。”①

建昌卫的乌蛮文化还较多地保存着氐羌民族的传统，如火葬等。《蜀中广记》卷34《边防第四》载：“东门十部蛮。群居，竹篱板舍，不事修饰，刻木为信，裙不过胫，或时乘马，则并坐横足。酋长死，无子，则妻女继之。俗尚火葬而乐送，以鼓吹为送终。有疾者不用医药，招女巫以鸡骨卜，事无巨细皆决之巫。善制坚盾利刀，又能作弩，置毒其末，沾血则立毙矣。”②

会川卫（驻今会理），有乌蛮閟畔部的分布，《元史·地理志》曾说：“乌蛮仲牟由之裔阿坛绛，始居閟畔部，其孙阿罗仕大理国主高泰，是时会川有城曰龙纳，（乌蛮）罗落蛮世居焉，阿罗挟高氏之势力，攻拔之，遂以祖名绛部。宪宗时，随閟畔部内附，因隶焉。”③这种情况一直延续到明末未变。

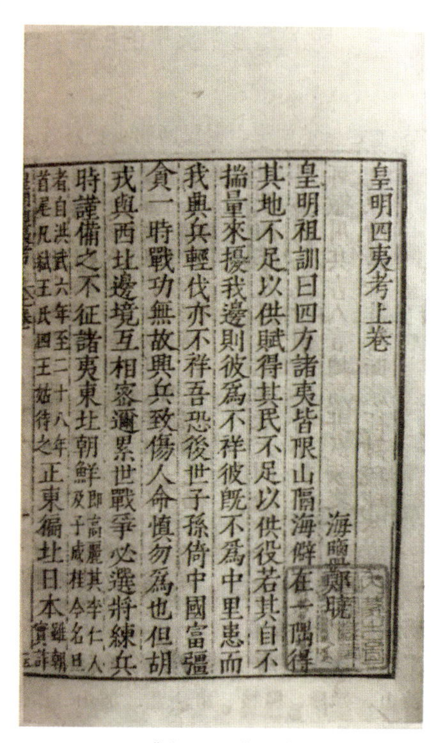

皇明四夷考上卷　　海鹽鄭曉

皇明祖訓曰四方諸夷皆限山隔海僻在一隅得其地不足以供賦得其民不足以供役若其自不揣量來擾我邊則彼爲不祥彼既不爲中里患而我興兵輕伐亦不祥吾恐後世子孫倚中國富彊貪一時戰功無故興兵致傷人命愼勿爲也但胡戎與西北邊境互相密邇累世戰爭必選將練兵時謹備之不征諸夷東北朝鮮即高麗其李仁人及子成桂今名旦者自洪武六年至二十八年首尾凡弑王氏四王姑待之正東偏北日本雖朝實詐

《皇明四夷考》

越嶲卫是乌蛮核心分布区，贵族称黑骨夷，当为后来黑彝的先民，上层贵族姓“岭”，万历年间“黑骨夷阿弓等，手刃送哨官于小相公岭，刳其肠，而普雄酋姑咱等，乘势蜂起，邮

①［明］曹学佺撰：《蜀中广记》卷34，《四库全书》第591册，台湾商务印书馆1986年影印本，第434页。

②［明］曹学佺撰：《蜀中广记》卷34，《四库全书》第591册，台湾商务印书馆1986年影印本，第432页。

③［明］宋濂等撰：《元史·地理志四》，中华书局标点本1974年版，第1473页。

传告绝，远近震恐。……有十里为双桥堡，十里为倮罗关，旧为倮罗窟穴也”。[①]

越嶲卫乌蛮的文化与建昌卫乌蛮文化有些差异，如建昌卫乌蛮行鸡骨卜，而越嶲卫乌蛮则是羊骨卜，《蜀中广记》卷34说：“（罗罗）刻木为信，男子摘须，腰系皮绳，名饥饱索。以帕裹头，夜不解刀。居山顶，以板盖屋，刀耕火种，性喜猎。凡有事，以艾炙羊膀骨占吉凶，出入必以凶器。男女纽发盘头上，下身衣土绣花长衣，赤脚无履，外披细褶毡衫为上盖。饥食荞麦饼。婚姻以牛羊为礼。酒席铺松毛于地，盘脚坐松毛上，男女分席。杀牛羊剥皮，猪用火烧，半割碎，和蒜菜，谓之吃牲，饮泡咂酒，木碗木杓即其器皿，食肉以竹签为箸，丧礼男女俱无棺椁，富家以锦段缠之，故谓之巢郡，又谓之罗罗也。”[②]此处因为以锦缎裹尸，故谓之“罗罗”是不对的，这是当时的人望文生训，“罗罗”实为人们对乌蛮卢鹿部的讹称，后来发展为一个泛称。

黎州也是乌蛮的核心分布区，《蜀中广记》卷35黎州条注引《四夷考》说：“上七枝编为民户，属大渡河千户所当差，下七枝仍旧属松坪马氏约束。……东南则安抚所辖下七枝熟夷之界，其名曰落凶、曰牛哄、曰沙骂、曰俺立、曰母姑、曰阿辉、曰他他，又自炒米城以抵松坪寨，连接峨眉，凡三百六十里，高山峻坂，密树深箐，为安抚族人居之。”[③]据尤中先生研究，认为安氏为罗罗，其所属的上、下七枝是罗罗的14个家支，散布在今汉

①［明］曹学佺撰：《蜀中广记》卷34，《四库全书》第591册，台湾商务印书馆1986年影印本，第443页。

②［明］曹学佺撰：《蜀中广记》卷34，《四库全书》第591册，台湾商务印书馆1986年影印本，第443、444页。

③［明］曹学佺撰：《蜀中广记》卷35，《四库全书》第591册，台湾商务印书馆1986年影印本，第463页。

源、峨眉、峨边等地。[①]

在黎州峨眉县也有众多的乌蛮，即《蜀中广记》说的“十三枝瓜夷”：“又五十里则木瓜夷种之巢穴也。……一枝凶瓜，一枝匪瓜，一枝卜特瓜。过大木瓜五十里为利济山，极高峻，与大凉山接。又五十里至大赤口。口外则马湖之地矣。……凡十二枝，腻乃、卜特其最著者，世居西河，属马湖土官安氏钤辖。”[②] 十三枝瓜夷在当地有较大的势力，曾四出扰民，与政府发生冲突，“自改流日，诸瓜叛入邛部，归岭氏，其地自西河至大小赤口、凉山、雪山等处，周围蟠据，北连建越，西接嘉峨，南通马湖，窟穴蹊径四藏而八达焉。嘉靖末，诸瓜畜牧蕃盛，心怀内扰，邛部长官岭柏已不能驭，及死，其妻马氏为政，腻乃虐柏等叛出凉山，会同西河匪瓜白禄出沙坪。于是嘉峨、犍为一带邻边居民不能安枕。”[③]

四川马湖府亦为乌蛮分布区，区内的乌蛮由泥溪、沐川、平夷、蛮夷四长官治理，《蜀中广记》卷 36 注引《土夷考》说：“泥溪傍府而居，其东、西、北三面连接乌蒙，与罗回杂处，所受田赋与华民一体，奉征调，可得夷兵三千，受宁戎巡检司约束。平夷土地最狭，错于泥溪、蛮夷之中。……蛮夷司民少夷多，故以名司，其夷种有四山、龙源、青冈、黄郎、磨坡等处。……沐川司东界宜宾……故最广，田土亦饶，而民狡好讼，离府可三百里，过此自西迄北大凉山以外，尽皆夷地。”[④] 很明显，马湖府内的乌蛮发展是不平衡的，泥溪的乌蛮发展较快，已经到了“田

① 尤中：《中国西南的古代民族》（续编），云南人民出版社 1989 年版，第 408 页。
② [明]曹学佺撰：《蜀中广记》卷 35，《四库全书》第 591 册，台湾商务印书馆 1986 年影印本，第 464 页。
③ [明]曹学佺撰：《蜀中广记》卷 35，《四库全书》第 591 册，台湾商务印书馆 1986 年影印本，第 464 页。
④ [明]曹学佺撰：《蜀中广记》卷 36，《四库全书》第 591 册，台湾商务印书馆 1986 年影印本，第 475、476 页。

赋与华民一体”的地步。

现代的滇东北和贵州威宁，在明代属四川，是乌蛮的主要聚居区，同时也有百越系统的民族与之杂居，《蜀中广记》卷36说：“乌蒙军民府……有罗罗、夷人、土僚（仡佬）三种，错杂而居。”[①]显然，主要以氐羌系统的乌蛮为主，只有土僚属于百越系统。

镇雄军民府是“昔乌蛮之裔阿统与其子芒布居此地，其后昌盛，因祖名号芒布部，宋置西南番部都大巡检使，至元中置芒布路，隶乌撒、乌蒙宣慰司”。其传统文化仍占主导地位，“性劲而愚，俗朴而野，男业耕稼，妇绝粉黛，子日贸易，崇信巫鬼”。[②]

明代，在云、贵、川三省境内有彝族分布的部分府、州、县境内，都陆续地建立起学习汉文化的学校，随着汉文化的传播，这些地区乌蛮信仰巫鬼教的习俗逐渐淡化，而上述两地因地处边僻，又是彝族分布的核心地区，其巫鬼教习俗仍非常浓厚。

东川军民府是“乌蛮仲牟由之裔”的主要分布地区，元初置万户府，后改为东川府，隶乌撒、乌蒙等处宣慰司。明代，这一地区的乌蛮奴隶主经常发动劫掠奴隶人口和财物的战争，除有部分军队屯驻外，其他类型的汉族移民较少进入，故他们的文化仍保留了鲜明的自身特点。（嘉靖）《四川总志》载：“俗尚战争，居多板屋，贸易为业，性劲而悍，摘须，束发于顶，覆以白布尖巾，衣以毡，履以革。”[③]

总之，明代的乌蛮分布于四川、云南、贵州三省，是分布最广的民族之一。因而，不同地区乌蛮的文化存在一定的内部差

①［明］曹学佺撰：《蜀中广记》卷36，《四库全书》第591册，台湾商务印书馆1986年影印本，第476—477页。

②本段引用出自［明］李贤：《大明一统志》卷71—72《芒部军民府》，天顺五年御制序刊本。

③［明］刘大谟修：嘉靖《四川总志》卷十四东川军民府《风俗》，四川省图书馆藏抄北京图书馆原藏明嘉靖廿年（1541）刻本。

异，如“川西南地区的‘罗罗’不常戴竹笠，而云南的罗罗普遍都以戴竹笠和披杂毡、羊皮为特征”①，景泰《云南图经志书》卷2载：“男子椎髻披毡，摘去须髯，以白布裹头，或黑毡缦竹笠戴之，名曰茨工帽。”

（二）明代四川西部的吐蕃与西番

四川的吐蕃最早是在唐代进入的，《蜀中广记》卷35雅州条注引《寰宇记》说：“贞元（785—805）中，吐蕃七部落来降，界近雅州，因安置于和川等路。其名曰吐蕃笼官杨矣蓬，费东君等部落六十人在蛮宿川安置；吐蕃业城首领笼官刘矣本等部落在本部安置；吐蕃逋租城首领笼官马东煎等部落在夏阳路安置；吐蕃国师马定得并笼官马德唐等部落在夏阳路安置；吐蕃巍笼城首领铄罗莽洒等部落在和川路安置。”② 这些吐蕃元代为吐蕃宣慰使，明代归附，但元明以后在文献中常常又将他们记为西番。

川西除雅州外，天全六番招讨使司也是吐蕃的聚居区，这里

彝文

① 蓝勇：《西南历史文化地理》，西南师范大学出版社1997年版，第324页。

②［明］曹学佺撰：《蜀中广记》卷35，《四库全书》第591册，台湾商务印书馆1986年影印本，第466页。

自古就有氐羌分布，《蜀中广记》卷35说："天全六番招讨使司，古氐羌之地。……唐为羁縻州，隶雅州都督府。……元宪宗时复置六安宣抚司，属吐蕃等处宣慰司，后改六番招讨司，又分置天全招讨司。"①明代开始在这一地区并设天全六番招讨司，隶属于四川都司。

宁番卫的西番。《蜀中广记》卷34《宁番卫》条对西番有载："（宁番卫）环而居者皆西番种，故曰宁番。"由于西番内部发展不平衡，有些被称为生番，常常攻击周围的民族，史载："夷之错居卫东南东北者常扰。惟西去月落三渡，水妙竹等十一九寨，恃其险隘，常引水外生番入寇，自万历丁亥（1587年）建立定蕃堡，募兵戍之，稍敛迹，不敢出没。"②

明代松潘等卫的西番。松潘自古便是氐羌的聚居地，从唐代开始吐蕃进入后，与当地的羌人发生民族融合，成了吐蕃的分布区，在明代的文献通常称之为西番或称为羌，或称之为生番，或以部落名作为民族名，如《明史·四川土司传》载：洪武十七年（1384年）"松潘八积族老虎等寨蛮乱。……十八年（1385年），松州羌反。……二十一年（1397年）朵贡生番则路、南向等引草地生番千余人寇潘州阿昔洞长官司"。③

对松潘的西番，明中央政府设立了众多的土司并通过这些土司管理辖境内的西番民众。

除上述的西番外，据《明史·地理志四》所载，松潘卫有大量西番分布的还有：阿角寨安抚司（治所在今四川松潘县境内），芒儿者安抚司（治所在今四川松潘县毛儿盖），阿用族长官司（治所

①［明］曹学佺撰：《蜀中广记》卷35，《四库全书》第591册，台湾商务印书馆1986年影印本，第468页。

②［明］曹学佺撰：《蜀中广记》卷34，《四库全书》第591册，台湾商务印书馆1986年影印本，第445页。

③［清］张廷玉：《明史·四川土司传》卷311，中华书局标点本1974年版，第8025页。

在今四川松潘县大寨乡），潘斡寨长官司（治所在今四川若尔盖县），阿角寨长官司（治所在今四川松潘县），蜡匝族长官司（治所在今甘肃舟曲县西北），白马路族长官司（治所在今四川平武县西北白马），山洞族长官司（治所在今四川南坪县），思曩日长官司（治所在今四川松潘县），北定族长官司（治所在今四川松潘县），麦匝族长官司（治所在今四川黑水县），者多族长官司（治所在今四川黑水县），牟力结族长官司（治所在今四川松潘县），班班族长官司（治所在今平武县），勒都族长官司（治所在今四川松潘县），包藏先族长官司（治所在今四川若尔盖包座），别思寨长官司（治所在今四川松潘县）。

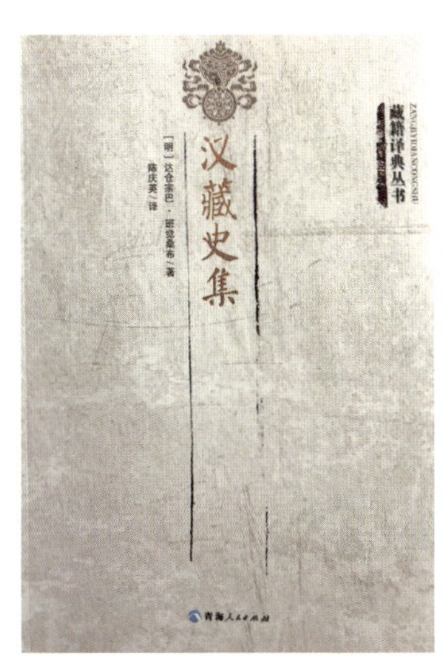

汉藏史集

此外，四川的理番直隶厅、懋功直隶厅、康定府也都是西番的分布区。

明代四川的吐蕃主要分布在松潘、天全地区。

天全地区的吐蕃。天全地区的民族一直与中央政府有着较为密切的关系，洪武六年（1373年），天全六番招讨使高英派其子高敬严朝贡，明太祖“赐以文绮龙衣”，并且还任命高英担任天全六番招讨司正招讨，杨藏卜为副招讨，建立了较为稳定的三个一贡例制。从此之后，天全地区的民族一直与中央政府有着较为密切的关系。永乐二年（1404年），天全六番招讨使高敬让以明朝立皇太子的名义朝贡，同时还派其子高虎到国子监学习。宽松的政治环境和逐步形成的文化交流的局面，使天全地区汉文化的影响要更明显一些。嘉靖《四川总志》记载：“古蛮僚之地，商为氐羌之地，元置六安宣抚司，属土蕃等处宣慰司，后改六番招讨司，又分置天全招讨司。……男不习工艺，妇不事纺织，惟以耕种为业，番汉淆居，碉房绝岭，治化渐靡，礼仪日生。”[①]

松潘地区的吐蕃。松潘地区历史上长期是氐羌系统民族的分布区，西汉时曾在这里设置了护羌校尉。唐代宗广德元年（763年）这一地区被向东发展的吐蕃民族占领。为了加强对这一地区吐蕃和羌民的统治，统治者采取土官制度与宗教力量相结合的方式。嘉靖《四川总志》卷十六《经略》说：“明初设立八郎麻儿匝芒鬼者，阿角寨，仍立酋长一人为土官，以世掌之。土官以下每寨又有牌头、寨首之名，使于各卫所，认纳青稞差役。永乐间，又于吐蕃建立董卜韩胡等宣慰使司、杂谷等安抚司，以统蕃部。茂去蜀近，羌民渐被声教，间有不逞者，可以王法绳之，惟松叠远在荒服之外，犬羊之性难以招徕，名虽土官，实无以制，且夷俗尚异，端故于松潘复立番僧二人为国师，曰商巴，曰佯领，二人为禅师，曰黎巴，曰完卜，商巴事道，黎巴事佛，皆受银印，令抚谕之。”[②]这样的统治方式使很多羌族在信仰藏传佛教的过程中带上了吐蕃的色彩，渐渐地吐蕃化。嘉靖《四川总志》记载：“日耕野谷，夜宿碉房，多种青稞，圆根，好用膻羊麦粉，刻木契以成交易，炙羊膀以断吉凶，人精悍，善战斗，辫发垂肩，渐染教化，粗识汉言，披毡衣戴毛帽。”[③]

黎州地区的吐蕃。黎州安抚司“古西南夷筰地，汉置东西两部都尉，一治旄牛主外羌，一治青衣主汉民”。这一地区主要有乌蛮、吐蕃化的羌人与少量的汉族杂居，故嘉靖《四川总志》载：

①［明］刘大谟修：嘉靖《四川总志》卷十五天全六番招讨司《风俗》，四川省图书馆藏抄北京图书馆原藏明嘉靖廿年（1541）刻本。

②［明］刘大谟修：嘉靖《四川总志》卷十六《经略》（中），四川省图书馆藏抄北京图书馆原藏明嘉靖廿年（1541）刻本。

③［明］刘大谟修：嘉靖《四川总志》卷十六《经略》（下），四川省图书馆藏抄北京图书馆原藏明嘉靖廿年（1541）刻本。

（黎州安抚司）俗混夷汉，毡裘椎髻，博易不用钱。并注引《寰宇记》说："每汉人与蕃人博易，不用钱，汉以细绢茶布，蕃以红椒盐马。"① 从汉代开始这一地区已是夷汉杂居，到明代这一格局没有根本性变化，汉移民数量不多，夷汉虽有经济上的交往，但这种交往以物物交易为主，因而规模和影响非常有限，相应的文化的交往也有限，因此，他们"毡裘椎髻"等一些本民族的文化因子还鲜明地保留着。

宁番卫是西番的分布区之一。明代，西番的文化已经具有一些藏文化的特点，如饮食、服饰、宗教信仰。《蜀中广记》卷34注引《上南志》说："西番人身长大勇猛，占住山头，性甚恶。男子发结成条，面多垢积，身带凶器，叛恶（服）不常。妇女亦结编，悬带珊瑚翠石为饰。身著短衣，盖以羊皮。食以青稞磨面作饼，酥油煎茶为饭（饮）。风俗，女在父家为非无禁，嫁后有犯，夫永逐之，所生男女亦弃去。酒席泡咂酒，杀牛羊肉食之。病不服药，请番僧颂经，杀牛祈禳。及死，将生前所编毡、喜鹊巢帽、弓、刀装殓，盛以木桶，于山岭盖一小房，停放封闭，永不复观。"②

（三）明代四川茂州的羌人

茂州（治今四川茂县），自先秦以来就是羌人的主要聚居区，明代先后在茂州设置了众多的土官，这些土官都是羌人中的贵族，治理着茂州的广大羌人。其主要有：

沙坝安抚司苏氏羌人，因为参加明军围剿黑水三溪生番有功授职。

静州长官司董氏，羌人，从唐代归附授职，一直到明代未改。

①［明］刘大谟修：嘉靖《四川总志》卷十五黎州安抚司《风俗》，四川省图书馆藏抄北京图书馆原藏明嘉靖廿年（1541）刻本。

②［明］曹学佺撰：《蜀中广记》卷34，《四库全书》第591册，台湾商务印书馆1986年影印本，第444、445页。

陇木长官司何氏，羌人，从宋代参加政府军围剿罗打鼓生番有功授职，沿袭到明代。

岳希长官司坤氏，羌人，明初归附，管理波西、水西、渴渴、勒都等七寨。

迭溪长官司郁氏，羌人，洪武十年（1377 年）归附，管理河西小姓六寨。

汶川县塞水寨巡检司土检高氏，羌人，明初授高小金世袭塞水巡检司巡检。

水草坪巡检司土巡检苏氏，羌人，因明代剿黑水三溪生番有功授职。

竹木坎副巡检司土副巡检孙氏，羌人，明代归附授职。

牟抚巡检土巡检温氏，羌人，从唐代归附授职，明末改。

实大关副长官司官，羌人，明初归附授职。

大姓寨土百户郁氏，羌人，从唐代归附授职，明末改。

小姓寨土百户郁氏，羌人，明末投诚，明授职管理番众。

大定沙坝寨土千户苏氏，羌人，明万历年间归附授职，管理番户。

大黑水寨土百户郁氏，羌人，明末归附授职，管理番户。

小黑水寨土百户郁氏，羌人，从唐代归附，授职，管理番户。

松坪寨土百户韩氏，羌人，明末归附授职，管理番户。

明代，茂州、威州（治今四川汶川县）、叠溪御千户所等地是四川未融入其他民族的羌人的主要分布区。《明史·四川土司传》说："自宋迄元，（茂州）皆为羌人所据，不置州县者几二百年。"[①] 显然，茂州一直就是羌人的分布区，由于相对封闭的自然环境，中央王朝对他们的统治一直只能采取"羁縻"的统治方

①［清］张廷玉：《明史·四川土司传》，中华书局标点本 1974 年版，第 8023 页。

式。《四川总志》卷十六《经略》（中）说："茂州羌蛮地方数千里，旧领羁縻，九州皆蛮族，蛮自推一人为州将。……州旧无城，惟植鹿角，蛮以昏夜入州，掠人畜货，遣州将往赎之，习以为常。"明初，加强了这一区域的经营，但仍是"设茂州以统羌民。设茂州卫以统军伍，军居城内，民居外城"。也因为这样的原因，羌人的融合和文化变迁很慢，《四川总志》卷三成都府《风俗》载："茂州本羌戎之人，好弓马，以勇悍相高，多习射猎。"①《四川总志》卷之十五叠溪御千户所《风俗》说："性犷勇悍，不习诗书，近渐染声教，习尚衣冠，远者不通汉语，衣皮褐，丧不棺而火化，夷俗耐饥寒，叠石为巢。"②

（四）明代四川的么些

明代的么些主要分布在金沙江上游两江的云南境内，但四川境内也有分布，与吐蕃、僰人、伯夷、乌蛮杂居在一起，人数较多的是在盐井卫。《蜀中广记》卷34说："（盐井卫的）左所土千户姓剌，洪武二十五年征伊噜特穆尔、贾呵喇，土人剌他效顺来归，其子剌马非复贡马赴京，授本所副千户。……地与丽江、永宁二府为邻，丽江土官木氏每来侵之，土地夷民失其半。右所土千户姓八，先年与个所同进马，后议留马协济驿递，免贡。中所土千户姓剌。前所土千户姓阿。后所土千户姓卜。以上五所俱土著人。"③据尤中先生考证皆为么些人。④

四川的么些主要分布在盐井卫和宁番卫，《蜀中广记》卷34注引《上南志》说："么些人身长色黑，男子发扭成索，白手巾

①［明］刘大谟修：嘉靖《四川总志》卷三成都府《风俗》，四川省图书馆藏抄北京图书馆原藏明嘉靖廿年（1541）刻本。
②［明］刘大谟修：嘉靖《四川总志》卷十五叠溪御千户所《风俗》，四川省图书馆藏抄北京图书馆原藏明嘉靖廿年（1541）刻本。
③［明］曹学佺撰：《蜀中广记》卷34，《四库全书》第591册，台湾商务印书馆1986年影印本，第448页。
④ 尤中：《中国西南的古代民族》（续编），云南人民出版社1989年版，第355页。

缠头，身著短衣，足穿皮鞋，身垢不洗，常带凶器，内著黑大编毡，外披衣甲，畜犏牛、山羊，以艾炙羊骨占。妇女纽发细编，短衣赤脚，内披短毡，尚以羊皮。青稞、荞面、乳饼、酥油煎茶充饥。病不服药，杀猪羊祭鬼求安。婚姻亦以牛羊为礼，丧葬不用棺椁。将猪取去肠肚，带毛用物压扁，名曰猪膘。用绫缎布匹裹尸，同用柴烧化，取顶骨并手足四肢，挂悬崖绝顶上，三年后杀马延番僧作佛事，尽将骨弃去。"[①] 与云南的么些相比，这部分么些的文化习俗更多地受西番影响，不仅是"发纽成索"，而且在生计上也主要还以畜牧业为主，农业生产水平没有云南发达。

（五）明代四川的百越系统民族

在四川境内有百越系统民族白夷的记载首见《明史·四川土司传》："盐井卫……永乐五年（1407 年）设马剌长官司（地在今盐边东南，攀枝花市西北），其村落多白夷居之。长官世阿氏，洪武时归附，授世职。地接云南北胜州，称庶富，人亦扰驯。"又会川卫载："迷易千户所，土官贤姓，其先云南景东僰种也，徙其属来田种。洪武十六年（1383 年）归附，以随征东川、芒部劳，授世袭副千户，居所治城外，所辖僰蛮仅八百户。"[②] 既然洪武初归附明朝，说明四川的白夷进入很早，《蜀中广记》卷 34 曾说"唐时南诏阁罗凤徙白夷戍此，即白夷也"，说明这里的白夷在唐代即已到达。[③]

四川的"白夷"分布在四川盐井卫、会川卫，其生产生活习俗与澜沧江、怒江下游的白夷大体相同，《蜀中广记》卷 34 说："（迷易千户所）白夷人头裹黑帕，谓之白夷锦。无论贵贱，人有数妻，妻妾奉夫甚严，妇女不妒忌，夫宿妻房，妻事之如婢。

---

①［明］曹学佺撰：《蜀中广记》卷 34，《四库全书》第 591 册，台湾商务印书馆 1986 年影印本，第 446 页。

②［清］张廷玉：《明史·四川土司传一》卷 311，中华书局标点本，1974 年版，第 8020、8021 页。

③ 尤中先生认为此处的"白夷"不是百越系统的"白夷"，而是"白蛮"。

饮食凡草木无毒者，六畜外，鼠蛇蛙蝇及飞虫皆瀹食之。谚云，青青白夷菜，动动白夷肉。婚姻，男家先用碗水浇女足，谓之水授妇；战阵所获谓之王旗妇。初生小儿，即抱于河中洗之。男女日日浴于河中，居多近水。束装日如远行，故迁徙无定焉。死有棺椁葬埋，名坟曰罢休。”[①] 同书在谈到盐井卫马剌长官司白夷的文化时又说：“白夷之近汉者，能知天变，遇日月食，稍长男女争击箕杵盆勺成声，仰天拜懇。婚姻泼水为媒证，产子三日则浴之河。死用块葬，名罢休。老人妇人穿无折桶裙。谓脂粉为解老。又能种棉养蚕，以织染为五色丝绒，提机作花，每段宽尺余，长二丈一尺。”[②]

雅州的僚种也是属于百越系统的民族，《蜀中广记》卷35雅州载：“卢山县新安乡百余家僚种也。其妇人娠七月而产，置儿向水中，浮者取养，沉者弃之，千百无一沉者，长则拔去上齿，加狗牙各以为华饰，今有四牙，长于猪牙而唇高者别是一种，能食人，无长齿者不能食人。俗信妖巫，击铜鼓以祈祷焉。”[③] 从凿齿习俗和击铜鼓的情况看，雅州的僚种当为百越系统的民族，与后来的仡佬族有源流关系。

土僚蛮当是百越系统民族中发展较为缓慢的部分，分布在今天的宜宾南、昭通市之间，到明代时还是“男子及十四五则左右击去两齿。然后婚娶。猪牛同室而居，无匕箸，手抟饭而食之。踏高跷上下山坂如奔鹿。妇人跣足，高髻桦皮为冠，耳坠大双环，衣黑布衣，项带蜡牌以为饰。出入林麓，望之宛如猿猱，人死则以棺木盛之，置于千刃巅崖之上，以先堕者为吉。山田薄

①［明］曹学佺撰：《蜀中广记》卷34，《四库全书》第591册，台湾商务印书馆1986年影印本，第438页。

②［明］曹学佺撰：《蜀中广记》卷34，《四库全书》第591册，台湾商务印书馆1986年影印本，第439、440页。

③［明］曹学佺撰：《蜀中广记》卷35，《四库全书》第591册，台湾商务印书馆1986年影印本，第466页。

少，刀耕火种，所收稻谷悬于草棚之下，日旋捣而食，多以采荔枝贩茶为业”。[①]

明代，在成都以南的邛州地区分布有部分的僚人，嘉靖《四川总志》卷十三邛州《风俗》载：“其人敏慧，颇慕文学，夷僚相杂，人民质实，不尚浮华，勤于耕桑，力于矿炭，信巫鬼而专祷祠，慕文学而知礼节。”[②]

川南叙州府的高县等地也分布着许多僚人，但已经开始汉化，原来僚人“不辨姓氏，所生男女长幼次第呼之，其丈夫称阿谟阿改，妇人阿夷阿等之类”。[③]但到了明代则“稍从汉俗，易为罗杨等姓”。居住形式亦有改变，“依树积土以居其上，名干栏，干栏大小随其家之口数。干栏即夷之榔盘也。制略如楼门，由侧劈构梯以上，即为祭所，余则寝焉”。服饰上也吸收了许多汉文化的东西，“男织班布缠头，衣裳俱如华制，行缠以班为之；女绾发为髻，缠以班带，簪缠用银，两耳各穿两孔，上贯钗，下贯环，富者迭贯之”。尽管如此，川南僚人依旧保持有许多民族传统文化，在服饰上“衣尚左衽，下著桶裙，间以组采长覆膝下”。在婚姻方面“初娶不论物采，惟通媒妁，杀牛豕以为礼即引归，惟老死后方大索婚价”。

在更南部的乌蒙军民府也有部分僚人，“夷人土僚种类不一，出入佩刃以相随，相见去帽为礼，架木为棚以居”。[④]显然，由于远离政治、经济中心区，与邛州、叙州府的僚人相比，这部分僚

①[明]曹学佺撰：《蜀中广记》卷36，《四库全书》第591册，台湾商务印书馆1986年影印本，第471、472页。
②[明]刘大谟修：嘉靖《四川总志》卷十三邛州《风俗》，四川省图书馆藏抄北京图书馆原藏明嘉靖廿年（1541）刻本。
③本段以下皆引自《蜀中广记》卷36，《四库全书》第591册，台湾商务印书馆1986年影印本，第471页。
④[明]刘大谟修：嘉靖《四川总志》卷十四乌蒙军民府《风俗》，四川省图书馆藏抄北京图书馆原藏明嘉靖廿年（1541）刻本。

人自身的文化保留得更多些。

明代，四川还分布着另外一批百越体系的群体，在当时史籍中被称为“南客”。《寰宇通志》卷七十说：“土僚号南客，言语侏离，好捕猎。”他们是僚人的一个分支，在四川主要分布于川黔交界处的酉阳宣抚司和平茶洞长官司，嘉靖《四川总志》卷十四酉阳宣抚司和平茶洞长官司《风俗》对其有所记载：“（平茶洞长官司）言语侏离，好捕猎，火炕焙谷，野麻缉布，巫祷治病，歌唱送殡，号为南客，古为难治。”① “（酉阳宣抚司）人分三种，（曰仡僚，曰冉家，曰南客）暖则捕猎山林，寒则散处崖穴，借贷以刻木为契，讲婚则累世为亲，古号难治，今被华风，织斑布以为衣，佩长刀而捕猎，教化渐入，风俗渐易。”这里应该指出的是，“织斑布以为衣”是苗瑶语系民族的服饰特点，根据这一特点，我们可以认为，明代的酉阳宣抚司除了有上面这段史料中提到的仡僚、冉家、南客三个民族，还存在一部分苗人。

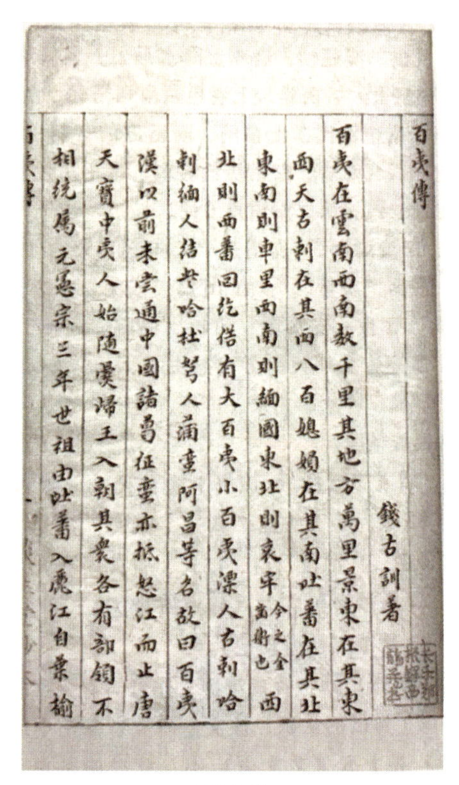
百夷傳

錢古訓著

百夷在雲南西南數千里其地方萬里景東在其東西天古剌在其西八百媳婦在其南吐蕃在其北東南則車里西南則緬國東北則哀牢（今之金齒衛也）西北則西番回紇俗有大百夷小百夷漂人古剌哈剌緬人結些哈杜怒人蒲蠻阿昌等名故曰百夷漢以前未嘗通中國諸葛征蠻亦抵怒江而止唐天寶中夷人始隨蒙歸王入剌其衆各有部領不相統屬元憲宗三年世祖由吐蕃入麗江自衆輸

百夷传

永宁卫也有部分属于百越群体的僚人，他们分别被称为土僚、都掌蛮。明中期曾试图对这一地区实行改土归流，但因各少数民族“言语性情不相习”，改土归流不仅未获成

①［明］刘大谟修：嘉靖《四川总志》卷十五平茶洞长官司《风俗》，四川省图书馆藏抄北京图书馆原藏明嘉靖廿年（1541）刻本。

功，反而引发了永宁都掌蛮、白罗罗、羿子等少数民族的反抗。这反映出永宁地区的僚人传统势力还非常强大，在文化也有所体现。嘉靖《四川总志》卷14永宁宣抚司《风俗》说："刻木为信，巢居箐寨，不事商贾，惟务农业，习俗鄙陋，性格野朴，垂髻跣足，悬带弓弩。"①

此外，四川还分布着另外一个僚人的群体，被称为"羿"。嘉靖《四川总志》卷十六《经略》（中）说："叙泸诸夷泸戎依山险，善寇掠，即僰、羿、苗、罗等种是也。"他们是仲家分布于四川的一部分。从相关记载看，他们与苗、倮等种蛮夷杂居，"夷性好斗乱"，成化十六年（1480年），"白罗罗、羿子与都掌蛮、大坝蛮相攻"。这一群体主要分布在叙州至泸州南部地带，即今滇东北、川南、黔西三省连接地带。上述记载表明，由于区位的原因，当时的政治、经济和文化中心对这一区域的辐射还非常有限。

二、明代云南的民族

（一）明代云南的乌蛮

1. 云南府的乌蛮

云南府是乌蛮分布的一个主要地区，云南府大约与元代的中庆路相当，下辖昆明县、富民县、宜良县、罗次县、晋宁州、归化县、呈贡县、安宁州、禄丰县、昆阳州、三泊县、易门县、嵩明州。据《元史》所载嵩明州、晋宁是乌蛮的核心区，而呈贡、归化、三泊、易门等县也有乌蛮分布，但在明代文献中，没有明确云南府的乌蛮分布情况，只说晋宁州、罗次县、禄丰县、易门县

①［明］刘大谟修：嘉靖《四川总志》卷十四永宁宣抚司《风俗》，四川省图书馆藏抄北京图书馆原藏明嘉靖廿年（1541）刻本。

历史上有乌蛮分布。“罗次县，唐乌蛮罗部所居。……禄丰县，汉乌蛮杂居。……易门县，乌蛮所居。晋宁州，为乌蛮阳城堡部。”① 这并不说明云南府内乌蛮减少，或消亡，而是因为明代汉族大量进入滇池区域，乌蛮中的绝大多数开始往山区移动，这是其一；其二，明初的史家还未注意到对云南历史发展有影响的乌蛮。

2. 临安府的乌蛮

元代的临安路，明改为临安府，这里是乌蛮重要的分布地区，元代的临安就是在乌蛮阿僰万户府的基础上设立的，所以明代仍然是乌蛮的分布区，但天启《滇志》只指出建水州、石屏州、阿迷州、宁州、新化州、河西县、蒙自县、新平县历史上有乌蛮。“建水州，唐为乌么蛮地。……宋为些么蛮所据，元初内附，置建水千户所，属阿僰万户。石屏州，唐乌蛮居其地，宋阿僰蛮夺据之。……新化州，阿僰诸部蛮所据。……河西县，元宪宗初内附，即阿僰部立万户。……蒙自县，宋段氏时，为阿僰蛮所有。”② 元明朝代紧接，其间又无民族迁徙的记录，故乌蛮仍在，他们是今天上述各地彝族的先民。

但临安府南部的蒙自县等地自古就是百越民族和氐羌民族的交错杂居区，所以天启《滇志·旅途志》载：“普安州达新兴驿……出城有狗场坡，民无编户，土酋号十二营长。其部落有罗罗、仲家、仡佬、僰人，言语各不相谙，以僰人译之。夷俗有火炬二节，丑、未月之念四日是其辰也。是节击鲜以祭，小儿各持火喧戏于市，若中州上元然。”③ 从文中所记来看，显然以乌蛮为主，此外还有百越后裔仲家和仡佬，而僰人是较为了解乌蛮和

① [明]刘文征撰：天启《滇志》，云南教育出版社1991年版，第54页。
② [明]刘文征撰：天启《滇志》，云南教育出版社1991年版，第55—56页。
③ [明]刘文征撰：天启《滇志》，云南教育出版社1991年版，第163页。

仲家文化的，故才能作为乌蛮和仲家之间的翻译。

阿迷州更近南部，所以是夷多汉少，仍以乌蛮部众作为民族人口的主体，天启《滇志·旅途志》载："阿迷东逾桥至东山关……山巅为马者哨，土酋普氏据其地，重栅守之。居者百余家，夷多于汉。……自阿迷东入夷巢，无亭缴止宿，天明行，至日中而税，多野处。"① 则在此附近也多为乌蛮普氏的势力范围："马者东历矣马驿……罗夷居之。"又，"矣马，罗台旧有驿，今俱废。驿记藏之广西府，地俱为普氏夷寨，杂以四方流移汉人数家。"又，"罗台驿逾山而南，经倒马坎，……其地隶普氏，而沙、侬溷处，夷患时有，普氏设哨所守之。"显然已经到了乌蛮和百越后裔的交错杂居区，故又载："（倒马坝）经陇希南至新哨，侬、普二氏分疆之所，常为㑩㑩（按，乌蛮支系）所焚。"看来元代所立的驿站到明代时已经大多废弃不用，因而政府的治理也就难以深入，民族间的矛盾冲突主要集中在乌蛮与僚族之间，这大约仍是文化冲突所致。

从天启《滇志》的记载来看，明代滇东南的乌蛮中尚未出现的政治集团，绝大多数情况下都是在一个相对封闭的环境中缓慢地发展着，由一些民族上层统治着，如弥勒州内的竹园村一带"地隶土酋普世隆，其疆止于大百户。渡江上坡，亦崎岖。历大百户，有普世隆寨。又历怀远哨至阿小寨，隶普国桢"。② 上述情况除政治的原因外，更多还是与地理环境过于封闭有关。

3. 楚雄府的乌蛮

明代的楚雄府由元代的威楚路改，领有楚雄县、镇南州、南安州、定远县、广通县、定边县等，其中楚雄县、南安州、定远

---

① 本段关于《滇志》的引用出自［明］刘文征撰：天启《滇志》，云南教育出版社 1991 年版，第 170 页。

②［明］刘文征撰：天启《滇志》，云南教育出版社 1991 年版，第 172 页。

县、广通县有乌蛮分布，在天启《滇志》中将他们称为“爨蛮”“黑爨蛮”，“楚雄县……为爨蛮所据。……南安州，唐为黑爨蛮所居地。”① 正因为楚雄府有大量的乌蛮分布，所以在民族识别时便将以乌蛮为主体发展而来的罗罗识别为彝族，故今天的楚雄州才成为彝族自治州，是全国仅有的两个彝族自治州之一。

4. 曲靖军民府的乌蛮

元代的曲靖路宣抚司改为曲靖军民府，下辖南宁县、亦佐县、沾益县、陆凉县、马龙州、罗平州，所辖各州县都有乌蛮分布：南宁县“元初置千户所，隶（乌蛮）磨弥部万户”，亦佐县有乌蛮夜苴部，沾益县有乌蛮磨弥部，“天宝末没于蛮，后为乌蛮磨弥部所据”。陆凉州有乌蛮落温部、马龙州有乌蛮撒匡部，罗平州有乌蛮夜苴部。②

在曲靖军民府北部乌蛮首领安氏的势力最大，天启《滇志·旅途志》载：“炎方八亭而达沾益州，与乌撒后所同城，始食蜀盐。西有崇山，连亘数十里，曰石龙山，土酋安氏所居。有水箐坡，马鞍哨，土兵守之，皆隶安氏。”③ 曲靖军民府北部于四川乌撒府相连，同是乌蛮安氏的势力范围，同书又载：“可度九亭而达乌撒卫，有四川乌撒府，与卫同城，乌酋所居曰盐仓，去城一舍。”④

5. 澄江府的乌蛮

元代的澄江路改为澄江府，下辖河阳县、江川县、阳宗县、新兴州、路南州，各州县都有乌蛮分布，河阳县有乌蛮罗伽部，江川县有乌蛮步雄部，阳宗县有乌蛮强宗部，新兴州有乌蛮徙么些部，路南州有乌蛮落蒙部。⑤

①［明］刘文征撰：天启《滇志》，云南教育出版社 1991 年版，第 58 页。
②［明］刘文征撰：天启《滇志》，云南教育出版社 1991 年版，第 58 页。
③［明］刘文征撰：天启《滇志》，云南教育出版社 1991 年版，第 165 页。
④［明］刘文征撰：天启《滇志》，云南教育出版社 1991 年版，第 165 页。
⑤［明］刘文征撰：天启《滇志》，云南教育出版社 1991 年版，第 59 页。

6. 广西府的乌蛮

元置广西路，明改为府，下辖师宗州、弥勒州、维摩州，师宗州因有乌蛮师宗部得名，弥勒州因为有乌蛮弥勒部得名。“隋……为东爨乌蛮，弥鹿等部所居……后师宗、弥勒一部浸盛。师宗州，有乌蛮师宗者据匿弄甸，号师宗部。弥勒州，宋些莫徒蛮之裔弥勒，得部甸、巴甸、部笼而居，故其部曰弥勒。”①

7. 寻甸军民府的乌蛮

由元代的仁德府改为明代的寻甸军民府，为乌蛮仁德部的分布区，因为乌蛮内部矛盾冲突，于明成化十二年（1476 年）改流，设寻甸军民府。② 虽然改流，但乌蛮仍然分布在府内。所不同的是汉族人口大量增加，同时还有部分白族，所以汉文化开始占主导地位：“（寻甸府）诸夷杂处，习尚顽梗，白人与居，颇知向善。置流建学以来，其俗渐改，人文可睹。”③

8. 武定府的乌蛮

由元代的武定路改为武定府，下辖有和曲州、元谋县、禄劝州，是乌蛮罗婺部的核心分布区：“（武定府）昔卢鹿等蛮居之，后附蒙氏。……以远祖罗婺为部名。元宪宗时内附，置罗婺万户府，隶威楚。”④ 明代改为武定军民府。

整个明代，虽然汉文化大量进入，但由于是乌蛮罗婺部的核心分布区，所以其自身的文化传统保存尚多：“俗尚强悍难治。松皮覆屋，蓑毡蔽身，交易用盐。近建学校之后，旧习渐迁。俗尚朴鲁，士民勤业。”⑤

乌蛮罗婺部的分布区是较大的，在金沙江北的姜驿也有分

①［明］刘文征撰：天启《滇志》，云南教育出版社 1991 年版，第 60 页。
②［明］刘文征撰：天启《滇志》，云南教育出版社 1991 年版，第 60 页。
③［明］刘文征撰：天启《滇志》，云南教育出版社 1991 年版，第 111 页。
④［明］刘文征撰：天启《滇志》，云南教育出版社 1991 年版，第 60 页。
⑤［明］刘文征撰：天启《滇志》，云南教育出版社 1991 年版，第 111 页。

布，而且由于地理位置在川滇两省结合部，川滇两省对其管理都不到位，再加上地理位置的险要，令人过而生畏："渡金沙江北五亭达姜驿。初行谷中，沿溪而上，十里升火焰山。其高三十里，峰回路转，陡绝之处，翼以木栈。至山巅三里许，即姜驿。驿久颓圮，近署茅屋三四家。后有夷寨，罗婺居之，昔从克酋叛，今虽就靡，尚凶狞可畏。江外地皆逼东川七州，蜀令不行，滇棱莫震，中辟通道，亦蜂腰之势也。"[①]

9. 元江军民府的乌蛮

元代的元江路明设元江军民府，是乌蛮阿僰部的分布区。"宋侬智高之党窜于此，寻为些么徒蛮阿僰诸部所有。"[②]

10. 丽江军民府与鹤庆军民府的乌蛮

丽江军民府所辖"兰州，东汉为博南县，属永昌郡。唐属南诏，为卢蛮所居"[③]。卢蛮即乌蛮中的一部分。

鹤庆军民府有乌蛮后裔分布，其下的剑川乌蛮就是唐代浪穹诏的后裔，而顺州则有乌蛮的罗落部杂处其间。[④]

11. 北胜州的乌蛮

北胜州是乌蛮的主要分布区之一，处在与吐蕃的交接地界，"战国、两汉属白国，时铁桥西北为施蛮所据，唐贞元中，异牟寻始开其地……徙昆弥河白人及罗罗、么些蛮实之，号剑羌"。[⑤]文中提到的施蛮为乌蛮中的一支，这在《蛮书》中有记录，而罗罗则是乌蛮中的一部分（后来才成为泛称）；此外，由于白人、罗罗、么些蛮都是氐羌系统的民族，在文化上有许多共同点，所以才被称为"剑羌"。

---

① [明]刘文征撰：天启《滇志》，云南教育出版社1991年版，第167页。
② [明]刘文征撰：天启《滇志》，云南教育出版社1991年版，第61页。
③ [明]刘文征撰：天启《滇志》，云南教育出版社1991年版，第61页。
④ [明]刘文征撰：天启《滇志》，云南教育出版社1991年版，第59页。
⑤ [明]刘文征撰：天启《滇志》，云南教育出版社1991年版，第62页。

北胜州又辖蒗蕖州，是罗罗和么些蛮的传统分布区，今天也仍是滇西北彝族、纳西族的主要分布区。

12. 者乐甸长官司的乌蛮

者乐甸长官司辖地原为百越系统民族的分布区，南诏国中后期乌蛮南向扩张后，被乌蛮的阿僰部所据，成了一个多民族的杂居区。

（二）明代云南的和泥

和泥在相关文献中也称窝泥，或称斡泥，应当是对同一对象的同音异写。

纳楼茶甸长官司："唐蒙氏为茶甸，元初置千户，隶阿宁万户。至元中改隶善阐宣慰司。后分为二千户，隶云南行省。寻改隶临安宣慰司，又改纳楼茶甸。本朝（明朝）置长官司，仍其名。"[①] 这是对纳楼茶甸长官司设置情况的说明，其辖内以哈尼先民为多。

教化三部长官司："唐时蛮名强现，汉讹为教化部，强现、牙车三部酋也。元为强现三部，隶临安等处宣慰司。后属强现四部。"明朝始设长官司。

王弄山长官司："元兀良吉歹征交趾，路经阿宁，立大小二部。"明朝改为长官司。

亏容甸长官司："汉旧铁容甸部，元至元中归附，拨隶元江路。"明朝改设长官司。

溪处甸长官司："汉旧七溪溪处甸部，元置军民副万户，隶云南行省，后罢副万户，属元江路。"明朝改置长官司。

思陀甸长官司："汉旧为官桂思陀部。元置和泥路，隶云南行省，后属元江路。"明朝改设长官司。

① 本小节引用出自［明］刘文征撰：天启《滇志》，云南教育出版社 1991 年版，第 56—61 页。

左能寨长官司："唐前为思陀寨甸，后为左能寨。"明朝改置长官司。

落恐甸长官司："唐前为伴溪落恐部，属思陀甸，后自为酋长。元置军民万户，隶云南行省。后属元江路。"明朝改设长官司。

元江军民府是和泥分布的一个重要地区。元江军民府："古西南极边之地。唐蒙氏属银生节度……后和泥蛮据其地。"明代的元江军民府的和泥，多分布在因远罗必甸长官司。

景东府古时为百越后裔分布区，大约在唐代和泥也开始进入，开始接受农耕文化："景东府，古徼外荒僻之地，名曰柘南，蛮名猛谷，又云景董，昔为朴、和泥二蛮所居。"

（三）明代云南的么些

1. 丽江军民府的么些

关于丽江军民府的设置及境内的民族情况，天启《滇志》载："古荒服地，与吐蕃接壤，汉属越嶲、益州二郡，东汉属永昌，隋属嶲州。唐因之。太和以后没于蛮（乌蛮），为越析诏。贞元中属南诏，置丽江节度。宋为么些蛮酋所据，段氏不能制。元宪宗四年讨平之，置茶罕章宣慰司。至元中，改置丽江路军民总管府。"[①] 明朝改为丽江军民府，境内的民族以么些蛮为主，是氐羌系统的民族之一。

丽江军民府下有通安州、宝山州、兰州、巨津州、临西县。

通安州是么些的传统居住区，为么些叶部落分布，元宪宗时内附，叶部落的首领麦良被元朝封为察罕章管民官。

宝山州是么些的传统分布区，元时内附，蒙古语称其分布地为察罕忽鲁罕，至元年间改为宝山州。

① 本小节引用出自［明］刘文征撰：天启《滇志》，云南教育出版社 1991 年版，第 61—62 页。

兰州在东汉时属于永昌郡的博南县，是卢蛮的分布区（卢蛮即乌蛮），也有么些分布，大理国时在兰州设兰沧郡，元改为兰州。

巨津州在唐代为乌蛮分布区，后么些蛮进入，“巨津州……濮、卢二蛮所居。后么些蛮夺其地，南诏并之，属丽江节度。元内附，至元间置州”。

临西县是一个多民族杂居区，有么些、吐蕃、番人。“临西县，唐为么些诏之地。元至元间，以其地西邻吐蕃境，置临西县，隶巨津州。本朝仍之。正统二年（1437年）为番人（今普米族先民）所据。”

2. 永宁府的么些

永宁府（今宁蒗永宁乡）“么些蛮祖泥月乌逐出吐蕃，遂居其地。唐属南诏，后为么些蛮所据”。则这一带为吐蕃与么些交错之地，么些与吐蕃争夺较为频繁，元代内附，置茶蓝管民官，明永乐四年（1406年）为永宁府，领有革甸长官司、剌次和长官司、香罗长官司、瓦鲁之长官司。

（四）明代云南的西番与古宗

明代的西番分布很广，川滇两省都有，云南主要集中分布在永宁、北胜、蒗蕖，而且金沙江以北靠近四川之地也不少，天启《滇志·旅途志》说：“金沙江北渡有三：一由宾川渡江至北胜、蒗蕖，可通盐井卫，地属番夷。”①

由于过着随畜迁徙的生活，所以西番的服饰还带有浓厚的游牧文化特点。“辫发，杂以玛瑙、铜珠为缀，三年一栉之。衣杂布革，腰束文花毳带，披琵琶毡，富者至二三领，暑热不去。”②

居住在山腰可供畜牧之地，住房也一直保留着以木板覆盖屋顶的习俗。民族性格是尚勇武，性情暴悍，善射，饮食喜好酥

①［明］刘文征撰：天启《滇志》，云南教育出版社1991年版，第167页。
②［明］刘文征撰：天启《滇志》，云南教育出版社1991年版，第1000页。

油茶。

少量社会经济发展十分缓慢者，被称为“野西番者，倏去倏来，尤不可制”。[①]

明代尚未将滇西北的迪庆藏族分布区划归云南，但由于北与吐蕃接壤，所以在丽江、鹤庆地区仍然有少量藏族先民，史书中称之为古宗，被认为是“西番之别种”。文化更具游牧经济特点，男子“辫发百缕，披垂前后，经年不栉沐，栉必以牲祭。披长毡裳，以牦牛或羊尾织之”，妇人“青白磁珠……悬于首”。饮食有食生肉习俗，主食为蔓菁、稗麦。

（五）明代云南的怒人、峨昌、力些、“野人”

明代史书对怒人的记载较为简略，男子“发用绳束，高七八寸”，妇人“结布于发”。除民族性格“刚狠好杀”外，其他习俗与么些相同，由此也说明了怒人与么些同属一个族系。

峨昌也是氐羌系统的民族，分布在里麻长官司境内，与僰夷杂居在一起，因为是山地游牧民族，所以生性畏惧暑湿，居住在山地，从事刀耕火种的农业生产，社会经济发展的总体水平不高，反映在文化生活习俗上也就显得较为突出，妇人以“红藤为腰饰”，祭祀用犬，占卜用竹三十三根，类似汉族的卜筮之法。饮食上嗜酒，肉类多为生食禽兽昆虫。

与经济发展水平相适应，再加上他们是后进入这一地区的，峨昌受同区域的僰夷土司统治，有族内转房婚习俗，“父兄死，则妻其母嫂”。但到明代已经有一些变化，如罗板寨百夫长早正死，“其妻方艾，自矢不失节，遂饿而死”，便说明了族内转房婚及相关习俗的变革。

力些在明代尚未大量进入怒江峡谷，据天启《滇志》所载“惟

① [明]刘文征撰：天启《滇志》，云南教育出版社1991年版，第1000页。

云龙州有之”，社会经济发展较为缓慢，与汉族文化接触不多，男子“囚首跣足，衣麻布直撒衣，被以毡衫，以毳为带束其腰”，妇女“裹白麻布衣”。大约力些除农业生产外，狩猎也是主要的经济生活来源，所以“善用弩，发无虚矢，每令其妇负小木盾径三四寸者前行，自后发矢中其盾，而妇人无伤”。[①] 此弩也在民族间发生矛盾冲突时使用，“以此制伏西番”。[②]

“野人”到明代时，仍然“居无屋庐，夜宿于树巅。……以树皮为衣，毛布掩其脐下”；对狩猎经济极为依赖，“采捕禽兽，茹毛饮血，食蛇鼠”；服饰也与这种经济生活有关，“首戴骨圈，插鸡尾，缠红藤，执钩刀大刃”；性格十分凶悍，“登高涉险如飞，逢人即杀”。[③] 当然，“逢人即杀”过于夸张，历史上从未有过这样的民族。

他们分布在茶山、里麻两个长官司的外边，距离腾越千余里，由于无法对他们进行约束，所以常对茶山、里麻长官司有侵扰，“二长官为所戕，贼避之滇滩关内”。[④]

（六）明代云南的僰夷等民族

明代对僰夷的认识较之前代更加具体，使我们清楚地看到僰夷在空间分布上呈现出的特征是由南向北可以分为聚居区、杂居区、散居区。到了明中后期，因为缅甸洞吾王朝的崛起，聚居区内的民族情况发生了较大变化：一方面是随着缅甸洞吾王朝的兴起、强大，对中国土地的侵占，把明代僰夷聚居区的许多土地连同土地上的僰夷都从明王朝的版图中分割出去，导致许多僰夷归入洞吾王朝，成了跨境民族；另一方面，依然生活在中国境内的僰夷逐渐产生了强烈而明晰的国家认同，例如僰夷的土兵积极参

①［明］刘文征撰：天启《滇志》，云南教育出版社 1991 年版，第 999 页。
②［明］刘文征撰：天启《滇志》，云南教育出版社 1991 年版，第 999 页。
③［明］刘文征撰：天启《滇志》，云南教育出版社 1991 年版，第 1002 页。
④［明］刘文征撰：天启《滇志》，云南教育出版社 1991 年版，第 1002 页。

加平定麓川之乱，参加平定乌蛮叛乱。他们把为国家立功受奖作为世代的荣誉。

永昌府、景东府、元江府等行政区则属于僰夷的杂居区，与同区域内的乌蛮、蒲人生活在一起。此外，因为调动僰夷土兵参战或调动他们到异地种田，所以明代在金沙江中游出现了僰夷的散居区，使僰夷的分布区向北推进到北纬 27 度，形成了今天金沙江中下游川、滇两省交界地区有傣族分布的格局。由于上述种种原因，僰夷的文化也开始了分化和变异，在保存共同文化的基础上，聚居区、杂居区、散居区的僰夷文化开始出现了区域性的差别，而且还呈现出由聚居区、杂居区、散居区僰夷人口和传统文化逐渐递减的趋势。这种趋势还一直延续到现代。

明代在西南僰夷分布地所设的羁縻性质的行政单位有：车里军民宣慰使司、木邦军民宣慰使司、八百大甸军民宣慰使司、老挝军民宣慰使司、孟养军民宣慰使司、缅甸军民府宣慰使司、孟定府、孟艮府、南甸宣抚司、陇川宣抚司，耿马宣抚司、猛密宣抚司、蛮莫宣抚司、威远州、湾甸州、镇康州、潞江安抚司、芒市长官司、孟琏长官司。以上各土司之地都与中南半岛的老挝、缅甸相接，是僰夷的核心分布区，僰夷的主体都分布在这些地区，多信南传上座部佛教。

有僰夷杂居的地区还有禄丰、罗次、元谋、越州卫、江川、路南、临安、元江、蒙自、顺宁、剑川、腾越、镇南、姚安、元江等地，这些地区当是明代僰夷的散居区。[①]

广南府是百越后裔壮族先民的分布区，“宋名特磨道，侬智高之裔居之”。[②] 侬智高为壮族先民今已无疑义，从文献所载来

① 现在上述地区的傣族有些已不存在，或迁徙、或融合到其他民族之中，但元谋、姚安等金沙江河谷地区至今还有傣族存在。

② [明]刘文征撰：天启《滇志》，云南教育出版社 1991 年版，第 62 页。

看，广南府的百越后裔是壮人中的侬人和沙人两个支系：“（广南府）侬人、沙人，男女同事犁锄，构楼为居。男服青衣曳地，贱者掩胫。妇绾髻跣足。好巫不好医。恃险剽掠，时相仇杀。”①

临安府东南部是氐羌系统与百越系统民族的交错杂居区，有不少的百越后裔，被称为沙人、侬人（是今天壮族的侬人支系和沙人支系）。这在天启《滇志·旅途志》的“粤西路考”中有载：“陇希南至新哨，侬、普二氏分疆之所……疆理隶弥勒州，以汉官久不至，侬氏斥境至此，而又远不能制，沙、普诸酋互争之，戎马纷沓，居民望风逃匿，无宁日焉。”②则在政府控制力弱的地方，侬氏贵族进行了扩张，由此而引发了乌蛮与侬人的冲突。

从新哨过弥勒湾，到俺排寨，也是侬人分布区，“江东有大八百、小八百二寨，皆侬氏属夷”。又过母忙寨至木铁，有“侬夷数十余家”。这里的侬人其文化与百越各支相同：“居民皆楼居，以竹为椽柱，覆以松皮，去地三四尺，人居其上，畜溷于下，中设地炉，悬稻穗于上，薰令极干，每日舂而食。编竹笼若鱼罶累累数十，置西南隅以祀鬼。甘犬鼠，非上宾不设。”③则居干栏、稻作，以达寮祭鬼，嗜异物等习俗千年未变。

土僚原来分布在川、黔、桂相连地区，在与上述地区毗邻的云南也有分布，以石屏、嶍峨、路南为多。男子“首裹青帨，服白麻衣，领上缀红布一方”，妇人则“冠红巾，衣花绣胸背衣”。④

侬人主要分布在广南，由于同样都是百越后裔，所以生产生活习俗都与僰夷相同，是侬智高的后裔。民居建筑为干兰式建筑，“楼居，无几凳，席地而坐，脱履梯下而后登”。饮食生活中还有喜食异物的习惯“甘犬嗜鼠”。服饰上妇人“衣短衣长裙”，

①［明］刘文征撰：天启《滇志》，云南教育出版社 1991 年版，第 111 页。
②［明］刘文征撰：天启《滇志》，云南教育出版社 1991 年版，第 170 页。
③［明］刘文征撰：天启《滇志》，云南教育出版社 1991 年版，第 170 页。
④［明］刘文征撰：天启《滇志》，云南教育出版社 1991 年版，第 1000 页。

男子“首裹青花帨，衣粗布如缕”。大约是处在民族杂居区，民族之间多有矛盾冲突，所以“刀盾枪甲，寝处不离，日事战斗”。[①]

沙人与侬人在很多方面几乎相同，但性格更为剽悍，分布在广西府、富州、罗平等地，分别受本民族土司龙氏、李氏、沈氏统治，相互之间经常为水、土地发生矛盾冲突。

（七）明代云南的蒲人

楚雄府南边是古代百越民族的分布区，其间又有闽濮等分布，故楚雄府南是一个多民族杂居区，府南的镇南州、定远县、碍嘉县、定边县都有孟高棉民族的先民分布[②]：

“镇南州，汉为朴落所居，有城曰鸡和。”此处的“朴落”当为“朴剌”，是今孟高棉民族的先民；滇中地区的寻甸军民府历史上也有过“朴剌”，“寻甸军民府，古滇地，昔仆剌蛮居之，号仲札溢源”。

“定远县，汉为越嶲郡地，唐置西濮州，后没于蛮。”则因为此地有濮人，故称西濮州，而乌蛮则是后来到的。

景东府在古代被认为荒僻之地，“名曰柘南，蛮名猛谷，又云景董，为昔朴、和泥二蛮所据”。此处的“朴”，当为“朴子蛮”的简称，是孟高棉民族的先民。

①［明］刘文征撰：天启《滇志》，云南教育出版社 1991 年版，第 1001 页。
② 本小节引用出自［明］刘文征撰：天启《滇志》，云南教育出版社 1991 年版，第 58—61 页。

第三节 明代南方丝绸之路周边地区的民族

一、明代四川的土家

从先秦时期开始，居于西北地区的氐羌系统民族中的一部分就不断沿汉水、嘉陵江等河流通道南下。沿汉水南迁的一支迁至汉中，可能先为宗姬之巴所统，最后到达湖北清江流域一带，与廪君蛮融合，后又不断西徙至渝东、渝中地区，建立巴国；而沿嘉陵江南下的一支则主要分布于嘉陵江上游两岸，后不断南迁，曾以今宕渠县为中心建立过賨国。秦汉时期，这些賨人也因擅长用板楯而被称为板楯蛮。魏晋南北朝时期，賨人李氏建立成汉政权，使西南地区的賨人又获得了一次大的发展时机，后东晋桓温伐蜀，成汉末帝李势兵败出降。成汉灭亡，成都地区的賨人大部分陆续融入汉族之中；而向东迁徙的一部分与原居于渝东、鄂西、湘西北、黔东北的賨人会合，保持其传统的习俗和文化，随着历史的发展与当地土著、濮人、蛮蜒及后来西迁的江西彭氏等融合发展成为土家人。

明代四川的土家主要分布在川东南的石砫宣抚司、酉阳宣抚司境内，众多的土家生活在大大小小的土家上层贵族的治理之下，作为政府官员的上层贵族以冉氏等政治势力最为强大，官的级别也最高，为酉阳宣慰使，《明史》对他们的记载大大多于对其他土家上层的记载。

《明史·四川土司传二》载[①]："洪武五年（1372年），酉阳军民宣慰司冉如彪遣弟如喜来朝贡，置酉阳州，以如彪为知州。"其后，冉氏与明中央政府建立了友好关系，子孙相继不绝，正德八年（1513年）"酉阳宣抚冉元献大木二十，乞免男维翰袭职赴京，从之"。冉氏不但继续向明中央政府进献地方珍奇，还派自己的土兵多次参加政府组织的军事行动，立下了大功。

除冉氏土司外，土家的土司还有许多，以酉阳、石砫为中心的广大土家民众都在他们的治理之下。

总的来说，在明代，随着汉移民的逐渐进入，四川土家的文化开始呈现出较为复杂的变迁态势。一方面，"讲婚则累世为亲"，反映出其社会中血缘关系仍占主导地位，地缘关系还没有完全建立起来；"伐木烧畲以种五谷"反映了其经济社会发展的相对滞后。另一方面，在经济结构上，"已开始出现土地买卖，地主经济开始有一定发展"；以封建社会门阀观念为代表的封建政治文化的影响也有所体现，石耶长官司的杨姓土司把自己的始祖说成是太原杨业之后，邑梅长官司的杨姓土司也把自己祖先说成是宋代太原杨光甫之后。[②]这种变迁的情况是随着这一时期汉族陆续进入到四川的土家地区所引起的。

二、明代四川的苗人

明代四川苗人主要分布在川东南和川南与黔西、滇东北连接

① [清]张廷玉:《明史·四川土司传二》卷312，中华书局标点本1974年版，第8057—8058页。
② 彭武一:《川黔边土家族历史发展概述》，载《民族论坛》1988年第3期。

地带，包括酉阳、邑梅二司，叙马泸道。[①]不同地区之间，苗人的文化有一定的差异，叙泸、邑梅洞长官司的苗人其自身的文化传统保存较多。这两个区域内的苗人已普遍与彝族的先民杂居在一起，故嘉靖《四川总志》卷十六《经略》（中）说："叙泸诸夷泸戎依山险，善寇掠，即僰、羿、苗、罗等种是也。"元以前对这一地区的苗人"皆为羁縻"，"生杀予夺一以夷法治之"。明代设置了流官，但"诸夷叛服不一"，"僰、羿、苗、倮等种蛮夷杂居，夷性好斗乱，为害无常"。[②]正因为远离政治和文化中心，所以其自身的文化传统保存尚多，嘉靖《四川总志》卷十四邑梅洞长官司《风俗》载："语异蛮音，衣穿斑布，用木浪槽为臼而舂稻粱，沥苦蒿水代盐而鲊宿肉，婚姻以牛只为等，疾病以巫祝为医。"[③]

播州的主体民族也是苗人。播州杨氏土司在主动归附明朝后，与明中央政府保持着密切的政治与经济联系，并建立密切的文化联系。播州宣慰使司及各安抚司的土官，都"各遣其子来朝，请入太学，……国子监官善训导之"。[④]因此，嘉靖《四川总志》卷十四播州《风俗》所记载的"以耕殖为业，鲜相侵犯，天资忠顺，悉慕华风"，指的是当地苗民中的"宦、儒户"，而大量的苗民则还是"椎髻披毡，以射猎山伐为业，信巫鬼，好诅盟，婚姻以铜器、毡刀、弩矢为礼，燕乐以铜锣、鼓、横笛歌舞为乐，会聚以汉服为贵，出入背刀弩自卫"。[⑤]

① 尤中：《中国西南民族史》，云南人民出版社1985年版，第685页。
②［明］刘大谟修：嘉靖《四川总志》卷十六《经略》中，四川省图书馆藏抄北京图书馆原藏明嘉靖廿年（1541）刻本。
③［明］刘大谟修：嘉靖《四川总志》卷十四邑梅洞长官司《风俗》，四川省图书馆藏抄北京图书馆原藏明嘉靖廿年（1541）刻本。
④［清］张廷玉：《明史·四川土司传》，中华书局标点本1974年版，第8040页。
⑤［明］刘大谟修：嘉靖《四川总志》卷十四播州《风俗》，四川省图书馆藏抄北京图书馆原藏明嘉靖廿年（1541）刻本。

三、明代贵州氐羌系统的民族

明代贵州境内氐羌系统民族以乌蛮为主，但由于分布区不同，史书对他们的称呼就有所不同。明嘉靖《贵州通志》卷三《风俗》就记载有水西罗罗，从文化习俗来看是典型的乌蛮，与之相同的还有安顺州宁谷司的“罗鬼”，这显然是把安顺州的乌蛮称为“罗鬼”，实际与“水西罗罗”是同一民族，故才会“妇人服饰颇同水西、普安之俗”。①

黎平府永宁州慕役司分布的也是乌蛮，是被称为“白罗”的部分，文化上是“披发，戴大黑尖毡帽，衣布褐，披毡，骑马并足而坐，男子袭荫后，或率部民，或保奏，其妻受职事，冠带如男子，民亦信服之。部民皆白罗……性好顽，短衣跣足，常佩刀弩，一言不和辄相杀戮，妇人服饰与水西（罗罗）同”。

黔西的毕节卫有乌蛮，据嘉靖《贵州通志》卷三《风俗》说毕节是“乌蛮巢穴……卫城四境皆乌罗，毡裘椎髻，性狡悍趋利，卜用鸡骨……罗罗见贵人以脱帽敬”。

在赤水卫的乌蛮被称为黑罗罗，这里的生态条件差，“四境箐深土瘠，故居人少生计”。

明代的水西罗罗是古代的罗甸鬼建立者的后代，是宋元时的乌蛮，分为黑白二种。到明代时已经明确开始使用文字，有明显的民族文化特征，贵族中的一部分在体质上的特征是“深目长身，面黑白齿”，服饰为“短褐徒跣，戴笠荷毡，……金环约臂。佩长刀，箭服左肩，佩一方羊皮，腰束韦索”；饮食习惯是“数人共饭一盂中，设一匕。复置盂米于旁，少长共匕而食，探匕清水抄饭，一哺抟之，盘令圆净，始加于匕上，跃以入口，盖不欲污

① 本小节以下引文未经注明皆出自［明］谢东山修，张道纂：嘉靖《贵州通志》卷三，《风俗》，西南交通大学出版社 2018 年版。

匕，妨他人食也。食罢必漱口刷牙，故齿甘洁然”。

水西罗罗的性格是“喜争斗，重信，故人不敢示以妄图”。服饰为“男椎结去须，女披发短裙，乘马并足横坐”。当人生病时，“以羊革裹之，汗出则愈”。

水西罗罗到明代仍然还信奉原始宗教，“信男巫，尊为鬼师，杀牛祭神，名曰做鬼”。鬼师的继承人是“族人之子”，不外传他人。丧葬习俗仍然保持远古传下来的火葬习俗，“死则集焚于野而散其骸骨”。

安顺州宁谷司的“罗鬼”也是罗罗的一部分，是乌蛮的后裔，其风俗为：“凡会饮不用杯酌，置槽瓮于地，宾主环坐，倾水瓮中以藤吸饮，谓之咂酒，待宾客亦如之。《图考》云（罗鬼）性狡悍，言语莫晓，男女披毡为礼，出入佩刀弩，妇人服饰颇同水西、普安之俗。”

普安州的罗罗在服饰文化上较有特色，嘉靖《贵州通志》卷三《风俗》载：“罗罗摘去髭须，妇人束发于顶为高髻，绳以青带，别用布一方或缁四角缀带以裹之，仍以幔毡竹笠加于上，出遇官长则除笠悬之臂以为敬，男女皆着青衣，男子以青布裹头。”尽管有如此浓厚的民族文化，但到明中叶以后已“渐染华俗而近于礼矣”。

镇宁州罗罗的丧礼仅有牛革裹尸火葬是习俗，弘治《贵州图经新志》卷九镇宁州《风俗》载：“凡死丧宰牛祭鬼，披甲执铭，乘骏马来奔骤，状若鏖战，以迎神鬼。祭毕用皮裹之焚之。”

永宁州的罗罗在服饰上和饮食上的习俗是：“妇人着青衣长袍，披发，结其永垂于项后。男女皆以羊皮一片悬于肩背以为礼，喜食生，以鸡豕鲜肉斫而为脍，和以草果蒜泥食之。”①

① [明] 沈庠修，赵瓒纂：弘治《贵州图经新志》卷九永宁州《风俗》，云南大学图书馆藏抄本。

弘治《贵州图经新志》对普安州罗罗的风俗记载较详，在婚姻上，“男女未婚配者，父母不禁其出入，任其自相会集，歌谑情合者为婚，多有累世为婚者。然男家常以为男家，女家常以为女家。成婚之日，妇见舅姑不拜，惟侧立于前，以水器进盥漱水为礼”；节日有火把节，“每岁以冬夏二季月之二十四日为火把节，屠豚宰牛以祭其先，小儿各持火喧戏于市，如上元岁除然”。

第七章

清代南方丝绸之路沿线的民族

第一节

清代西南地区的道路与交通

清代，西南地区驿道在原有的基础上，又有了发展。这在西南地区内部之间，以及西南地区对外交通方面都有体现。据《大清会典》，清代，仅云南省在驿道上就置驿85处，其中驿站19个，堡12个，军站54个。并且，在驿道所属各府、厅、州、县既有的堡的基础上，又分置铺，总计铺数在460处以上，铺与铺间距离，10里、15里、20里、30里、45里不等，呈现州、县之间的联络点星罗棋布，繁密贯通的状态。①

一、清代西南地区连接内外的驿道

清代，川滇之间的交通线路有：其一，“自省城（昆明）向东北，经嵩明、寻甸、东川、昭通、大关达四川之筠连，筠连以下即叙、泸水道，为本省（云南）旧时由东、寻两店递运京铜之要道”。其二，自省城昆明向西，经安宁、禄丰、楚雄、镇南、祥云，至大理，然后向北，经邓川、洱源、剑川、维西、阿墩子、拉马潭达四川之巴安（巴塘）。其三，“昆明、宜宾间驿路，为滇

① 李春龙、江燕点校：《新纂云南通志》（四）卷56《交通考一》，云南人民出版社2007年版，第4—8页。

蜀交通要道。自宜宾接长江与岷江航线，沿岷江经乐山、彭山而达成都，计水程三九〇公里，合六七七华里”。其四，昆明到西昌的驿路，也是川、滇、康之间的重要路线。由西昌出发 10 日至雅安，再 6 日至成都。由雅安 8 日至康定，再 9 日至理化（理塘），又 5 日至巴安（巴塘）。其五，由丽江经永宁、木里至康定线，计程 18 日。其六，由丽江经中甸、乡城至理化线，计程 20 日。其七，由丽江经中甸、德荣至巴安（巴塘）线，计程 25 日。

四川、西康经云南与缅甸等东南亚国家相互贸易往来的路线，“自来川、康土产货物运缅销售，均由西昌、会理、经永仁、宾川而抵下关，再转运至八莫；由缅甸或滇西运入川、康货物，亦取道于此，由下关至会理、西昌，其日程与由昆明至该两地同”。

云南至缅甸的路线，由下关至顺宁，再至保山，有保山至八莫，自八莫乘铁路至曼德勒及仰光，或走水路沿伊洛瓦底江至仰光。

此外，经西南驿路干线，自车里（今景洪）西南行，至缅甸掸部的康东，西行至曼德勒再至仰光，再南行至暹罗（今泰国）的景迈，再至曼谷。此外，自车里南行，进入老挝等地。

云南与越南间路线，由省城向东南，经呈贡、晋宁、江川、宁州、通海、蒙自、蛮耗，经红河水运，由蛮耗直达海防。①

二、清代的茶马古道

由川西南、滇西北经西藏南下尼泊尔、印度等地的古代交通，宋元至明清时期发展为“茶马古道”，该线也是古代南方丝绸之路的重要组成部分之一。

① 本小节文字参见李春龙、江燕点校：《新纂云南通志》（四）卷 56《交通考一》，云南人民出版社 2007 年版，第 14 页。

茶马古道

茶马古道主要分为南、北两条线路，就是通常所说的滇藏道和川藏道。“滇藏道起自云南西部洱海一带产茶区，经丽江、中甸、德钦、芒康、察雅至昌都，再由昌都通往卫藏地区。川藏道则以今四川雅安一带产茶区为起点，首先进入康定，自康定起，川藏道又分成南、北两条直线：北线是从康定向北，经道孚、炉霍、甘孜、德格、江达、抵达昌都（即今川藏公路的北线），再由昌都通往卫藏地区；南线则是从康定向南，经雅江、理塘、巴塘、芒康、左贡至昌都（即今川藏公路的安县），再由昌都通向卫藏地区。”[①] 进一步来看，“云南的中甸、西藏的昌都、四川康定构成的三角地带，是茶马古道网络分布最为密集的地方，马帮出没也最频繁。往返中甸与昌都的两条古道是：1. 中甸——梅里雪山——加郎——碧土——扎玉——左贡——邦达——昌都；2. 中甸——乡城——德荣——盐井——芒康——左贡——邦达——昌都。往返中甸与康定的主要古道是：中甸——乡城——桑堆——理塘——雅江——康定。往返康定与昌都的主要古道是：1. 康

① 石硕：《茶马古道及其历史文化价值》，载《西藏研究》2002年第4期。

定——雅江——理塘——巴塘——芒康——左贡——邦达——昌都；2. 康定——道孚——炉霍——甘孜——德格——江达——昌都。”①

第二节 清代南方丝绸之路核心区域的民族

一、清代四川的民族

至清代，处于南方丝绸之路起点的四川仍然是一个多民族分布区，少数民族主要分布在川东南、川西南、川西、川西北，具体是川东南以土家、苗为主，川西南以罗罗为主，川西和川西北以西番（今天识别为藏族）和羌人为主。聚居区的各少数民族传统文化还保持较好，散杂居区的则已经开始接受汉文化。

（一）分布在以凉山为中心的倮罗夷②

倮罗夷即前代的乌蛮，在四川主要分布在以凉山为中心的地区，关于其总体情况《清史稿·土司传二》说：“凉山夷倮罗者，居宁远、越巂、峨边、雷波、马边间，浅山部落头目属于土司。

① 陈保亚：《茶马古道的历史地位》，载《思想战线》1992年第1期。
② 本小节文字参见［民国］赵尔巽：《清史稿·土司传二》，中华书局标点本1977年版，第14226—14252页。

深入则凉山，数百里皆夷地。生夷黑骨头为贵种，白骨头者曰熟夷，执贱役，夷族分数百支，不相统属。叛则出掠，虏汉民作奴，遇兵散匿。清兴，雍正五年（1727 年）、七年（1729 年），嘉庆十三年（1808 年）、十六年（1811 年）迭经川吏剿抚，加以部勒。”倮罗夷到清代尚未形成强大的政治集团力量，基层是一些以父系血缘为中心的家支，“分数百支，不相统属”，分别生活在大大小小的土目管辖之下。由于史载不详，具体情况难以准确描述，但可以知道以下土司、土目所领有的民众都是倮罗夷，是今天彝族的先民。

第一是西昌县各土司、土目领有的民众属倮罗夷。河东长官司下辖的大石头、长村、继事田这三个土百户，以及利扼、上芍菓、阿史、纽姑、上沈渣、下芍菓、上热水、小凉山、慕西、又利扼、阿史、者加等十二个土目，所领的民众都是倮罗夷。

阿都正长官司管有的歪歪溪、咱古、乔山南、大河西四土目，所领的民众为倮罗夷；阿都副长官司管有的小凉山马希、大梁山拖觉、阿乃、又阿史、结呃、派乃、者腻、那科、那俄、哈乃过、又阿驴等十一个土目，领有的民众都是倮罗夷。

沙骂宣抚司管有的那多、扼乌、咱烈山、撒凹沟、结觉五土目，领有的民众都是倮罗夷。

河西宣慰司管有的罗慕、芍菓、咱堡、沙沟四土目，领有的民众都是倮罗夷。

昌州长官司、普济州长官司、威龙州长官司管有的民众亦是倮罗夷。

第二是越嶲厅各土司、土目领有的民众是倮罗夷。邛部宣抚司管有腻乃、阿谷、苏呷、咱户、慕虐、阿苏、滥田坝、普雄、黑保、大疏十土目，领有的民众都是倮罗夷。暖带密土千户管有的上官、六革、瓜倮、纠米、布布、阿多六磨、磨卞为呷、西纠等七个乡总，领有的民众都是倮罗夷。

松林地土千总管有的老鸦漩、白石村、六翁、野猪塘、前后山、料林坪等六个土百户，领有的民众都是倮罗夷。

第三是冕宁县所管有的酥州土千户、加州土百户、苗出土百户、大村土百户、糯白瓦土百户、大盐井土百户、热即哇土百户、中村土百户、三大桂土百户、河西土百户、窝卜土百户、虚郎土百户、白路土百户、阿得轿土百户、瓦都土目、木术凹土目、瓦尾土目，领有的民众都是倮罗夷。

第四是会理州管有的黎溪舟土千户、迷易土千户、会理村土千户、者保土百户、普隆土百户、红卜苴土百户、苦竹坝土百户，领有的民众都是倮罗夷。

第五是雷波厅管有的千万贯土千户管有的六十五土目、千万贯土巡检、黄螂土舍，领有的民众都是倮罗夷。具体又分为“黑、白骨头二种倮夷，椎髻衣毡，耕种打牲为业”。

第六是屏山县的平彝长官司、蛮彝司长官司、泥溪长官司、沐川长官司领有的民众都是倮罗夷。

第七是马边厅的明州乐土百户、油石洞土百户、旁阿姑土百户、大阳肠土百户、腻乃巢土百户、挖黑土百户、阿招土百户、干田坝土百户、麻柳坝土百户、撕栗坪土千户、冷纪土外委领有的民众都是倮罗夷，又被称为“凉山生夷”。

（二）分布在松藩厅的西番

松藩厅辖地为今四川阿坝藏族自治州，清代文献中记载松藩厅分布的民族叫西番[1]，分别生活在数以千计的土千户、土百户、土目的管辖下。这些级别较低的土司分别是[2]：拈佐阿革寨土百户、热雾寨土百户、峨眉喜寨土千户、毛革阿寨土千户、包

① 这些西番到中华人民共和国建立之后基本被识别为藏族。

②［民国］赵尔巽：《清史稿·土司传二》，中华书局标点本1977年版，第14227—14232页。

子寺土千户、阿恩峒寨土千户、羊峒寨土百户、下泥巴寨土百户、寒肦寨土千户、商巴寨土千户、祈命寨土千户、羊峒踏藏寨土目、阿按寨土目、挖药寨土目、押顿寨土目、中岔寨土目、郎寨土目、竹自寨土目、臧咱寨土目、东拜王亚寨土目、达弄恶坝寨土目、香咱寨土目、咨马寨土目、八顿寨土目、上包坐余湾寨土千户、下包坐竹当寨土千户、川拓寨土千户、谷尔坝那浪寨土千户、双则红凹寨千户、上撒路木路恶寨土百户、下撒路竹弄寨土百户、崇路谷谟寨土百户、竹路生纳寨土百户、上勒凹贡按寨土百户、下勒凹卜顿寨土百户、班佑寨土千户、巴细蛇住坝寨土百户、阿细拓弄寨土百户、上作尔革寨土百户、合坝夺杂寨土百户、辖漫寨土百户、下作革寨土百户、物臧寨土百户、热当寨土百户、磨下寨土百户、甲凹寨土百户、阿革寨土百户、鹊个寨土百户、郎惰寨土百户、上阿坝甲多寨土千户、中阿坝墨仓寨土千户、下阿坝阿强寨土千户、上郭罗科车木塘寨土百户、中郭罗克插罗寨土千户、下郭罗克纳卡寨土百户、上阿树银达寨土百户、中阿树宗个寨、下阿树郎达寨、小阿树寨土百户、丢骨寨土千户、云昌寺寨土千户、中羊峒隆康寨首，下羊峒黑角郎寨首。以上所有土千户、土百户、土目、寨首所领的民众都是“西番种类”，是今天四川阿坝藏族自治州境内藏族的先民。

（三）分布在茂州的羌人

唐、宋以降，与汉族分布区接近的羌族多被汉族融合，只有岷江上游的羌人仍沿其习俗和文化继续向前发展。今天聚居于四川省岷江上游茂县、汶川县、理县、黑水县、松潘县、北川等县的羌族，已成为我国历史上西北氐羌系统民族南迁后，经过几千年发展演变唯一保留“羌族”这一族称的古老的民族。羌族是他称，自称为“尔玛”“尔麦”“日玛”“日麦”。

清代的羌族主要分布在茂州，即今天以四川汶川、茂县为中心的地区，他们主要生活在一些小土司的治理下。这些土司是大姓寨土百户、小姓寨土百户、大定沙坝土千户、大黑水寨土百户、小黑水寨土百户、松坝寨，也包含静州长官司、陇木长官司、岳希长官司、沙坝安抚司、水草坪巡检土司、竹木坎副巡检土司、牟托巡检土司、实大关副长官司、阳地隘口土长官司。[①]

（四）川西各府州的藏人

除松潘厅外，川西的懋功厅、雅州府也是四川藏人的主要分布区，分布区内藏人的土司有：瓦寺宣抚司、梭磨宣慰使司、卓克基长官司、松岗长官司、当坝长官司、沃日安抚司、绰斯甲布宣抚司、天金六番招讨司、穆坪董卜韩瑚宣慰使司、冷边长官司、明正宣慰使司（其下又管有咱哩木千户和木噶等48个土百户）、革伯咱安抚司、巴底宣慰司、巴旺宣慰司、霍耳竹窝安抚司、霍耳章谷安抚司、纳林冲长官司、瓦述色他长官司、瓦述更平长官司、瓦述余科长官司、霍耳孔撒安抚司、霍耳甘孜麻书安抚司、德尔格忒宣慰司、霍耳白利长官司、霍耳咱安抚司、霍耳东科长官司、春科安抚司、高日长官司、蒙葛结长官司、林葱安抚司、上纳多安抚司、上瞻对茹长官司、中瞻对长官司、下瞻对长官司、里塘长官司、巴塘长官司等，[②]当地的藏人就在这些土司的治理下生活着。

（五）四川的其他少数民族

川东南的石砫厅和酉阳州是土家和苗人的主要聚居区（今已经划归重庆直辖市），土家和苗人主要生活在石砫宣慰使和酉阳宣慰使司的管辖下。

盐源县还有一些从丽江北上进入四川的么些夷，分别由瓜别安抚司、古柏树土千户、中所土千户、左所土千户、右所土千

---

①［民国］赵尔巽：《清史稿·土司传二》，中华书局标点本1977年版，第14232、14233页。
②［民国］赵尔巽：《清史稿·土司传二》，中华书局标点本1977年版，第14241—14248页。

户、前所土百户、后所土百户等土司管辖。此外，盐源县境内还有少量的摆夷，生活在马喇副长官司的管辖之下，这些摆夷是元明时期从云南北上到达金沙江中下游地区的。[①]

二、清代云南的民族

清代，云南依然是多民族大杂居分布，但是由于朝廷在云南的政区设置更加细致，对云南的治理更加深入，历史文献对相关民族的记载更加具体，所以我们对同一民族不同支系的了解也更加深入，现将清代云南各州府县的民族分布情况概述如下。

云南府为省会首郡，府内的民族以汉、罗罗、白人为多，也有摆夷、苗人、回民等民族，是一个多民族杂居区。

大理府除汉族之外，以白人为多，其他还有罗罗的支系妙罗罗、罗婺、摩察，也还有力些(傈僳)、峨昌等民族。

临安府府内氐羌系统的民族，是南北朝晚期特别是唐天宝战争后来到的，到大理国时期被明确地称为“阿僰部蛮”(阿僰蛮最早分布在石屏州)。而随着清朝统治的深入，人们对各民族的情况有了深入的认识，看到临安府也是一个以乌蛮后裔为主的多民族地区。

楚雄府府内较多的民族是罗罗和白人，此外也还有倮黑、僰夷、蒲人、力些、“野蛮”等。

曲靖府府内民族除汉族外，以罗罗为多，此外还有少量的僰夷、仲人、苗人、白人。

丽江府境内为多民族的大杂居格局，以么些为多，此外还有僰夷、古宗、西番、力些、妙罗罗、剌毛(又写为那马)、怒

①[民国]赵尔巽:《清史稿·土司传二》，中华书局标点本1977年版，第14238—14250页。

人、傈人、白人。这里是多民族分布区，发展极不平衡，但在丽江县这样的地方，已有相当的汉文化传统。《滇南志略》载："丽江为吐蕃交会之区，地多种人，鲜识礼义，其寄籍者，经明末兵燹，几无孑遗。我朝感召天和，生齿日繁，总督高其倬、巡抚杨名时始建城邑，设学校，知府管学宣、杨馝辈继起，又相与振兴文教，化强悍好斗之习、焚骨不葬之风，由是有风俗，有人心焉。"①

普洱府是云南南部的一个大府，是一个十分典型的多民族大杂居、小聚居区，文献中记载的民族有苦葱、僰夷、旱摆夷、花摆夷、三撮毛等，但许多是同一个民族的几个不同他称，如僰夷、旱摆夷、花摆夷便是今天傣族先民的不同他称。

永昌府是滇西南重镇，自古便是多民族聚居区，据《滇南志略》所载："夷人有白人、罗婺、蒲人、力些、喇鲁、戛喇、峨昌、缥人、缅人、莽人、遮些、妙罗罗十二种。"②上述民族是今天白族、彝族、布朗族、傈僳族、阿昌族、景颇族、傣族的先民，这种民族分布情况与现在是大致吻合的。

开化府也是一个多民族聚居区，以乌蛮后裔为多，其他还有黑土僚、摆夷、普剽等民族。

东川府自汉、唐以来便是罗罗的主要聚居区，大理国时置东川大都督，为大理国六节度之一，后来乌蛮在其地自号閟畔部。

昭通府自古以来就是交通要道，民族的融合与分化较为突出，而且又处于氐羌系统民族与百越系统民族的接触区，故在氐羌系统民族后裔中可以看到一些百越系统民族后裔的文化习俗。这就充分说明了民族融合的情况，如这里的乌蛮要"击齿乃娶"，

① [清]刘慰三：《滇南志略》，方国瑜主编：《云南史料丛刊》第13卷，云南大学出版社2001年版，第182、183页。

② [清]刘慰三：《滇南志略》，方国瑜主编：《云南史料丛刊》第13卷，云南大学出版社2001年版，第212页。

而“击齿”是百越系统民族的文化习俗之一。

清代晚期的景东直隶厅已是一个多民族聚居区，其基本格局是汉族居平坝、少数民族居山区，但后者有很深的汉化倾向。《滇南志略》载：“所属川居者大半皆江南籍，其次则江西、湖广，故男女皆官语；山居者皆土著夷人，种类不同，语音各别，然常入城贸易，皆能说官语，亦有读书游泮者，惟汉人不与结亲。”① 景东直隶厅境内早先以朴人（即蒲人）、白人、僰夷、罗罗、窝泥为主，后来亦有进入的古宗。

在南北朝后期，乌蛮进入澄江府这一地区，并将地名命名为罗伽甸，到了大理国时期，改为罗伽部，他们是府内最早的乌蛮。此外，府内也还有蒲人和土僚。

广南府主要是僚族的分布区，自古也是百越系统民族与氐羌系统民族的交接地，广南府只领宝宁一县，境内以壮族先民土僚、侬人、沙人为主，也有少量扑喇和瑶人。

顺宁府境内以罗罗、倮黑为主，也有少量蒲人，他们的社会经济发展都较缓慢。

永北直隶厅地处滇川藏三地连结处，境内民族以罗罗为主，也有少量僰夷、西番、白人，但《滇南志略》主要记载了永北直隶厅境内罗罗的情况：“罗罗，与四川建昌诸倮同类，纯服毡毳，男女皆跣足，每踏歌为乐，男吹芦笙，妇女缉衣，跳舞而歌，如有音节；又称倮落蛮者，男鹊帽，襞积衣，妇三角冠，以采樵耕艺为事；又一种，其人质朴，男子以帕包头，麻布衣服及膝，女人青布束发，负羊皮，男子耕种易食，女人绩麻营生；婚姻通媒，没后棺殓掩埋，春秋祭祀，仿佛汉礼。其姓氏，姓子、姓

① [清]刘慰三：《滇南志略》，方国瑜主编：《云南史料丛刊》第13卷，云南大学出版社2001年版，第260页。

禾、姓脚、姓勿、姓敢、姓罗、姓羊外，无别姓。”[1]这儿所说的倮落蛮实为罗罗蛮的同音异写，并非两个民族。

广西直隶州下辖师宗、弥勒、邱北三县，这些地方最早是百越系统民族的分布地，后为乌蛮所居，成了氐羌系统民族和百越系统民族的杂居区，《滇南志略》载：“师宗县，在州北八十里，元属广西路，昔爨蛮逐僚、僰等居之，其后师宗据匿弄甸，故名师宗部。”文中没有明确乌蛮何时占据此地，同卷又载：“广西直隶州……汉律高、贲古县地，属益州郡，蜀汉属兴古郡，晋属梁水郡，宋为新丰县地，唐为南宁州及盘州地，东爨乌蛮、弥鹿部所居，后师宗、弥勒二部强盛，为所据。”因此，广西直隶州是一个氐羌系统民族和百越系统民族的杂居区，即“蛮僚错处之区”。其民族主要有土僚、侬人、沙人，扑喇、鲁兀、阿洒、阿者、普拉等不同的罗罗支系。

武定直隶州南北朝以来就是乌蛮的主要聚居区，《滇南志略》载：“武定直隶州，在省治西北二百四十里，汉三绛、秦臧、弄栋三县地，唐秦臧、会川两县地，隶姚州，昔鹿鹿（按，鹿鹿即罗罗）等蛮居之。”境内民族以乌蛮为主，也有少量的僰夷、力些。

元江直隶州领新平县，境内的民族主要以氐羌系统的乌蛮和窝泥为主。

镇沅直隶厅自唐以后便是僰夷聚居之地，《滇南志略》载：“镇沅直隶厅，在省治西南一千二百里，历代无考，唐蒙氏属银生府，后为金齿僰蛮（傣族先民）夺之，宋段氏莫能有。……其境东至元江州界一百里，西至顺宁府云州界二百四十里，南至车里宣慰司界六百三十里，北至景东厅界六十里，东南至普洱府八十

① 以下关于《滇南志略》的引用皆出自［清］刘慰三：《滇南志略》，方国瑜主编：《云南史料丛刊》第13卷，云南大学出版社2001年版，第300—330页。

里。”镇沅直隶厅是一个多民族杂居区，有僰夷、蒲人、窝泥、苦葱等。在汉族没有大量进入之前，僰夷较多。

第三节 清代南方丝绸之路周边地区的民族

一、清代贵州的黑罗罗和白罗罗

大定府黑罗罗，亦即水西罗罗，据《清代滇黔民族图谱》说：“罗倮本卢鹿，在大定府属，有黑白二种，黑者为大姓，其人深目长身，黑面勾鼻，薙髭留髯。其俗尚鬼，又名罗鬼。男子以青布笼发，束额若角，短衣大袖，紫蓝裙而长。死则均集所属，皆披甲驰马而往祭，以锦瑕毡衣裹尸焚于野，招魂而葬。性最蛮，主虽酷虐亦不肯贰。善造坚甲利刃、枪标劲弩，蓄良马，好习射击。”

清代的大定府为今贵族毕节，这里的罗罗到清代仍然是有内部的等级区别，分为黑白二种，黑罗罗之间是一些有血缘关系或姻亲关系的宗支，当时的罗罗谚语说：“水西罗鬼，击头掉尾”，即一旦一个黑罗罗受到攻击，其他罗罗也就群起而攻之。

罗罗土官除有男性外，还有女土官，《清代滇黔民族图谱》说：“罗鬼女官，女官即倮罗正妻，称曰耐德……其子非耐德所生不得立嗣，如子幼不能主事，即耐德为土官代理土务。”

与黑罗罗相对的是白罗罗，“在大定、安顺有之，与黑倮罗同而为下姓”。从社会发展的程度看较为缓慢，清代文人说他们“茹毛饮血，鼠雀之物攫而燔之，饮食无盘盂，以三足釜抟食。死则不如牛马，用革裹尸而焚之”。[①] 白罗罗中有一部分居住在普定，被称为“阿和”，“多以贩茶为业”。[②]

据清代文献记载，罗罗有黑白二种。

“黑者为大姓，其人皆黑目长身，黑面、白齿、钩鼻，剃髭而留髯，又名乌蛮；其俗尚鬼，故又名罗鬼。男子以青布缠头，笼发其中而束于额若角状，短衣长袖，系蓝裙。女人辫发，亦用青衣布缠首，多带银梅花贴额，耳戴大环垂至颈，拖长裙三十余幅。烝报旁通，靦不恧也，惟不与下姓结婚。其性愚而恋主，即虐之至死不敢贰，世奉其子姓，自改土归流，犹奉之如故。重约信，尚盟誓，凡有反侧，剁牛以谕，领片肉即不敢背。善造坚甲利刃、标枪劲弩，置毒矢末，沾血立死。平居畜善马，好驰骋，以射猎习击刺，故其兵常为诸蛮冠。谚云水西罗鬼，断头掉尾，言相应若率然也。

罗罗图

“白倮罗，在大定之水西及安顺、永宁州皆有之；又名白蛮，与黑倮罗同而为下姓，风俗亦略相似。饮食无盘盂，

① 以上引用出自云南大学图书馆编：《清代滇黔民族图谱》，云南美术出版社 2005 年版，第 52—54 页。

② 古永继点校：《滇黔志略》，贵州人民出版社 2008 年版，第 392 页。

以三足釜灼毛齚血，无论鼠、雀、蠕动之物，攫而燔之，攒食若彘。人死，以牛马皮革裹而焚之。居普定者为阿和，其俗相同，多以贩茶为业。”①

二、清代贵州的僰人

贵州的僰人为今天白族的先民，分布在普安州土官各营，“男女皆披毡衣，垢不沐浴。凡倮罗、仲家、仡佬言语不相谙者，常以僰人通传声音。风俗与南诏略同，于六月二十四日祭天过岁，朔望日不乞火。性淳而佞佛，常持素珠诵梵咒”。② 与僰人有关的贵州民族还有白儿子和六额子。白儿子分布在贵州威宁，白儿子的文化与僰人同，与汉族关系较为紧密，所以文化程度较高，“有宗族，男子多汉人风，女人犹沿苗俗，多因汉人入赘”。③ 分布在永丰（今贞丰）、罗斛（今罗甸县）的白族先民叫白额子，“男子梳顶髻如螺蛳，穿白衣，男子衣短，女子衣长，不穿裙”。④ 此处的“白儿子”和“白额子”都是白族他称的同音异写，二者并没有本质的差别。

六额子，分布在大定，有黑白二种。“男子结尖髻，妇人长衣不着裙。人死，葬亦用棺。至年余，即延亲族至墓前，以牲酒致祭，发冢开棺，取枯骨刷洗，至白为度；以布裹骨，复埋一二年，仍取洗涮，至七次乃止。凡家人有病，则谓祖先骨不洁云。近经严禁，恶习渐息。”⑤

白龙家与僰人有关，是贵州境内的土著居民与东部的百越系

① 古永继点校：《滇黔志略》，贵州人民出版社 2008 年版，第 392 页。
② 古永继点校：《滇黔志略》，贵州人民出版社 2008 年版，第 391 页。
③ 云南大学图书馆编：《清代滇黔民族图集》，云南美术出版社 2005 年版，第 113 页。
④ 云南大学图书馆编：《清代滇黔民族图集》，云南美术出版社 2005 年版，第 99 页。
⑤ 古永继点校：《滇黔志略》，贵州人民出版社 2008 年，第 391 页。

统民族和西部的氐羌系统民族相互融合，又吸收了部分汉族人口而形成的一个民族共同体。和“白龙家”相对的是“黑龙家”，“黑龙家”的社会地位较高，“白龙家”的社会地位较低。二者之间的这种区别，当是受到水西彝族中“黑彝”和“白彝”的影响，但到清代时，龙家已显示出较多的汉文化特点。1988年，毕节、大方、织金、黔西、赫章、普定的龙家已被识别为白族。[①]

三、与土家人有关的冉家蛮

冉家蛮是指在土家贵族大姓冉氏统治下的土家族民众，分布在思南府沿河司（今沿河县），社会生产以捕鱼打猎为主，“得鱼虾为美食”。冉家蛮是对贵州土家人的他称，分布在贵定、晋山。冉家蛮的文化是“男子衣草蓑，妇人着花短裙。丧葬，亦杀牛歌舞。以十月朔为大节，祭鬼。以丑、戌日为场期。惰耕作，喜渔猎。性犷悍，出入必带刀弩。又石阡沿河司有冉家蛮，俗类皆同”。[②]

① 云南大学图书馆编：《清代滇黔民族图集》，云南美术出版社2005年版，第114页。

② 古永继点校：《滇黔志略》，贵州人民出版社2008年版，第392页。

第八章

近代南方丝绸之路沿线的民族

第一节 近代西南地区的道路与交通

一、近代西南地区的铁路和公路

在铁路建设方面，光绪三十一年（1905年）曾有修筑滇蜀铁路的议案，计划官商合办，筹集盐、粮，组成“滇蜀铁路公司”。“当时计划，以自云南昆明起修，经嵩明、寻甸、沾益、东川、巧家、昭通、鲁甸、大关、盐津、永善、绥江，而达四川之叙州，是为滇蜀铁路，计长一千五百六十七里。修筑议起，几经勘测，几经修改，已臻完善，即集盐、粮诸股，亦已达三百数十万两之多。终以工程困难，路未成修而路股已耗去二百余万两。迄民国六年，公司收束委员清查催欠，其间波折，历时甚久犹未清结，而滇蜀铁路之议，遂难见诸事实矣。”①

民国时期，铁道部为推进边疆民族地区的铁道建设，制订了相关的建设计划，与西南边疆相关的铁路建设计划主要有成渝线（施工期2年半，当时计划于1937—1938年间完成）、黔滇线（施工期4年，当时计划于1947—1950年完成）、川黔线（施工期4

---

① 李春龙，江燕点校:《新纂云南通志》（四）卷56之《交通考二》，云南人民出版社2007年版，第22页。

年，当时计划于1947—1950年完成）。但是，随着政治社会环境的变迁，这些计划逐步落空。[①]

在四川，民国初年尚无铁路，1930年1月全长约10公里的北川铁路正式通车，为四川最早投入运营的铁路，主要用于运煤，至1935年该线路延长至26.5公里。1936年，国民政府特准组织“川黔铁路特许股份有限公司”，拟先行建筑成渝线及内江至自流井支线，1937年春开始修筑，后因抗战爆发，器材来源困难，仅完成了渝（重庆）永（永川）段。1938年开工修筑叙（宜宾）昆（昆明）铁路，1941年3月，由昆明通车到沾益后，因经费困难和材料来源断绝，被迫停工，四川境内仅完成了若干土石方工程。此外，还修建了从綦江矿场至江津口和重庆北碚天府煤矿的轻便铁路，对重庆工业的发展起到了重要促进作用。[②]

在云南，1901年至1910年建成的滇越铁路，自越南海防至云南昆明，全长465公路，在民国时期成为云南对外交通的主要线路之一。特别是抗战爆发后，滇越铁路成为几十万沦陷区的同胞进入云南及西南各省最便捷的通道，同时也是去西部各省的重要通道。另外，由于港口运输抗战物资的路线被截断，滇越铁路一段时间内也成为抗战物资运输的重要通道。后来，由于日军入侵越南，为防止日军顺滇越铁路入侵云南，国民政府军事委员会做出了对滇越铁路的部分桥梁进行炸毁、对轨道进行拆除的决定，1942年2月拆轨工作结束。[③]

在贵州，抗战期间，国民政府决定修建黔桂铁路，该路自广西柳州至贵阳，全长620公里，1939年9月自柳州开工兴建，贵州境内于1942年8月开工，1944年4月全线通车。1944年11

① 周竞红:《南京国民政府初期十年边疆民族事务管理机制与政策》，载《中国边疆史地研究》，2005年第3期。

② 温贤美主编：《四川通史》（第七册），四川大学出版社1994年版，第106页、247页。

③ 云南省档案馆编：《抗战时期的云南社会》，云南人民出版社2005年版，第234—237页。

月，日军侵入黔南时，该路线曾遭破坏，直到 1945 年 8 月，该铁路才初步修复通车。

在公路建设方面，据 1945 年四川省民政厅的统计，“目前公路干线已有 4200 余公里，支线 2400 余公里，合计共有 6600 余公里。举凡省内主要城市，均可由公路通达。全省川流交错，大小河可通轮船者，计 1112 公里；可通木船者，达 6493 公里。战时交通工具及燃料缺乏，于二十九年创办驿运，借人力驮马运送货物，补助战时之交通，贡献甚大。此项驿运路线系之开辟，曾达 1904 公里”。①

在西康省，据 1942 年的统计，“省内国道有乐西公路与西祥公路，乐西公路由四川乐山至康境宁属之西昌，西祥路由西昌至云南之祥云，在康境内之公路里数皆长约三百公里。境内之特殊交通制度为乌拉制度，自清季赵尔丰经营边地，明定乌拉制度，按站给予脚价，三十年来难有损益，大体仍存。康属关外各线，牛、马、人差以及征发物品，仍为习见之事”。②

而在云南，“滇越铁路开通后不久，云南人一方面谋求修筑民族铁路的同时开始了云南境内公路的建设，自民国十四年（1925 年）修筑昆明环城马路始，1928 年龙云地方政府将公路建设列为其四大要政之一，成立了全省公路总局，组织全省的公路设计与建设。当时提出若干省内干道的修筑计划，计有：滇西干道——即滇西省道，由昆明为起点，经安宁、禄丰、广通、楚雄、镇南、祥云、弥渡、凤仪、下关、漾濞、永平、保山至滇缅边界，长约 1900 余里；滇东北干道——即滇东北省道，自昆明起点，经嵩明、寻甸、会泽、昭通、大关、盐津，与川省叙府衔接，计长约 1400 余里；滇东干道（滇东省道），自昆明起点，经杨林、陆

① 四川省档案馆编：《抗日战争时期四川省各类情况统计》，西南交通大学出版社 2005 年版，第 131 页。

② 张承编著：《边疆一览》（初编），蒙藏委员会印行，民国 36 年（1947 年），第 87 页。

良、师宗、罗平，至三江口与广西西林县衔接，计长500余里；滇东南干道，昆明起点，经呈贡、宜良、路南、泸西、邱北，至驳隘止，与广西百色衔接，长约1300余里；滇南干道（滇南省道），由昆明经呈贡、晋宁、玉溪、河西、通海、曲江、临安、个旧、蒙自、蛮耗、河口，与越南老街衔接，约长1000余里；滇北干道（即滇北省道），由昆明经富民、武定、禄劝，与川省会里衔接，长约400里。至抗战前夕通迤东、迤西、迤南的省道已建成通车的部分，滇西省道修至下关，滇南省道修至玉溪，昆明周边还先后修通了数条通往郊区的名胜公路。京滇公路（南京至昆明）滇段与黔段于胜境关外的贵州盘县接通是此一时期重大的历史事件，为此南京国民政府还组织一个庞大的'京滇公路周览团'车队浩浩荡荡从南京一路开到昆明"。[①]

此外，抗战期间还先后完成了滇黔公路——昆明经路南、陆良、师宗、罗平，接贵州新义，以及川滇东路。"同一时期，对原公路干线计划未完成者继续展修，如昆建段，1940年省公路总局派张星炬为玉建段主任，由玉溪继续修筑，同年通达通海，随后又派赵荫祖继续修至建水；昆昭段，由昆明至嵩明县杨林镇经嵩明、羊街、柳树河、功山、会泽、鲁甸至昭通城止，全长400余公里，1940年完成会泽一段，1944年底修至昭通；开砚段，由开远马哨起，经中和营、平远街、大驾衣而至砚山。全长160.38公里，1944年完成通车；安龙段，由安宁丰安营起，与滇缅路衔接，经罗次属界牌、武定、元谋、龙街至金沙江边止，全长226.53公里，过江与西康会理公路相接，该路于1944年底完成通车；昭威段，由昭通经八仙营、中和关、方海、牛街子而达黔省威宁，全长122.20公里。该路起点与昆昭路接，终点与滇川

① 吴强：《云南近代公路网络的形成与发展》，载云南省档案馆编：《建国前后的云南社会》，云南人民出版社2009年版，第14—16页。

路接，为滇东北各属通川要道，1939 年完成通车；大丽段，由下关起，经大理、上关、邓川、洱源、剑川而达丽江。全长 101 公里，因工程时断时续，故至抗战结束才基本完成路基百余公里；保云段，由保山辛街起，经顺宁至云县止，全长 218.9 公里，于 1940 年完工，后因缅甸失陷，奉命彻底破坏，又于 1944 年国府派员修复。在这一时期，云南公路建设呈现较为迅速的态势，除上述各干线的修筑完成外，还在干线间进一步完善省内公路网络的工作，计有 1942 年通车的嵩宜公路，1944 年通车的师弥公路，曲陆公路、鸡建公路、罗兴公路、文砚公路、泸五丘砚公路等。抗战胜利后，由于经济重心纷纷复原，滇省公路运输呈萧条景象，公路建设速度明显放慢，尽管如此，地方公路当局仍然有新的公路干线计划开始实施，其中昆洛路是当时最大的项目，当然此路的完成已经进入新的历史时期。新中国成立前，云南全省已建公路里程达 6907.6 公里，但因时代的局限，实际可通车的仅 4069.8 公里。能通车的县城仅 46 个，占全省总县数的 1/3。”①

在贵州，1934 年黔桂公路修筑完成，因失修中断后于 1936 年恢复通车；1935 年黔湘公路建成通车，1936 年 12 月黔滇公路在几经修筑后正式通车；黔川公路自民国 24 年修筑桐梓至崇溪河接通川省公路后，即告通车，后又进行整理和改线路等工作。而在贵州民族地区，民国时期公路也有了长足的发展。如至 20 世纪 30 年代，纵横于贵州布依族地区的黔桂公路、川黔公路、黔西公路、黔湘公路、黔滇公路相继建成通车。随后又修筑了南龙公路（晴隆沙子岭—安龙）、贵番公路（贵阳—惠水）、陆下路（麻江的陆家桥—下司）、都三路（都匀—三都）、开修路（开阳—修文）、八渡路（册亨—八渡）等，从而使得布依族地区的交通运输业，有

① 吴强：《云南近代公路网络的形成与发展》，载云南省档案馆编：《建国前后的云南社会》，云南人民出版社 2009 年版，第 18 页。

了一定的发展。另外，在内河航运方面，红水河流域有大小船只在运行。[①]“截至抗战之初，黔省已成之公路，已达二千零十九公里强，较二年前即增一倍之多。”[②]

二、近代西南地区的邮电

在边疆民族地区发展邮务和电政也是国民政府加强与边疆民族地区联系，巩固国防建设的一项重要工作。

在云南省，1919 年，邮政开始独立经营。“1919 年末，本省邮政建设，除各乡镇中之信箱外，计有二百三十二处，平均每四万居民有邮局一所。此外，本省九百八十万居民中，有少数民族如掸族、罗罗（彝族）、苗族等共占五百万，他们只在所居村庄附近日出而作，日入而息，生活仅能自给，从不知商业、邮政为何事。”[③]然而，随着交通状况的改善，以及抗战爆发，掌理全国邮务的行政机关邮政总局迁滇，云南的邮政有了长足的发展。

据 1936 年统计，自 1933 年起，边疆民族地区的邮政条件也有所改善，当时滇康邮路总长为 1130 里，甘孜经德格至玉树线长 1000 里，玉树至湟源线长 1380 里，巴安经白玉至德网格线为 900 里，在西康还设各级局所近 20 处，一些村镇设置了信柜。与此同时，四川、云南、贵州三省邮务之联络有所增强，1935 年以后开设局所及信柜 21 处，邮路约 1200 余公里。[④]

在贵州，邮局的建立始于民国前十年，此后，逐渐增设，至

① 黄义仁：《布依族史》，贵州民族出版社 1999 年版，第 256—257 页。

② 谢应槐：《贵州经济建设》，载中国边疆建设学会主编：《中国边疆建设集刊》，1948 年创刊号，第 20 页。

③ 中国社会科学院世界宗教研究所：《中华归主——中国基督教事业统计（一九〇一——一九二〇）》（中），中国社会科学院出版社 1985 年版，第 480 页。

④ 中国第二历史档案馆编：《中华民国史档案资料汇编》（第五辑），《第一编：财政经济》（九），江苏古籍出版社 1994 年，第 600—601 页。

民国 26 年元月底，全省有邮政管理局一所，邮政支局一所，二等邮局十二所，三等邮局三十六所，邮政代办所 116 所，邮政信柜 160 所，邮票代售处 18 所，邮站 10 所，共计 454 所。至 1945 年，全省邮路总长度达 19017 公里，其中步班邮路为 13975 公里。

据 1945 年四川省民政厅的统计，"全省曾设无线电总台 1 处，分台 41 处，现时分台通报者仅有 35 处。自民国二十九年起至三十四年六月止，曾通报 49 万次，达 23364 万字。本省乡村电话为省府与县府、专署与县府、县与县间、县府与乡镇、乡镇与乡镇间沟通信息，传达政令之工具，经 10 年来之设置，全省乡村电话线路共有 46488 公里，交换机 484 架，电话机 3635 座。除边区 9 县外，均可通讯"。[①]

据 1936 年的调查，贵州各县电话，已经完成的有贵阳等三十余县。至 1945 年，全省各县市全部开设了城乡电话。据不完全统计，这时全省城乡电话明线总长 14326 公里，拥有电话交换机 109 部，共 809 门，电话机 943 部。

三、近代西南地区国际交通线的规划与建设

近代除了西南地区内部之间交通有了长足发展之外，西南地区的国际交通也有了诸多拓展。

1. 滇越铁路

滇越铁路为法国人主持修建，但沿途参与修建的中越人民付出了巨大的代价，甚至有人付出了生命。滇越铁路自光绪二十七年（1901 年）动工兴建，至宣统二年（1910 年）四月全线通车，历时十年。其为轨矩 1 米的狭轨铁路，由越南的海防至云南昆明，

① 四川省档案馆编：《抗日战争时期四川省各类情况统计》，西南交通大学出版社 2005 年版，第 131 页。

全长854公里。在越南境内，从海防至老街389公里，在云南境内，从河口至昆明465公里。[①]

2 滇缅公路

抗战爆发后，云南省政府主席龙云向中央建议："国际交通应预作准备，即刻着手修筑滇缅铁路和滇缅公路直通印度洋，公路由云南负责，中央补助……"[②] 国民政府采纳了龙云的建议，决定在原滇西省道的基础上，修通至缅甸腊戍的公路，统称滇缅公路。滇缅公路分为两段，其中昆明至下关一段为东段，以原滇西省道为基础；下关以西至缅甸木姐一段为西段，全程长959公里。1937年11月18日，滇缅公路西段建设工程正式开工。为此，云南全省投入了大量人力和物力。沿线的汉、彝、白、傣、回、景颇、阿昌、崩龙、苗、傈僳等民族都参与到了公路的建设中。1938年8月底，滇缅公路全线建成通车。滇缅公路建成后，成为了中国抗日运输的生命线。同时，对云南社会经济的发展，以及加强各民族的联系起到了重要作用。

3. 滇越公路

在修筑滇缅公路的同时，"同样目的抢修的还有滇越公路，该路由昆明起，至呈贡、宜良、路南、弥勒、竹园、开远、鸡街、蒙自、屏边而达河口，全长512公里。该路于1940年4月大体完工，初步通车至河口。正准备进一步改善其通车能力时，遇越南沦陷，为防御计将河口至蒙自一段自毁。然该路在此后滇南防御中，担负了繁重的军运任务，第一方面军驻守滇南并出国受降，该路作用不可忽视。西祥公路，以滇缅线上祥云为起点，终点是当时的西康省会西昌，滇越公路曾在抢运海防外援外资中发挥作用，而西祥公路，则因1941年第一次中国远征军入缅作战失

① 李春龙，江燕点校：《新纂云南通志》（四），云南人民出版社2007年，第15页。
② 云南省档案馆编：《抗战时期的云南社会》，云南人民出版社2005年版，第10页。

败后，滇西战局直转急下，怒江以西国土失陷的情况下，刚刚完成的公路被迫自毁”。[①]

4. 滇缅铁路

光绪三十二年（1906 年），英缅政府欲从缅甸修建铁路至腾越（腾冲）再至云南省城昆明，并议定其名称为“滇缅铁路”。后由于群情激昂，各界抗议，此路悬议未修。至民国时期，又有国人修建滇缅铁路之倡议，“开发云南的资源，发展铁路交通为第一紧要条件。如能在最近的将来完成滇缅铁路，不独沟通印度洋，与扬子江亦通，且该路在云南境内为迤西富庶之区，沿线矿产甚多”。[②] 但由于诸多原因，滇缅铁路终未修建。

第二节 近代南方丝绸之路核心区域的民族

一、近代四川和西康的民族

（一）近代四川的罗罗

罗罗也称夷人、夷家，在清代被称为倮罗，主要分布在以四川省凉山为中心的地区，据《清史稿·土司传二》载：“凉山夷

① 吴强：《云南近代公路网络的形成与发展》，载云南省档案馆编：《建国前后的云南社会》，云南人民出版社 2009 年版。

② 凌纯声：《建设西南边疆的重要》，载《西南边疆》1938 年第 2 期。

倮罗者，居宁远、越巂、峨边、雷波、马边间，浅山部落头目属于土司。深入则凉山，数百里皆夷地。生夷黑骨头为贵种，白骨头者曰熟夷，执贱役，夷族分数百支，不相统属。叛则出掠，虏汉民作奴，遇兵散匿。”[①]到民国时期，四川的罗罗仍以大小凉山为主要分布地区。大小凉山地区及康属的部分地区，在行政上隶属于民国初期所设的建昌道、永宁道，民国后期所设置的第十八、第五等行政督察区等地。第十八行政督察区[②]即宁属地区包括七县一设治局，所有罗罗共有四百八十五支。第五行政督察区辖七县，罗罗主要分布在雷波、马边、峨边、屏山等县。

（二）近代西康的罗罗

罗罗主要分布于西康省宁属9县3设治局，以及康属九龙，雅属泸定、汉源等地。罗罗在西康省北部较少分布，东部以大凉山为中心，迤东及于四川之雷波、马边、屏边、峨边等县；东南部以昭觉宁南沿金沙江之西岸一带为中心；西南部以西昌、盐源间，西部以冕宁、越巂间，皆以循大雪山脉为中心。人口约250万。[③]而据林耀华于民国32年的调查估计，在北起峨边县南达金沙江约900华里，东自雷波西至昭觉约600华里的大小凉山区域，约有罗罗人口20万，而加上康属九龙、雅属泸定、汉源等地的罗罗，再参考各方报道，据他估计西康10县合计有夷家60万人口。[④]

（三）近代四川的番族

番族在清代也称西番，主要分布在松潘厅。民国时期随着四川行政设置的变化，四川的番族主要分布于西川道、建昌道、川

①［民国］赵尔巽：《清史稿·土司传二》，中华书局标点本1977年版，第14226页。

② 1939年1月西康建省后，宁属地区划归西康省管辖，为西康省第三行政督察区。因此，为了不重复，民国时期四川省宁属地区的罗罗情况，一起放到西康省宁属地区的罗罗情况部分介绍。

③ 张承编著：《边疆一览》（初编），蒙藏委员会印行，1947年，第85页。

④ 林耀华：《凉山夷家》，云南人民出版社2003年版，第1—4页。

边特别行政区（川边道），1935 年以后四川的番族主要分布于第十六、十七、十八行政督察区和西康特别行政区[①]。1939 年西康建省，川康分治后，四川的番族主要分布在第十六行政督察区。第十六行政督察区的番族包括嘉绒、藏、俄洛（亦称“果罗克”）、播洛、作革与乔柯、包座等群体。

（四）近代西康的番族

番族也称西番、康番、康族[②]或古宗，民国时期主要分布于西康省康属 19 县，以及宁属的越嶲、盐源、盐边木里等地，雅属的宝兴县及金汤设治局等地。民国时期所称的番族实为生活在西康的多个群体的统称。依据马长寿的研究，西康的番族群体主要包括霍尔部族和康番部族（或东康部族），霍尔部族又细分为霍尔呃部、霍尔琼部和西藏霍尔部三部，西康境内主要为霍尔呃部（再分为八部：霍尔咱部、霍尔东科部、霍尔白利部、霍尔孔撒部、霍尔麻书部、霍尔竹窝部、霍尔章谷部、霍尔丹东巴旺部）和霍尔琼部；康番部族按其语言、生活模式及地理分布又可细分为康语系或康巴部族（再分为五部：卡拉或康定部、德格部、猛康部、昌都部、定乡稻城部）、阿不多松潘部族（再分为四部：松潘农番、阿坝牧番、座包牧番、阿木多或西宁番二十八族）和嘉戎部族三部（再为三部：口外嘉戎、四土嘉戎、金川嘉戎）。[③]而任乃强根据康人的划分和自己的调查统计，认为番族群体大体上

---

① 在此主要介绍民国时期四川省第十六行政督察区及除十七、十八行政督察区及西康特别行政区之外其他地区的番族（藏族）。而西康特别行政区和第十七、十八行政督察区的番族情况在《民国时期西康省的番族》部分介绍。

② 康族即西康民族。据任乃强《西康图经（民俗篇）》介绍，西方人大都只把西康民族划分为“土伯特（Tibetan）和西番（Hsifan）”两种民族。参见任乃强：《西康图经（民俗篇）》，台湾南天书局 1987 年版，第 10 页。

③ 马长寿：《康族民族之分类体质种属及其社会组织》，载中山文化教育馆研究部民族问题研究室编辑：《民族学研究集刊》第五期，中华书局（重庆），民国三十五年（1936 年）四月出版，第 44—77 页。也见于马长寿著，周伟洲编：《马长寿民族学论集》，人民出版社 2003 年版，第 213—300 页。

包括：卡拉米、木雅娃、霍尔巴、俄洛娃、雅龙娃、理塘娃、乡城娃、巴巴、三岩娃、麻康娃、乍丫娃、昌都娃、纳夺娃、德格娃、察龙娃、杂巴、珞巴、波巴、边巴、八宿娃、甲得娃、色须娃、古宗。①

（五）近代四川的羌民

羌人自称“尔玛”或“尔迈”（“尔麦”），也有部分地区自称“尔”或“米”的。康番称其为“麦娃”；嘉绒人称其为“达玛”或“达蔑”。

早在秦汉时期，岷江流域已有羌人先民居住。清代时主要分布在茂州。据调查，民国时期的羌人分布“北至叠溪，南毗索桥。从茂州、威州和汶川的东部，到理番以西 10 公里的蒲溪沟。纬度 31—32 度，东经 103—104 度”。② 从行政区划上看，四川的羌人群体主要分布于汶川、茂县、松潘、理番、北川等县及四土梭磨土司所辖的大黑水地区。上述县区在民国初期属于川西道（1914 年改为西川道），1928 年后各县直隶于省政府，1935 年以后，除北川县属于四川省第十四行政督察区管辖外，上述其他各县均为四川省第十六行政督察区辖地。

（六）近代西康的羌人

西康的羌人主要分布在丹巴县，另外在康定、泸定等县也有零星分布。丹巴县③的羌民自称“打玛”“嘉卡布”“嘉卡”等。民国时期，羌民聚居区称为“三营”，居民是从杂谷五屯的上孟屯、下孟屯、九子屯中抽调而来的弁兵。上孟屯调入的分布在太平桥长胜店村和岳扎乡柯金村；从下孟屯调入的分布在太平桥乡丹扎

① 任乃强：《西康图经（民俗篇）》，南天书局 1987 年版，第 15 页。

② 葛维汉：《羌族的习俗与宗教》，载葛维汉著，李绍明、周蜀蓉选编：《葛维汉民族学考古学论著》，巴蜀书社 2004 年版，第 5 页。

③ 丹巴县的羌族在 1965 年至 1981 年间，曾被定为藏族。1982 年第三次人口普查时，根据各村羌民自己的意愿和国家有关规定，重新识别为羌族。

村一带；从九子屯调入的分布在太平桥乡丹噶山一带。[①]

（七）近代四川的么些

四川境内的么些约在明万历年间随着木氏土司势力的扩张，而从丽江地区迁入。民国时期主要分布在四川省的西南部，在这一区域有 8 个么些土司辖区，分别为：瓜别、古柏树、萆苴路、中所、左所、右所、前所、后所。在历史上这 8 个土司都曾属民国时期的盐源县。因此，么些在四川的分布是以盐源县为中心的。盐源县的么些自称“纳兹”（即“纳日”），汉语称其为“摩梭”，分布于木里土司辖区的博瓦、列瓦、大坝、博科、桃巴等地。瓜别土司，土司为么些，住瓜别镇，距盐源县 320 公里。民国年间，土司曾住在石花寨。后来由于械斗，土司逃亡。古柏树千户，管辖 35 个村庄，居民包括么些与西番。萆苴路土司，土司为么些，原称阿撒喇土司，属盐边县管辖。中所千户，距盐源县城 100 里，土司为么些，管辖 50 个村庄，居民包括么些、罗罗和西番。左所土千户，距盐源县城 240 里，土司为么些，管辖着 1001 户人家，其中大多数是称为里新或吕西的么些，少量为罗罗和西番。右所土千户，距盐源县城 120 里，土司为么些，住喜德寨，管辖 59 个村庄。前所土百户，土司为么些，领地距盐源县城 400 里，管辖 8 个村庄，居民是称为吕西的么些。后所土百户，土司为么些，居住在迷雅寨，领地距盐源县城 400 里。另外，在米易县、盐边县、巴塘县等地也有少量分布。盐边县的么些分为两支：一支为两盐土著摩梭，一支是从云南丽江迁入的么些。主要聚居在岩口乡的古德、博树、干海子和岩门乡的大村。

中华人民共和国建立后，经过民族识别，么些被认定为纳西族，其主要居住在木里县俄亚纳西族乡，其次为盐源县左所的大

① 丹巴县志编纂委员会编：《丹巴县志》，民族出版社 1996 年版，第 120 页。

嘴村和甘孜藏族自治州的巴塘县白松乡，另外在盐源、盐边的一些地区还有散居居民。

二、近代云南的民族

民国 25 年（1936 年），云南省民政厅出版的《云南民政概况》记载，全省有少数民族 48 种。另据蒙藏委员会咨请云南省政府饬令各县所做的调查显示，截至 1941 年，已经完成调查的昆阳等 53 县，有少数民族分布的达 42 县。[①] 其主要民族群体大致情况如下：

罗罗在清代的云南称为乌蛮，主要分布在云南府、武定直隶州、大理府、楚雄府、昭通府、广西直隶州、东川府、澄江府、蒙化厅、曲靖府、元江直隶州、临安府等地。

窝泥也写作“窝尼”“倭泥”，包括马黑（麻黑）、卡你惰（也称卡惰或卡多）、布孔、西摩罗、普特（布都）、阿卡、碧约（或称必约）、奕车、糯比（或称糯必）、糯美等十多个支系。

清代栗粟也称力些，还处于不断迁徙当中，其中清嘉庆八年（1803 年）、清道光元年（1821 年）和清光绪二十年（1894 年）这三次的迁徙规模为最大。在此期间，力些往西和往南进入澜沧江、怒江、德宏、临沧、耿马等地，有的则沿金沙江南下，进入禄劝、大姚等地。[②] 民国时期，陶云逵经过调查研究认为：栗粟的分布中心在北纬 28° 至 26°，东经 98° 30′ 到 99° 30′ 的地区，即贡山、康乐、碧江三设治局及维西、兰坪、云龙三县境，包括怒江、澜沧江上游，亦即高黎贡山及碧罗雪山北段各境。其次则

① 张潜华：《西南民族问题》，青年书店 1942 年版，第 61 页。

② 云南历史研究所编著：《云南少数民族》（修订本），云南人民出版社 1983 年版，第 199—200 页。

在泸水、腾冲、盏达、干崖，及其西，旧茶山长官司、浪速地等，以及怒江与恩梅开江之间的各山岭中并江心坡即旧里麻长官司地，华坪以及大姚、武定也有分布，在永北、华坪一带为较多。在金沙江以东，云南东北与川黔交界一带也有少量分布，栗粟分布之极南点，为缅甸南方摆夷土司地，及越南之牢地。①

清代云南的倮黑（罗黑）主要分布在顺宁府、普洱府和楚雄府。民国时期，其分布中心在“东经 99° 5′—100° 50′，北纬 22°—24° 30′之间，即澜沧江、怒江之间，顺宁县以南，佛海县以北一带。澜沧江右岸景谷、镇沅县等地，也有少数罗黑。从地域上看，罗黑的分布和西南部摆夷分布在经纬方位差不多，但是实际上，此两族并不杂居，摆夷普通是住在高度 4000 英尺以下的平坝子里，而罗黑则在 1200 公尺以上的山上。”②

“古宗”也称“古孜”“古竹”，还称“康族”，自称“博”。清代云南的古宗主要分布在丽江府的中甸厅和维西厅，以及阿墩子、奔子栏等要塞。民国时期，主要聚居于德钦设治局的大部分地区；中甸县“上四境”的大中甸、小中甸、尼西、东旺，以及格咱、五境、中心镇等地；维西县海拔在 1900—2300 米之间的亚高山地带，介于栗粟和么些居住地域的中间地带，以及与么些交错杂居的“七腊区”。另外在丽江县、怒江流域的上游贡山设治局等地也有少量分布。

西番亦称“巴苴”，自称“批米”“拍米”“培米”“春米”“普米”等，么些称其为“博”，古宗称其为“巴”，罗罗称其为“窝朱”，栗粟称其为“流流帕”。清代至民国时期，云南的西番主要

① 陶云逵：《碧罗雪山之栗粟族》，载国立中央研究院《历史语言研究所集刊》第十七本，商务印书馆1948年版，第327—328页；又载李文海主编《民国时期社会调查丛编：少数民族卷》，福建教育出版社 2005 年版，第 271 页。

② 陶云逵：《几个云南土族的现代地理分布及其人口之估计》，原载《中央研究院历史语言研究所集刊》第七本，第四分册；又载《中央研究院历史语言研究所集刊》第七册，中华书局 1987 年版，第 426—428 页。

分布在兰坪、丽江、宁蒗、维西、永胜等地。

么些在元、明、清时期的汉文书面记录名称作“末些”或“么些”，又作“摩些”，皆同音异写之异。[①]清代主要分布在丽江府和永北直隶厅。么些为他称，也称麽娑、麽，自称“哪希”（Nahsi），有“纳喜”“纳罕”“阮可”“玛丽玛沙”等支系。民国时期，么些“分布中心是在东经 99° 20′—100° 20′，北纬 26° 30′—27° 10′ 之间，即金沙江南岸、丽江县境、永北县属之永宁设治局、中甸县沿江山上、维西县境北至叶枝，及兰坪，亦有么些。维西县境内之较平坦地域，则为汉化了的么些居住，山上则为栗粟”。[②]

怒人，他称怒子，其自称为“努苏”“阿怒”“阿龙”“若柔”等[③]。关于清代怒人的分布，道光《云南通志》卷 107 称：“凡怒江以西，西北接西藏，西南界缅甸孟养陆阻地，东与丽江府及大理府云龙州毗邻皆是。”民国时期的调查显示，其分布“在东经 99°左右，北纬 26°—28° 30′ 之间，即怒江流域，亦即高黎贡山之东麓及碧罗雪山之西麓，为贡山、康乐、碧江三设治局地域。此一地带，原亦为栗粟分布之中心，但栗粟是住在山上而怒子则住在江边较低地方。怒子村中或杂有栗粟人家，而高山上栗粟村中则无怒子”[④]，怒江边上的棒大、永拉干、茨开、普拉底等地

① 尤中：《中国西南民族史》，云南人民出版社 1985 年版，第 557 页。

② 陶云逵：《几个云南土族的现代地理分布及其人口之估计》，原载《中央研究院历史语言研究所集刊》第七本，第四分册；又载《中央研究院历史语言研究所集刊》第七册，中华书局 1987 年版，第 426—430 页。

③ 对于怒族的自称，大多文献认为，碧江的为“怒苏”，福贡的为“阿怒”、贡山的为“阿龙”或“阿侬”，兰坪和泸水的为“若柔”（参见：怒族简史编写组：《怒族简史》，云南人民出版社 1987 年版，第 1 页；《民族问题五种丛书》云南省编辑委员会编：《怒族社会历史调查》，云南人民出版社 1981 年版，第 2 页），但也有人对贡山和福贡怒族的自称提出了不同看法，认为贡山的怒族其自称为“阿怒”，福贡的怒族自称应为“阿侬”（参见何林：《阿怒人：同一屋檐下的不同宗教信仰》，云南大学出版社 2008 年版，第 13—14 页）。

④ 陶云逵：《几个云南土族的现代地理分布及其人口之估计》，原载《中央研究院历史语言研究所集刊》第七本，第四分册；又载《中央研究院历史语言研究所集刊》第七册，中华书局 1987 年版，第 426—432 页。

都有怒子居住。

俅人，他称俅子（曲子），自称“毒龙（Dulong）”。清朝中期以后，俅人逐渐集中到俅江下游地区居住。民国时期，其“分布是在东经 98° 50′ 往西至 97° 50′，北纬 27° 至 28° 之间，即毒龙河流域。毒龙河本为大金沙江源泉之一，处于高黎贡山与江心坡之间”，[①] 也就是贡山（菖蒲桶）设治局与缅甸和西藏地方交界的西部和北部。

阿昌也称“峨昌”，有“大阿昌”“小阿昌”和“昌撒”三种。清代，峨昌主要分布在户撒、腊撒地区。民国时期，阿昌主要分布在云南省第十二行政督察区的盈江设治局、梁河设治局。另外，在潞西、陇川、腾冲、龙陵等地也有少量分布。

山头人，内地统名野人，因语言、服饰的差异又分为六个支系。清朝时期，山头人分为三个部分，即“峨昌”“遮些”“野人”，主要分布在永昌府境内。民国时期的研究称：“沿滇缅交界线上山头宗族之分布地带极广，北自恩梅开江上游起往江心坡、野人山、户棋、猛棋、密支那，至崩龙沿边十土司地，皆有山头踪迹，十土司境内，尤以遮放、陇川、猛卯、南甸境内最多，遮放境内均有山头二百余寨，人口当在四千户以上。陇川境内约有万人，猛卯约有五百余人，南甸有万余人。”[②]

民家自称“白子”“白尼”“僰子”等，他称为“白儿子”。清朝时期民家称为“白人”，主要分布在云南府、大理府、丽江府、楚雄府、永昌府。清末至民国以来，民家的“分布中心是在滇西环洱海各地，即东经 99° 50′—100° 30′，北纬 25° 30′—26° 40′

① 陶云逵：《几个云南土族的现代地理分布及其人口之估计》，原载《中央研究院历史语言研究所集刊》第七本，第四分册；又载《中央研究院历史语言研究所集刊》第七册，中华书局 1987 年版，第 426 至 433 页。

② 张一善：《滇边之山头宗族》，载《边疆通讯》1945 年第三卷第二期，转载于李绍明、程贤敏编：《西南民族研究论文选（1904—1949 年）》，四川大学出版社 1991 年版，第 36 页。

之间，但其西及于东经 99° 30′，即云龙县境之澜沧江沿岸地，西北及北纬 27°，维西县地。东则自凤仪县起，沿大理至昆明之交通大道各县，即祥云，弥渡、镇南、姚安、楚雄、广通、禄丰、安宁，以达于东经 12° 35′ 昆明县地，每县均有民家村落，但数目不多……。南则除在红河流域之元江县地因远坝地方有民家外，其余分布，则未过北纬 25°，北亦只沿昆明大理路线。民家分布地的大部分为平原，地高在 6000 英尺左右，气候温和，土地肥沃。为汉人居住最多的地方，民家也是汉化最深的云南土族，除语言外，文化的其他方面，可以说完全汉化。”

摆夷元代称为“白衣”“白夷”，明代称为“百夷”，近代还称为“僰”“僰夷”等，自称“傣”，其有“傣泐”“傣那”“傣绷”“傣德”“傣雅”“傣卡”“傣洒”（或称“傣赛”）、“傣仲”（或称“傣拉”）、“傣友”“傣罗”“傣端”（或称“白傣”）、“黑傣”等支系。清代时期，摆夷主要分布在普洱府、永昌府、顺宁府、镇沅直隶州、景东直隶厅、临安府、元江直隶州等地。民国时期摆夷的“分布中心是在东经 99°—104°，北纬 23°以南。但在怒江之西，达于中缅交界，此北达北纬 25°左右。换言之，即云南之西南，及西部之边缘”。并且在昆明之北，普渡河沿岸，雅砻河与金沙江交流处都有少数摆夷，摆夷在云南西南边境二十五县都有，这些县包括顺宁县、双江、澜沧、南峤、佛海、车里、元江等，摆夷一般占有上述各县的平坝低地和江河流域。[①] 江应梁也认为民国时期的摆夷区域，主要是在云南西南区的横断山脉水系流域地区。“大概从保山、昌宁、顺宁、镇沅、普洱、元江这一条线的南部地带，西起腾冲，经莲山、盈江、梁河、陇

① 以上引用出自陶云逵：《几个云南土族的现代地理分布及其人口之估计》，原载《中央研究院历史语言研究所集刊》第七本，第四分册；又载《中央研究院历史语言研究所集刊》第七册，中华书局 1987 年版，第 426—428 页。

川、瑞丽、潞西驻设治局，并镇康、缅宁、双江、澜沧、南峤、宁江、佛海、六顺、车里、镇越、江城诸县境，便是摆夷的集聚区域。”在这个集聚区域之内又可以分为南部摆夷集团和西部摆夷集团。南部摆夷集团“以车里为中心，东至江城，西至澜沧，南至安南、缅甸边界地，北至思茅、普洱”；西部摆夷集团在“腾冲、龙陵两县的西部，直到缅甸境的这一块土地”[①]。此外，除了上述两个集团之外，还有分布在元江流域的摆夷集团。

苗族自称“蒙”“模”“髳”等。云南苗族根据妇女服饰具体分为：“白苗（蒙豆）、红苗（蒙卑）、青苗（蒙斯）、花苗（蒙周）、汉苗（蒙刷）、黑苗（蒙格勒）、绿苗（蒙抓）等七个支系。”[②]清朝时期，有一部分苗人向云南腹地和边境深入。清《皇清职贡图》称：“苗人，其在滇省者，惟曲靖等府花苗，随各属土流兼辖。”雍正《云南通志》卷24则说，滇东北的镇雄等地苗人仍住原地。至道光年间，有一部分苗人由滇东北、滇东迁往滇西大姚一带；同时期，有一部分苗人由开化府而临安府南部，到达了普洱府属他郎厅一带。截至道光年间，苗族在全国的分布情况，已经基本上与近代的分布状况相同。[③]民国时期，据凌纯声的调查：“苗族散布于云南的区域甚为辽阔。苗族在云南省的人数虽不多，然其迁移尚在不断进行中。在云南东北隅威信、镇雄、绥江、盐津、大关、彝良、永善等县，多白苗与花苗。他们与川南苗族的语言习俗均相同，不过分隶二省而已。花苗由黔西入滇分布最广，东起曲靖经嵩明、富民、武定、盐同而至漾濞永平蒙化等县。又由蒙化渡澜沧江而至顺宁，再西止于怒江东岸。

① 以上引用出自江应樑著，江晓林笺注：《滇西摆夷之现实生活》，德宏民族出版社2003年版，第53—55页。

② 宋恩常：《云南苗族述略》，载《民族问题五种丛书》云南省编辑委员会编：《云南苗族瑶族社会历史调查》，云南民族出版社1982年版，第1页。

③ 尤中：《中国西南民族史》，云南人民出版社1985年版，第685页。

今英属果敢县的麻栗坝附近，亦有苗族村寨。在云南东南罗平、师宗、邱北、阿迷、西畴、马关、文山、蒙自、屏边、金河等县，多白苗、花苗。”[①]总体来看，民国时期，苗人在云南大部分地区都有分布。

元、明、清时期，瑶人已经呈大分散、小聚居的分布特点，并且其主要生活在山区。民国时期云南的瑶人主要分布在省属第三、第四、第五、第六、第七行政督察区。

明清时期，云南的僮僚包括依人、沙人、土僚、喇记、腊兔等群体。依人主要分布在广南府、临安府东南部、开化府、广西府、临安府南部的一些地方、元江府乃至普洱府的宁洱县。沙人除在广南与依人共同杂居之外，其余散居区还有广西府、曲靖府、临安府、开化府的大部分地方，往西南散居元江、他郎、思茅等地。土僚的分布区域逐渐从广西与滇东南连接地带向滇南扩散。广南府、开化府、广西府、临安府南部的一些地方，都有分布。喇记主要居住在开化府。腊兔也主要分布在开化府。[②]民国时期云南的僮僚群体有依人、沙人、土僚、那几（或写作喇记、喇奚、拉基）、黑衣、天保等支系。主要分布在广南、富宁、砚山、文山、麻栗坡、马关、西畴、蒙自、河口、个旧、金平、泸西、师宗、罗平、云县、巧家、会泽、禄劝、宁蒗、永胜等地。

仲家，清代云南境内仲家的分布与明代相比有所扩大。在广西府与明代相同，与罗罗等杂居，另外，在平彝县、东川府、昭通府也有了分布，此为明代所未见。民国时期，仲家在云南的分布范围又有所扩大。

佤，清代包括“戛喇”和“卡瓦”两部分，戛喇即古剌，卡瓦

① 凌纯声：《苗族的地理分布》，原载《民族学研究集刊》（第五集），中华书局（重庆），1946年4月印行，第43页，转载于张永国、史继忠等收集编纂：《民国年间苗族论文集》，贵州民院历史系民族史教研室，1983年，第106—107页。

② 尤中：《中国西南民族史》，云南人民出版社1985年版，第649—654页。

由哈瓦演变而来。戛喇主要分布在永昌府；卡瓦则分布在阿佤山区，分散为许多互不统属的村寨和部落。从外卡瓦还有一部分散居普洱府。[①]民国时期，卡佤也称“卡喇”，主要分布在澜沧江以西和怒江以东的怒山山脉南段的“阿佤山”一带，包括澜沧、双江、镇康等县，沧源、耿马等设治局，以及孟连土司辖地等。另外，卡佤在思普沿边和腾龙沿边地区也有少量分布。在各地卡佤的自称有所不同，概而言之，居住在镇康一带者称“佤”，居住于耿马、双江、沧源者称“布饶克”（或“巴饶克”“巴敖克”“巴劳克”），分布于孟连、西盟一带的称“阿佤”（或“阿卧”“阿佤卧”“勒佤卧”“勒佤”“拉弗”）。

崩龙为他称，其自称为“昂”或“巴朗”（banang），其中在潞西的又称“别别”（红崩龙），在陇川的又称“汝卖”（黑崩龙），摆夷称其为“滚乃”（guenluai），意为“山上人”，阿昌、克钦称其为“巴朗”。清代崩龙主要分布在永昌府。光绪《永昌府志》卷五十七《种人》称：“崩龙，类似摆夷，惟语言不同。男以背负，女以尖布套头，以藤蔑圈缠腰。漆齿文身。多居山巅。土司地皆有。”民国时期，崩龙主要分布于潞西设治局、陇川设治局、瑞丽设治局、盈江设治局，以及龙陵县等地，多居住于半山坡和山下坝子。

蒲满为他称，自称“布朗”“邦”等。清代时期，称为“蒲蛮”，主要分布在顺宁府、永昌府、景东府和普洱府等地。民国时期的调查称：蒲满“和别种夷民一样，他们在云南的西南边疆，并不纯粹聚居在一个地方，而是零碎散布在各方各面的，差不多自西北伊洛瓦底江上游的江心坡起，沿腾龙、顺镇、思普诸边区而下，至东南澜沧入缅越近边的关木止，都有”。[②]而其最主要分布地在普思沿边地区，即民国末期所设的第七行政督察区。另

① 尤中：《中国西南民族史》，云南人民出版社1985年版，第635—637页。
② 彭桂萼：《顺镇沿边的濮曼人》，载《西南边疆》1939年第7期。

外，在第九、第十二行政督察区的部分地区也有少量分布。

回，清代时期，云南的回族分布情况是："在保山和缅宁（今临沧）以东北、红河以北的各府、州、县境内，几乎无处不有回族，只是各地人口数量多少不等而已。"[①] 民国以来，回族的分布范围又有所扩大，在云南大部分地区都有分布。

攸乐，汉文献对攸乐的记载始见于清雍正年间。清代曾在攸乐人聚居的攸乐山设立攸乐同知，后裁撤，攸乐人仍归属车里傣族土司管辖。民国时期，攸乐人主要分布于车里县的攸乐山，以及思茅县、普文县等部分地区。

水家，宋代以来，一直到元、明、清时期，水家主要分布在贵州与广西交接的地区，被称为"水苗家"或"水家"。云南的水家系从贵州迁徙而来，主要居住在云南与贵州交界的几个县。

蒙古，清朝时期，云南的蒙古主要居住在滇南河西县。民国时期，云南的蒙古分布格局变化不大，仍以河西县为主要居住地。此外，平彝县也有少量分布。

满，云南的满族部分为元、明时迁入，大量迁入主要是在清代，多数是随吴三桂到云南的清兵以及平定吴三桂叛乱的清兵落籍云南的后代。民国时期，抗日战争爆发后，又有部分满族为避难而来到云南。满族散居于云南的部分地区。

① 尤中：《中国西南民族史》，云南人民出版社1985年版，第614页。

第三节

近代南方丝绸之路周边地区的民族

一、近代四川的苗人

清代四川的苗人主要生活在石砫宣慰使和酉阳宣慰使司的辖地之内。民国时期，四川的苗人主要分布在川东南的彭水、黔江、酉阳、秀山等县；川南的古蔺、叙永、古宋、兴文、长宁、珙县、庆符、高县、筠连等九县。川南九县的苗人，“大致有小花苗、鸦雀苗、白苗、兜兜苗、和尚苗、锦鸡苗、牛屎苗、坝苗、汉苗等名称”。[①]另外，在川西南的木里、盐边、会东、布拖、雷波、马边等县也有少量分布。民国时期的研究称四川苗人，“大半在长江南岸，为叙州府属的横江流域一带，高珙、兴文、长宁、筠连等县，与汉人杂居，居住区域，山间较多于城镇，约有四五万人，属白苗，现在又呼川苗。川东南之酉阳、黔江等处亦散居有少数苗人，系湖南红苗之分支”。[②]而对于川苗即

① 胡庆钧：《川南苗乡纪行》，载胡庆钧著：《汉村与苗乡——从20世纪前期滇东汉村与川南苗乡看传统中国》，天津古籍出版社2006年版，第191页。

② 王文萱：《苗民的分布现状及其类别》，原载《边声月刊》第一卷第三期，转载于张永国、史继忠等收集编纂:《民国年间苗族论文集》,贵州民院历史系民族史教研室,1983年,第101页。

白苗的人口，有究者称：“在四川约有五万余人。”[①] 至 1953 年，全国第一次人口普查统计显示，四川苗族人口为 83782 人。

二、近代四川的土家

秦汉时期，四川土家的先民和当地其他民族群体被统称为“武陵蛮”“巴郡南郡蛮”；两晋隋唐间，称为“武陵西溪蛮”或“酉阳蛮”；元代称为“九溪十八峒蛮”；明、清称为“土蛮”；清代在川东南土家族地区与雍正四年（1726 年）置黔江厅，属重庆府。雍正十三年（1735 年）改土归流后，废酉阳宣慰司为酉阳县。乾隆元年（1736 年）升为酉阳直隶州，改平茶等处长官司并析酉阳县南境增置秀山县，废黔彭军民厅仍为黔江、彭水二县，形成今土家居住的酉阳、秀山、彭水、黔江县治的基本雏形。民国时期始称“土家”[②]。土家自称“毕兹卡”，意为“本地人”。明清以来，由于大量汉人迁入“毕兹卡”分布地区，为了与迁来的汉人相区别，“毕兹卡”用汉语自称“土家”，称迁入的汉人为“客家”，称相邻的苗人为“苗家”。土家主要集中于川东南的酉水流域。在彭水县的太原、棣棠、砂石、三义、连湖、迁桥、珍加、善感、鹿鸣、龙射灯乡均有分布。在秀山县西南部的古平茶、邑梅、石耶、地坝四洞等地也有分布，并且以杨、彭、白、李、马、田、向等姓氏居多。

① 林名均：《川苗概况》，载张永国、史继忠等收集编纂：《民国年间苗族论文集》，贵州民院历史系民族史教研室，1983 年，第 91 页。
② 四川省地方志编纂委员会编纂：《四川省志·民族志》，四川民族出版社 2000 年版，第 339 页。

三、近代西康的其他民族

民国时期，西康的民族除汉族、番族、罗罗、羌之外，还有回、么些、苗、傈僳、僰夷、蒙古等。

回，主要分布于康定、丹巴等县。康定县境内，明末清初，始有回民移居，主要聚居在炉城镇营盘街。丹巴回民主要以毕、张、马、王等 4 姓组成，主要聚居在半扇门乡牛场一带和县城。另外，在巴塘等地也有少量回民分布，主要从事商业活动。

么些也称麽挲，主要散布于宁属会理、盐源、盐边、木里、冕宁及康属九龙、巴安、人口约一万余人。民国《中甸县志·大事记》中就记载："西康巴安县属之白松脚村全为么些民族。"

苗，散布于宁属会理、宁南、盐边、木里，人口总数约三千，有花白青革嗒等支系。以耕种为业，宗教染汉习。

傈僳，即黎苏力些，散处于宁属会理、盐边高山中，人口约二千五百，受土司管辖，以耕种狩猎为业。

僰夷即摆夷，散布于宁属盐边、木里，人口总约一千，受土司管辖，生活习尚均汉化，以耕种为主，副以渔猎，奉佛教，供天地君亲师神位。

蒙古，在泸定县有铁木姓改为余姓的蒙古分布，主要居住在该县沈村一带。

四、近代贵州的民族

对于民国时期贵州究竟有多少种民族，时人往往征引清代及以前所做的各种"苗图"或"苗蛮图"，认为贵州民族有八十六种之多[①]。而这八十多种“苗蛮”，有以部落名称为名的，有以服饰的区别命名的，有以居住地为名的，有以宗教信仰命名的，有以生活习俗命名的，有以语言特点命名的，有以祖先传承命名的，有以生产组织形式命名的，有因原名音转而得名的，有以神话传说为名的，有因嫡子继承方式得名的，有以部属长官之名为名的，等等。[②]即使是在当时的学者看来，这些“苗蛮图”所说之苗系从广义，包括时人分类所说之台掸、藏缅、苗傜三系[③]。而据今天的学者研究，这八十多种“苗蛮”可以分别归入中华人民共和国建立后识别的彝族、苗族、汉族、毛南族、布依族、水族、瑶族、壮族、侗族、仡佬族、白族、土家族中。[④]

1937年4月，贵州省民政厅编《贵州省苗民概况》称：“本省苗民，多结寨而居，男女老幼，俱能操作，不避寒暑，不畏艰难，有刻苦耐劳之习惯，团结合群之性质，自强不息之精神，其散布区域，以东南两路为最多，西路次之，北路最少。就现在八行政区而言，则七八两区最多，一二三四等区次之，五六两区最少。如按八十一县区分，则有六十县均有苗民散处其间。其散布区域既广，生活环境遂异，有居水滨者，有居于平地者，有深入山崖者，有住于箐林者，历时既久，因天候水土之不同，语言遂生歧异，因生活习惯之差别，服饰亦随之改变，于是苗民称呼乃

① 其分别为：黑猓猡、白猓猡、青苗、红苗、花苗、白苗、黑苗、克孟牯羊苗、阳洞罗汉苗、谷蔺苗、紫姜苗、八寨苗、九名九姓苗、洞苗、高坡苗、黑生苗、鸦雀苗、黑山苗、水西苗、清江黑苗、黑脚苗、黑楼苗、生苗、九股苗、车寨苗、洪舟苗、短裙苗、姑卢苗、摆榜苗、西溪苗、班苗、鸭崽苗、宗地苗、东苗、西苗、平伐苗、杨保苗、羊犷苗、宋家、蔡家、补笼狆家、卡尤狆家、青狆家、黑狆家、白狆家、八番狆家、水家、狑家、羊家、獞家、黑猺、花猺、狪家、红犵狫、花犵狫、披袍犵狫、猪豕犵狫、剪发犵狫、锅圈犵狫、水犵狫、土犵狫、木犵狫、犵当、犵兜、犵獞、白龙家、曾竹龙家、马镫龙家、大头龙家、狗耳龙家、侬家、夭家、蛮人、冉家蛮、楼居蛮、僰人、峒人、土人、六洞夷人、里民子、六额子、白额子、羿子、白儿子、打牙犵狫、郎慈犵狫。

② 李德龙：《黔南苗蛮图说研究》，中央民族大学出版社2008年版，第55—61页。

③ 胡庆钧：《汉村与苗乡——从20世纪前期滇东汉村与川南苗乡看传统中国》，天津古籍出版社2006年版，第257页。

④ 李德龙：《黔南苗蛮图说研究》，中央民族大学出版社2008年版，第92—93页。

益繁杂矣。如以衣服颜色区别，则有青苗、黑苗、白苗、红苗，以居住地区分则有山苗、高坡苗、平地苗、坝苗，以地名区分则有水西苗、加车苗、滚塘苗，以衣服花纹区分，则有花苗、大花苗、小花苗、花衣苗，以所着之裙区分，则有长裙苗、短裙苗、团裙苗。以职业区分，则有打铁苗，以装饰区分，则有枕头苗等，而仲家复有壮、僮（獞）、本地、土人、仲夷，种种称谓，水家则有水蛮之分，洞家以服色分，则有白洞、黑洞、花衣洞。以地域区分，则有三宝洞、高坡洞、下河洞，其他尚有六洞、九洞、天虎洞等名目。而昔之水西一带，又有一部分居民，称曰夷人，夷人之中，分为土目（现称官家）、黑夷、白夷、干夷。凡此种种不同之称呼，不胜枚举。但以'苗''仲''洞''水''夷'等，概括称之，而加以比较，则'苗'最多，'仲''洞''夷'次之，'水'最少。历代志书统称之曰'苗民''苗夷''苗蛮'，亦曰'土著'，盖未深入苗寨，以悉其详也。"①

陈国钧根据实际调查认为："贵州夷族有仲家、水家、侗家、僮家等。"② 而岑家梧在 1944 年发表的《贵州民族研究述略》一文则认为："黔省境内之民族，摆仲系者有仲家、水家、侗家；藏缅系则有罗罗；苗瑶系有苗瑶等。然黔省罗罗为数甚少，故实际上仅可别为仲、水族及苗瑶族二大类而已。"③1944 年 7 月，吴泽霖在《文讯》第五卷第一期上发表《贵州的民族》一文，认为按旧有流行的分类法，依据各种各样的标准，贵州的民族有一百二三十种，这就使得人们认识贵州民族显得很棘手；而从体质的标准来看，他认为贵州的民族都属于黄种人，但从头型、面型、体型等方面看，"汉、苗、夷"又有黄河型、长江型和珠江型

① 贵州省政府民政厅编：《贵州省苗民概况》，1937 年，第 1—3 页。
② 吴泽霖、陈国钧等：《贵州苗夷社会研究》，民族出版社 2004 年版，第 3—4 页。
③ 岑家梧：《贵州宗族研究述略》，载《边政公论》1944 年第 3 卷第 2 期；岑家梧：《贵州民族研究述略》，载《岑家梧民族研究文集》，民族出版社 1992 年版，第 128 页。

的差别；而从语言上看，他认为贵州的民族40%到60%都能说汉语，其他绝大多数为苗语系和泰语系，但他同时指出用语言来划分民族是一种不很可靠的方法；而从衣、食、婚姻、丧葬等文化来看，他通过比较贵州民族与汉族及国外一些民族，认为汉、苗、夷之间的差别，远没有中国人与欧美人那样大。[①]

据民国贵州省政府统计室的统计，民国26年（1937年），贵州全省少数民族（当时所称之苗夷）人口为300371户，共计1492110人；至民国28年时，全省少数民族人口为236659户，共计1125572人。根据1942年对41个县的统计，贵州少数民族人口占该县总人口70%以上的县有黎平、丹寨、台江；占50%—70%的县有贵定、黄平、剑河、从江、三都、安龙、贞丰；占20%—50%的县有惠水、龙里、紫云、水城、威宁、贵筑；占1%—20%的县有安顺、平越、开阳、平坝、清镇、长顺、榕江、罗甸、都匀、平塘、织金、盘县、郎岱、普安、铜仁、松桃；此外，修文、荔波、关岭、毕节、大定、金沙、黔西、纳雍、习水等县，少数民族人口仅占百分之零点几。总体而言，民国时期贵州少数民族分布的特点是，分布在贵州南部的人口较多，分布的地区比较分散。

① 吴泽霖：《贵州的民族》（原载《文讯》第五卷第一期），载李绍明、程贤敏编：《西南民族研究论文选》(1904—1949)，四川大学出版社1991年版，第41—46页。

第九章

全球化时代南方丝绸之路的重构与沿线民族的参与

第一节

当代南方丝绸之路沿线及周边地区的交通网络

南方丝绸之路沿线及周边的西南地区由于高山、峡谷、河流众多，地形复杂，交通建设一直受制于自然条件的限制，发展缓慢。中华人民共和国建立以来，在原有交通条件的基础上，大力推动西南地区交通的发展，先后扩建或新建西祥公路、西雅公路、成昆铁路、内昆铁路等，使得西南地区各族人民“交通基本靠走”的局面得到了很大的改变。特别是改革开放以来，西南各省省内的交通网络逐渐形成，随着村村通工程全面覆盖，西南各省省内交通已经迈上了新的台阶；西南省际之间的交通线路，也由单线向复线发展，由慢向快发展。

特别是近几年来，随着渝昆高铁、成昆高铁等项目的规划和实施，西南地区高铁时代即将来临。并且，在原来南方丝绸之路路线上，规划建设的国际公路（如昆曼公路）和铁路网络（如泛亚铁路），也逐渐建成通车和全面启动。

可以说，在全球化时代，西南地区正在成为中国面向南亚和东南亚的交通枢纽之地。西南地区的各民族迎来了全新的发展机遇。南方丝绸之路沿线民族主动融入国家“一带一路”、孟中印缅经济走廊建设、大湄公河次区域合作、中国—东盟自由贸易区建设、长江经济带建设等对外开放新一轮重大政策，正在成为西南地区各民族发展的新动力。

第二节 全球化时代南方丝绸之路沿线及周边地区的民族分布

今天，分布在西南地区民族除汉族之外，还有藏、土家、羌、普米、独龙、怒、彝、傈僳、纳西、哈尼、拉祜、白、基诺、景颇、阿昌、布朗、佤、德昂、壮、侗、傣、仡佬、布依、水、毛南、苗、瑶、畲、回、蒙古、满等民族。

西南地区的藏族主要分布于西藏、四川和云南三省区。而在南方丝绸之路沿线的藏族主要是指四川和云南的藏族。四川藏族主要聚居在甘孜藏族自治州、阿坝藏族羌族自治州和木里藏族自治县；另外，平武、北川、宝兴、石棉、汉源、冕宁、甘洛、越西、盐源等县的藏族乡或藏族羌族乡、藏族彝族乡也有藏族分布。云南藏族主要聚居在迪庆藏族自治州，此外，丽江纳西族自治县、贡山独龙族怒族自治县、永胜县、宁蒗彝族自治县、昆明市等地都有一定的分布。[①]

彝族在南方丝绸之路沿线多地均有分布。其中，在四川，主

① 云南省地方志编纂委员会编：《云南省志·民族志》，云南人民出版社2002年版，第507页。

要分布在凉山彝族自治州；乐山市的马边彝族自治县、峨边彝族自治县；攀枝花市仁和区及米易县、盐边县；雅安地区的汉源、石棉县；甘孜藏族自治州的九龙、泸定县；宜宾地区的屏山县，泸州市的古蔺、叙永县。[1]在云南，彝族人口最集中的地区为：楚雄彝族自治州、红河哈尼族彝族自治州。而昆明市的石林、禄劝、寻甸等县，玉溪的峨山、新平、元江等县，普洱的江城、宁洱、景谷、景东、镇沅等县，丽江的宁蒗和大理的巍山、南涧、漾濞等县，以及分布在全省的103个彝族乡，亦属彝族人口的主要分布地区。此外，约有100万人口与其他民族交错而居。[2]贵州的彝族主要分布在黔西北的毕节地区和六盘水市，此外，安顺地区、贵阳市、黔西南州等地也有分布。

傈僳族主要分布在云南省境内，此外，在东南亚也有分布，属于跨国境而居的民族。云南省的傈僳族，主要聚居在怒江傈僳族自治州的泸水、福贡、贡山和兰坪等县，以及迪庆藏族自治州维西傈僳族自治县，其余散居在云南丽江、保山、迪庆、德宏、大理、楚雄等自治州境内，以及四川省西南部的德昌、盐边、会东、米易、仁和、会理、盐源、木里等县、区。

哈尼族也属于跨国境而居的民族，在云南，绝大部分集中分布于红河下游和澜沧江之间即哀牢山和无量山之间的广阔山区。哀牢山区的元江、墨江、江城、红河、元阳、绿春、金平等县是哈民族最集中的地区；无量山区的景谷、宁洱、思茅和西双版纳等州县也有不少哈尼族。

基诺族主要聚居在西双版纳傣族自治州景洪市基诺山基诺族乡，这里是基诺族人口分布最多的地方，其次是景洪市勐旺乡补远村。此外，景洪市的勐养镇、勐罕镇、大渡岗乡，勐腊县的勐

① 四川省地方志编纂委员会编：《四川省志·民族志》，四川人民出版社2000年版，第88页。
② 云南省地方志编纂委员会编：《云南省志·民族志》，云南人民出版社2002年版，第47页。

仑镇、象明乡、易武乡，也有基诺族散居。[①]

拉祜族大多数集中分布在云南省澜沧江东西两岸的普洱和临沧两个市。北起临沧、耿马，南至澜沧、孟连，均有拉祜族的大片聚居区。在澜沧江以东地区，镇沅、金平两县分布较多，景东、景谷、景洪、勐海、勐腊、思茅、宁洱、元江、江城、绿春等县亦有少量分布。[②]

纳西族主要居住在金沙江上游的东、西地带，其中以滇西北的丽江市古城区和玉龙纳西族自治县为最大的聚集区；其次分布于迪庆藏族自治州的中甸、维西、德钦和丽江的宁蒗、永胜以及昆明等县市。此外，在四川与云南交界地区也有少量分布。[③]四川纳西族主要聚居在木里县俄亚纳西族乡，其次为盐源县左所区沿海乡大嘴村和甘孜藏族自治州巴塘县白松乡。另外，在盐源、盐边一带还散居着一部分纳西族。[④]西藏的芒康县盐井纳西民族乡也是纳西族聚居区之一。

阿昌族属于人口较少民族，主要分布在云南省德宏傣族景颇族自治州陇川县的户撒和梁河县的囊宋、九保三个民族乡，还有一部分分布在芒市的高埂田、保山市龙陵县、腾冲县及大理州的云龙县境。[⑤]

白族最主要的聚居区为云南大理白族自治州，怒江、昆明、丽江、保山、临沧、迪庆、楚雄、普洱、玉溪也有较多的白族，其他地州也有少量分布。另外在贵州的毕节地区、四川凉山州也有分布。[⑥]四川省的白族人主要分布在攀枝花市的盐边县和凉山彝族自治州的德昌、会理、木里、普格等县以及重庆、成都、内

① 云南省地方志编纂委员会编：《云南省志·民族志》，云南人民出版社2002年版，第617页。
② 云南省地方志编纂委员会编：《云南省志·民族志》，云南人民出版社2002年版，第394页。
③ 云南省地方志编纂委员会编：《云南省志·民族志》，云南人民出版社2002年版，第426页。
④ 四川省地方志编纂委员会编：《四川省志·民族志》，四川人民出版社2000年版，第471页。
⑤ 云南省地方志编纂委员会编：《云南省志·民族志》，云南人民出版社2002年版，第640页。
⑥ 云南省地方志编纂委员会编：《云南省志·民族志》，云南人民出版社2002年版，第96页。

江等市地。[①]此外，贵州省毕节地区，湖南省桑植县也有不少白族分布。

普米族主要聚居在云南西北部，兰坪县的通甸、河西、金顶、拉井、石登、营盘和春龙镇等地是其主要分布区。另外，宁蒗县的翠玉、永宁、拉伯、跑马坪、红桥、西川、金棉、宁利、战河和大兴镇等地，丽江市的鲁甸、石鼓、鸣音、宝山、石头、九河、太安、奉科、红岩、大研镇等地，以及维西、永胜、云县、凤庆等县内也有一定的分布。在四川省，木里藏族自治县和盐源县也有少量普米族分布。[②]

怒族主要居住在云南省境内怒江和澜沧江两岸，属人口较少民族，主要分布地有怒江傈僳族自治州的泸水、贡山、福贡及兰坪县。此外，维西傈僳族自治县和西藏察隅县也有少数怒族居住。[③]

羌族主要分布在四川省阿坝藏族羌族自治州的茂县、汶川、黑水、松潘、理县，绵阳市的北川及贵州省的石阡、江口等县有少量分布。

西南的土家族，主要分布在重庆和贵州与湖南、湖北毗连地区。重庆市的土家族分布在酉阳、秀山、黔江、石柱、彭水等5个土家族、苗族自治县。在贵州，土家族主要集中在黔东北地区，主要分布区是铜仁地区，其中，沿河土家族自治县、印江土家族苗族自治县、德江县、思南县、江口县、铜仁市，都是土家族分布较多的地区；其次是遵义市的务川仡佬族苗族自治县、道真仡佬苗族自治县、凤冈县、余庆县也有不少土家族分布；再次是黔东南苗族侗族自治州的岑巩、镇远、三穗、凯里、麻江、黄

① 四川省地方志编纂委员会编：《四川省志·民族志》，四川人民出版社2000年，第460页。
② 云南省地方志编纂委员会编：《云南省志·民族志》，云南人民出版社2002年版，第567页。
③ 云南省地方志编纂委员会编：《云南省志·民族志》，云南人民出版社2002年版，第595页。

平等都有少量土家族分布。①

独龙族主要分布在云南省境内，属人口较少民族。贡山独龙族怒族自治县是独龙族分布最为集中的区域。其他人口则散居在云南维西傈僳族自治县的齐乐乡及西藏自治区察隅县的察瓦龙乡。②

壮族在四川、云南和贵州三省都有分布。四川省壮族主要分布在凉山彝族自治州、成都市及攀枝花市等地。在云南，壮族主要居住在文山壮族苗族自治州，其余分布在红河、昭通、曲靖、楚雄、大理等地。③贵州境内壮族主要分布于从江、黎平、榕江、荔波、独山以及都匀、贵阳等县市。其中居住在从江县的壮族最多。④

侗族主要分布在贵州省境内，是贵州省世居民族之一。在贵州，侗族主要聚居在黔东南苗族侗族自治州的黎平、天柱、锦屏、从江、榕江、剑河、三穗、镇远、岑巩和铜仁地区的玉屏侗族自治县、万山特区，散居在贵州省黔东南苗族自治州的雷山县、铜仁地区的铜仁市、石阡县、江口县和松桃苗族自治县及黔南布依族苗族自治州的荔波县、都匀市、福泉市等地。⑤

傣族是云南古老的土著民族之一，主要分布在云南西部、南部和西南地区。少数居于内地，多数分布于边境沿线，与缅甸、老挝、越南接壤，和泰国邻近。德宏和西双版纳是傣族最主要的聚居区；其次在普洱、临沧、红河、玉溪、保山、楚雄、文山等

① 贵州省地方志编纂委员会编：《贵州省志·民族志》（上），贵州民族出版社 2002 年版，第 363、364 页。
② 云南省地方志编纂委员会编：《云南省志·民族志》，云南人民出版社 2002 年版，第 746 页。
③ 云南省地方志编纂委员会编：《云南省志·民族志》，云南人民出版社 2002 年版，第 232 页。
④ 贵州省地方志编纂委员会编：《贵州省志·民族志》（下），贵州民族出版社 2002 年版，第 798 页。
⑤ 贵州省地方志编纂委员会编：《贵州省志·民族志》（上），贵州民族出版社 2002 年版，第 257 页。

地，傣族人口也都在万人以上，其他州市县傣族人口分布较少。① 四川的傣族呈大杂居、小聚居状态，在成都、攀枝花、遂宁、内江、凉山、乐山、绵阳等市、州都有傣族分布，但主要集中分布在攀枝花市和凉山州两地。②

仡佬族与历史上称为东谢蛮、南谢蛮、西谢蛮、牂牁蛮的群体有渊源关系，是贵州世居民族中最为古老的民族之一。民国时期，遵义、仁怀、金沙、织金、黔西、清镇、平坝、安顺、普定、镇宁、贞丰、关岭、晴隆、六枝、水城、大方等境内有仡佬族居住的记载。人口约 1 万多，散居在十余县内，呈点状分布，即使是同一县内的仡佬族村寨之间，大都相距数十里乃至上百里，彼此处于隔离状态。中华人民共和国成立以来，通过民族社会历史调查，尤其经过民族识别工作的开展，发现除了上述 10 多个县外，松桃、纳雍、石阡、思南、江口、务川、道真、正安、岑巩、绥阳、凤冈等地县也有仡佬族分布。③ 此外，在云南省的文山州，也有少量仡佬族分布。

布依族在贵州、云南、四川三省均有分布，其中以贵州最多。贵州的布依族主要分布在：黔南布依族苗族自治州的独山、荔波、都匀、平塘、惠水、贵定、长顺、福泉、瓮安等县市；黔西南布依族苗族自治州的册亨、贞丰、望谟、兴义、兴仁、晴隆、普安等县市；安顺市的镇宁、关岭、紫云、平坝、安顺、普定等县市；六盘水市的六枝、水城、盘县；贵阳市郊区及清镇、开阳等县市；毕节市的威宁、织金、金沙、赫章、大方等县；遵义市所辖的仁怀市；黔东南苗族侗族自治州的麻江县等都有布依

① 云南省地方志编纂委员会编：《云南省志·民族志》，云南人民出版社 2002 年版，第 179 页。
② 四川省地方志编纂委员会编：《四川省志·民族志》，四川人民出版社 2000 年版，第 505 页。
③ 贵州省地方志编纂委员会编：《贵州省志·民族志》（下），贵州民族出版社 2002 年版，第 501 页。

族聚居的村寨。[1]云南的布依族主要分布在曲靖市罗平县、文山州马关县、红河州河口县；在昆明及其他部分地区有部分散居布依族。[2]四川省的布依族主要聚居在凉山州境内的会东、宁南、木里等县。

水族主要分布在贵州省境内。贵州三都是全国唯一的水族自治县，居住在三都的水族人口占贵州水族的一半以上。此外，与三都毗邻的荔波、独山、都匀、丹寨、雷山、榕江、从江等县市也有不少水族，还有少数散居于黎平、凯里、麻江、福泉等地区。[3]在云南，水族主要分布在曲靖市富源县黄泥河两岸的补掌、都掌、坝塘、热水塘、董拉、东格、古敢、下箐脚、碧冲、大寨、五乐、扎外、小营脚、以国村、箐脚、邓庄、发祥、新发村、石窝等十九个村寨。其中以补掌、都掌、热水塘、董拉、大寨人数较多，俗称“水五寨”。另外，彝良、宣威等县市有少量水族散居。富源县古敢水族乡是云南省唯一的水族乡，与贵州省兴义市插花接壤。

毛南族主要分布在贵州省黔南布依族苗族自治州的平塘、惠水、独山三县境内，其中以平塘县为最多。[4]

仫佬族主要分布在广西壮族自治区和贵州省。在贵州，仫佬族多数分布在麻江县、凯里市、福泉市、黄平县，少量分布在都匀、贵定、瓮安等县、市。

苗族在云南、贵州、四川三省都有分布。其中居住贵州的苗

① 贵州省地方志编纂委员会编：《贵州省志·民族志》（上），贵州民族出版社 2002 年版，第 153 页。
② 云南省地方志编纂委员会编：《云南省志·民族志》（下），云南人民出版社 2002 年版，第 709 页。
③ 贵州省地方志编纂委员会编：《贵州省志·民族志》（下），贵州民族出版社 2002 年版，第 561 页。
④ 贵州省地方志编纂委员会编：《贵州省志·民族志》（下），贵州民族出版社 2002 年版，第 846 页。

族占全国苗族总人口的50%以上，是贵州省少数民族中人口最多的民族，主要分布在黔东南、黔南、黔西南、黔西北和黔东北。四川的川南、川东南的苗族占四川省苗族的90%以上，主要分布在宜宾市、泸州市等，尤以筠连、洪县、兴文、叙永最集中。云南苗族的绝大多数人口集中分布于滇东南、滇东北的山区和半山区。

瑶族在云南、贵州、广西等省、区均有分布。在云南主要分布在文山壮族自治州、红河哈尼族彝族自治州、西双版纳傣族自治州、普洱市和曲靖市。人口在万人以上的县有：文山州的富宁县、麻栗坡县、广南县，红河州的金平县、河口县。在贵州，瑶族点状分布于黔湘、黔桂边境地区的黔东南苗族侗族自治州、黔南布依族苗族自治州、黔西南布依族苗族自治州和铜仁地区、安顺地区等三州二地区的16个县中。东起铜仁、石阡，南至黎平、榕江、从江、雷山、丹寨、麻江、剑河、三都、罗甸、望谟，西迄贞丰、紫云、关岭都有瑶族分布。①

在南方丝绸之路周边地区，畲族主要分布在贵州省黔东南苗族侗族自治州的麻江县、凯里市，黔南布依族苗族自治州的福泉市和都匀市。

上述今天分布在南方丝绸之路沿线及其周边地区的西南各民族，其先民很早就参与到了南方丝绸之路的开拓和运行中来，见证了南方丝绸之路随着时代而兴衰变迁的过程。

① 贵州省地方志编纂委员会编：《贵州省志·民族志》（下），贵州民族出版社2002年版，第747—748页。

第三节 全球化时代南方丝绸之路沿线及周边地区民族的参与图景

随着信息技术和交通的发展，全球化不断推进，地球村时代早已来临，南方丝绸之路沿线各民族已经不再局限于西南地区，而是参与到了国内、国际的互联互通大潮中来了。伴随着中国改革开放的不断深入，以及全球化的不断发展，民族间的传统交往模式和地区的界限已被改变和打破，与此同时，西南地区南方丝绸之路沿线居民原有的生产生活方式也发生了巨大变化。

近代以前，制约南方丝绸之路沿线及周边地区发展的重要因素就是交通不便带来的影响。沿线及周边地区各民族，由于山川阻隔，活动半径比较小。中华人民共和国成立以后，随着交通事业的不断发展，沿线及周边各民族之间的往来不断增多。但长时期交通滞后的状况没有得到根本改变，所以不少地区都面临“出行难”的问题。改革开放以来，西南民族地区的交通建设不断加强，南方丝绸之路沿线居住的人们与内外的联系变得越来越便捷。

“十三五”期间，“云南提出推进路网、航空网、能源保障网、水网、互联网等五大基础设施网络建设，云南计划 5 年内在交通等‘五网’方面实施项目 565 项，投资超过 1.6 万亿元，从根本上改变云南基础设施落后的状况。”[①] 在“一带一路”建设中，云南铁路“八入境四出境”，高速公路“七入滇四出境”的格局正在逐步形成，与缅甸、老挝、越南连接的公路逐步向高速、高等级公路升级，航运方面将通过澜沧江、红河进入太平洋，通过缅甸建立路水联用通道进入印度洋。云南将成为南亚东南亚与中国贸易陆路的必经通道，这将极大地促进云南省经济社会的发展。[②]

而在贵州，2000 年公路通车里程仅 3.4 万公里，到 2010 年 1 月，已超过 14 万公里，高速公路通车里程达 1188 公里。5 条铁路在贵州境内超过 1250 公里，省会贵阳通往全国的“7 小时快铁交通圈”正在加速变成现实。[③] 特别随着世界第一高桥北盘江大桥竣工，贵阳至昆明高速铁路建成通车，乌江航道全线贯通，为贵州经济社会的发展提供了强有力的支撑。[④]

在四川，陆续于 2010 年、2012 年和 2020 年逐渐建成 18 条铁路、21 条高速公路和 2 条内河航道构成的水陆交通网，水陆交通运输网总里程达 37 万公里，航空线 185 条，形成成都至武汉、贵阳、昆明、西安、兰州等省际中心城市的“4 小时空中交通圈”，成都至环渤海、珠三角、长三角等地区的“8 小时陆上交通圈”，同时在四川省内形成成都至各市州区域中心城市的“1 小时、2 小时或半日陆上交通圈”，并以多条高速公路和铁路连通成渝两个特大中心城市。[⑤]

可以说，以四川为起始，横贯西东、纵联南北，通江达海，

---

① 郑长德主编：《中国少数民族地区经济发展报告（2018）——改革开放 40 年民族地区的经济发展》，中国经济出版社 2018 年版，第 132 页。

② 郑长德主编：《中国少数民族地区经济发展报告（2018）——改革开放 40 年民族地区的经济发展》，中国经济出版社 2018 年版，第 132—133 页。

③ 《西部大开发 10 年贵州省民生问题得到显著改善》，《贵州都市报》2010-01-12。

④ 郑长德主编：《中国少数民族地区经济发展报告（2018）——改革开放 40 年民族地区的经济发展》，中国经济出版社 2018 年版，第 110 页。

⑤ 刘斌夫:《西部开发 20 年——西进西出战略启示录》，河北大学出版社 2011 年版，第 131 页。

衔接华南、华中，沟通西北、西南，延伸中亚、南亚的中国西部综合交通枢纽大体系即将形成。① 无疑，越来越便捷的交通，不仅使南方丝绸之路沿线及周边各民族之间的交往和交流大大增加，也开启了其与南亚、东南亚等地区经济文化交流的广阔图景。

① 刘斌夫：《西部开发20年——西进西出战略启示录》，河北大学出版社2011年版，第131页。

结论

古往今来，生生不息：南方丝绸之路与沿线民族交相辉映

南方丝绸之路自开通以来，作为中国西南连接外界的地理标志，深深影响着不同历史时期进入和生活在西南的人群，与此同时，西南地区的不同人群也在这条道路上演绎着属于自己与这条通道的历史。

无论是秦汉时期的西南夷，还是今天沿线的 30 多个民族，都为这条通道的开拓与发展做出了自己独特的贡献。虽然不同时代的民族个体总体而言只是南方丝绸之路上的匆匆过客，并且有的民族已经消失在历史的长河中了，但是他们留下的故事依然在南方丝绸之路上流传，他们的足迹依然是继往开来者的指路牌。

在南方丝绸之路上，正是这些古往今来、默默无闻的参与者铸就了跨越千年的丝路文明。文明之间的传播与交流，由此而千年不绝，生机勃发。

参考文献

一、历史文献

[1] 司马迁 . 史记 [M]. 北京：中华书局，1959.

[2] 孔安国传，孔颖达正义，黄怀信整理 . 十三经注疏・尚书正义 [M]. 上海：上海古籍出版社，1990.

[3] 班固 . 汉书 [M]. 北京：中华书局，1962.

[4] 许慎撰，段玉裁注 . 说文解字 [M]. 上海：上海古籍出版社，1981.

[5] 陈寿 . 三国志 [M]. 北京：中华书局，2011.

[6] 杜预注，孔颖达等正义 . 春秋左传正义 [M]. 上海：上海古籍出版社，1990.

[7] 常璩撰，任乃强校注 . 华阳国志校补图注 [M]. 上海：上海古籍出版社，1987.

[8] 常璩撰，刘琳校注 . 华阳国志校注 [M]. 成都：巴蜀书社，1984.

[9] 范晔 . 后汉书 [M]. 北京：中华书局，1965.

[10] 沈约 . 宋书 [M]. 北京：中华书局，1974.

[11] 萧子显 . 南齐书 [M]. 北京：中华书局，1972.

[12] 郦道元著，陈桥驿校证 . 水经注校证 [M]. 北京：中华书

局，2007.

[13] 魏收 . 魏书 [M]. 北京：中华书局，1974.

[14] 杜佑 . 通典 [M]. 北京：中华书局，1988.

[15] 房玄龄 . 晋书 [M]. 北京：中华书局，1974.

[16] 樊绰撰，向达校注 . 蛮书校注 [M]. 北京：中华书局，1962.

[17] 樊绰撰，木芹补注 . 云南志补注 [M]. 昆明：云南人民出版社，1995.

[18] 贾耽 . 皇华四达记・安南通天竺道 [M]. 昆明：云南大学历史系民族历史研究室，1979.

[19] 李吉甫撰，贺次君点校 . 元和郡县图志 [M]. 北京：中华书局，1983.

[20] 李延寿 . 北史 [M]. 北京：中华书局，1974.

[21] 令狐德棻 . 周书 [M]. 北京：中华书局，1971.

[22] 李延寿 . 南史 [M]. 北京：中华书局，1975.

[23] 魏征 . 隋书 [M]. 北京：中华书局，1973.

[24] 刘昫 . 旧唐书 [M]. 北京：中华书局，1975.

[25] 李昉 . 太平御览 [M]. 北京：中华书局，1960.

[26] 乐史 . 太平寰宇记 [M]. 北京：中华书局，2008.

[27] 李心传 . 建炎以来朝野杂记 [M]. 北京：中华书局，2000.

[28] 李焘 . 续资治通鉴长编 [M]. 北京：中华书局，2004.

[29] 范成大撰，齐治平校补 . 桂海虞衡志校补 [M]. 南宁：广西民族出版社，1984.

[30] 欧阳修 , 宋祁 . 新唐书 [M]，北京：中华书局，1975.

[31] 欧阳忞 . 舆地广记 [M]. 成都：四川大学出版社，2003.

[32] 司马光 . 资治通鉴 [M]. 北京：中华书局，1956.

[33] 司马光撰，邓广铭、张希清点校 . 涑水记闻 [M]. 北京：

中华书局，1989.

[34] 王钦若，杨亿等撰．册府元龟 [M]. 北京：中华书局，1960.

[35] 王溥．唐会要 [M]. 北京：中华书局，1955.

[36] 王存．元丰九域志 [M]. 北京：中华书局，1984.

[37] 周去非撰，杨武泉校注．岭外代答校注 [M]. 北京：中华书局，1994.

[38] 马端临．文献通考 [M]. 杭州：浙江古籍出版社，1988.

[39] 脱脱等撰．宋史 [M]. 北京：中华书局，1985.

[40] 曹学佺．蜀中广记 [M]. 台北：台湾商务印书馆，1986.

[41] 李贤等著，方志远等点校．大明一统志 [M]. 成都：巴蜀书社，2018.

[42] 刘文征撰，古永继校点，王云、尤中审定．滇志 [M]. 昆明：云南教育出版社，1991.

[43] 宋濂．元史 [M]. 北京：中华书局，1976.

[44] 沈庠．贵州图经新志 [M]. 昆明：云南大学图书馆藏抄本．

[45] 王元正，杨慎，杨名等撰．嘉靖四川总志 [M]. 成都：四川省图书馆藏抄北京图书馆原藏明嘉靖廿年（1541）刻本．

[46] 谢缙，姚广孝等．永乐大典 [M]. 北京：中华书局，2000.

[47] 谢东山、张道撰，赵平略、吴家宽、徐万洁校．嘉靖贵州通志 [M]. 成都：西南交通大学出版社，2018.

[48] 董诰等编．全唐文 [M]. 北京：中华书局，1983.

[49] 顾祖禹．读史方舆纪要 [M]. 北京：中华书局，2005.

[50] 王崧撰，杜允中注．道光云南志钞 [M]. 昆明：云南省社会科院文献研究所，1990.

[51] 谢圣纶辑，古永继点校．滇黔志略 [M]，贵阳：贵州人民出版社，2008.

[52] 徐松 . 宋会要辑稿 [M] 北京：中华书局，1957.

[53] 杨守敬，熊会贞 . 水经注疏 [M]. 南京：江苏古籍出版社，1986.

[54] 严可均 . 全上古三代秦汉三国六朝文 [M]. 石家庄：河北教育出版社，1997.

[55] 张廷玉等撰 . 明史 [M]. 北京：中华书局，1974.

[56] 赵尔巽 . 清史稿 [M]. 北京：中华书局，1977.

[57] 王谟 . 汉魏丛书 96 种：竹书纪年 [M]. 上海：上海大通书局，1911.

二、相关著作

[1]《白族简史》编写组 . 白族简史 [M]. 昆明：云南人民出版社，1988.

[2] 邓少琴 . 巴蜀史迹探索 [M]. 成都：四川人民出版社，1983.

[3] 段渝 . 玉垒浮云变古今：古代的蜀国 [M]. 成都：四川人民出版社，2001.

[4] 段玉明 . 大理国史 [M]. 昆明：云南民族出版社，2003.

[5] 董其祥 . 巴史新考 [M]. 重庆：重庆出版社，1983.

[6] 丹巴县志编纂委员会编 . 丹巴县志 [M]. 北京：民族出版社，1996.

[7] 方国瑜 . 中国西南历史地理考释 [M]. 北京：中华书局，1987.

[8] 方国瑜主编 . 云南史料丛刊 [M]. 昆明：云南大学出版社，2001.

[9] 方国瑜 . 元代云南行省傣族史料编年 [M]. 昆明：云南人民出版社，1958.

[10] 管彦波 . 中国西南民族社会生活史 [M]. 北京：中国社会科学出版社，2014.

[11] 耿德铭 . 哀牢文化论 [M]. 昆明：云南人民出版社、云南大学出版社，2016.

[12]《各国概况》编辑组编 . 各国概况 [M]. 北京：世界知识出版社，1979.

[13] 顾颉刚 . 史林杂识初编 [M]. 北京：中华书局，1963.

[14] 郭净等主编 . 云南少数民族概览 [M]. 昆明：云南人民出版社，1999.

[15] 贵州省政府民政厅编 . 贵州省苗民概况 [M]. 贵阳：贵州省政府民政厅编印，1937.

[16] 贵州省地方志编纂委员会编 . 贵州省志 · 民族志（上、下）[M]. 贵阳：贵州民族出版社，2002.

[17] 霍巍 . 西南考古与中华文明 [M]. 成都：巴蜀书社，2010.

[18] 何平 . 从云南到阿萨姆——傣—泰民族历史再考与重构 [M]. 昆明：云南大学出版社，2001.

[19] 何光岳 . 氐羌源流史 [M]. 南昌：江西教育出版社，2000.

[20] 黄义仁 . 布依族史 [M]. 贵阳：贵州民族出版社，1999.

[21] 何林 . 阿怒人：同一屋檐下下的不同宗教信仰 [M]. 昆明：云南大学出版社，2008.

[22] 胡庆钧 . 汉村与苗乡——从 20 世纪前期滇东汉村与川南苗乡看传统中国 [M]. 天津：天津古籍出版社，2006.

[23] 江玉祥主编 . 古代西南丝绸之路研究（第二辑）[M]. 成都：四川大学出版社，1995.

[24] 江应樑著，江晓林笺注 . 滇西摆夷之现实生活 [M]. 芒市：德宏民族出版社，2003.

[25] 李宗放 . 四川古代民族史 [M]. 北京：民族出版社，2010.

[26] 林向．巴蜀考古论集 [M]. 成都：四川人民出版社，2004.

[27] 罗二虎．秦汉时代的中国西南 [M]. 成都：天地出版社，2000.

[28] 蓝勇．古代交通生态研究与实地考察 [M]. 成都：四川人民出版社，1999.

[29] 蓝勇．西南历史文化地理 [M]. 重庆：西南师范大学出版社，1997.

[30] 林耀华．凉山夷家 [M]. 昆明：云南人民出版社，2003.

[31] 李绍明、程贤敏编．西南民族研究论文选（1904—1949年）[M]. 成都：四川大学出版社，1991.

[32] 李德龙．黔南苗蛮图说 [M]. 北京：中央民族大学出版社，2008.

[33] 刘斌夫．西部开发 20 年——西进西出战略启示录 [M]. 石家庄：河北大学出版社，2011.

[34] 龙云、周钟岳撰，李春龙审定，牛鸿斌、江燕点校．新纂云南通志 [M]. 昆明：云南人民出版社，2007.

[35] 孟森．明史讲义 [M]. 北京：北京：中华书局，2009.

[36] 蒙文通．巴蜀古史论述 [M]. 成都：四川人民出版社，1981.

[37]《民族问题五种丛书》云南省编辑委员会编．怒族社会历史调查 [M]. 昆明：云南人民出版社，1981.

[38] 怒族简史编写组．怒族简史 [M]. 昆明：云南民族出版社，1987.

[39] 潘光旦编．中国民族史料汇编 [M]. 天津：天津古籍出版社，2005.

[40] 秦建明．秦巴栈道 [M]. 西安：陕西师范大学出版社，2017.

[41] 祁庆富．西南夷 [M]. 北京：民族出版社，1990.

[42] 邱树森主编．中国少数民族简史 [M]. 石家庄：河北教育出版社，1994.

[43] 冉光荣，李绍明，周锡银．羌族史 [M]. 成都：四川民族出版社，1985.

[44] 任乃强．西康图经（民俗篇）[M]. 台北：南天书局，1987.

[45] 申旭．云南移民与古道研究 [M]. 昆明：云南人民出版社，2012.

[46] 孙启祥．蜀道三国史研究 [M]. 成都：巴蜀书社，2017.

[47]（泰）素察·蒲媚波叻．探索泰族的历史 [M]. 陈健民译，北京：人民出版社，1982.

[48] 四川省档案馆编．抗日战争时期四川省各类情况统计 [M]. 成都：西南交通大学出版社，2005.

[49] 四川省地方志编纂委员会编纂．四川省志·民族志 [M]. 成都：四川民族出版社，2000.

[50] 童恩正．古代的巴蜀 [M]. 重庆：重庆出版社，2004.

[51] 田继周．先期民族史 [M]. 北京：社会科学文献出版社，2007.

[52] 田继周．秦汉民族史 [M]. 北京：社会科学文献出版社，2007.

[53] 谭其骧主编．中国历史地图集 [M]. 上海：上海地图出版社，1982.

[54] 田晓岫．中华民族发展史 [M]. 北京：华夏出版社，2001.

[55] 王文光．中国古代的民族识别 [M]. 昆明：云南大学出版社，1997.

[56] 万永林．中国古代藏缅语民族源流研究 [M]. 昆明：云南大学出版社，1997.

[57] 汪宁生 . 云南考古 [M]. 昆明：云南人民出版社，1980.

[58] 温贤美主编 . 四川通史 [M]. 成都：四川大学出版社，1994.

[59] 吴泽霖，陈国钧等 . 贵州苗夷社会研究 [M]. 北京：民族出版社，2004.

[60] 徐中舒 . 论巴蜀文化 [M]. 成都：四川人民出版，1982.

[61] 徐松石 . 粤江流域人民史 [M]. 北京：中华书局，1939.

[62] 尤中 . 中国西南民族史 [M]. 昆明：云南人民出版社，1985.

[63] 尤中 . 中华民族发展史 [M]. 昆明：晨光出版社，2007.

[64] 尤中 . 中国西南的古代民族 [M]. 昆明：云南人民出版社，1980.

[65] 尤中 . 云南地方沿革史 [M]. 昆明：云南人民出版社，1990.

[66] 尤中 . 中国西南的古代民族（续编）[M]. 昆明：云南人民出版社，1989.

[67] 杨铭 . 氐族史 [M]. 北京：商务印书馆，2014.

[68] 云南省档案馆编 . 抗战时期的云南社会 [M]. 昆明：云南人民出版社，2005.

[69] 云南大学图书馆编 . 清代滇黔民族图集 [M]. 昆明：云南美术出版社，2005.

[70] 云南历史研究所编著 . 云南少数民族（修订本）[M]. 昆明：云南人民出版社，1983.

[71] 云南省地方志编纂委员会编 . 云南省志・民族志 [M]. 昆明：云南人民出版社，2002.

[72] 张增祺 . 滇国与滇文化 [M]. 昆明：云南美术出版社，1997.

[73] 张增祺 . 中国西南民族考古 [M]. 昆明：云南人民出版社，2012.

[74] 朱映占等 . 云南民族通史 [M]. 昆明：云南大学出版社，2016.

[75] 赵炳清 . 巴与楚 [M]. 北京：科学出版社，2016.

[76] 中国大百科全书编辑委员会 . 中国大百科全书 · 民族 [M]. 北京：中国大百科全书出版社，1986.

[77] 张雄 . 中国中南民族史 [M]. 南宁：广西人民出版社，1989.

[78] 赵心愚 . 纳西族与藏族关系史 [M]. 成都：四川人民出版社，2004.

[79]《壮族简史》编写组 . 壮族简史 [M]. 南宁：广西人民出版社，1980.

[80] 赵逵 . 川盐古道：文化线路视野中的聚落与建筑 [M]. 南京：东南大学出版社，2008.

[81] 张承编著 . 边疆一览（初编）[M]. 南京：蒙藏委员会印行，1947.

[82] 中国社会科学院世界宗教研究所 . 中华归主——中国基督教事业统计（一九〇一——一九二〇）[M]. 北京：中国社会科学院世界宗教研究所，1985.

[83] 中国第二历史档案馆编 . 中华民国史档案资料汇编（第五辑）· 第一编：财政经济（九）[M]. 南京：江苏古籍出版社，1994.

[84] 张潜华 . 西南民族问题 [M]. 重庆：青年书店，1942.

[85] 郑长德主编 . 中国少数民族地区经济发展报告（2018）——改革开放 40 年民族地区的经济发展 [M]. 北京：中国经济出版社，2018 年版。

[86] 张永国，史继忠等 . 民国年间苗族论文集 [M]. 贵阳：贵

州民院历史系民族史教研室，1983.

三、论文

[1][日] 白鸟芳郎著，朱桂昌译 . 石寨山文化的担承者 [J]. 民族研究译丛，1982(1).

[2] 白建钢 . 四川广汉出土商周青铜雕像群 [J]. 美术，1987(2).

[3] 岑家梧 . 贵州宗族研究述略 [J]. 边政公论，1944，3(2).

[4] 陈保亚 . 茶马古道的历史地位 [J]. 思想战线，1992(1).

[5] 陈德安 , 罗亚平 . 蜀国早期都城初露端倪 [N]. 中国文物报，1989-9-15.

[6] 陈德安 . 三星堆遗址的发现与研究 [J]. 中华文化论坛，1998(2).

[7] 陈振裕 . 略论四座楚墓的分期 [J]. 考古，1981(4).

[8] 东下冯考古队 . 山西夏县东下冯遗址东区、中区发掘简报 [J]. 考古，1980(2).

[9] 董作宾 . 殷代的羌与蜀 [M]. 说文月刊，1943，3(7).

[10] 段渝 . 巴人来源的传说与史实 [J]. 历史研究，2006(6).

[11] 段渝 . 嫘祖考 [J]. 炎黄文化研究，1997(4).

[12] 段渝 . 论蜀史“三代论”及其构拟 [J]. 社会科学研究，1987(6).

[13] 范建华 . 西南古道与汉、唐王朝开边 [J]. 思想战线，1991(6).

[14] 范建华 . 西南古道与王朝开边 [A].《南方丝绸之路文化论》编写组 . 南方丝绸之路文化论 [C]. 昆明：云南民族出版社，1991.

[15] 范小平 . 古蜀的系列青铜人雕像 [J]. 美术，1988(7).

[16] 方国瑜，和志武．纳西族的渊源、迁徙和分布 [J]. 民族研究，1979（1）.

[17] 方国瑜．关于“乌蛮”、“白蛮”的解释 [A]. 方国瑜．方国瑜文集第 2 辑 [C]. 昆明：云南教育出版社，2001.

[18] 方国瑜．汉晋时期西南地区的部族郡县及经济文化 [A]. 方国瑜．方国瑜文集 [C]. 昆明：云南教育出版社，2001.

[19] 方国瑜．么些民族考 [J]. 民族学研究集刊（第 4 辑），1944.

[20] 方铁．简论西南丝绸之路 [J]. 长安大学学报，2015（3）.

[21] 葛维汉．羌族的习俗与宗教 [A]. 葛维汉著，李绍明、周蜀蓉选编．葛维汉民族学考古学论著 [C]. 成都：巴蜀书社，2004.

[22] 耿德明．云南保山发现的蜀汉遗存 [J]. 东南文化，1992（2）.

[23] 顾颉刚．从古籍中探索我国的西部民族——羌族 [J]. 社会科学战线，1980（1）.

[24] 郭声波．唐宋岷江西山羁縻州民族研究 [A]. 霍巍，王挺之．长江上游早期文明的探索 [C]. 成都：巴蜀书社，2002.

[25] 郭声波．唐宋雅州边外羁縻州民族探考 [A]. 复旦大学历史地理研究中心．面向新世纪的中国历史地理学——2000 年国际中国历史地理学术讨论会论文集 [C]. 济南：齐鲁书社，2001.

[26]（印度）Haraprasad Ray 著，江玉祥译，曾媛媛校．从中国至印度的南方丝绸之路——一篇来自印度的探讨 [A]. 江玉祥主编．古代西南丝绸之路研究（第二辑）[C]. 成都：四川大学出版社，1995.

[27] 何耀华．川西南藏族史初探 [J]. 思想战线，1985（4）.

[28] 何耀华．试论古代羌人的地理分布 [J]. 思想战线，1988（4）.

[29] 河南省博物馆等 . 郑州商代城址发掘报告 [J]. 文物资料丛刊(第 1 辑),文物出版社,1977 年版。

[30] 胡绍华 . 西南丝绸之路 [J]. 历史教学,1989(8).

[31] 湖北省博物馆等 . 盘龙城一九七四年度田野考古纪要 [J]. 文物,1976(2).

[32] 林向 . 古蜀牙璋新论—古蜀文明与中华牙璋 [A]. 林向 . 巴蜀考古论集 [C]. 成都:四川人民出版社,2004.

[33] 李范文 . 嘉戎与道孚族源考 [J]. 宁夏社会科学,1983(1).

[34] 李光荣 . 论哈尼族神话的优美 [J]. 民族文学研究,1998(2).

[35] 李昆声 , 肖秋 . 试论云南新石器时代文化 [A],文物编辑委员会 . 文物集刊(第二辑)[C],文物出版社,1980.

[36] 李昆声 .55 年来云南考古的主要成就(1949—2004 年)[J]. 四川文物,2004(3).

[37] 李昆声 . 论云南与黄河流域新石器时代文化的关系 [J]. 史前研究,1985(1).

[38] 李昆声 . 论云南与我国东南地区新石器时代文化的关系 [A]. 中国考古学会第三次年会论文集 [C]. 北京:文物出版社,1981.

[39] 李昆声 . 云南原始文化族系试探 [J]. 云南社会科学,1983(4).

[40] 李淼 . 南方丝绸之路的开凿与形成 [A]. 刘弘选编 . 南方丝绸文化论 [C]. 昆明:云南民族出版社,1991.

[41] 李绍明 . 川东土家与巴国南境问题 [J]. 思想战线,1985(6).

[42] 李绍明 . 康南石板墓族属初探——兼论纳西族的族源 [J]. 思想路线,1981(6).

[43] 李宗放 ."和夷" 诸解与我见 [J]. 西南民族学院学报，1997(6).

[44] 梁钊韬 . 百越对缔造中华民族的贡献——濮、莱的关系及其流传 [J]. 中山大学学报(哲学社会科学版)，1981(2).

[45] 林超民 . 僰人的族属与迁徙 [J]. 思想战线，1982(5).

[46] 林超民 . 试论汉唐间西南地区的昆明 [J]. 民族研究，1982(1).

[47] 林名均 . 川苗概况 [A]. 张永国、史继忠等 . 民国年间苗族论文集 [C]. 贵阳：贵州民院历史系民族史教研室，1983.

[48] 林向 . 殷墟卜辞中的"蜀"——成都平原商代遗存初析 [J]. 殷墟博物苑苑刊(创刊号)，中国社会科学院出版社，1989.

[49] 凌纯声 . 建设西南边疆的重要 [J]. 西南边疆，1938(2).

[50] 凌纯声 . 苗族的地理分布 [J]. 民族学研究集刊(第五集)，重庆：中华书局，1946.

[51] 刘复生 . 宋代"泸夷"非乌蛮集团的民族成分 [J]. 西南民族学院学报，1987(1).

[52] 罗二虎 ."西南丝绸之路"的初步考察 [A]. 江玉祥主编 . 古代西南丝绸之路研究(第二辑)[A]. 成都：四川大学出版社，1995.

[53] 马曜 . 汉晋时期白族先民族名的演变——略论僰人消失与叟人和爨人出现的原因 [J]. 云南社会科学，1997(4).

[54] 马长寿 . 康族民族之分类体质种属及其社会组织 [J]. 中山文化教育馆研究部民族问题研究室编辑 . 民族学研究集刊(第五集)，重庆：中华书局，1936.

[55] 蒙默 . 试论汉代西南民族中的"夷"与"羌" [J]. 历史研究，1985(1).

[56] 蒙默 . 僰为僚说(上)[A].《凉山彝族奴隶制》编写组 . 凉

山彝族奴隶制研究（第 1 期）[C].1977.

[57] 蒙默 . 试论古代巴蜀民族及其与西南民族的关系 [J]. 贵州民族研究，1983（4）.

[58] 蒙默 . 说“叟”[J]. 思想战线，1992（2）.

[59] 蒙默 . 魏晋南北朝的賨人 [A]. 李绍明，林向，徐南洲 . 巴蜀历史・民族・考古・文化 [C]. 成都：巴蜀书社，1991.

[60] 潘光旦 . 湘西北的“土家”与古代的巴人 [A]. 潘光旦 . 潘光旦民族研究文集 [C]. 北京：民族出版社，1995.

[61] 彭桂萼 . 顺镇沿边的濮曼人 [J]. 西南边疆，1939（7）.

[62] 彭武一 . 川黔边土家族历史发展概述 [J]. 民族论坛，1988（3）.

[63] 石硕 . 茶马古道及其历史文化价值 [J]. 西藏研究，2002（4）.

[64] 石硕 . 汉代的“筰都夷”、“旄牛徼外”与“徼外夷”——论汉代川西高原的“徼”之划分及部落分布 [J]. 四川大学学报，2004（4）.

[65] 石硕 . 羌人入据青衣江流域时间探析 [J]. 民族研究，2007（2）.

[66] 四川省博物馆、新都县文管所 . 四川新都战国墓 [J]. 文物，1981（12）.

[67] 四川省文物管理委员会 . 成都羊子山第 172 号墓发掘报告 [J]. 考古学报，1956（4）.

[68] 宋恩常 . 云南苗族述略 [A].《民族问题五种丛书》云南省编辑委员会编 . 云南苗族瑶族社会历史调查 [C]. 昆明：云南民族出版社，1982.

[69] 陶云逵 . 碧罗雪山之栗粟族 [J]. 国立中央研究院历史语言研究所集刊（第 17 本），上海：商务印书馆，1948.

[70] 陶云逵 . 几个云南土族的现代地理分布及其人口之估计 [A]. 中央研究院历史语言研究所集刊（第七册）[C]. 北京：中华书局，1987.

[71] 童恩正 . 从出土文物看楚文化与南方诸民族的关系 [J]. 湖南考古辑刊（第 3 集），1986.

[72] 童恩正 . 试谈古代四川与东南亚文明关系 [J]. 文物，1983（9）.

[73] 童恩正 . 四川西北地区石棺葬族属试探——附谈有关古代氐族的几个问题 [J]. 思想战线，1978（1）.

[74] 王叔武 . 白族源于滇僰、叟、爨考述 [J]. 云南社会科学，1988（3）.

[75] 王文光，张曙辉 . 西南边疆乌蛮源流考释 [J]. 中国边疆史地研究，2007（1）.

[76] 王文萱 . 苗民的分布现状及其类别 [J]. 边声月刊，1938，1（3）.

[77] 王懿之 . 云南民族源流考 [A]. 王懿之 . 民族历史文化论 [C]. 昆明：云南美术出版社，2000.

[78] 吴强 . 南近代公路网络的形成与发展 [A]. 云南省档案馆编 . 建国前后的云南社会 [C]. 昆明：云南人民出版社，2009.

[79] 吴泽霖 . 贵州的民族 [J]. 文讯，1944，5（1）.// 李绍明，程贤敏编 . 西南民族研究论文选 (1904—1949 年)[C]. 成都：四川大学出版社，1991.

[80] 谢应槐 . 贵州经济建设 [J]. 中国边疆建设集刊，1948，创刊号。

[81] 徐中舒，唐嘉弘 . 古代楚蜀的关系 [J]. 文物，1981（6）.

[82] 西部大开发 10 年贵州省民生问题得到显著改善 [N]. 贵州都市报，2010-01-12.

[83] 尤中 . 汉晋时期的西南夷 [J]. 历史研究，1956(7).

[84] 尤中 . 夏朝的建立和华夏民族的形成及周边民族群体的关系 [J]. 思想战线，1997(2).

[85] 张保华 ."步头路"上的国际交流 [J]. 今日民族，2004(2).

[86] 张波 . 汉晋时期西南丝绸之路上的永昌道 [J]. 云南民族学院学报，1990(2).

[87] 张一善 . 滇边之山头宗族 [J]，边疆通讯，1945，3(2).

[88] 张增祺 . 哀牢族源新议 [J]. 云南民族学院学报，1985(3).

[89] 张增祺 . 洱海区域的古代民族与文化 [J]. 云南民族学院学报，1987(6).

[90] 张增祺 . 云南滇池区域青铜文化内涵分析 [A]. 云南省博物馆编 . 云南青铜文化论集 [C]. 昆明：云南人民出版社，1991.

[91] 周竞红 . 南京国民政府初期十年边疆民族事务管理机制与政策 [J]. 中国边疆史地研究，2005(3).

[92] 周群华 . 从考古和文献资料看巴蜀文化的内聚和外衍 [J]. 四川文物，1993(1).

[93] 周维衍 . 古夜郎三题 [A]. 贵州省哲学社会科学研究所 . 夜郎考讨论文集之二 [C]. 贵阳：贵州人民出版社，1981.

后　记

《南方丝绸之路研究丛书·民族历史卷》即将出版。

在此，首先要感谢云南大学李昆声教授邀请我们参与丛书的写作工作。在《民族历史卷》的写作过程中，李昆声教授就写作框架和思路给予诸多指导。

还要特别感谢云南大学王文光教授，他慷慨允许我们在写作过程中,使用他和他的研究团队关于中国西南史研究的大量成果。

也要感谢安徽人民出版社刘哲总编辑、袁小燕老师、郑世彦老师等，由于他们的辛苦付出，《民族历史卷》才得以顺利出版。

在本书撰写过程中，云南大学西南边疆少数民族研究中心的博士生张晗参加了部分工作。

本书是云南大学哲学社会科学创新团队“中华民族史研究”(CY2262420229)的成果之一，特此说明。

朱映占

2022 年 1 月